IT-Servicekatalog

Dr. Robert Scholderer ist Geschäftsführer der gleichnamigen GmbH, die sich auf das Service Level Management (SLM) und Servicekatalog-Management für Konzerne spezialisiert hat. Er befasst sich seit Mitte der 90er-Jahre mit Outsourcing-Verträgen. In seiner beruflichen Laufbahn hat er mehr als 2.000 SLAs abgeschlossen. Seit 2006 hat er begonnen, IT-Servicekataloge für Konzerne zu erstellen. Mit über 200 IT-Servicekatalogen hat er ein einzigartiges Wissen aufgebaut. Für seine Erfahrung und die daraus entstandenen Konzepte wurde er mehrfach mit dem Innovationspreis in Baden-Württemberg ausgezeichnet.

Seit 2015 zählt sein SOUSIS-Modell zur Beschreibung des Service Level Management neben COBIT, ISO 20000 und ITIL offiziell zu den vier internationalen IT-Standards für die Gestaltung und Verhandlung von SLAs.

Robert Scholderer hat nach seiner Berufsausbildung den zweiten Bildungsweg durchlaufen und das Studium an zwei Exzellenz-Unis in Mathematik und Informatik in München absolviert. Er promovierte an einer weiteren Exzellenz-Uni in Karlsruhe zum Thema Service Level Agreements und wurde im April 2009 an der TU Ilmenau habilitiert. Seit 2010 ist er dort als Privatdozent tätig. 2017 wurde er in das Onlinelexikon Wikipedia aufgenommen: *https://de.wikipedia.org/wiki/Robert_Scholderer.*

Er ist in zahlreichen Gremien als Vorstand oder Beirat vertreten. Ferner ist er auf den für das SLM relevanten Konferenzen als Referent und Marktbeobachter geladen.

Robert Scholderer

IT-Servicekatalog

Services in der IT professionell designen und erfolgreich implementieren

2., aktualisierte und erweiterte Auflage

dpunkt.verlag

Priv.-Doz. Dr.-Ing. habil. Robert Scholderer
Principal Service-Level-Manager
robert@scholderer.de
www.scholderer.de

Lektorat: Christa Preisendanz
Lektoratsassistenz: Julia Griebel
Copy-Editing: Ursula Zimpfer, Herrenberg
Layout & Satz: Birgit Bäuerlein
Herstellung: Stefanie Weidner
Umschlaggestaltung: Helmut Kraus, *www.exclam.de*
Druck und Bindung: mediaprint solutions GmbH, 33100 Paderborn

Fachliche Betreuung:
Prof. Dr. Matthias Knoll · Hochschule Darmstadt · *matthias.knoll@h-da.de*

Bibliografische Information der Deutschen Nationalbibliothek
Die Deutsche Nationalbibliothek verzeichnet diese Publikation in der Deutschen Nationalbibliografie; detaillierte bibliografische Daten sind im Internet über *http://dnb.d-nb.de* abrufbar.

ISBN:
Print 978-3-86490-904-7
PDF 978-3-96910-816-1
ePub 978-3-96910-817-8
mobi 978-3-96910-818-5

2., aktualisierte und erweiterte Auflage 2022

Wieblinger Weg 17
69123 Heidelberg

Hinweis:
Dieses Buch wurde auf PEFC-zertifiziertem Papier aus nachhaltiger Waldwirtschaft gedruckt. Der Umwelt zuliebe verzichten wir zusätzlich auf die Einschweißfolie.

PEFC zertifiziert
Das Papier für dieses Buch stammt aus nachhaltig bewirtschafteten Wäldern und kontrollierten Quellen.
PEFC/04-31-0810 www.pefc.de

Schreiben Sie uns:
Falls Sie Anregungen, Wünsche und Kommentare haben, lassen Sie es uns wissen: *hallo@dpunkt.de.*

5 4 3 2 1 0

Vorwort zur 2. Auflage

Liebe Leserinnen und Leser,

die zweite Auflage meines Buches »IT-Servicekatalog – Services in der IT professionell designen und erfolgreich implementieren« liegt vor Ihnen und das Thema IT-Servicekatalog hat mehr und mehr an Fahrt aufgenommen.

Wie strukturiert man einen Servicekatalog, wie benennt man die Services. All diese Fragen wurden in der ersten Auflage des Buches behandelt. Die zweite Auflage ergänzt dies um einen neuen Ansatz, das Service Mining. Im Laufe der Zeit sind immer mehr Servicebeschreibungen entstanden. Wer sich lange in der IT mit dem Thema auseinandergesetzt hat, der hat erkannt, dass sich diese Servicebeschreibungen immer wiederholen und sich nur in Nuancen, je nach technischer Umsetzung oder Nutzung durch Kunden, unterscheiden. Das Wesen des Service und auch die hierfür erforderlichen Tätigkeiten stimmen weitestgehend überein. Ergo, warum macht die IT nicht den Sprung, wie es z.B. im Gefahrengut üblich ist. Dort kauft man Gefahrengut-Texte ein und verwendet diese. Einfach und effizient. Niemand würde darauf kommen, sich selbst Gefahrengut-Texte einfallen zu lassen. Genau hier setzt ein Service Mining an und liefert aus einer Bibliothek die Vorschläge. Das Repository der ersten Ausgabe kann als Vorstufe dazu gesehen werden. Auf *www.servicemining.de* ist ein öffentliches Repository zugänglich.

Neben der Ergänzung zum Erstellen eines Servicekatalogs ist ein Bereich bei der Modellierung spezieller Services hinzugekommen. Im Zeitalter der Digitalisierung und damit Automatisierung von Abläufen treten vermehrt Anforderungen und Wünsche nach Self-Services auf. Einige sind bereits erfolgreich implementiert. Doch die Self-Services halten sich nicht an die bekannten Methoden zur Modellierung von IT-Services. Aus diesem Grund habe ich ein eigenes Unterkapitel mit entsprechenden Methoden ergänzt. Dieses liefert für den Begriff Self-Service eine Definition, die es heute in der Literatur nicht abschließend gibt. Interessant ist dabei, dass Self-Services sich je nach Anwendungsfall komplett anders verhalten können. Mal wird ein Prozess komplexer, mal einfacher. Diese Unstetigkeit hatte zur Folge, dass nahezu alle Self-Services eine Einzelanfertigung sind. Damit auch hier ein kontinuierliches und effizientes Vorgehen existiert, liefert das neue Unterkapitel entsprechende Lösungen.

Nachdem der Bedarf an einem Servicedesign in den neuen Unterkapiteln sichtbar wurde, kommt noch ein weiterer Teil hinzu, nämlich die Rolle des Service Owners. An diesem Punkt schweigen sich wie auch bei den beiden Punkten Service Mining und Modellierung von Self-Services anerkannte Frameworks aus. Mit jedem Schritt in Richtung Serviceorientierung werden auch neue Organisationsformen erforderlich. Die Rolle des Service Owners birgt einen Paradigmenwechsel, da diese Rolle eine Trennung von inhaltlichen Kompetenzen und Führungskompetenzen teilweise aufhebt und sich vollkommen auf den Service orientiert. Viele Firmen nehmen diese Rolle bereits für die Akquisition neuer Mitarbeiter und Mitarbeiterinnen auf. Damit die Rolle genauer verstanden wird, ist in dieser zweiten Auflage die Beschreibung des Service Owners, seines Umfelds, seiner Tools und auch seiner Rechte eingefügt.

Seit der ersten Auflage haben mich dankenswerterweise viele Kommentare von Leserinnen und Lesern erreicht. Jeder Kommentar wurde abgewogen, diskutiert und ist in die zweite Auflage eingeflossen. Nun wünsche ich Ihnen, dass Sie einen Gewinn aus diesem Buch ziehen und das Gelernte in der Praxis umsetzen können. Über Ihre Rückmeldung würde ich mich sehr freuen, denn nach der zweiten Auflage ist vor der dritten Auflage.

Herzlichst
Robert Scholderer
Stuttgart, im März 2022

Vorwort zur 1. Auflage

Wenn Kunden gerne und umfangreich IT-Services buchen, dann hat der IT-Servicekatalog sein Ziel erreicht und ist über den Status einer »Visitenkarte der IT« hinausgewachsen.

Liebe Leser,

das vorliegende Buch behandelt die Erstellung von IT-Servicekatalogen und das professionelle Designen von IT-Services.

In meiner Funktion als Service-Level-Manager und IT-Servicedesigner (seit ITIL 2011 gibt es die Rolle des Servicekatalog-Managers explizit) habe ich viele IT-Servicekataloge erstellt und mir dabei oftmals Hilfestellungen aus Büchern gewünscht. Bei Internetrecherchen war die Ausbeute dürftig und nur theoretischer Natur. Zum Zeitpunkt der Entstehung dieses Buches gibt es auf dem IT-Markt keine nennenswerte Literatur. Der Rückgriff auf Literatur basiert auf allgemein definierten Standards und Mosaiksteinen aus IT-Büchern, die das Thema IT-Servicekatalog streifen. Den Hauptteil dieses Buches bildet meine Erfahrung aus einer Vielzahl erstellter IT-Servicekataloge. Mit der Zeit wurde deutlich, dass IT-Services von Projekt zu Projekt wiederkehrend definiert wurden. Mit jedem IT-Servicekatalog wuchs daher mein Fundus an Textbausteinen, die als Vorlage für den nächsten IT-Servicekatalog dienten, und mit jedem Servicekatalog-Projekt wurden die Bausteine verfeinert.

Nach über 60 IT-Servicekatalogen ist eine Methodik entstanden, wie Servicekatalog-Manager im Rahmen des Designs und der Implementierung vorgehen sollten bzw. welche Vorgehensweise sie in Abhängigkeit des Reifegrads der IT im Unternehmen zu wählen haben. Aus diesen Erfahrungen heraus habe ich das CECAR-Modell (CECAR = **C**ustomer **E**nabled **C**atalogue **AR**chitecture) entwickelt. Es ist effizient und kann von jedem Unternehmen, das den IT-Servicekatalog einführen bzw. verbessern möchte, angewendet werden.

Das CECAR-Modell ist eine Anleitung für Unternehmen, die eine interne IT-Abteilung haben, sowie für IT-Unternehmen, die auf dem freien Markt agieren, um deren IT-Services zu analysieren, zu designen und in einen geeigneten IT-Servicekatalog zu überführen. Die Schwierigkeit, einen IT-Service zu designen, wird mit CECAR aufgelöst, und es werden klare Handlungsanweisungen für IT-Servicekatalog-Manager aufgezeigt. Anhand von vielen Praxishilfen, wie Servicenamen, Templates und Definitionen, können Servicekatalog-Manager vorangehen und den eigenen IT-Betrieb genau durchleuchten, um zum eigenen IT-Servicekatalog zu kommen und damit die Revolution im eigenen Hause einzuleiten oder – sofern bereits ein IT-Servicekatalog vorhanden ist – den Reifegrad eines existierenden IT-Servicekatalogs zu erhöhen. Dieses Buch unterstützt den Manager bei der Entwicklung von IT-Services, die in dieser Form auf dem Markt innovativ und hochgradig professionalisiert sein müssen.

Dabei gehen die Inhalte des Buches weit über die bisherigen Standards hinaus. Denn in den Standards wird meist nur vage und allgemein das Designen von IT-Services beschrieben, jedoch nicht die gelebte Umsetzung anhand von konkreten Vorgehensmodellen und Praxisbeispielen. Genau hier liefert das Buch mit CECAR eine klare Methode.

Dieses Buch zeigt, wie IT-Unternehmen sich durch die Einführung eines IT-Servicekatalogs von einer IT-Manufaktur hin zum IT-Fließband entwickeln können. Damit wird der IT-Servicekatalog das zentrale Portal, über das Kunden von IT-Unternehmen deren Leistung beziehen. Ohne den IT-Servicekatalog werden die IT-Services individuell für Kunden zusammengestellt. Häufig wiederkehrende Kundenanfragen sollten jedoch nicht immer wieder individuell bedient werden müssen. Der IT-Servicekatalog schafft hier Abhilfe. Ein professionelles Design von IT-Services hilft, dass ein einheitliches Verständnis für die verkauften IT-Services entsteht. An dieses Verständnis schließt sich sofort die Produktionskette an. Es können einheitlich definierte IT-Services offensichtlich nicht unterschiedlich produziert werden. Und genau an dieser Stelle führt der IT-Servicekatalog zur nachhaltigen Revolution in der IT. Sein bloßes Vorhandensein zwingt IT-Manufakturen, auf einen industriellen Betrieb umzustellen. Die Folge davon ist ein effektiver und effizienter IT-Betrieb.

In diesem Buch werden in Verbindung mit dem CECAR-Modell zu allen Themenschwerpunkten viele Praxisbeispiele in den Repositories zur Veranschaulichung angeführt. Die Arbeitsweise des Servicekatalog-Managers besteht u.a. darin, dass er sich an Vorlagen orientiert, sodass er diese für seinen eigenen IT-Servicekatalog übernehmen kann. Für Ihren größtmöglichen Nutzen habe ich deshalb in diesem Buch mein eigenes Repository zur Verfügung gestellt, damit daraus neue und sehr gute IT-Servicekataloge für bzw. durch Sie, liebe Leser, entstehen können.

Robert Scholderer
Stuttgart, im Januar 2017

Danksagung

Ich danke Hagen Aescht für seine Hinweise als IT-Servicekatalog-Trainer. Seine Anregungen gaben mir wichtige Impulse, welche Richtung ich bei den IT-Servicekatalogen einschlagen sollte. Seine Initiativen, wie SLM-Themen aufbereitet und »leserlich« gestaltet werden, haben in diesem Buch zu wertvollen Beiträgen geführt.

Das CECAR-Modell wurde maßgeblich geprägt von Jörg Richert und Dr. Alexander Lürken-Uhl. Ihnen bin ich zu großem Dank verpflichtet für die Hilfe bei der Strukturierung des Gesamtkomplexes. Das erste Modell mit dem Arbeitstitel DITS (Design of IT-Servicecatalogue) wurde kritisch auf seine Schwächen hin von Jörg Richert untersucht. Die Neuauflage als CECAR-Modell entstand in Zusammenarbeit mit Dr. Alexander Lürken-Uhl. Seine Ideen und sein großes Engagement sorgten für einen neuen Zuschnitt des Modells. Die erneute Prüfung für den letzten Feinschliff führte wiederum Jörg Richert aus und seine Hinweise stabilisierten letztlich das Modell.

Natascha Zangl danke ich für die Zusammenarbeit und für die Diskussionen im täglichen operativen Geschäft, wie beide Prozesse – Service Level Management und Servicekatalog-Management – effizienter zusammen erbracht werden können.

Weiterhin danke ich Jürgen Ziegler, dem IT-Leiter des Flughafens Nürnberg, dass ich ihm bei seiner Arbeit über die Schulter blicken konnte. Seine Praxislösungen sind eine große Bereicherung für mich und sind in dieses Buch eingeflossen. Im Besonderen schlägt sich sein Preis- und Kostenverständnis in den Abschnitten zu Servicepreisen nieder.

Mein Dank geht an auch Frank Valentin, der als hart nachfragender Sparringspartner die IT-Services in einem gemeinsamen Projekt hinterfragt hat, um einen für den Kunden geeigneten IT-Servicekatalog zu erhalten.

Für die konstruktive und langjährige Zusammenarbeit danke ich Heike Rossmeisl und Herrmann Gerster. Das gemeinsame Projekt fortwährend aus der Kundensicht zu betrachten, hat dem Modell CECAR Impulse aus dem täglichen Business gegeben.

Für eine kontinuierliche Begleitung dieses Buchprojekts danke ich Thomas Maier, der mir fast täglich zur Seite stand und so etwas wie ein Motivationsmentor war und der auch immer wieder den Blick auf unterschiedliche Positionen lenkt und selbst die Sicht auf Kunden lebt.

Inhaltsübersicht

Inhaltsverzeichnis

Teil I

Grundlagen und das Basismodell CECAR

1 Einführung

Unser Katalogbegriff ist über viele Jahre hinweg geprägt durch Produktkataloge im Sinne von Sachgütern. In den Katalogen wird nachgeschlagen, welche Artikel angeboten werden, und wenn ein Artikel gefällt, wird dieser ausgewählt und gekauft. Im Internet sind mittlerweile ähnliche Strukturen nach dem Prinzip nachschlagen, auswählen und kaufen entstanden. Eine breite Zielgruppe kann einen Katalog verwenden und das Gewünschte finden. Darauf reduziert sich meistens das Verständnis für Kataloge. Diese Annahme trifft aber nicht für alle Kataloge zu. Wenn vom reinen Endkonsumentengeschäft wie z.B. Modekatalogen ausgegangen wird, so trifft diese Annahme zu. Vereinfacht ausgedrückt gibt es einen Pullover in einer begrenzten Anzahl an Farben zu kaufen. Die Zielgruppen verringern sich deutlich, wenn speziellere Artikel wie z.B. Eisenprofile oder Scharnier-Sortimente in Branchenkatalogen angeboten werden. Ein Käufer muss von der Branche Kenntnis haben und verstehen, wofür diese Artikel benötigt bzw. wie sie angewendet werden und was ggf. dazu zu bestellen ist. Wenn der Eisenwarenkatalog von der richtigen Zielgruppe genutzt wird, kann dieser Katalog seine Mehrwerte ausspielen. Der IT-Servicekatalog in der IT gehört damit ebenfalls zur Kategorie der spezifischen Kataloge.

Zwischen dem Mode-, Eisenwaren- und IT-Servicekatalog lassen sich Vergleiche ziehen und Unterschiede erkennen, auch wenn sich die Kataloge auf verschiedene Güter wie Sachgüter oder immaterielle Dienstleistungen beziehen. Für den Kauf eines Pullovers gibt es Qualitätskriterien bezüglich der Wolle, der verschiedenen Ausführungen von Farben und ggf. Schnitten. Die Eisenwaren und die IT-Services haben ähnlich wie der Pullover Qualitätskriterien und unterschiedliche Ausführungen. Nur sind beim IT-Service die Qualitätskriterien viel mannigfaltiger ausgeprägt als beim Pullover oder den Eisenwaren. Bei den Ausführungen gilt es, in der IT die Vielfalt eher einzudämmen als bei den Eisenwaren, hier sind erheblich mehr Ausführungen gewünscht und somit vorzufinden. An einer weiteren Stelle unterscheidet sich der IT-Service vom Pullover und den Eisenwaren. Der IT-Service hat eine viel größere Menge von Abhängigkeiten zu anderen IT-Services als dies beispielsweise Eisenwaren aufweisen. Zum Vergleich: Wer einen Pullover kauft, der muss nicht zwangsläufig eine Hose und Schuhe kaufen. Die

IT-Abhängigkeiten verkomplizieren den Sachverhalt zur Erstellung eines IT-Servicekatalogs um ein Vielfaches. Je mehr es darum geht, den IT-Service zu verstehen, umso mehr lässt sich feststellen, dass Dienstleistungen nicht wie Pullover oder Eisenwaren als begreifbare Produkte anzusehen sind. Im Kontext eines IT-Service bedeutet dies, wenn es sich um einen Arbeitsplatz-PC, eine Berechtigung einer Anwendung oder von einem Prozess handelt, ist dies zu berücksichtigen. Dann sind abstrakte Konstruktionen, die sich dem gängigen Produktverständnis entziehen, zu entwerfen. Dies verkompliziert die Sachlage und macht die Erstellung von IT-Servicekatalogen schwierig. Obwohl sich der IT-Service gegenüber dem Mode- und Eisenwarenkatalog abgrenzt, gibt es darüber hinaus eine Gemeinsamkeit: Alle Kataloge arbeiten mit ein oder mehreren Vorlagen, sogenannten Templates, mit denen sie ihre Produkte darstellen. Pullover werden anders präsentiert als Hosen, Schrauben werden mit anderen Merkmalen abgebildet als Eisenprofile. Beim IT-Servicekatalog ist diese Methode der verschiedenen Templates zu berücksichtigen, um nicht alles in eine statische Vorlage zu übernehmen.

Ein anderer wichtiger Aspekt sind die Zielgruppen. Der Modekatalog und der Eisenwarenkatalog haben genaue Zielgruppen, die sie ansprechen. Im Modekatalog sind es die Models (Alter und Geschlecht), die dies verdeutlichen, und im Eisenwarenkatalog sind die Zielgruppe Unternehmer, die im Baugewerbe tätig sind. Beim IT-Servicekatalog wird diese Frage meist zu spät behandelt. Lange Zeit ist nicht ersichtlich, für welche Zielgruppe der IT-Servicekatalog verwendet wird. Damit entsteht bereits zu Beginn der Erstellung eine Ungenauigkeit, die zu nicht verwendbaren bzw. wenig anwendbaren IT-Servicekatalogen führt. Das in Kapitel 3 ausgeführte CECAR-Modell (Customer Enabled Catalogue ARchitecture) definiert daher zwei Grundprinzipien, die sich explizit um die Zielgruppe kümmern und deren Bedeutung hervorheben.

Eine weitere Unterscheidung gilt es zu beachten. Der Mode- und der Eisenwarenkatalog unterscheiden sich in der Handhabung. Während der Modekatalog für Endverbraucher ein werbliches Beiwerk zum Leben darstellt, ist der Eisenwarenkatalog ein tägliches Werkzeug, über den Buchungen vorgenommen werden. Der Eisenwarenkatalog hat hier eine Gemeinsamkeit mit dem IT-Servicekatalog. Der IT-Servicekatalog ist ebenfalls ein Werkzeug für den täglichen Gebrauch, um IT-Services zu beschreiben und, sofern gewollt, präzise bestellen zu können.

Als letztes großes Unterscheidungsmerkmal des IT-Servicekatalogs gegenüber dem Mode- und Eisenwarenkatalog sind seine vielen Facetten zu nennen. Diese reichen vom einfachen Buchungsvorgang bis hin zu komplexen IT-Strukturen, die nicht mehr ohne Fachkenntnis gebucht werden können. Bei komplexen IT-Strukturen sind im IT-Servicekatalog normierte (im Sinne von vorkonfektionierte) Teile enthalten, die sogenannten atomaren IT-Services (Basisservices), die für den Bedarfsfall kundengerecht zusammengestellt werden.

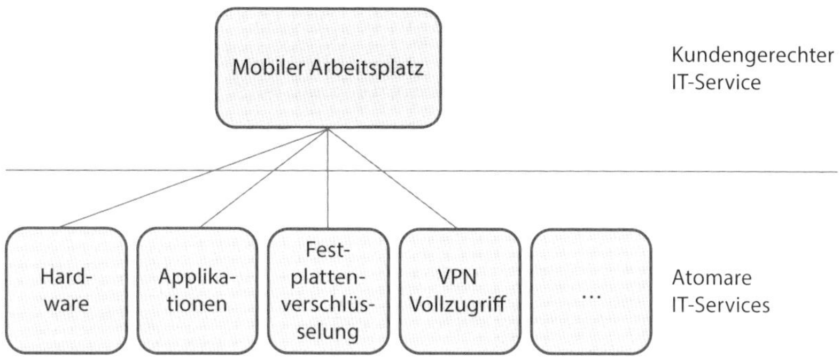

Abb. 1–1 *Beispiel: Unterscheidung von IT-Services*

Der Bedarfsfall (z.B. Aufbau einer Filiale, Arbeitsplatzbeschreibung) wird aus den Geschäftsprozessen heraus erzeugt. Welcher Bedarfsfall der nächste sein wird, ist meist unbekannt. Die IT muss sich hierauf einstellen. Dieser Punkt erschwert zusätzlich die Erstellung des IT-Servicekatalogs, da die meisten Anwender aus den Fach- bzw. Geschäftsbereichen einen IT-Servicekatalog mit atomaren IT-Services nicht auf ihre Geschäftsbereiche adaptieren können und dafür einen Übersetzer benötigen. Es ist also eine Abbildung davon gefordert, was der Kunde tatsächlich braucht. Hier gilt es, die Zielgruppe zu kennen sowie deren Geschäftsbereiche, damit geeignete Servicebundles aus den atomaren IT-Services vorbereitet sind.

Vor dem Hintergrund dieser Herausforderungen zeigt sich, wie komplex die Erstellung eines IT-Servicekatalogs ist, die durch die Preisfindung einen weiteren Komplexitätsfaktor erfährt. In den folgenden Kapiteln wird der Schwerpunkt darauf gelegt, wie ein IT-Servicekatalog erstellt und wie IT-Services professionell modelliert werden.

1.1 Fokus dieses Buches

Dieses Buch beschäftigt sich vorwiegend mit IT-Services für IT-Unternehmen, die vernetzte Systeme betreiben und daraus Leistungen ihren Servicenehmern anbieten. Dabei sind zwei Formen von IT-Unternehmen zu unterscheiden:

- **Interne IT-Unternehmen**
  Interne IT-Dienstleisterr versorgen z.B. Konzerneinheiten bzw. Fachbereiche. Dabei kann der interne Dienstleister eine eigenständige Rechtsform (meist GmbH) sein oder als interne IT-Abteilung mitgeführt werden. Es gibt dabei Sonderformen, wie die Gründung eines Rechenzentrums, deren Eigner z.B. mehrere Banken sind. Dies gilt auch für gegründete Genossenschaften, die im Handel wie ein interner IT-Dienstleister gesehen werden und in der Praxis analog handeln.

- **IT-Unternehmen, die auf dem freien Markt agieren**
  Dienstleister dieser Kategorie bieten ihre IT-Services auf dem freien Markt im Wettbewerb gegenüber anderen Anbietern an. Sie sind als eigenständige Rechtsform eingetragen und werden im Outsourcing als Dienstleister eingebunden. In dieser Form werden sie als Zulieferer oder Drittdienstleister bezeichnet.

Abbildung 1–2 zeigt die Grundprinzipien nochmals auf.

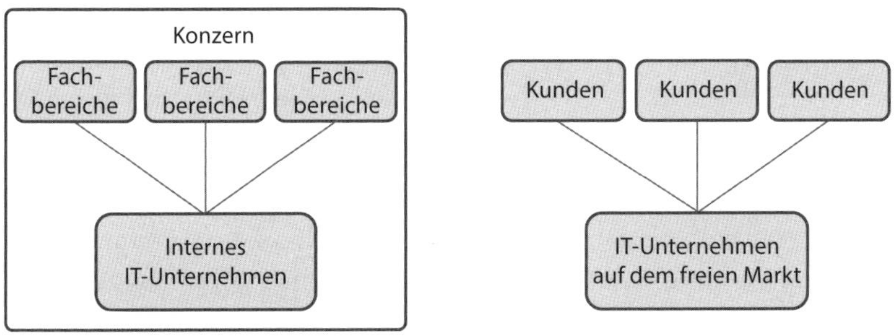

Abb. 1–2 *Unterschied zwischen interner IT und dem freien Markt*

Für die Anwendung der in diesem Buch beschriebenen und in der Praxis erprobten Konzepte von IT-Servicekatalogen wurden diese beiden Formen von IT-Unternehmen untersucht. Diese Untersuchung hatte zum Ziel, herauszufinden, ob es bei beiden Formen aufgrund der unterschiedlichen Ausrichtung Unterscheidungsmerkmale in Bezug auf den IT-Servicekatalog gibt. Als Unterscheidungsmerkmale wurden deren Wettbewerbssituation, Kundensegmente, Automatisierungsgrad und Qualitätsausprägung identifiziert. Diese scheinbaren Unterscheidungsmerkmale haben keine Auswirkung auf die Gestaltung des IT-Servicekatalogs:

- **Wettbewerbssituation**
  Auf dem freien Markt agierende IT-Unternehmen scheinen eine Wettbewerbssituation zu haben, die bei internen IT-Unternehmen nicht vorliegt. Es gibt aber Konstellationen mit mehreren internen IT-Unternehmen, die untereinander in den Wettbewerb treten, ähnlich wie dies in der freien Wirtschaft der Fall ist. Der IT-Servicekatalog muss hier entsprechend wettbewerbsfähig ausgerichtet sein.
- **Kundensegmente**
  Die Annahme, »interne IT-Unternehmen bedienen ausschließlich ein homogenes Kundensegment«, ist nicht haltbar. Beide Formen der IT-Unternehmen bedienen entweder ein spezifisches Kundensegment oder sind Dienstleister von Kunden mit heterogenen Geschäftsprozessen. Für den IT-Servicekatalog bedeutet das eine Herausforderung, die Vielzahl von IT-Services zu strukturieren und an der entsprechenden Zielgruppe auszurichten, bzw. es muss ggf. mehrere IT-Servicekataloge in Abhängigkeit zur Zielgruppe geben.

- **Automatisierungsgrad**
  Einige IT-Unternehmen sind sehr weit, um ihre Kunden mit automatisierten Buchungen aus dem IT-Servicekatalog zu bedienen. Hier kann zwischen internen und externen IT-Unternehmen kein Favorit ausgemacht werden, welche von diesen Formen besser vorbereitet ist. Der IT-Servicekatalog führt beide Formen zu einem hohen Automatisierungsgrad.
- **Qualitätsausprägung**
  Internen IT-Unternehmen wird aufgrund ihrer Monopolstellung vorgehalten, weniger Service Levels einhalten zu müssen. Dies kann entkräftet werden, denn es gibt eine Vielzahl von IT-Unternehmen, die erfolgreich mit wenig Service Levels auf dem freien Markt agieren.

Zentrales Unterscheidungsmerkmal

Es gibt zwar bei einigen internen IT-Unternehmen eine interne Leistungsverrechnung mit den Fachbereichen. Diese ist vergleichbar mit der mandantenfähigen Abrechnung von IT-Services zwischen IT-Unternehmen auf dem freien Markt und ihren Kunden. Aber bei vielen internen IT-Unternehmen ist die interne Leistungsverrechnung nicht gegeben. Als Alternative wird ein Komplettbudget für IT-Ausgaben definiert. Diese Besonderheit gibt es vorwiegend für interne IT-Unternehmen. Löhne, Anschaffungen und Mieten stehen dabei im Vordergrund. Unabhängig von Leistung und Qualität, die das interne IT-Unternehmen erbringt, wird ein Budget definiert. Das interne IT-Unternehmen muss damit planen und wirtschaftlich handeln. Kommt es zu einer Überziehung dieses Komplettbudgets, erfolgt eine Nachbeauftragung.

Leser, bei denen diese Besonderheit vorliegt, können den Abschnitt 4.1 und Kapitel 13 überspringen bzw. mit einer geringeren Priorität durchlesen.

Beide Formen von IT-Unternehmen benötigen jedoch ein einheitliches Vorgehen zur Beschreibung von IT-Services, zur Definition der Service Levels bzw. Kennzahlen und Klärung von Verantwortlichkeiten für die anvisierten Zielgruppen. Hierfür liefert das Buch ab Kapitel 3 ein durchgängiges Modell.

> **Hinweis:** Einige Rahmenbedingungen treten bei internen IT-Unternehmen gehäufter auf und bedürfen einer genauen Betrachtung. Hierauf wird im Buch dediziert hingewiesen.

1.2 Zentrale Begriffe für das Servicekatalog-Management

Für das Servicekatalog-Management sind mehrere Begriffe von zentraler Bedeutung. Um die einzelnen Begriffe einordnen zu können, wird in Abbildung 1–3 eine Gruppierung vorgenommen:

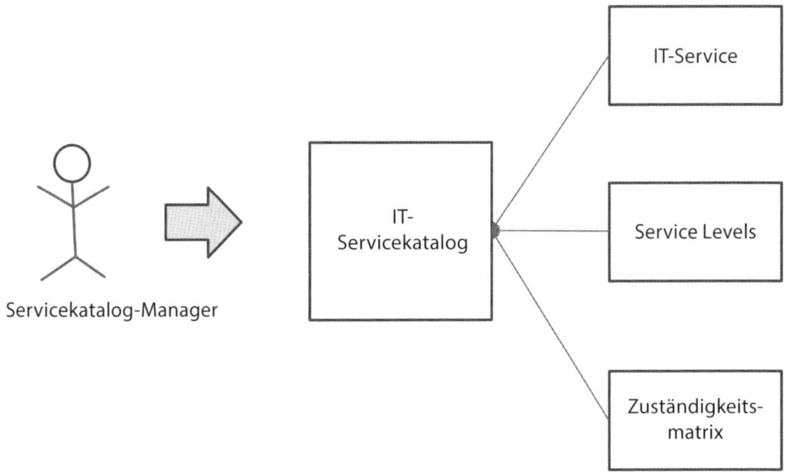

Abb. 1–3 *Einordnung zentraler Begriffe*

Der Servicekatalog-Manager erstellt und verwaltet den IT-Servicekatalog. Seine Aufgaben werden in diesem Buch ausführlich behandelt. Um den IT-Servicekatalog zu erstellen, benötigt er entsprechende Elemente. Die drei Grundelemente werden in diesem Abschnitt aufgeführt.

1.2.1 Servicekatalog-Manager

Die Rolle des Servicekatalog-Managers hat sich über vier ITIL-Versionen herausgebildet. Je stärker in ITIL die Differenzierung der Prozesse in kleinere Prozesse erfolgte, desto deutlicher treten die Aufgaben und Rollen hervor. Die Aufgaben werden klarer benannt und in Prozesse zusammengefasst. Dabei ist im Falle des Servicekatalog-Managers das Objekt IT-Servicekatalog ausschlaggebend gewesen. Der IT-Servicekatalog ist in seiner Bedeutung und seinem Pflegeaufwand deutlich umfangreicher geworden, sodass eine Rolle hierfür benötigt wurde (s. Tab. 1–1).

Version	Definition
ITILv2	■ Das Service Level Management beinhaltet die SLAs und den IT-Servicekatalog ■ Rolle: Service-Level-Manager
ITILv3 (2007)	■ Zwei Prozesse: Service Level Management und Servicekatalog-Management ■ Rolle: Service-Level-Manager
ITILv3 (2011)/ ITIL 4 (2019)	■ Zwei Prozesse: Service Level Management und Servicekatalog-Management ■ Zwei Rollen: Service-Level-Manager und Servicekatalog-Manager

Tab. 1–1 *ITIL-Prozesse und Rollen*

Zur Ausführung der Rolle des Servicekatalog-Managers sind folgende Qualifikationen notwendig:

- Textsicherheit zur Beschreibung der IT-Services
- Mathematische Kenntnisse zur Festlegung von Service Levels und Kennzahlen
- Kundenorientiertes Denken, um die Kundensicht im IT-Servicekatalog abzubilden
- Umfangreiches IT-Verständnis, um die IT-Services modellieren zu können
- Umfangreiches IT-Prozessverständnis für die Abschätzung, wie viel hinter dem IT-Service steckt
- Erkennung von Servicezusammenhängen, um dies im IT-Servicekatalog abbilden zu können
- Grundkenntnisse von Verträgen mit externen Dienstleistern, um deren Leistungsumfang mit in den IT-Servicekatalog aufnehmen zu können
- Betriebswirtschaftliche Kenntnisse zur Definition von Preisen und Preismodellen
- Bereitschaft zur Weiterbildung, um die neuen Technologien zu verstehen, da daraus neue IT-Services werden

Dieses Profil deckt alle zentralen Anforderungen ab, die ein Servicekatalog-Manager heute mitbringen muss, um seiner Rolle adäquat gerecht werden zu können.

1.2.2 IT-Servicekatalog

Prinzipiell lässt sich der IT-Servicekatalog wie folgt verstehen: Er beschreibt IT-Services, die ein IT-Unternehmen seinen Kunden in einer einheitlichen Systematik anbietet. Diese IT-Services sind Teil eines Serviceportfolios und dort nach Nutzenaspekten bewertet und gegliedert (z.B. nach ITILv3/ITIL 4 in Business- und technische IT-Services).

In einem IT-Servicekatalog werden alle im Unternehmenskontext relevanten Leistungen (z.B. Servicedesk, Backup, Abrechnungsapplikation) einem IT-Service zugeordnet. Der IT-Servicekatalog ist ein Hilfsmittel, um auf Anforderungen des Servicenehmers optimal reagieren oder Service Level Agreements präzise erstellen zu können. Die Sicht des Kunden ist für die Frage entscheidend, wie der IT-Servicekatalog in seiner Ausrichtung konzipiert wird. Vor der Erstellung ist zu klären, welche Zielgruppe der Katalog ansprechen soll.

Ein IT-Servicekatalog, der dem IT-Betrieb dienen soll, ist anders aufgebaut als für Entscheider auf Managementebene. Dieser IT-Servicekatalog ist zwar auch dem ITIL-Prozess Servicekatalog-Management zugeordnet [ITIL 4 2019]. Der Unterschied besteht in der Pflege und Aktualisierung innerhalb des operativen Betriebs in Absprache mit den internen IT-Abteilungen.

1.2.3 IT-Service

Das Verständnis des Begriffs IT-Service ist unterschiedlich und verändert sich hinsichtlich der darunter verstandenen Inhalte und seines Umfangs kontinuierlich. Aktuelle Beiträge in einschlägigen Veröffentlichungen (*http://whitepaper.cio.de*) und intensive Diskussionen in entsprechenden Fachgruppen (z.B. itsmf e.V.) unterstreichen diesen Trend. Nachfolgend sei die Entwicklung beispielhaft anhand der ITIL-Historie dargestellt, daran anschließend werden die in diesem Buch relevanten IT-Services definiert [Knowledgetransfer 2011].

- **IT-Service (ITILv1)**
  Ein IT-Service ist eine Reihe von Funktionen, die von IT-Systemen zur Unterstützung von einem oder mehreren Geschäftsfeldern zur Verfügung gestellt wird. Die Funktionen bestehen wiederum aus Software, Hardware und Kommunikationseinrichtungen, die durch den Servicenehmer als kohärente und in sich geschlossene Einheit wahrgenommen werden. Ein IT-Service kann vom Zugang zu einer einzigen Anwendung, wie z.B. ein Reservierungssystem, bis hin zu einer komplexen Reihe von Einrichtungen, darunter viele Anwendungen sowie Büro-Automatisierung, die über eine Vielzahl von Hardware- und Softwareplattformen verbreitet sind, reichen.
- **IT-Service (ITILv2)**
  Ein IT-Service ist eine Gruppe von Komponenten, die zur Unterstützung eines oder mehrerer Geschäftsprozesse vorgesehen sind. Der IT-Service umfasst eine Reihe von Konfigurationselementen (Router, Arbeitsplatz) und wird vom Servicenehmer und Nutzer als eine in sich geschlossene, einheitliche, kohärente Einheit wahrgenommen.
- **IT-Service (ITILv3)**
  Ein IT-Service wird durch eine Kombination von Informationstechnologie, Menschen und Prozessen gebildet. Ein kundenorientierter IT-Service unterstützt direkt die Geschäftsprozesse eines oder mehrerer Kunden und seine Service-Level-Ziele sollten in einem Service Level Agreement definiert werden. Andere IT-Services, die unterstützende Services genannt werden, werden nicht direkt durch das Business genutzt, jedoch vom IT-Unternehmen benötigt, um kundenorientierte Services zu liefern.

> **IT-Service (ITIL 4)**
> Ein Service ist eine Möglichkeit, einen Mehrwert für Kunden zu erbringen, indem das Erreichen der von den Kunden angestrebten Ergebnisse erleichtert oder gefördert wird. Dabei müssen die Kunden selbst keine Verantwortung für bestimmte Kosten und Risiken tragen

Entlang der Historie von ITIL-Versionen wurde ein IT-Service aus der Perspektive des Servicenehmers immer weiter von der zugrunde liegenden Leistungserbringung hin zum Nutzen abstrahiert [ITIL 4 2019]. Im weiteren Verlauf des Buches wird in Abschnitt 5.1.1 gezeigt, wie die Ableitung eines eigenen Servicebegriffs im IT-Unternehmen gelingt.

Tipp: Der Begriff »IT-Service« wird in IT-Unternehmen konträr diskutiert. Es werden Begriffe eingebracht wie Funktionsbündel, Produkt oder Modul, um daraus eine geeignete Definition zu machen. Zu Beginn eines IT-Servicekatalogs gibt es fast immer eine Diskussion um diesen oder ähnliche Begriffe. Der Servicekatalog-Manager hat hier die Aufgabe, die Diskussion zu führen, um IT-Services konkret und korrekt benennen zu können. In Abschnitt 11.2.2 findet sich ein Vorgehen, wie ein Herausfiltern von IT-Services aus dem von IT-Unternehmen erbrachten Portfolio erfolgt.

1.2.4 Service Levels

Ein Service Level quantifiziert einen IT-Service. Es handelt sich dabei um Ausdrücke, deren Ergebnis eine Eigenschaft der Dienstleistung charakterisiert. Service Levels müssen demzufolge Ausdrücke mit einfachen, eindeutig interpretierbaren Ergebnissen beinhalten, wie z. B. »true« und »false« oder die Farben einer Ampel, damit deutlich wird, wann Service Levels nicht eingehalten worden sind.

Bei der begrifflichen Einführung zu den Service Levels kann zwischen Topkennzahlen, Ergebniskennzahlen und Leistungstreibern unterschieden werden [Fröschle und Schrey 2012].

Anhand von Beispielen aus dem IT-Anwendungsbereich Servicedesk lassen sich diese Service Levels anschaulich erläutern: Die Topkennzahlen vermitteln die gesamte Serviceleistung des Dienstleisters gegenüber dem Servicenehmer, z. B. der Customer-Service-Index aus einer IT-Kundenbefragung. Die Ergebniskennzahlen sind Kennzahlen, die gegenüber dem Servicenehmer kommuniziert werden, z. B. Verfügbarkeit, Wiederherstellzeit, Reaktionszeit (s. Abschnitt 12.3). In Abbildung 1–4 ist der Zusammenhang zwischen den unterschiedlichen Kennzahlentypen, den Leistungstreibern und verschiedenen IT-Bereichen detailliert dargestellt. Entscheidend sind die Ergebniskennzahlen und die Leistungstreiber der einzelnen IT-Einheiten, die eine Basis für die Ermittlung der Topkennzahlen bilden.

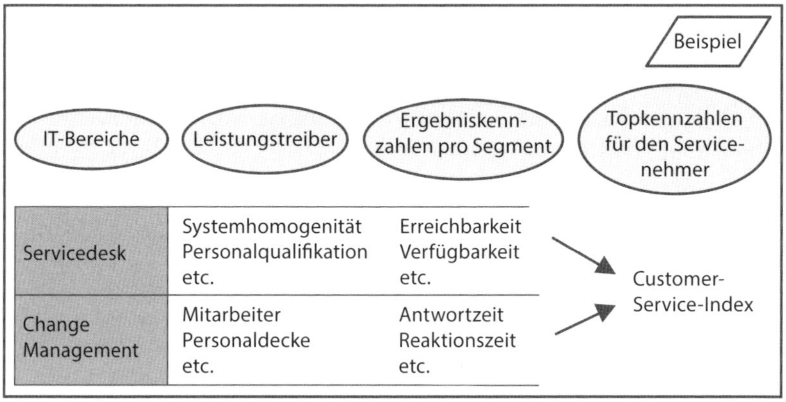

Abb. 1–4 *Zusammenhang zwischen Top-, Ergebniskennzahlen und Leistungstreiber*

Die Zusammenhänge sollen am Beispiel des Servicedesks eingehender betrachtet werden: Wie bereits erläutert, stellt der Customer-Service-Index (oder Customer-Satisfaction-Index) eine Topkennzahl dar. Im Customer-Service-Index wird ein Messverfahren festgelegt, wonach die generelle Zufriedenheit des Benutzers mit dem Dienstleister festgestellt wird. So können z.B. alle Benutzer, die mit dem Servicedesk in Verbindung stehen, zur Zufriedenheit der Entstörung oder zur Erreichbarkeit befragt werden. Diese Befragung kann hinsichtlich des Detaillierungsgrads nach Bedarf und IT-Bereich beliebig gestaltet werden. Zu typischen Service Levels gehören z.B. Antwortzeit, Reaktionszeit, Verfügbarkeit, Wiederherstellzeit oder max. Datenverlust. Im Falle des Servicedesks wurden die Service Levels Erreichbarkeit, Reaktions- und Annahmezeit ausgewählt. Die Verfügbarkeit beschreibt, inwiefern ein IT-System in der vereinbarten Betriebszeit zur Verfügung steht. Ein IT-System mag durchaus laufen, doch wenn es mit Transaktionen beschäftigt ist und dadurch kein anderer Benutzer Zugriff erhält, ist das IT-System in diesem Moment nicht verfügbar.

1.2.5 Zuständigkeitsmatrix

Entsprechend der Beschreibung des IT-Service werden im IT-Servicekatalog die Aufgaben zwischen Servicenehmer und IT-Unternehmen in einer Zuständigkeitsmatrix aufgeteilt, wobei die Aufteilung der jeweiligen Aufgaben am Leistungsübergabepunkt erfolgt. Mit Zuständigkeitsmatrizen wird eine Technik zur Analyse und Darstellung von Verantwortlichkeiten bezeichnet. Dabei werden folgende Modelle unterschieden (s. Tab. 1–2):

Deutsches Modell: VDMI	Internationales Modell: RACI
■ V = Verantwortlich: Aufbauend auf dem Dienstleistermodell werden die Verantwortlichkeiten im Detail ausgeführt. Verantwortlich bedeutet hier, der Vertragspartner muss sicherstellen, dass diese Aufgabe korrekt erfolgt. [Variante anstelle von V: E = Entscheidungsverantwortung] ■ D = Durchführung: Die in Auftrag gegebenen Aufgaben werden durchgeführt. ■ M = Mitwirkung/Mitarbeit: Der Vertragspartner hat eine Mitwirkungsleistung. ■ I = Information: Der Vertragspartner erhält eine Information über einen Vorgang.	■ R = Responsible – verantwortlich (Durchführungsverantwortung): Die Person ist verantwortlich, die die Initiative für die Durchführung (durch andere) vergibt oder die die Aktivität selbst durchführt. Wird als Verantwortung im disziplinarischen Sinne interpretiert. ■ A = Accountable – rechenschaftspflichtig (Kostenverantwortung): Die Person, die im rechtlichen oder kaufmännischen Sinne die Verantwortung trägt, ist verantwortlich im Sinne von »genehmigen«, »billigen« oder »unterschreiben«. Wird als Verantwortung aus Kostenstellensicht interpretiert. ■ C = Consulted – konsultiert (Fachverantwortung): Eine Person, deren Rat eingeholt wird. Wird als Verantwortung aus fachlicher Sicht interpretiert. ■ I = Informed – zu informieren (Informationsrecht): Eine Person, die Informationen über den Verlauf bzw. das Ergebnis der Tätigkeit erhält oder die Berechtigung besitzt, Auskunft zu erhalten.

Tab. 1–2 *Verantwortlichkeitsmodelle*

In der Regel sollte pro Aktivität eine Person (Rolle) verantwortlich sein (s. Tab. 1–2). Dagegen können mehrere Personen bei einer Aktivität durchführend, mitwirkend oder informiert beteiligt sein. Eine Person kann für eine Aktivität gleichzeitig verantwortlich und durchführend sein. Zur weiteren Auftrennung der Verantwortlichkeiten werden in den Zuständigkeitsmatrizen die erforderlichen Aufgaben abgestimmt. Diese resultieren z.T. aus den Mitwirkungspflichten seitens des Servicenehmers. Tabelle 1–3 zeigt anhand eines beispielhaften Ausschnitts, wie diese Zuständigkeitsmatrizen aufgebaut sind.

Bereich	Servicenehmer	Dienstleister
Anfragen (z.B. Annahme von Störungen als Incident)	M	V/D
Störungsbehebung für bekannte Probleme mit Lösungsweg	I	V/D
Initiale Priorisierung von Störungen		V/D
Aktualisierung und Abschluss von Incidents		V/D

Tab. 1–3 *Verantwortlichkeitsmatrix zur Bereitstellung seitens Servicenehmer*

Mithilfe der Zuständigkeitsmatrizen erkennt der Servicekatalog-Manager, wo der Übergang von Tätigkeiten und den Verantwortungsbereichen stattfindet. Damit erhalten beide Parteien eine höhere Sicherheit bezüglich der erwarteten Leistung oder Gegenleistung, wie in der vorhergehenden Tabelle aufgezeigt.

1.3 Herausforderung Servicekatalog-Management

Die folgenden Ziele sind auf den betrieblichen Fokus des IT-Servicekatalogs ausgerichtet. Der Bezug zum Service Portfolio Management, wie in ITILv3/ ITIL 4 beschrieben, wird hier um die Aspekte ergänzt, auf die in der Praxis der Schwerpunkt liegt (s. Kap. 15), um das in ITIL definierte Business-IT-Alignment zu gewährleisten. Essenziell ist in diesem Zusammenhang die Ausrichtung an den Geschäftsprozessen.

Das Einsatzfeld des in ITIL definierten Prozesses Service Catalogue Management entsteht aus den Defiziten, die sich unternehmensindividuell im Zusammenspiel zwischen Kunden, IT-Unternehmen und Zulieferern ergeben. Das in der Praxis gelebte Vorgehen war, dem Kunden zugeschnittene IT-Services anzubieten und diese in Service Level Agreements zu vereinbaren. Im Service-Level-Management-Prozess wurden sukzessive die Gemeinsamkeiten analysiert und daraus wiederkehrende IT-Services abgeleitet. Dieses Vorgehen führte zu vorgefertigten SLA-Templates und der Prozess Service Level Management wurde effizienter. Doch mit der steigenden Anzahl von SLAs wurde die Verwaltung aufwendiger. Die Lösung liegt darin, IT-Services zu standardisieren und in einem IT-Servicekatalog zusammenzufassen und Kunden anzubieten. Mit der Einführung des IT-Servicekatalogs ist eine übergreifende Rahmenvereinbarung abzuschließen. Kunden buchen einen IT-Service zu den bekannten Bedingungen mit den jeweiligen Eigenschaften, Rechten und Pflichten. Bei einer Buchung entsteht kein SLA mehr und die Menge von SLAs reduziert sich bzw. wird gänzlich vermieden. IT-Servicekataloge werden in der Praxis aus dem genannten Grund als wichtig erachtet. Zusätzlich gibt es weitere Gründe für seine Bedeutung. Diese reichen vom Benchmarking der IT-Services gegenüber dem freien Markt über die Bestimmung des Wertes der IT und anforderungsgerechter Leistungen für Kunden bis zur Übernahme der Rolle Business Enabler durch das IT-Unternehmen. Oftmals sind IT-Servicekatalog-Projekte nach dem Prinzip »Try & Error« entstanden und ungeeignet aufgebaut, denn die Standardisierung von Leistungen zwischen Kunden, dem IT-Unternehmen und dessen Zulieferern ist eine komplexe Aufgabe, die ohne Vorbereitung und genaue Planung nicht oder nur sehr schwer gelingt. Abbildung 1–5 zeigt die Rollen mit den verbundenen Schwierigkeiten auf.

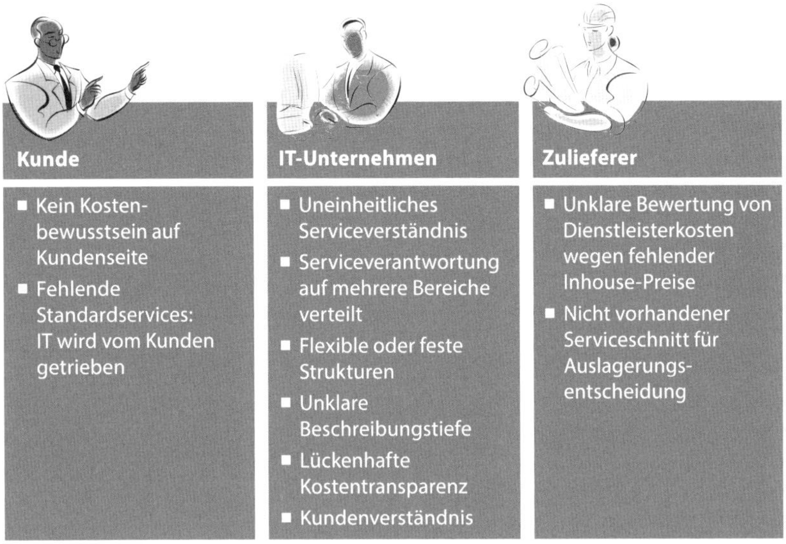

Abb. 1–5 *Einsatzfelder für den IT-Servicekatalog*

Der IT-Servicekatalog wirkt in seinen Einsatzfeldern diesen Problemen entgegen. Die einzelnen Einsatzbereiche werden entlang der Probleme erläutert.

Kunde

Kein Kostenbewusstsein auf Kundenseite
Interne IT-Unternehmen stehen oft vor Kunden, die kein Kostenbewusstsein für die hinter den IT-Systemen liegenden IT-Prozesse haben. Meist vergleichen diese Kunden die Kosten des heimischen PC mit den Kosten des Unternehmens-PC. Bei diesem Vergleich bleiben die für wenig IT-affine Kunden nicht sichtbaren Tätigkeiten der IT (z.B. Wartungsarbeiten) und die damit verbundenen Kosten verborgen. Genau hier setzen IT-Servicekataloge an und zeigen die Kosten der einzelnen IT-Services auf. Damit entsteht die Möglichkeit für die Kunden, ein Bewusstsein zu entwickeln, welche Kosten ein IT-Arbeitsplatz durch Backup, Support, Releases und Monitoring verursacht. Kunden verstehen dann meist besser, wie sich die Kosten zusammensetzen. Ausschließlich an dieser Stelle anzusetzen ist aber nicht zielführend. Aufgrund des fehlenden Kostenbewusstseins wählen bzw. beziehen bestimmte Fachbereiche mehr IT-Services als benötigt, da sie die IT als bestehenden Kostenblock wahrnehmen. Die Engpässe, die durch eine solche Einstellung für andere fachbereichsbezogene Kunden entstehen, werden nicht gesehen. Noch gravierender ist die nicht verursachergerechte Finanzierung von mehreren IT-Services durch Umlagen über die Kostenstellen der Fachbereiche. Alle Fachbereiche zahlen in die Solidargemeinschaft für die IT ein, aber einige wenige Fachbereiche nehmen deutlich mehr IT-Services in Anspruch als andere Einzahler.

- **Fehlende Standard-Services**
  Handlungsbedarf entsteht bei der Standardisierung von IT-Services. Der IT-Betrieb versäumt es zu einem hohen Prozentsatz, seine IT-Services zu standardisieren, um die Kunden effektiver bedienen zu können. Parallel stellen Kunden neue Anforderungen. Es entsteht damit ein Effekt, der sich in der Praxis wie folgt zeigt: Der Kunde stellt fortwährend neue Anforderungen an das IT-Unternehmen und dieses hat keine Chance, den jeweiligen IT-Service aufgrund von Änderungen zu standardisieren. Dieser Effekt steht zusätzlich mit einem anderen Problem in Verbindung. Einige IT-Unternehmen schaffen die Standardisierung von IT-Services. Aufgrund der konzernartigen Struktur sind die IT-Abteilungen verteilt, und so bekommen Konzernmitarbeiter der IT nicht mit, wenn für einzelne Kunden eine vorkonfektionierte Lösung entwickelt wurde und diese für andere Kunden verwendbar ist. Hier fehlen umfassende Kommunikationsstrukturen, die mittels eines IT-Servicekatalogs geschaffen werden, um standardisierte IT-Services für Kunden und Konzernmitarbeiter sichtbar zu machen.

IT-Unternehmen

- **Uneinheitliches Serviceverständnis**
  In vielen IT-Unternehmen wird eine kundenorientierte Denk- und Handlungsweise gefordert. Die genauere Analyse zeigt (s. Kap. 15) eine Diskrepanz, bei der festzustellen ist, wie unterschiedlich ein IT-Service ausgelegt wird. So wurde z.B. ein umfangreicher IT-Servicekatalog für das Problem Management aus der Sicht einer IT-Abteilung mit dem Fokus zur Störungsbearbeitung erstellt und parallel hatten andere IT-Einheiten innerhalb des Konzerns einen IT-Servicekatalog für Hardwareartikel aufgebaut. Beide IT-Servicekataloge repräsentierten nicht die Kundensicht. Die Kundensicht war geprägt durch die Geschäftsprozesse. Dieses Beispiel ist repräsentativ für viele Beziehungen zwischen Kunden und deren IT-Unternehmen. Ein marktübergreifendes, standardisiertes und gültiges Serviceverständnis lässt sich nicht ableiten. Hierfür ist der Begriff des IT-Service zu allgemeingültig und sollte im eigenen Serviceportfolio ausgeprägt werden. Ein gemeinsamer IT-Servicekatalog bietet die Möglichkeit, ein gemeinsames Serviceverständnis innerhalb des IT-Unternehmens und seiner Kundenstruktur zu erreichen.
- **Serviceverantwortung auf mehrere Bereiche verteilt**
  An die systembezogene Arbeitsweise schließt die Serviceverantwortung an. Aufgrund der systemnahen Organisationsstrukturen in IT-Unternehmen ist eine klare Serviceverantwortung nicht durchgängig zu finden. Vielmehr ist die Serviceverantwortung auf IT-Abteilungen aufgeteilt, die nach den Systemen benannt sind, wie Client-, Server- oder Netzmanagement. Ein Hauptverantwortlicher, der abteilungsübergreifend für einen oder mehrere IT-Services (z.B. der IT-Service E-Mail, der sich über Client-, Server- und Netzmanagement erstreckt)

zuständig ist, fehlt in vielen IT-Unternehmen. Die Servicedesk-Mitarbeiter übernehmen heute die Übersetzung von Kunden hin zu den IT-Abteilungen. Der Kunde hat den Ende-zu-Ende-Blick und erfährt den IT-Service als nicht oder eingeschränkt funktionsfähig. In diesen Fällen meldet er sich am Servicedesk und nennt seine Probleme wie z.B. einen sehr zeitverzögerten E-Mail-Versand. Der Servicedesk-Mitarbeiter muss entscheiden, welche IT-Abteilung er zuerst für das genannte Problem anspricht. Ohne den Servicedesk-Mitarbeiter fehlt dieses Bindeglied hin zum IT-Service. Neue Organisationsformen sind über den IT-Servicekatalog möglich. IT-Systemverantwortliche werden zu IT-Serviceverantwortlichen, die abteilungsübergreifend die Prokura haben und Entscheidungen treffen, damit der IT-Service hin zum Kunden funktionsfähig ausgeliefert wird bzw. funktionsfähig ist.

Flexible oder feste Strukturen

Der IT-Servicekatalog soll einerseits einen fest definierten Rahmen bzw. einheitliche Templates bieten und andererseits flexibel auf unterschiedliche neue Servicetypen reagieren können, die nicht exakt in die Templates passen. Diese konträre Anforderung stellt in vielen IT-Servicekatalogen eine entsprechende Herausforderung dar. Bieten IT-Unternehmen beispielsweise normierte »managed services« an, die sich anhand einiger Attribute charakterisieren lassen, wird der Servicekatalog-Manager bei der Aufnahme von beratungsorientierten IT-Services ein Problem bekommen, da sich eine genaue Beschreibung des IT-Service erstellen lässt, aber viele Attribute nicht relevant sind. Sind beispielsweise in IT-Services technische Kennzahlen wie Antwortzeit oder Durchsatz interessant, so sind diese Attribute bei Beratungsservices nicht relevant. Die Konsequenz daraus sind nicht gefüllte Attribute bei neu aufzunehmenden Servicetypen. Das Template enthält zu viele Attribute und gilt als überstrukturiert. Deshalb ist es wichtig, eine gewisse Spannbreite zwischen streng definierten und flexiblen IT-Servicekatalog-Strukturen vorzusehen, damit Kunden eine geeignete Darstellung »ihres« IT-Service wiederfinden.

Unklare Beschreibungstiefe

Eine weitere Herausforderung ist der Inhalt in den Templates. Besonders hervorzuheben ist das Attribut Servicebeschreibung. Bei der Beschreibung eines IT-Service besteht die Herausforderung darin, entweder zu wenig oder zu viel zu beschreiben. Einerseits möchte der IT-Servicekatalog Kunden nicht mit zu wenigen Informationen vom IT-Service versorgen und andererseits ist ein IT-Service in einer Beschreibungstiefe eines Benutzerhandbuches nicht zielführend. Zwischen beiden Extremen gilt es, ein geeignetes Maß für die Beschreibung zu finden. Für diese Herausforderung wird ein Vorgehensmodell und eine Methodik benötigt, um die IT-Services mit der geeigneten Beschreibungstiefe auszuformulieren.

- **Lückenhafte Kostentransparenz**
  Die Kosten für den IT-Service transparent und verursachungsgerecht darzustellen, fordert die Ersteller eines IT-Servicekatalogs heraus. Bei öffentlichen Ausschreibungen zur Auslagerung von IT-Services lässt sich eine Preisgestaltung beobachten, die es nicht oder kaum ermöglicht, die Anbieter zu vergleichen. Diese Beobachtung findet sich wieder, wenn IT-Unternehmen einige IT-Services eingekauft haben und unter Nutzung dieser eingekauften Services selbst höherwertige IT-Services zusammenstellen. Es entsteht eine uneinheitliche und schwer nachvollziehbare Kostenstruktur. Beispielsweise werden Netzwerke anders verrechnet als z. B. Server. Bei einigen Anbietern werden z. B. »managed endnodes« definiert und bei anderen für den gleichen IT-Service CPUs für die Verrechnung verwendet. Die Erhebung von genauen Kosten kann bereits mit wenigen Anbietern bzw. einigen unterschiedlichen Preismodellen nicht mehr verursachungsgerecht gestaltet werden. Es entstehen Pauschalbeträge oder bei größeren IT-Unternehmen übergreifende ungenaue Verrechnungsschlüssel, die auf Basis von Umlagen mehrere uneinheitliche Preismodelle unabhängig von der Kundennutzung zusammenfassen.
- **Kundenverständnis**
  Die Kundensicht bzw. das -verständnis zu treffen zählt ebenfalls zu den Herausforderungen. Für einige Kunden wird der IT-Service über die Namensgebung verständlich, während für andere Kunden bestimmte Attribute wie z. B. Mehrwert einen Vorrang haben, wieder andere benötigen einen aussagekräftigen Servicetext, um den IT-Service zu verstehen.

Beispiel Servicetext: Der Service X dient zur Verwaltung der Kundenstammdaten (Name, Anschriften, Rechnungskonten, Verträge, Produktausprägungen) und Beauftragung bestimmter Produkte in der technischen Provisionierung.

Das IT-Unternehmen hat die IT-Services kundengerecht zu beschreiben. Wenn dies zu spezifisch ausfällt, kann die Zielgruppe die beschriebenen IT-Services für die Geschäftsprozesse nicht mehr geeignet erfassen. Hier bedarf es eines Vorgehens, um einen IT-Service nachvollziehbar für die Vielzahl der IT-Servicekatalog-Nutzer darzustellen.

Tipp: Manchmal haben sich Kunden an die IT-Sprache gewöhnt und benötigen keine Kundensicht. In diesem Fall wäre ein explizites sprachliches Eingehen auf den Kunden ungewohnt und eher irritierend als unterstützend.

Zulieferer

- **Unklare Bewertung von Dienstleisterkosten wegen fehlender Inhouse-Preise**
  Beim Entwurf von Ausschreibungen entdecken IT-Unternehmen bei Inhouse erbrachten IT-Services die fehlende Bepreisung. Wird die Ausschreibung gestartet, hat das ausschreibende IT-Unternehmen keinen monetären Anhaltspunkt, um zu wissen, ob ein neuer Zulieferer, der diese Inhouse-IT-Services zu erbringen hat, über oder unter den hauseigenen Kosten liegt. Dies ist eine ungünstige Ausgangssituation für Verhandlungen, denn das ausschreibende Unternehmen möchte bei der Auslagerung Geld einsparen, da vom neuen Zulieferer Synergieeffekte erhofft werden, etwa, weil er viele Kunden mit gleichen oder ähnlichen IT-Services bedient. Diese unklare Bewertung gilt es aufzulösen. Hier hilft es, wenn die Kosten für selbst erbrachte IT-Services frühzeitig ermittelt und festgelegt werden.
- **Nicht vorhandener Serviceschnitt für Auslagerungsentscheidung**
  Die Frage, was genau ausgelagert wird, ist schwer zu beantworten, wenn kein IT-Servicekatalog vorliegt. Die Entscheidungen, wie z.B. Servicedesk und Serverplattformen an einen oder mehrere Dienstleister auszulagern sind, zeigen, wie die Einteilung der auszulagernden Objekte in größere Kategorien erfolgt. Das wird insbesondere dann zum kritischen Auslagerungsfaktor, wenn in diesen Blöcken geschäftskritische IT-Services verborgen sind, die besser im Unternehmen verbleiben sollten und durch das Outsourcing versehentlich mit ausgelagert werden. Der IT-Servicekatalog hilft zu verstehen, was geschäftskritisch und zielführend für die Auslagerung ist.

In diesem Buch werden für diese große Spannbreite von Herausforderungen Konzepte, Lösungen und Vorgehensmodelle entworfen.

1.4 Was ist ein IT-Servicekatalog bzw. was sollte er sein?

Eine umfassende und alle Eventualitäten einbeziehende Definition eines Servicekatalogs gibt es nicht. In der Praxis haben sich folgende Richtlinien herausgebildet, die eine Orientierung bilden:

1. **Leistungskorridor**
   Der IT-Servicekatalog definiert einen Korridor, in dem ein IT-Unternehmen hauptsächlich seine Leistung erbringt bzw. erbringen möchte. Über den IT-Servicekatalog werden diejenigen IT-Services angeboten, auf die Rechenzentrumsleiter den IT-Betrieb abgestimmt haben. Dies können viele IT-Services sein, bei denen nicht die optimalen Erstellungsprozesse implementiert sind.

2. **Kerngeschäft**
   Dieser Punkt korrespondiert stark mit dem Leistungskorridor. IT-Unternehmen wählen für den IT-Servicekatalog IT-Services aus, die im Kerngeschäft liegen. Diese wiederhol- und skalierbaren Leistungen sind als IT-Services in den IT-Servicekatalog aufzunehmen. Um einen stabilen IT-Betrieb zu gewährleisten, werden die vorliegenden personellen Kompetenzen sowie die bestehenden IT-Systeme (Hardware, Software) in diesen Vorgang einbezogen, um das eigene Leistungsspektrum zu erzeugen. Über das Kerngeschäft wird der Leistungskorridor maßgeblich beeinflusst, indem genau diese IT-Services für eine Buchung über den IT-Servicekatalog vorrangig ausgebaut werden. Es können sich im Leistungskorridor weitere IT-Services befinden, für die es geeignete Fertigungsprozesse gibt. Als Beispiele sind IT-Services anzuführen, die standardisiert gefertigt werden, wie Firewall-Freischaltungen oder Benutzerfreischaltungen in webbasierten Unternehmensportalen.
3. **Kein vollständiges Kompendium**
   Dem Leistungskorridor und dem Kerngeschäft wird in der Praxis das Nichtzuleistende hinzugefügt. Der IT-Servicekatalog ist kein vollständiges Kompendium aller IT-Services, die ein Dienstleister erbringen könnte. Um alle IT-Services vollständig zu erfassen, sind mehrere Personenjahre einzuplanen. Der Vollständigkeitsansatz ist in der Praxis selten zu finden. Die Entscheidung für diesen Ansatz ist meist durch eine interne Leistungsverrechnung motiviert. Die meisten IT-Unternehmen wählen eine Teilmenge aller verrechneten IT-Services aus und bringen diese in den offiziellen IT-Servicekatalog. Die anderen IT-Services werden ordnungsgemäß verrechnet und aus z.B. unternehmenspolitischen Gründen nicht in den IT-Servicekatalog übernommen.
4. **Elemente**
   Meistens liegen für denjenigen, der aus dem IT-Servicekatalog einen IT-Service auswählt, zwei Leistungstypen vor. Zum einen sind es atomare IT-Services, die Basisdienstleistungen wie z.B. E-Mail, VPN etc. beschreiben, und zum anderen sind es IT-Servicebundles wie z.B. der IT-Arbeitsplatz, der atomare IT-Services enthält, aber durch weitere fachliche Leistungen auf den Kunden zugeschnitten ist. Weniger mit Technik vertraute Nutzer nehmen häufig die IT-Servicebundles in Anspruch, während andere wie z.B. Systemplaner mit beiden Leistungstypen arbeiten müssen.
5. **Non-CMDB**
   Die Bestrebungen, alle IT-Services in der CMDB abzubilden, sind partiell erreicht worden. Konzeptionell sind die CMDB und der IT-Servicekatalog in ITILv3 in der CMS aufgegangen. Dieses Konzept wurde in ITIL 4 in die Practises überführt. In der Praxis liegen heute keine repräsentativen CMS-Systeme vor. Diese fehlenden CMS-Systeme sind eine Folge davon, dass ein IT-Servicekatalog ähnlich wie die CMDB nicht alle Abhängigkeiten zwischen den IT-Services modelliert. Der Grund hierfür besteht in der inhaltlich

nicht festgelegten Kommunikation zwischen IT-Servicekatalog-Systemen und bestehenden CMDB-Systemen, da unterschiedliche Zuständigkeiten im IT-Unternehmen hierfür definiert sind. Des Weiteren beschreibt die CMDB Abhängigkeiten zwischen den Configuration Items, und auch vom IT-Servicekatalog wird die Modellierung von Abhängigkeiten zwischen IT-Services und Configuration Items gefordert. Diese Forderung führt zu Abhängigkeitsmodellen in der CMDB und im IT-Servicekatalog, die weitestgehend doppelt abgelegt und aktualisiert werden. Diese doppelte Pflege von Abhängigkeitsgraphen ist unwirtschaftlich, deshalb ist es ratsam, bei Abhängigkeiten im IT-Servicekatalog auf IT-Servicebundles oder Voraussetzungen auszuweichen, die Abhängigkeiten beschreiben, jedoch nicht so restriktiv wie Abhängigkeitsgraphen gepflegt werden müssen (s. Abschnitte 11.2.5 und 11.2.7).

Ein IT-Servicekatalog ist ein Modell und kein vollständiges Abbild der realen Welt. Unter diesem Gesichtspunkt fällt es leichter, den IT-Servicekatalog zu konzipieren. Der Vollständigkeitsansatz führt zu weit und ist in der Praxis nicht wirtschaftlich umsetzbar.

Ein zweiter Aspekt ist ebenfalls zu beachten. Bei der Einführung und Durchsetzung des IT-Servicekatalogs sollen Buchungen von IT-Services mit weniger Reibungsverlusten erfolgen. Aus diesem Grund lässt sich konstatieren: Es ist wichtiger, mit dem IT-Servicekatalog schneller zu sein, als um jeden Preis vollständiger in der Auflistung der IT-Services zu werden. Wenn beides zusammenkommt, ist dies als optimal zu bezeichnen. Doch meist sind die Unterhaltskosten zu hoch, um den IT-Servicekatalog aktuell zu halten.

1.5 Zusammenfassung

Der Prozess Service Catalogue Management trägt einen erheblichen Anteil dazu bei, die Automatisierung von IT-Servicemanagement-Prozessen auf ein höheres Niveau zu heben. Denn durch die Konsolidierung von IT-Services entstehen normierte Verfahren, um diese einheitlich zu erbringen. Die normierten Verfahren sind die Vorlage **für Automatisierungen**. Dieses Vorgehen lässt sich in der Praxis häufig beobachten, wenn es darum geht, bestimmte Aspekte zu verallgemeinern. Die Konsolidierung zeigt sich u.a. beim Cloud Computing. Die IT-Services IaaS, PaaS und SaaS sind repräsentative IT-Services dafür, was über das Service Catalogue Management in einem Betrieb erreichbar ist.

Wird der Servicekatalog-Manager mit neuen IT-Services für seinen IT-Servicekatalog konfrontiert, muss er überlegen oder mit dem Service Portfolio Management abstimmen, welche IT-Services tatsächlich Teil des Servicekatalogs werden sollen. Je nach Implementierung von ITIL 4 im IT-Unternehmen trifft der Servicekatalog-Manager häufig selbst viele Entscheidungen aus den genannten Prozessen (s. Kap. 15). Die zu Beginn dieses Abschnitts formulierte Fragestellung, was ein IT-Servicekatalog ist bzw. was er sein sollte, ist durch Folgendes motiviert: IT-Unternehmen erbringen vor der Einführung des IT-Servicekatalogs eine nicht genau definierte Anzahl von IT-Services. Einige IT-Services werden für einen speziellen Kunden erbracht und sind damit nicht für den IT-Servicekatalog relevant. Andere IT-Services werden häufiger verwendet und sollten unbedingt im IT-Servicekatalog erscheinen. Wieder andere IT-Services sind Speziallösungen, die im IT-Betrieb existieren und zukünftig nicht mehr Teil des Portfolios sein sollten.

Wenn die Frage »Welche IT-Services erbringen wir und welche IT-Services kommen in den IT-Servicekatalog?« im Raum steht, empfiehlt es sich, zu überlegen, ob IT-Services

- Teil der RZ-Servicestrategie oder
- Teil einer weiterbetriebenen »Altlast« oder
- Teil einer einmaligen Kundenzufriedenstellung sind.

Fällt die Wahl auf den ersten Bereich, sollte der IT-Service aufgenommen werden. Der IT-Servicekatalog muss somit kein vollständiges Kompendium aller IT-Services sein, die der Dienstleister anbieten kann, sondern die Bereiche abdecken, in denen er sich spezialisiert sowie standardisiert hat und industriell arbeitet. Der IT-Servicekatalog definiert einen Korridor, in dem der Dienstleister IT-Services normiert produziert. Wenn IT-Unternehmen den IT-Servicekatalog unter diesem Gesichtspunkt analysieren, wird der IT-Servicekatalog zum Werkzeug der verfolgten Servicestrategie des Dienstleisters und es entsteht eine einheitliche Servicearchitektur.

2 IT-Standards zum Design von IT-Services und IT-Servicekatalogen

In IT-Standards finden sich Hinweise, wie IT-Services modelliert und IT-Servicekataloge erstellt werden. In diesem Buch sind die wichtigsten IT-Standards aufgenommen, die hierzu Frameworks oder Lösungsvorschläge anbieten. In der Analyse wird konsequent die Sichtweise des Service Catalogue Management eingenommen. Das Ziel ist es, auf die wichtigsten sieben Fragen Lösungen zu erhalten, damit ein IT-Servicekatalog erstellt werden kann.

1. Was ist ein IT-Service?
2. Welche Modellierungsmethoden für IT-Service werden vorgeschlagen?
3. Wie werden Abhängigkeiten zwischen IT-Services modelliert?
4. Wie müssen Kennzahlen aufgebaut werden und wie sind sie einzusetzen?
5. Wie werden der Preis und das Preismodell für einen IT-Service festgelegt?
6. Wie lässt sich ein IT-Servicekatalog erstellen?
7. Wie sieht der Prozess Service Catalogue Management aus?

Die Analyse zeigt jedoch: Das Service Catalogue Management erhält mit keinem der gängigen IT-Standards ein umfassendes Handwerkszeug, mit dem es den Herausforderungen des Alltags zum Management von ein oder mehreren IT-Servicekatalogen begegnen kann. Die IT-Standards behandeln zu den genannten Fragen mehr die Einordnung oder Definition als die konkrete Verwirklichung. Am Beispiel der ersten oben aufgeführten Frage soll dies kurz verdeutlicht werden. Es wird in den Standards mehr beschrieben, was ein IT-Service sein könnte, als anzuleiten, wie der Begriff IT-Service für das eigene IT-Unternehmen definiert bzw. herauszufiltern ist.

An welchen Stellen der Servicekatalog-Manager in den jeweiligen Standards Lösungen und Hilfestellungen erhält, wird in den nächsten Abschnitten aufgezeigt.

2.1 Capability Maturity Model Integration (CMMI-SVC)

Das Capability Maturity Model Integration (CMMI) ist eine Familie von Referenzmodellen für unterschiedliche Anwendungsgebiete – derzeit für die Produktentwicklung, den Produkteinkauf und die Serviceerbringung. Das für den Servicekatalog-Manager interessante CMMI-Modell ist das »CMMI for Services« (CMMI-SVC). Es unterstützt die Verbesserung von Organisationen zur Erbringung ihrer Dienstleistungen [CMMI 2011].

CMMI-SVC adressiert alle Arten von Dienstleistungsorganisationen. Für IT-Betriebsorganisationen stellt CMMI for IT-Services eine Alternative zu ITIL dar. Im Vergleich zu ITIL ist CMMI for IT-Services höher aggregiert.

Im CMMI for IT-Services werden sogenannte IT-Service Goals (SG) definiert. Unter den Goals liegen die Specific Practices by Goal (SP). Der Servicekatalog-Manager kann direkt zum zweiten IT-Service Goal (SG 2 Plan and Implement Process Actions) navigieren und dort die beiden Specific Practices

- SP 2.1 Establish Properties of Standard IT-Services and Service Levels
- SP 2.2 Establish Descriptions of Standard Services

für sich erarbeiten. Auf seine Fragen lassen sich dort folgende Antworten finden.

Frage 1: Was ist ein IT-Service?

Bei der Definition eines IT-Service liegt der Fokus auf dem Begriff Produkt, wobei im CMMI-Kontext die beiden Begriffe IT-Service und Produkt zusammenfallen. Es wird als Konzept erfasst, das die beiden Begriffe nicht gegeneinander ausschließt, sondern sie ergänzend verwendet.

Frage 2: Welche Modellierungsmethoden für IT-Service werden vorgeschlagen?

Die hier genannten Modellierungstechniken behandeln mehr die Attribuierung eines IT-Service als die Modellierung des IT-Service in seiner Gesamtheit. Es wird versucht, über Attribute den IT-Service etwas genauer zu definieren. Folgende kritische Attribute des IT-Service werden genannt:

- Funktionen und Vorteile
- Verfügbare Service Levels und Kategorien
- Kosten
- Aktuelle Benutzer
- Beabsichtigte Benutzer
- Servicekomponenten
- Das erbringende Servicesystem
- Verbundene Dienstleistungen

Weiterhin genannt werden gemeinsame und variable Teile von Standard-IT-Services:

- Preisgestaltung
- Subdienstleister
- Kriterien für die Verwendung von Kundenkomponenten

Frage 3: Wie werden Abhängigkeiten zwischen IT-Services modelliert?

Diese Frage fokussiert das in Frage 2 genannte kritische Attribut »verbundene Dienstleistungen«, liefert aber keine näheren Hinweise darauf, wie dies weitergehend behandelt werden sollte.

Frage 4: Wie müssen Kennzahlen aufgebaut werden und wie sind sie einzusetzen?

In dieser Frage wird beschrieben, dass Service Levels erforderlich sind und in welchen allgemeinen Zusammenhängen sie zum Einsatz kommen. Kennzahlen sollten messbar und generell (lt. Spezifikation: »should have«) definiert sein.

Die Bestimmung der Service Levels umfasst folgende Serviceanforderungen:

- Maximal zulässige Dauer/Zeitraum eines Ausfalls
- Maximal zulässige Dauer von Nutzungseinschränkungen
- Akzeptable Wiederherstellzeiten
- Redundanzanforderungen

Service Levels beinhalten folgende Aspekte:

- Verantwortlichkeiten des IT-Unternehmens und der Benutzer
- Verfügbarkeit des IT-Service
- Vereinbarte Servicezeiten und Ausnahmen
- Erwartetes Servicevolumen
- Reaktionszeiten bei Servicefällen und Anfragen
- Ziele, Leistung oder Qualität
- Wesentliche Maßnahmen zur Überwachung
- Verfahren zur Berichterstattung und Eskalation
- Schadensersatzforderungen im Falle des Scheiterns eines Service Level
- Variationen (zum Beispiel »Gold«-Service)

Dieser Standards verwendet den Begriff Service Level mehr im Zusammenhang mit Service Level Agreements, die im CMMI-Kontext genannt werden.

Frage 5: Wie wird der Preis und das Preismodell für einen IT-Service festgelegt?

Die Frage 5 wird dahingehend beantwortet, dass ein Preis für einen IT-Service wichtig ist. Eine weitere Ausführung findet nicht statt.

Frage 6: Wie lässt sich ein IT-Servicekatalog erstellen?

Bei der Untersuchung von Frage 6 wird eine dedizierte Empfehlung ausgesprochen. Der IT-Servicekatalog bzw. die Servicebeschreibungen sind an relevanten Benutzern bzw. Zielgruppen auszurichten. Als Zielgruppen werden das IT-Service-Delivery-Personal, der Vertrieb und anderes Geschäftspersonal, gemeint sind die Fachbereiche/Kunden, genannt.

Im Glossar findet sich folgende Definition für den IT-Servicekatalog [CMMI 2011]:

Definition: IT-Servicekatalog

Der IT-Servicekatalog ist eine Liste oder Sammlung von standardisierten Servicedefinitionen.

Servicekataloge können einen unterschiedlichen Detaillierungsgrad bei den Service Levels, Qualität, Preisen, Elementen und Konditionen aufweisen.

Ein IT-Servicekatalog muss nicht ein einziges Dokument sein, es kann auch eine Kombination sein von Elementen, die gleichwertige Informationen liefern wie z. B. Webseiten. Die Informationen des IT-Servicekatalogs können in verschiedene Untergruppen aufgeteilt werden, um verschiedene Arten von Akteuren zu unterstützen (zum Beispiel Kunden, Endverbraucher, Anbieter, Personal, Lieferanten).

Frage 7: Wie sieht der Prozess Service Catalogue Management aus?

Zu Frage 7 finden sich für das Service Catalogue Management keine expliziten Lösungen. Es werden generell zur Organisation von Prozessen Vorschläge gemacht, wie IT-Servicekataloge besser verwaltbar oder effizienter gestaltbar sind. Ein Konzept, um dieses auf den Prozess Service Catalogue Management zu übertragen, ist nicht in CMMI enthalten.

Abschließend lässt sich Folgendes feststellen. Nach einem intensiven Studium von CMMI für das Service Catalogue Management finden sich wenige Angaben, mit denen ein Servicekatalog-Manager punktuell Hinweise für ein professionelles Design von IT-Services bekommt.

2.2 ITIL 4

In ITIL 4 wird über den Nutzen (Value) für den Kunden argumentiert. Diese Argumentation hat bei den ersten Fragen einen thematischen Einfluss gegenüber ITIL v3. Bei den anderen Fragen hat sich gegenüber ITIL v3 und ITIL 4 in diesem Bereich nichts Grundlegendes geändert.

Frage 1: Was ist ein IT-Service?

Diese Frage beantwortet ITIL wie oben bereits genannt wie folgt: »Ein Service ist eine Möglichkeit, einen Mehrwert für Kunden zu erbringen, indem das Erreichen der von den Kunden angestrebten Ergebnisse erleichtert oder gefördert wird. Dabei müssen die Kunden selbst keine Verantwortung für bestimmte Kosten und Risiken tragen« [ITIL4 2019].

Frage 2: Welche Modellierungsmethoden werden für IT-Services vorgeschlagen?

Es werden Strukturierungselemente wie Angebote und Produkte als auch Zielgruppen vorgeschlagen:

- **Services**
  Services bestehen zum Teil aus Produkten oder werden durch diese erbracht.
- **Produkte**
  Produkte können Bestandteil von Services sein. Sie erzeugen einen Nutzen für die angesprochene Zielgruppe.
- **Angebote**
  Mittels Serviceangeboten lassen sich ein oder mehrere Services für bestimmte Zielgruppen gruppieren.
- **Zielgruppen**
  Der Nutzen ist den Services beizufügen.

Für die konkrete Ausgestaltung dieser Modellierungsmethoden werden keine weiteren Konzepte für das Service Catalogue Management angeboten.

Frage 3: Wie werden Abhängigkeiten zwischen IT-Services modelliert?

In ITIL 4 werden die vier Dimensionen des Service Management, das Service Value System und die Service-Management-Praktiken beschrieben.

Die ersten beiden Themenbereiche sind am Punkt der Modellierung von Abhängigkeiten miteinander verwoben. Innerhalb der vier Dimensionen ist die Dimension Wertströme (Valuestreams und -prozesse) von Bedeutung. Wertströme zeigen eine Reihe von Aktivitäten, die zur Bereitstellung von Services und Produkten beitragen. Dabei werden die Aktivitäten der Wertschöpfungskette (Service Value Chain) so miteinander kombiniert, dass ein Service erbracht wird. Der Hauptzweck ist es, ein Verständnis von dem zu schaffen, wie Servicekomponenten, Anlagen und andere Ressourcen einschließlich ihrer Wechselwirkungen zueinander stehen. Die genaue Modellierung von Abhängigkeiten zwischen IT-Services bleibt außen vor.

In den Service-Management-Praktiken wird anhand von Kriterien vorgeschlagen, wie Abhängigkeiten herauszufiltern sind. Genannt werden Informationen aus den Dienstleisterverträgen oder das Wissen bei den Change Requests. Weiteres Wissen lässt sich für diese Frage beziehen, indem der Servicekatalog-Manager die CMDB konsultiert. Folgende Möglichkeiten werden genannt:

- »Ist Komponente von«
- »Ist verbunden mit«
- »Verwendet«
- »Ist eine neue Version von«
- »Wird ersetzt durch«

Die Anwendung und die Auswirkungen von Abhängigkeiten mit dieser Spannbreite werden für das Service Catalogue Management nicht weiter ausgeführt.

Frage 4: Wie müssen Kennzahlen aufgebaut werden und wie sind sie einzusetzen?

Im Service Design werden mehrere Kennzahlen vorgeschlagen. Tabelle 2–1 gibt eine kleine Auswahl wieder:

Kennzahlen	Beschreibung
Serviceverfügbarkeit	Verfügbarkeit von IT-Services in Bezug auf die Verfügbarkeit in SLAs und OLAs vereinbart
Anzahl der Service-Unterbrechungen	Anzahl der Service-Unterbrechungen
Dauer der Service-Unterbrechungen	Durchschnittliche Dauer der Betriebsunterbrechungen

Tab. 2–1 *ITIL und Kennzahlen*

Die genaue Ausgestaltung der Formeln, vor allem welche betrieblichen Aspekte durch die Kennzahl abgedeckt werden soll, ist nicht genannt. Es wird eine Empfehlung ausgesprochen, dass zu viele Kennzahlen ggf. nicht zum Ziel führen [ITIL 4 2019].

Frage 5: Wie werden der Preis und das Preismodell für einen IT-Service festgelegt?

Für das Service Catalogue Management gibt es keine direkten Handlungsempfehlungen, wie hierfür vorzugehen ist. ITIL hat hier keine Definitionen vorgeschlagen. Da das Thema Kosten und interne Leistungsverrechnung ein typisches IT-Controlling-Thema ist, muss der Servicekatalog-Manager auf den Prozess Financial Management ausweichen. Auch nach Sichtung dieser Literatur bleibt die Frage aber offen, wie ein IT-Service zu einem Preis und dem adäquaten Preismodell kommt.

Frage 6: Wie lässt sich ein IT-Servicekatalog erstellen?

Die direkte Erstellung eines IT-Servicekatalogs wird in ITIL nicht behandelt. Drei Aspekte werden in ITIL angesprochen. Es wird eine Definition, eine Checkliste und ein Konzept eingeführt. Der vierte Aspekt, der einen beispielhaften IT-Servicekatalog aufzeigt, ist eine leere Tabelle, die als Überschriften die gleichen Schlagworte enthält wie die Checkliste.

Definition

Der IT-Servicekatalog ist Teil des Serviceportfolios. Er enthält nur die aktiven IT-Services (alle Live-Services einschließlich derjenigen, die vom IT-Service-Portfolio-Management zum Deployment freigegeben sind). Der IT-Servicekatalog unterstützt den Verkauf und die Bereitstellung von IT-Services. Der IT-Servicekatalog ist eine Datenbank bzw. ein strukturiertes Dokument mit Informationen über Lieferergebnisse, Preise, Kontaktdaten, Buchungen und Anfragen [ITIL 4 2019].

Die nachstehende Checkliste umfasst einige Stichworte für den IT-Service. Die Bedeutung und die Konsequenzen beim Einsatz dieser Attribute werden nicht ausgeführt.

Checkliste [ITIL 4 2019]

Liste der IT-Services

- Bezeichnung
- Kunde
- aktueller Status (z. B. »In Planung« »In Erstellung««»Aktiv«, »Beendet«)

Für jeden IT-Service

- Bezeichnung
- Beschreibung
- Kunde
- beinhaltete Leistungsgruppen bzw. Servicekomponenten
- Bezug zu anderen IT-Services
- Zeitplanung
  - geplanter Service-Start
  - nächste geplante Änderung
  - geplantes Ende
- Verweis auf weitere Dokumente
  - SLR
  - IT-Service Specification Sheet
  - SLA

Aus dieser Checkliste heraus kann unabhängig von der Zielgruppe, die den IT-Servicekatalog anwendet, der Rahmen eines IT-Servicekatalogs entnommen werden. Hier liefert ITIL kein weiteres Vorgehen als die Unterscheidung in technischer Servicekatalog für technische IT-Services und Business-Servicekatalog für geschäftsbezogene IT-Services. Diese konzeptionelle Unterscheidung wird in der Praxis in drei Richtungen ausgelegt.

a) **Trennung**
   Gemeint sind hier zwei IT-Servicekataloge, die getrennt voneinander zu betrachten sind. In dem Business-Servicekatalog werden die IT-Services genannt, die für die Geschäftsprozesse erforderlich sind bzw. diese direkt unterstützen. Im technischen IT-Servicekatalog hingegen sind die technischen Elemente wie Datenbank, Server etc. als IT-Services genannt. Die Auslegung wird häufig mit der CMDB gleichgesetzt. Trotz dieser Trennung finden sich immer wieder die Konzepte, die für beide IT-Services eine Zusammenfassung in einem IT-Servicekatalog nennen [Groupcom 2014].

b) **Kundenbezug**
Der Business-Servicekatalog enthält zu den IT-Services die Informationen, die für den Kunden relevant sind. Für den Kunden unsichtbar gibt es im Hintergrund zu genau dem gleichen IT-Service weitere Informationen. Dabei handelt es sich um Informationen wie »Wird erbracht von Dienstleister x« oder »Ist abhängig von Anwendung Y« oder »Interner Ansprechpartner«. Dies wird als technischer IT-Servicekatalog bezeichnet [Maurer 2011].

c) **Hybrid**
Es finden sich in einigen Veröffentlichungen auch Hybridansätze zwischen den in Punkt a) und b) genannten Auslegungen. Diese werden als Empfehlung ausgesprochen und als optimale Konstellation hervorgehoben [Franke 2014].

Eine Unterscheidung in technischer und Business-Servicekatalog findet im operativen IT-Betrieb meist nicht statt. Es werden technische IT-Services wie Datenbanken zu den geschäftsprozessorientierten IT-Services an die Fachbereiche verkauft. Die radikale Informationstrennung wie in b) geschildert, ist nicht praxistauglich, denn einige IT-Unternehmen haben gute Erfahrungen gemacht, wenn Kunden verstehen, welche externen Dienstleister den IT-Service erbringen (s. Abschnitt 15.1). Diese Kunden haben ihre Anforderungen an die vorherrschende vertragliche Situation angepasst und überzogene Forderungen ausgesondert. Der Hybridansatz, der sich aus a) und b) ergibt, lässt jedwede Form zu. Das ursprüngliche Konzept löst sich damit auf.

Tipp: Eine Diskussion in der Praxis über die Erstellung eines IT-Servicekatalogs in diese beiden Kategorien ist möglich, aber sie führt oft zu einer Lagerbildung bei den Beteiligten. Für eine zielgerichtete Erstellung eines IT-Servicekatalogs sind Lagerbildungen nicht dienlich.

Frage 7: Wie sieht der Prozess Service Catalogue Management aus?

Der Prozess Service Catalogue Management ist in ITIL dem Service Design zugeordnet. Es findet sich eine Beschreibung über den Umfang, einige Aktivitäten und die Rolle des Servicekatalog-Managers. Diese thematische Auflistung, welche Aktivitäten dem Servicekatalog-Manager zugeordnet werden, ist hilfreich, um den eigenen Wirkungskreis ausführlich kennenzulernen. Damit der eigene Prozess Service Catalogue Management im IT-Unternehmen aufgebaut werden kann, muss eine Analyse der Gegebenheiten im IT-Unternehmen erfolgen und eine Ausgestaltung vorgenommen werden, denn innerhalb des Prozesses Service Catalogue Management sind die Teilprozesse nicht detailliert spezifiziert.

Fazit

ITILv3 zeigte den Prozess Service Catalogue Management als eigenständigen Prozess auf. Dies wurde auch in ITIL 4 in den Service-Management-Praktiken so übernommen. Diese konzeptionelle Entscheidung war wegweisend, denn dadurch stellte ITIL das Thema IT-Servicekatalog als einen eigenständigen Komplex dar, der eines eigenen Prozesses bedarf.

2.3 ISO/IEC 20000:2011

Die ISO/IEC 20000 ist eine international anerkannte Norm zum IT-Servicemanagement (ITSM). Sie basiert auf ITIL hat jedoch in ihren Ausprägungen mehrere Unterschiede, die für den Servicekatalog-Manager von Interesse sind [Andenmatten 2008, Bock u.a. 2008].

Frage 1: Was ist ein IT-Service?

Die ISO 20000:2011 hat gegenüber der ISO 20000:2005 konsequent von »IT-Service« auf »Service« umgestellt [ISO 20000-1 2011, ISO 20000-2 2011]. Die ISO hat folgende Definition für den IT-Service:

> **Definition**
> Ein Service ist ein Hilfsmittel, um einen Mehrwert für den Kunden zu erzeugen, dahingehend, damit er sein Ziel leichter erreichen kann.

In dem ISO-Standard wird der englische Begriff »means« verwendet. Dieser bedeutet in der Übersetzung »Mittel«. Eine für die deutsche Sprache angepasste Form lautet Hilfsmittel. Welche Hilfsmittel damit gemeint sind, wird nicht näher spezifiziert. Der Begriff Hilfsmittel sollte IT-Systeme oder IT-Prozesse umfassen [Dohle u.a. 2009].

Frage 2: Welche Modellierungsmethoden für IT-Service werden vorgeschlagen?

Die Frage 2 wird in diesem IT-Standard nicht behandelt.

Frage 3: Wie werden Abhängigkeiten zwischen IT-Services modelliert?

Im Standard ist zur Frage 3 ein Hinweis gegeben, der das Enthaltensein von Abhängigkeiten zwischen IT-Komponenten und IT-Services im IT-Servicekatalog als zwingend nennt. Konkrete Modelle, die diese formulierte Bedingung umsetzen, sind nicht in diesem Standard enthalten. Eine Begründung, warum die Modellierung von Abhängigkeiten zwingend ist, wird nicht ausgeführt.

Frage 4: Wie müssen Kennzahlen aufgebaut werden und wie sind sie einzusetzen?

Eine Antwort auf die Frage 4 liegt nicht vor. Es gibt jedoch zahlreiche Hinweise, in welchen Zusammenhängen Service Levels Verwendung finden. Genannt wird der Einsatz in IT-Services für das Monitoring und Reporting. Ebenso sollten auch innerhalb von SLAs Service Levels eingesetzt werden.

Frage 5: Wie werden der Preis und das Preismodell für einen IT-Service festgelegt?

In den Dokumenten von ISO 20000 gibt es Kapitel, die Servicekatalog-Managern Hinweise geben, welche Aspekte mit einem Servicepreis verbunden sind (s. Tab. 2–2):

ISO-Dokument	Aspekte
20000-1	■ Komponenten ■ IT-Assets ■ Gemeinsam genutzte Ressourcen ■ Gemeinkosten ■ Extern erbrachte Dienstleistung ■ Eingesetztes Personal ■ Versicherungen ■ Lizenzen ■ Umlegung der indirekten Kosten ■ Zuteilung der direkten Kosten für Dienstleistungen
20000-2	■ Kosten für geplante Änderungen an Dienstleistungen ■ Kosten durch saisonale Schwankungen

Tab. 2–2 *ISO und Preismodelle*

Zur Bildung eines transparenten Preises und eines geeigneten Preismodells werden Beispiele im Dokument ISO 20000-2 aufgeführt:

- **Kostenarten**
  Die Kostenarten werden berücksichtigt. Zu finden ist ein Vorschlag für die Aufteilung der Gemeinkosten. Dieser Vorschlag beschränkt sich auf die Nennung von z.B. der Umsetzung durch eine Flatrate, einen festen Prozentsatz oder auf der Höhe der variablen Basis.
- **Granularität**
  Ebenso wird die Granularität angesprochen und entlang des Geschäfts des Kunden vorgeschlagen. Es existieren Vorschläge für Preismodelle, etwa für die Geschäftseinheit, pro Abteilung oder pro Standort.
- **Abweichungen**
  Es werden Regeln für die Handhabung von Abweichungen gegen Budgets genannt, z.B. Größe der Varianz, ab wann eine Eskalation an die Geschäftsleitung durchzuführen ist.

Als Ziel wird die Flexibilität von Finanzprozessen formuliert, um die Kosten auf einer vereinbarten Detailebene verfolgen zu können. Die Kostenmodelle sollten die Kosten für die Erbringung von IT-Services nachweisen können.

Frage 6: Wie lässt sich ein IT-Servicekatalog erstellen?

Ein genaues Vorgehensmodell liefert dieser Standard nicht. Es werden in ISO 20000 einige Attribute angeführt, die ein IT-Servicekatalog enthalten sollte. Dabei wird die Annahme getroffen: Ein IT-Servicekatalog sollte alle Dienste definieren.

Der IT-Servicekatalog kann allgemeine Informationen enthalten, wie beispielsweise:

- Name des IT-Service
- Ziele, z.B. Reaktionszeit oder Zeit, um einen Drucker zu installieren, Zeit, einen Dienst nach einem großen Ausfall wiederherzustellen
- Kontaktstellen für den IT-Service
- Betriebsstunden und Ausnahmen (z.B. Feiertage)
- Sicherheitsvorkehrungen

Nach ISO 20000 ist der IT-Servicekatalog ein zentrales Dokument, um die Erwartungen des Kunden zufriedenzustellen. Der IT-Servicekatalog sollte leicht zugänglich und weit verbreitet sein, sodass Kunden und Supportmitarbeiter darauf zugreifen können.

Frage 7: Wie sieht der Prozess Service Catalogue Management aus?

ISO entwirft keinen eigenen Prozess für das Service Catalogue Management. Der Prozess Service Level Management übernimmt in ISO 20000 diese Aufgabe. Diese wird mit folgenden Stichworten formuliert: »Definition und Verwaltung des Servicekatalogs«. Eine weitere Prozessbeschreibung oder Aufgabenliste hierfür werden nicht genannt.

Beim Abschnitt »Preise und Preismodell« erhält der Servicekatalog-Manager einige Hinweise. Die Bereiche Modellierung von IT-Services und Service Levels haben keine ähnliche Ausprägung erhalten, wie dies z.B. für die generellen Informationen des IT-Servicekatalogs erfolgte. Das Ziel von ISO ist die Formulierung von Anforderungen. Dennoch fällt das Ungleichgewicht der Ausgestaltung beim Preis gegenüber anderen Bereichen auf.

Ein anderer Aspekt, nämlich die Verbesserung der genannten Prozesse, erfolgt über den PDCA-Zyklus (Plan-Do-Check-Act). Diesen Zyklus sollte der Servicekatalog-Manager im Blick behalten, um die Schritte auf den IT-Servicekatalog anwenden zu können.

2.4 COBIT

In diesem Abschnitt wird das Prozess-Framework COBIT 2019 untersucht. Die Untersuchung erfolgt wie bei den anderen Standards entlang der Fragen des Servicekatalog-Managers [ISACA 2018, Gaulke 2020].

Frage 1: Was ist ein IT-Service?

In COBIT gibt es folgende Definition zum IT-Service:

Definition: IT-Service

Die alltägliche Bereitstellung von IT-Infrastruktur, Anwendungen und Support für Kunden. Dazu zählen beispielsweise Servicedesks, die Bereitstellung und Umlagerung von Geräten sowie Sicherheitsautorisierungen.

Frage 2: Welche Modellierungsmethoden für IT-Service werden vorgeschlagen?

Innerhalb von COBIT werden keine Modellierungsmethoden für den IT-Service genannt. Es gibt jedoch über 25 Fragen zur Governance und zum Management der IT, die von Servicekatalog-Manager verwendet werden können. Hier ist eine fachliche Ausführung erforderlich, deshalb werden in der folgenden Tabelle 2–3 links die Fragen aus COBIT aufgezeigt und in der rechten Spalte sind die Interpretationen genannt. Aus über 25 Fragen sind 10 Fragen verwendbar. Der Fokus liegt auf diesem Auszug.

Fragen zur Governance und zum Management der IT	Interpretation für den Servicekatalog-Manager
Wie kann ich Wert aus der Nutzung von IT generieren?	Was ist das Wesen bzw. der Nutzen des IT-Service?
Sind die Endbenutzer mit der Qualität der IT-Services zufrieden?	Gibt es Service Levels zu dem IT-Service?
Wie kann ich die IT-Leistung managen?	Wie sind die Zuständigkeiten zwischen Kunde und IT-Unternehmen aufgeteilt?
Wie stark bin ich von externen Anbietern abhängig?	Welche Service Levels aus unterliegenden IT-Verträgen sind zu beachten?
Werden die Informationen, die ich verarbeite, adäquat gesichert?	Festlegung des IT-Service Backup/Restore
Was mache ich, wenn die IT nicht verfügbar ist?	Verfügbarkeit und Wiederherstellzeit
Welche kritischen Geschäftsprozesse sind von der IT abhängig, und welches sind die Anforderungen an die Geschäftsprozesse?	Für welche Geschäftsprozesse wird der IT-Service ausgeliefert?

→

Fragen zur Governance und zum Management der IT	Interpretation für den Servicekatalog-Manager
Stehen genügend IT-Ressourcen und eine geeignete IT-Infrastruktur zur Verfügung, um die erforderlichen strategischen Unternehmensziele zu erreichen?	Bestimmung eines IT-Serviceverantwortlichen
Wie lange dauert es, bis wichtige IT-Entscheidungen getroffen sind?	Lieferfrist für den IT-Service
Unterstützt die IT das Unternehmen bei der Einhaltung von Bestimmungen und Service Levels?	Gibt es zum IT-Service ein Monitoring und Reporting?

Tab. 2–3 *COBIT und Katalogfragen*

Die Liste mit den interpretierten Fragen ist nicht vollständig, gibt jedoch einen umfassenden Überblick, was zur Beschreibung eines IT-Service wichtig ist.

Frage 3: Wie werden Abhängigkeiten zwischen IT-Services modelliert?

COBIT bleibt auf der Prozessebene und liefert kein Modell zur Beschreibung von Abhängigkeiten zwischen IT-Services.

Frage 4: Wie müssen Kennzahlen aufgebaut werden und wie sind sie einzusetzen?

Dieses Framework führt Zielkaskaden ein. Mit ihnen kann ein Servicekatalog-Manager mit einer Matrix die relevanten Stellen für Kennzahlen in Prozessen herausfiltern. Die Verwendung von Zielkaskaden für IT-Services ist aufwendig, da es kein striktes Vorgehen gibt, das dem Ersteller Handlungsempfehlungen liefert. Für gängige Service Levels wie z.B. Verfügbarkeit oder Servicezeiten ist das Arbeiten mit Zielkaskaden nicht geeignet, da die Komplexität in der Anwendung eher vom Ziel einer genauen Kennzahlendefinition ablenkt, als diese rasch zu ermöglichen.

Frage 5: Wie werden der Preis und das Preismodell für einen IT-Service festgelegt?

Eine Teilmenge der oben genannten Fragen zur Governance und zum Management der IT behandelt das Thema Kosten. Folgende Fragen werden gestellt:

- Wie kann ich die IT-Kosten steuern?
- Wie kann ich IT-Ressourcen möglichst effektiv und effizient nutzen?
- Welche Beschaffungsoptionen sind am effektivsten und effizientesten?
- Ist die Gesamtheit aller IT-Aufwendungen und IT-Investitionen transparent?
- Um wie viel wird das Budget für den IT-Betrieb durchschnittlich überschritten?
- Wie häufig und um wie viel liegen die IT-Projekte über dem Budget?

Das Service Catalogue Management kann diese Fragen zur Ergänzung z.B. von den in ISO 20000 gezeigten Aspekten heranziehen.

Frage 6: Wie lässt sich ein IT-Servicekatalog erstellen?

In COBIT gibt es eine kurze Definition des IT-Servicekatalogs.

> **Definition: IT-Servicekatalog**
> Strukturierte Informationen über die für Kunden verfügbaren IT-Services

Der Standard COBIT bietet dem Servicekatalog-Manager hier keine weitere Hilfestellung.

Frage 7: Wie sieht der Prozess Service Catalogue Management aus?

In COBIT werden Domänen definiert unter denen Prozesse logisch gruppiert werden. Aus der Definition des IT-Servicekatalogs lässt sich ableiten, dass eine Beschreibung des Prozesses Service Catalogue Management nicht vorhanden sein wird. Die Untersuchung bestätigt diese Vermutung: Ein Service Catalogue Management ist nicht explizit definiert. Es ist vielmehr auf mehrere Prozesse partiell verteilt. Tabelle 2–4 zeigt die relevanten Domänen und die hierfür selektierten Prozesse.

Domänen	Prozesse
EDM valuieren, Vorgeben und Überwachen (englisch: »Evaluate, Direct and Monitor«)	▪ EDM05 Sicherstellen der Transparenz gegenüber Anspruchsgruppen
APO Anpassen, Planen und Organisieren (englisch: »Align, Plan and Organise«)	▪ APO06 Managen von Budget und Kosten ▪ APO07 Managen des Personals ▪ APO08 Managen von Servicevereinbarungen
BAI Aufbauen, Beschaffen und Implementieren (englisch: »Build, Acquire and Implement«)	▪ BAI02 Managen der Definition von Anforderungen ▪ BAI04 Managen von Verfügbarkeit und Kapazität ▪ BAI06 Managen von Änderungen
MEA Überwachen, Evaluieren und Beurteilen (englisch: »Monitor, Evaluate and Assess«)	▪ MEA01 Überwachen, Evaluieren und Beurteilen von Leistung und Konformität

Tab. 2–4 *COBIT-Domänen*

Der Servicekatalog-Manager kann einige Aufgaben übernehmen, um seinen Prozess zu komplettieren. Einen Gesamtprozess wird er hieraus nicht extrahieren können.

Der Fokus von COBIT liegt auf Prozesswerkzeuge, die das Modellieren von IT-Services als Stichwort enthalten. Bei den zentralen Fragestellungen, die das Service Catalogue Management ausmachen, liefert COBIT kein Gesamtwerk, sondern Ergänzungen zu einem bestehenden Service Catalogue Management.

2.5 SOUSIS-Modell

Das SOUSIS-Modell unterstützt den Service-Level-Manager bei seiner Tätigkeit, Vereinbarungen für ausgelagerte IT-Services zu erstellen. Das Akronym des Modellnamens SOUSIS schlüsselt sich dabei wie folgt auf:

- S – SLA (Service Level Agreement)
- O – OLA (Operational Level Agreement) – innerbetriebliche Vereinbarungen
- U – UC (Underpinning Contract) – IT-Services von Drittanbietern
- S – Servicekatalog
- I – IT-Rahmenvertrag
- S – Service-Level-Kalkulator

In dem vom Bundesministerium für Forschung und Entwicklung gesponsertem »SLA-Richtliniendokument für Cloud-Dienstleistungen« zählt es zu den vier wichtigsten Standards im Bereich Service Level Agreements [Scholderer 2016].

Frage 1: Was ist ein IT-Service?

Die Definitionen des Begriffs IT-Services werden anhand von ITIL aufgezeigt. SOUSIS definiert keine weiteren eigenen Definitionen, sondern verwendet das ITIL-Verständnis.

Frage 2: Welche Modellierungsmethoden für IT-Service werden vorgeschlagen?

Eine entscheidende Modellierungsmethode wird bei SOUSIS eingeführt. Dabei handelt es sich um die konsequente Trennung zwischen der Beschreibung des IT-Service von den Service Levels und den Zuständigkeitsmatrizen. Diese Trennung führt in den SLAs zu einer transparenten Darstellung von IT-Services und kann für den IT-Servicekatalog übernommen werden.

Außerdem ist eine SLA-Checkliste enthalten, die eine Vielzahl von Informationen beinhaltet, die für die Modellierung von IT-Services von Interesse ist. Ein Auszug der für den IT-Servicekatalog relevanten Fragen aus der Checkliste finden sich in Tabelle 2–5.

<table>
<tr>
<td>Detaillierte Aufführung und explizite Nennung von Leistungsausschlüssen
■ Welche Leistungen werden ausgeschlossen?
■ Werden Leistungen unter anderen Verträgen erbracht/berührt oder von Dritten erbracht?
■ Wenn ja, sollten diese referenziert werden.</td>
<td>Verfügbarkeitsraten: 99,8 % pro Monat
Sind die dadurch vereinbarten Stillstandszeiten (Downtime) für den Servicenehmer akzeptabel und abgestimmt?
Wartungsfenster – welche Zeiten werden zur Durchführung notwendiger Wartungsarbeiten vereinbart, z. B. zur Installation von Patches? Gehen diese in die vereinbarte Verfügbarkeit mit ein?</td>
</tr>
<tr>
<td>Servicezeiten, Kommunikation und Verfügbarkeit:
■ Standort?
■ Nummer
■ Erreichbarkeitszeiten
■ Nichterreichbarkeit – z. B. aufgrund lokaler Feiertage am Standort
■ Verfügbare Sprachen
■ Ist die vorgeschlagene Servicedesk-Erreichbarkeit für den Servicenehmer akzeptabel und abgestimmt?
■ Anrufberechtigungen – wer ist berechtigt oder verpflichtet, den Servicedesk oder den benannten Ansprechpartner beim Dienstleister zu kontaktieren?
■ Gibt es eine Rufbereitschaft für Notfälle?</td>
<td>Definition von Fehlerklassen nach Schweregrad und Priorität:
1. Katastrophal
IT-System ist nicht funktionsfähig/unbrauchbar für den Servicenehmer.
2. Kritisch
Systemnutzung ist für den Servicenehmer stark eingeschränkt, ein für den Servicenehmer akzeptabler Workaround ist jedoch innerhalb angemessener (definierter) Zeit installierbar.
3. Kosmetisch
Es bestehen unerhebliche Mängel, die die geforderten Funktionen und Funktionalitäten nicht einschränken und die Nutzung für den Servicenehmer nicht behindern.</td>
</tr>
<tr>
<td>Antwortzeiten und Frequenz von Zwischenstandsmeldungen nach Störungspriorität – der Dienstleister wird den Servicenehmer innerhalb vereinbarter Zeitfenster über den Status informieren und Lösungswege vorschlagen:
<table>
<tr><th>Prio</th><th>Reaktionszeit</th><th>Update-Frequenz</th></tr>
<tr><td>1</td><td>1 Stunde</td><td>30 Minuten</td></tr>
<tr><td>2</td><td>2 Stunden</td><td>alle 4 Stunden</td></tr>
<tr><td>3</td><td>4 Stunden</td><td>Täglich</td></tr>
<tr><td>4</td><td>1 Werktag</td><td>Täglich</td></tr>
</table>
</td>
<td>Wiederherstellungszeiten – garantierte Zeiten zur Fehlerbehebung:
■ Nach Störungspriorität
■ Bei Standards/Incidents (z. B. DB-Absturz, OS-Absturz, Absturz einer Applikation, Serverausfall)</td>
</tr>
<tr>
<td>Service-Level-Reporting:
■ Verfahren?
■ Kennzahlen?
■ Zyklen?
■ Formate?
■ Ad-hoc-Reporting – hat der Servicenehmer die Möglichkeit kurzfristig Ad-hoc-Reports abzurufen?</td>
<td>Service-Level-Überwachung und -Sicherstellung:
■ Wie werden Service Levels überwacht und gesteuert?
■ Wie wird die Einhaltung des vereinbarten Service Levels sichergestellt?
■ Lessons Learned – wie werden Schlussfolgerungen und Verbesserungen daraus implementiert und gesichert?
■ Leistungsübergabepunkt – wo erfolgt die Übergabe der tatsächlichen Leistung (z. B. Einstiegspunkt in das Netzwerk des Servicenehmers, Ausgang des Netzwerks des Dienstleisters, ein bestimmter Router, ein bestimmter Server)?</td>
</tr>
</table>

Tab. 2–5 *SOUSIS-Checkliste*

Frage 3: Wie werden Abhängigkeiten zwischen IT-Services modelliert?

Es wird für den IT-Servicekatalog und für die SLAs ein in UML modelliertes Datenmodell vorgestellt, das die Zusammenhänge zwischen IT-Services beinhaltet. Die Abhängigkeiten werden im SOUSIS-Modell zwischen den Service Level Agreements, Operation Level Agreements und Underpinning Contracts modelliert. Dies ist für das Service Level Management die geeignete Granularität. Für den IT-Servicekatalog ist dies eine Teilmenge, denn dort sind die Abhängigkeiten detaillierter zu erfassen.

Frage 4: Wie müssen Kennzahlen aufgebaut werden und wie sind sie einzusetzen?

Es werden mehrere Kennzahlen modelliert. Hierbei fallen bereits einige Methoden auf. Der Start- und Endzeitpunkt der Messung wird ersichtlich. Bei der Verfügbarkeit sind betriebliche Einflüsse wie »Wartung« Bestandteil der Verfügbarkeitsformel. Die Auswahl der Kennzahlen ist dabei auf das Service Level Management zugeschnitten, wie ein umfangreiches Kennzahlensystem zeigt (s. Tab. 2–6).

	Fehler	Leistung	Konfiguration	Sicherheit	Kosten
Dienst	■ Verfügbarkeit ■ Erreichbarkeit ■ MTBF ■ MTTR ■ Ausfallwahrscheinlichkeit	■ Antwortzeit ■ Verzögerung	■ Kundenzahlen	■ Anzahl Fehlzugriffe ■ Anzahl externer Angriffe	■ Auslastung ■ Sitzungsdauer ■ Nutzungsdauer
Prozess	■ Erreichbarkeit ■ MTTR	■ Durchlaufzeit ■ Reaktionszeit ■ MTTR	■ Automatisierungsgrad ■ Arbeitszeit	■ Anzahl interner Angriffe	
Anwendung	■ Verfügbarkeit ■ Ausfallzeiten ■ MTBF	■ Antwortzeit ■ Länge der Warteschlange	■ Auslastung ■ Länge der Warteschlange	■ Anzahl Fehlbedienungen ■ Fehlende Lognummern	■ Auslastung ■ Sitzungsdauer
Information	■ Verfügbarkeit		■ Auslastung ■ Kapazität		■ Auslastung ■ Disk Quota
System	■ Verfügbarkeit ■ Ausfallzeiten ■ MTBF	■ Antwortzeit ■ Transaktionen ■ Auslastung ■ MIPS	■ Auslastung ■ MIPS ■ Speicherkapazität ■ ...		■ Installationskosten ■ Betriebskosten
Netzwerk	■ Verfügbarkeit ■ MTBF	■ Jitter ■ Durchsatz ■ Antwortzeit ■ Kapazität	■ Länge der Warteschlange ■ Anzahl Vermittlungsknoten	■ Netzlast an Feiertagen	■ Auslastung ■ Installationskosten ■ Betriebskosten

Tab. 2–6 *Beispielmatrix zur Auswahl von möglichen Kennzahlen*

Dieses Kennzahlensystem lässt sich auf das Service Catalogue Management übertragen.

Frage 5: Wie werden der Preis und das Preismodell für einen IT-Service festgelegt?

In der eingeführten SLA-Checkliste sind einige Fragen enthalten, die mit dem Servicepreis in Verbindung stehen. Diese Fragen sind im Folgenden aufgelistet.

Preise, Vergütung, Geltungsdauer, Neuverhandlungen:

- Was ist das Preismodell und der Preis der im SLA vereinbarten Leistungen?
- Sind weitere Leistungen vereinbart?
- Ist ein Leistungsnachweis-Formular vorhanden und abgestimmt?
- Sind die Preise dafür abgestimmt?
- Ist die Zahlungsbedingung klar beschrieben?
- Ist eine Geltungsdauer der Preise und/oder Leistungen definiert?
- Sind Bedingungen oder Zeitpunkte definiert, an denen eine Neuverhandlung der Preise/Leistungen erfolgt?
- Ist evtl. eine finanzielle Trennung von Support und Updatelieferung möglich und erwünscht (späteres Einsetzen der Zahlungsverpflichtungen für den Support)?

Eine genaue Herleitung des Servicepreises und des -modells wird nicht erläutert.

Frage 6: Wie lässt sich ein IT-Servicekatalog erstellen?

Die Grundzüge der Erstellung eines IT-Servicekatalogs sind bereits im SOUSIS-Modell vorhanden. Darin werden die sechs IT-Servicekatalog-Ansätze entlang der Zielgruppen vorbereitet:

- Artikelansatz
- Imageansatz
- Beschreibender Ansatz
- Kostenstellenansatz
- Faktenansatz
- Architekturansatz

Eine Diskussion, wie diese IT-Servicekataloge angewendet werden, ist kurz skizziert. Ein Vorgehensmodell, wie diese erfolgreich im IT-Unternehmen etabliert werden, fehlt.

Ebenso findet sich ein spezifisches IT-Service-Template wieder, das die Beschreibung von IT-Services, deren Service Levels und deren Überwachung unterstützen soll.

Frage 7: Wie sieht der Prozess Service Catalogue Management aus?

Das SOUSIS-Modell grenzt das Service Level Management vom Service Catalogue Management ab. Es wird folgende Grenze gezogen:

> Der IT-Servicekatalog wird über das IT-Service-Catalogue-Management verwaltet. Aus dem in ITIL definierten IT-Service-Catalogue-Management-Prozess für das SOUSIS-Modell sind diejenigen Punkte von Interesse, die sich mit der Gestaltung und Überführung des Servicekatalogs in das SLA beschäftigen. Die gesamte Versionierung und das Einfügen von katalogrelevanten IT-Services aus dem IT-Service-Portfolio-Management sind nicht Teil des SOUSIS-Modells [Scholderer 2016].

Hier liefert das SOUSIS-Modell keine weiteren Anhaltspunkte mehr.

Fazit

Das SOUSIS-Modell enthält Grundzüge für die Erstellung von IT-Servicekatalogen und für die Modellierung von IT-Services. Diese können vom Servicekatalog-Manager direkt übernommen werden, da diese bereits generisch vordefiniert und unabhängig vom Service Level Management verwendbar sind.

2.6 IT-Servicemodell des BSI

Als ein weit entwickeltes IT-Servicemodell kann das IT-Servicemodell des BSI bezeichnet werden. Der Servicekatalog-Manager bekommt dort eine Vielzahl von Antworten auf seine Fragen [BSI 2013].

Frage 1: Was ist ein IT-Service?

Folgende Definition findet sich in dem IT-Servicemodell.

> **Definition des BSI für IT-Service**
>
> Ein IT-Service wird verstanden als funktionale Dienstleistung eines Teilsystems, mit der ein Beitrag zur Funktion des Gesamtsystems geleistet wird.
>
> IT-Dienstleistungen, im Sinne der beschriebenen HV-Methodik (HV = Hochverfügbarkeit), sind IT-Services, die als Business Enabler Geschäftsprozessen unmittelbar einen Dienst anbieten. Die IT-Dienstleistung erfüllt einen definierten Umfang funktionaler Anforderungen und bietet damit eine IT-Unterstützung geschäftlicher Anforderungen.
>
> Eine IT-Dienstleistung wird über das Zusammenwirken einzelner IT-Services zu einer IT-Architektur orchestriert, um dem Geschäftsprozess eine ganzheitliche Funktionalität zur Verfügung zu stellen. Basis für das Erbringen von IT-Services bilden die IT-Ressourcen, deren Komposition in einer IT-Servicearchitektur einen funktionalen Beitrag in der vereinbarten Qualität liefert.

Die Unterscheidung in IT-Services und IT-Dienste bzw. IT-Dienstleistungen wird wie folgt vorgenommen: IT-Services sind als IT-Dienstleistungen ausgewiesen, wenn sie einen definierten Umfang an funktionalen Anforderungen erfüllen und wenn durch sie ein Geschäftsprozess unterstützt oder sogar direkt dadurch möglich wird. Diese IT-Services, die einen funktionalen sowie qualitativen Beitrag zur Erbringung der IT-Dienstleistung leisten, werden Assistent IT-Services genannt. Die zweite Kategorie von Diensten sind in der IT-Service-Base organisiert. Sie stellen die Ressourcen für die IT-Services dar. Abbildung 2–1 ist dem IT-Servicemodell des BSI entnommen.

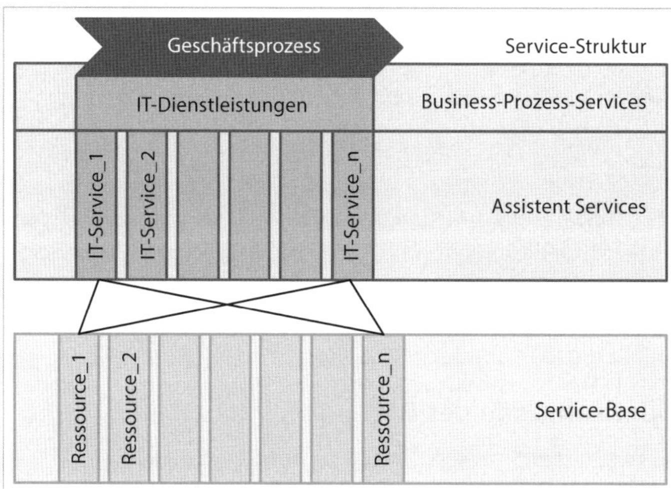

Abb. 2–1 *Unterscheidung der IT-Services*

Frage 2: Welche Modellierungsmethoden für IT-Service werden vorgeschlagen?

Entsprechend der Unterscheidung in diese beiden IT-Services sind die IT-Services in drei Ebenen unterteilt:

- **Oberste Ebene**
  IT-Dienstleistung als Business Enabler
- **Mittlere Ebene**
  unterstützende Prozess- und Servicemanagementebene
  (Ebene der Prozessmodelle)
- **Untere Ebene**
  Komponentenebene repräsentiert durch die eingesetzten IT-Ressourcen

Abbildung 2–2 zeigt dies nochmal grafisch auf.

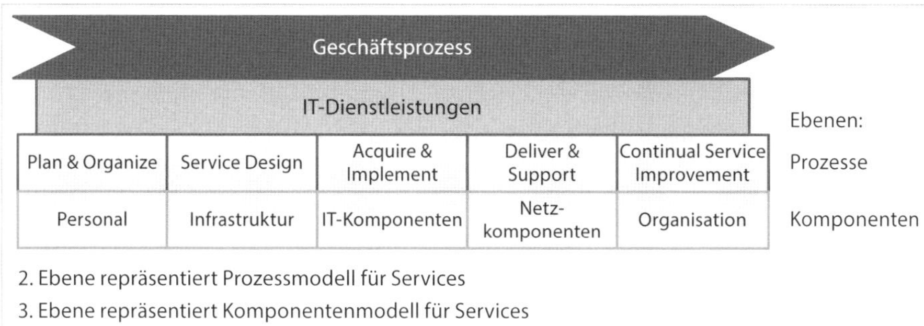

Abb. 2–2 *Ebenen im Servicemodell*

Bei dieser Betrachtung findet sich das in ITIL definierte Konzept des technischen und Business-Servicekatalogs wieder.

Frage 3: Wie werden Abhängigkeiten zwischen IT-Services modelliert?

Hier wird erstmals ein Verfahren anhand einer beispielhaften Anwendung VBS (Vorgangsbearbeitungssystem) für die Ermittlung von Abhängigkeiten hin zu anderen IT-Services aufgezeigt (linke Seite). Diese Abhängigkeiten werden über ein Verfahren gekapselt (rechte Seite) und organisiert (s. Abb. 2–3).

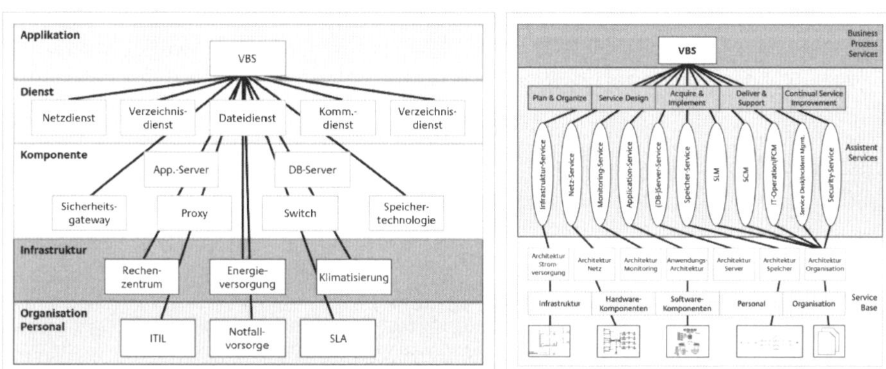

Abb. 2–3 *Abhängigkeiten zwischen IT-Services*

Zum Verständnis, was ein IT-Service alles beinhaltet, ist dieses Verfahren hilfreich. Die Übernahme dieser Informationen bleibt an dieser Stelle dem Servicekatalog-Manager überlassen. Der Aufwand entsteht dabei an zwei Stellen. Der Servicekatalog-Manager muss wissen, wie er diese Informationen dauerhaft für eine Vielzahl von IT-Services aktuell hält. Weiterhin muss der Servicekatalog-Manager diese Informationen so aufbereiten, dass er diese in einem IT-Servicekatalog übernehmen kann.

Frage 4: Wie müssen Kennzahlen aufgebaut werden und wie sind sie einzusetzen?

Wie genau Kennzahlen zum Einsatz kommen, lässt sich aus dem IT-Servicemodell des BSI nicht entnehmen. Der Servicekatalog-Manager findet ein Kriterienprofil für die Verlässlichkeit von IT-Services vor. Dieses definiert mehrere Merkmale, die Hinweise auf mögliche Kennzahlen geben:

- **Availability (Verfügbarkeit)**
  Nutzbarkeit eines vereinbarten IT-Services im Ist-Zustand
- **Reliability (Zuverlässigkeit)**
  Robustheit der Komponenten und Prozesse zur Verhinderung und Überbrückung von Ausfällen
- **Maintainability (Wartbarkeit)**
  Fähigkeit, IT-Services wieder in den Normalzustand zu setzen
- **Serviceability (Servicefähigkeit)**
  Unterstützung der Geschäftsprozesse
- **Security (Sicherheit)**
  Einführung und Erhaltung eines definierten Sicherheitsniveaus unter den Aspekten Verfügbarkeit, Integrität und Vertraulichkeit
- **Business & IT-Service Continuity**
- **Risikomanagement**
  Anpassung der IT-Ressourcen & Services auf der Basis der Analyse und Bewertung der Problem- oder Gefahrenpotenziale der unterstützten Geschäftsprozesse

Die Ableitung der Kennzahlen und validen Service Levels ist aus dem Kriterienprofil heraus nicht möglich und bedarf einer langjährigen Praxiserfahrung, damit dieses Wissen antizipiert werden kann.

Frage 5: Wie werden der Preis und das Preismodell für einen IT-Service festgelegt?

In diesem IT-Servicemodell werden mehrere Kostenarten genannt, die in diesem Zusammenhang erforderlich sind. Auch die genaueren Zuordnungen bieten eine Orientierung, welche Kosten zu beachten sind (s. Tab. 2–7).

Phase	Kostenarten im Kalkulationsschema
Planungsphase	■ Projektierungskosten
Projekt-/Designphase	■ Designkosten
Umsetzungsphase	■ Investitionskosten ■ Anschaffungs-/Einrichtungskosten
Betriebsphase	■ Betriebskosten ■ Wartungskosten ■ Servicekosten
Steuerung CSI/KVP	Service-Monitoring ist Bestandteil der Betriebskosten, Service-Optimierung ist eigener Service, Kosten für Changes entstehen daher in eigenem Service-Lifecycle
Ende des Lifecycle	■ Rückbau- & Entsorgungskosten

Tab. 2–7 *BSI und Kosten*

Mit diesem konsequent abgeleiteten Kostenmodell können die Kosten zu einem IT-Service übernommen werden. Diese Tabelle kann wie eine Checkliste vom Servicekatalog-Manager verwendet werden, um die Analyse der Kosten eines IT-Service vorzunehmen. Die Bestimmung des Preismodells ist in diesem IT-Servicemodell nicht ausgeführt.

Frage 6: Wie lässt sich ein IT-Servicekatalog erstellen?

Zur Erstellung eines IT-Servicekatalogs wird eine beispielhafte Gliederung vorgeschlagen. Die dort genannten Servicekategorien und ihre entsprechenden IT-Services sind in Tabelle 2–8 genannt.

Servicekategorie	Konkrete IT-Services
Infrastrukturservices	■ Arbeitsplatzausstattung ■ Serverbetrieb ■ Betrieb eines SAN ■ Betrieb einer Firewall ■ Betrieb einer Netzinfrastruktur
Facility Services	■ Gebäude- & Raumausstattung und Bewirtschaftung ■ Klimatisierung ■ Energieversorgung ■ Gefahrenabwehr
Anwendungsumgebungen/ Application	■ Warenwirtschaft ■ VBS ■ Marketing/Publishing ■ E-Antrag & Bescheiderteilung

→

Servicekategorie	Konkrete IT-Services
IT-Security-Services	■ Betrieb einer Firewall ■ Betrieb eines VPS ■ Monitoring-Services ■ Backup-Services
Unterstützende Services	■ Servicedesk ■ Kommunikationsservices ■ IT-Organisation

Tab. 2–8 *BSI und Katalogkategorien*

Folgt der Servicekatalog-Manager dem IT-Servicemodell des BSI, beginnt hier eine weitere Transferarbeit. Er muss jetzt ein Template pro IT-Service entwickeln, das die oben aufgeführten Informationen strukturiert bündelt und darstellt.

Frage 7: Wie sieht der Prozess Service Catalogue Management aus?

Ein eigener Service-Catalogue-Management-Prozess für die entworfene Methode findet sich nicht, da die Abläufe zur Gestaltung und zum Betrieb von IT-Services im Vordergrund stehen. Für detailliertere Prozessaspekte wird auf COBIT und ITIL verwiesen.

Abschließend ist zu diesem IT-Servicemodell des BSI im Hinblick auf das gesamte Modell zu bemerken, dass es an mehreren Punkten inhaltliche und methodische Lösungen liefert, die so in keinem anderen IT-Standard vorzufinden sind. Eine Weiterentwicklung dieses IT-Servicemodells des BSI zu beobachten ist empfehlenswert, obwohl es weitestgehend auf den Hochverfügbarkeitseinsatz ausgerichtet ist.

2.7 Überblick und Bewertung der IT-Standards

Die Auswertung der IT-Standards zeigt die Außensicht, was ein IT-Service sein sollte oder leisten muss. Die genaue Modellierung oder das genaue Design inklusive deren Modellierungsmethoden fehlen. Einige verweisen auf eine Modellierung, die unternehmenspezifisch und im konkreten Unternehmenskontext zu lösen ist. Tabelle 2–9 gibt einen Überblick über die Auswertung. Dabei ist an den Stellen ein »x« eingetragen, an denen sich zwar Hinweise in den IT-Standards finden lassen, diese jedoch für das Service Catalogue Management keine tragfähige Lösung darstellen.

	CMMI	ITIL	ISO/IEC	COBIT	SOUSIS	BSI
Was ist ein IT-Service?	Eigene Definition	Eigene Definition	Eigene Definition	Eigene Definition	Verweis auf Definitionen von ITIL	Eigene Definition
Welche Modellierungsmethoden für IT-Service werden vorgeschlagen?	X	Rudimentäre Checklisten	X	Einige wenige Fragen, die interpretiert werden müssen	Grundlegende Methoden	Unterscheidung in Assistenz und Base Services
Wie werden Abhängigkeiten zu anderen IT-Services modelliert?	X	X	X	X	Über SLA, OLA und UC	Über einen Dekompositions-Graphen
Wie werden Kennzahlen verwendet?	Allgemein dem Service-Catalogue zugeordnet	X	X	X	Einordnung und Praxisbeispiele	X
Wie wird ein IT-Service bepreist?	X	X	X	X	X	Kostenarten, Aspekte für Kalkulationsschema
Wie lässt sich ein IT-Servicekatalog erstellen?	X	Rudimentäre Checklisten	X	X	Zielgruppenorientierte Servicekataloge werden vorgeschlagen	Beispielhafte Gliederung
Wie sieht der Prozess Service Catalogue Management aus?	Aktivitäten werden genannt	Einfache Prozessbeschreibung ohne Zwischenschritte	Allgemeine Prozesssteuerung unabhängig vom SCM	Allgemeine Erläuterung	X	X

Tab. 2–9 *Auswertung der IT-Standards*

Die Betrachtung zeigt, wie das Service Catalogue Management zwischen den IT-Standards hin und her wechseln muss, um seine Anforderungen abdecken zu können. Trotz der Strategie, sich auf die tragfähigsten Lösungen zu beschränken, verhindern die Defizite aufgrund der Uneinheitlichkeit eine ganzheitliche Lösung für das Service Catalogue Management. Die in diesem Buch vorgestellte CECAR-Methode ist daher an diesen Fragen aus der Praxis ausgerichtet und liefert alle zentralen Modellierungstechniken und Vorgehensmodelle, um einen IT-Servicekatalog umfassend zu erstellen.

Bei der strukturellen Auswertung der IT-Standards wurde der Fokus auf die Definition eines IT-Service gelegt. Jeder IT-Standard liefert eine eigene Fassung. Zudem existieren weitere Rahmenwerke und DIN-Normen, die diesen Begriff definieren. Über 25 verschiedene Definitionen zum IT-Service liegen vor [Huppertz 2016]. Hieraus ist zu schließen: Es gibt nicht eine eindeutige und allgemeingültige Definition. Jede Definition des IT-Service ist immer im Kontext eines bestimmten Szenarios anzuwenden. Diese Erkenntnis führt dazu, entweder ein ähnlich geartetes Szenario vorliegen zu haben oder ein Vorgehensmodell zu benötigen, um zum Verständnis, was ein IT-Service im IT-Unternehmen ist, zu kommen. Um dieses Verständnis zu gewinnen, lässt sich konstatieren: Das Ziel des Service Catalogue Management ist es, aus der Perspektive des eigenen Szenarios heraus ein passendes IT-Serviceverständnis zu schaffen. Das Vorgehensmodell sollte zu einem kundenorientierten IT-Servicekatalog führen. Es ist wichtiger, dieses Ziel zu erreichen, als einen IT-Servicekatalog zu haben, der sich korrekt an die IT-Standards angleicht und ggf. nicht vom Kunden verstanden wird.

3 CECAR-Modell zur IT-Servicekatalog-Erstellung

3.1 Ziele

Mit CECAR ist ein umfangreiches Lösungsmodell entstanden, um Servicekatalog-Managern bei den oben genannten Herausforderungen sowie bei den täglichen Arbeiten zu unterstützen. Die Ziele, die IT-Unternehmen mit dem IT-Servicekatalog verfolgen, sind in CECAR-Modell (**C**ustomer **E**nabled **C**atalogue **AR**chitecture) zusammengefasst. Die vier wesentlichen Ziele werden hier hervorgehoben.

Servicedesign

Bei der Erstellung eines IT-Servicekatalogs wird mit CECAR ein geeignetes Servicedesign von IT-Services erreicht. Eine Analyse (s. Abschnitt 5.1.1) verfolgt das Ziel, die IT-Services ausfindig zu machen, die sich standardisieren lassen. Die Analyse und die Standardisierung von IT-Services soll dazu führen, eine genaue Kenntnis zu erhalten, welche IT-Services im IT-Unternehmen vorliegen. Auf diesem ersten erreichten Ziel baut das zweite auf, bei dem es darum geht, IT-Services zu Leistungspaketen zu bündeln (s. Abschnitt 11.2.5), die sich effizienter betreiben lassen als heterogene IT-Services, die individuell betreut bzw. betrieben werden müssen.

Kundensicht

Neben dem Servicedesign kommt in CECAR ein weiteres Ziel hinzu. Es geht um die Sicht des Kunden (s. Abschnitt 8.1). Mit CECAR können IT-Unternehmen heute die Kundensprache gezielt treffen. Die IT unterstützt Geschäftsprozesse und da diese Prozesse sich immer weiter auf die IT abstützen, muss auch verstanden werden, welche Teile eines Geschäftsprozesses auf welche IT-Services abgebildet werden. CECAR liefert ein einheitliches Verständnis, wie IT-Services aus der Sicht des Kunden verständlich sind.

Verrechnungspolitik

Die IT-Unternehmen verfolgen mit dem IT-Servicekatalog eigene Ziele. Es geht ihnen darum, die Preise richtig zu kalkulieren und eine einheitliche Verrechnungspolitik zu erreichen. CECAR liefert hier (s. Abschnitt 13.1) ein ganzheitliches Vorgehen, wie Preise und Preismodelle für IT-Services entwickelt werden.

Buchungsprozesse

CECAR beschreibt, wie über definierte Wege IT-Services gebucht werden. In der Vergangenheit wurden IT-Services über unterschiedliche Prozesse im Unternehmen angefordert. Das führte zu Reibungsverlusten, da sich der Anforderer bzw. Buchende aus dem IT-Unternehmen zu jedem Prozess erst informieren musste, wer für die gewünschten IT-Services Ansprechpartner ist oder welches Verfahren für die Inanspruchnahme eines IT-Service aktuell gilt. CECAR richtet die Buchungsprozesse am IT-Servicekatalog aus und forciert somit die industrielle Produktion von IT-Services (s. Abschnitt 10.1).

Neben diesen Hauptzielen sind weitere Aspekte mit dem IT-Servicekatalog verbunden. Diese sind in den nächsten drei Abschnitten, die das CECAR-Modell vorstellen, aufgeführt.

3.2 Überblick

In diesem Kapitel wird das Modell CECAR zur standardisierten Erstellung von IT-Servicekatalogen und IT-Services vorgestellt. CECAR nimmt die als vorteilhaft erkannten Konzepte oder Anregungen aus den oben ausgeführten IT-Standards, entwickelt diese weiter und reichert diese mit der Erfahrung aus über 4000 modellierten IT-Services und mehr als 100 gestalteten IT-Servicekatalogen an. Abbildung 3–1 zeigt das CECAR-Modell.

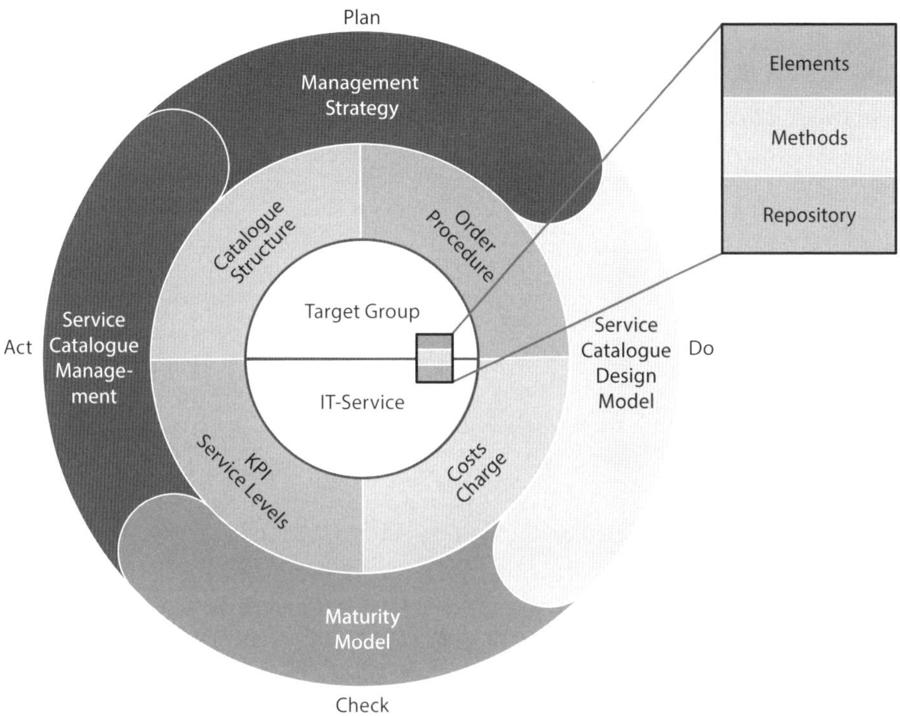

Abb. 3–1 CECAR-Modell

Bevor das CECAR-Modell umfassend erläutert wird, zeigt Tabelle 3–1, welche Konzepte aus den untersuchten IT-Standards eingeflossen sind.

IT-Standard	Angewendetes Konzept
CMMI	Das Konzept der Reifegradbestimmung fließt als eigenes Maturity Model mit in das CECAR-Modell ein.
ITIL 4	Der in ITIL 4 vorgestellte Prozess Service Catalogue Management wird in seiner Intension übernommen und auf betriebliche Phasen abgebildet.
ISO 20000	Die Preisbetrachtung aus ISO 20000 dient als Ausgangspunkt. Darauf aufbauend wird ein Weg entworfen, wie die Preise und Preismodelle bestimmt werden.
COBIT 2019	Der Plan-Do-Check-Act-Zyklus, der in COBIT Anwendung findet, wurde untersucht und als geeignetes Mittel angesehen, um die Neuentwicklungen in CECAR einordnen zu können.
SOUSIS	Aus diesem Standardrahmenwerk werden die sechs nach Zielgruppen ausgerichteten IT-Servicekataloge übernommen und in das Zentrum von CECAR gestellt.
IT-Servicemodell BSI	Die gesamtheitliche Betrachtung des Servicekatalog-Managements diente als Grundlage für den ganzheitlichen Ansatz, den CECAR verfolgt.

Tab. 3–1 CECAR und IT-Standards

Bei dem Entwurf von CECAR sind die in Kapitel 2 genannten IT-Standards und deren konzeptionelle Vorarbeiten aufgenommen und weiterentwickelt worden. Mit jedem der mehr als 100 entwickelten IT-Servicekataloge wurden die Schritte und Vorgänge deutlich, die zum Erfolg führten und sowohl einen gelebten als auch akzeptierten IT-Servicekatalog im IT-Unternehmen hinterließen.

3.3 Grundprinzipien

Bevor die einzelnen Inhalte erläutert werden, sind vorweg zwei Grundprinzipien zu nennen, auf denen CECAR basiert.

Grundprinzip Nr. 1
Kein IT-Service ohne Zielgruppe

Ein IT-Service lässt sich verständlich modellieren, wenn die Zielgruppe bekannt ist. Die gesamte Ausgestaltung und Beschreibung des IT-Service ist untrennbar mit der Zielgruppe verbunden. Dieser Fakt wird häufig außer Acht gelassen, und somit entstehen IT-Services so, wie sie der Ersteller selbst versteht, und nicht, wie sie die Zielgruppe versteht, für die er sie ausführt. CECAR nimmt diesen Punkt auf, indem es im Kern die Zielgruppe (*target group*) und den IT-Service zusammenfügt.

Grundprinzip Nr. 2
Die IT-Servicekatalog-Sicht entscheidet über das IT-Servicedesign

Bei der Gestaltung eines IT-Servicekatalogs folgen alle IT-Services diesem Design. Der IT-Servicekatalog-Ansatz, der sich ebenso an der Zielgruppe orientiert, ist maßgeblich entscheidend, inwieweit, wie tief oder wie detailliert ein IT-Service zu beschreiben ist. CECAR nimmt diese Richtung im Kern auf und zeigt, wie mit entsprechenden Elementen (*elements*), Methoden (*methods*) und Vorlagen (*repository*) dieses Grundprinzip zu verfolgen ist.

Tipp: In der Praxis wird das Grundprinzip Nr. 2 häufig verletzt und umgekehrt verwendet. Dies führt daher nicht zum gewünschten Ergebnis. Wird z.B. das Design von IT-Services aus der Technik via Dekomposition oder Ähnlichem gestartet, kann es im IT-Unternehmen weitestgehend nicht zu verständlichen IT-Services kommen, die für die Zielgruppe gedacht sind.

3.4 Einführung

Das CECAR-Modell besteht aus einem PDCA-Zyklus und einem Kern mit allen essenziellen Themen, die zu einem IT-Servicekatalog gehören. Jedes Thema im Kern ist untergliedert in Elemente, Methoden und Vorlagen.

Der PDCA-Zyklus wurde gewählt, um mit einem geeigneten und anerkannten Basismechanismus die neuen Konzepte von CECAR verständlich modellieren zu können. Die Bestandteile des PDCA-Zyklus werden im Folgenden ausgeführt.

PLAN: Managementstrategie

Die Managementstrategie (*management strategy*) dient dazu, organisatorische Vorbereitungen zu treffen, um den IT-Servicekatalog einerseits gewinnbringend zu positionieren (s. Abschnitt 4.1) und andererseits mit der Erstellung des IT-Servicekatalogs beginnen zu können. Konkret bedeutet dies, einen Servicekatalog-Manager mit geeigneten Kompetenzen auszustatten, die als initiale Managementstrategien ausformuliert sind. Zusätzlich werden in der operativen Strategieebene die Erwartungshaltungen abgestimmt.

DO: Servicekatalog-Designmodell

In diesem Schritt des PDCA-Zyklus wird eine sukzessive Herangehensweise zur Erstellung eines IT-Servicekatalogs vermittelt. Ziel ist es, dem Servicekatalog-Manager sowohl die Showstopper als auch die Hürden aufzuzeigen und entsprechende Lösungskonzepte vorzuschlagen, damit er erfolgreich zum eigenen IT-Servicekatalog gelangt. Alle relevanten Themen und Vorgänge sind in dem Phasenmodell (*service catalogue design model*) aufgezeigt, das die drei Phasen Konzeption, Erstellung und Integration des IT-Servicekatalogs beinhaltet (s. Kap. 5).

CHECK: Reifegradmodell

Inwieweit das Vorgehen des vorangegangenen Schritts »DO« erfolgreich war, wird über ein Reifegradmodell (*maturity model*) geprüft. Dabei werden sechs Reifegrade vorgestellt, in denen sich dies prozentual verorten lässt. Ziel ist es, die Weiterentwicklung des IT-Unternehmens über den IT-Servicekatalog und seine angrenzenden Themen wie Serviceverständnis in den Köpfen der Mitarbeiter oder die Automatisierung von Buchungen der IT-Services aus dem IT-Servicekatalog voranzutreiben (s. Kap. 6).

ACT: Servicekatalog-Management

Im Bereich »ACT« wird der bestehende IT-Servicekatalog über das Servicekatalog-Management verwaltet und aktuell gehalten. Dabei steht die Organisation, wie eine Abstimmung mit den angrenzenden ITIL-Prozessen Service Level Management und Service Portfolio Management stattfindet, stark im Fokus. Der IT-Servicekatalog soll im IT-Unternehmen aktiv genutzt werden.

Bevor der Aufbau beschrieben wird, ist es erforderlich, die Elemente im IT-Servicekatalog zu benennen und zu erläutern. Im CECAR-Modell konzentrieren wir uns auf die inhaltlichen Hauptelemente, denn neben diesen existieren formale Elemente wie Version, Glossar, Vorwort etc. Da diese formalen Elemente jeder selbst gestaltet, genügt hier die Nennung. Zu den inhaltlichen Hauptelementen zählen der IT-Service, die KPIs/Service Levels, der Servicepreis und vor allem die Art, wie die Zielgruppenbestimmung erfolgt, wie aus dem IT-Servicekatalog die ausgewählten IT-Services gebucht werden können und wie sich eine geeignete IT-Servicekatalog-Struktur finden lässt. Nach dem PDCA-Zyklus steht der Kern von CECAR im Fokus, in dem sich die nachfolgend erläuterten sechs Elemente befinden. Der Kern ist in zwei Bereiche aufgeteilt, die von den beiden Elementen Zielgruppe und IT-Service getragen werden. An der Zielgruppe angekoppelt sind die Katalogorganisation und die Order Procedure für den Bestellvorgang. Zum IT-Service gehören KPI/Service Levels und Costs/Charge. Diese Ordnung dient dazu, die miteinander verbundenen Themen auf einem Blick erkennen zu können. Diese sechs Elemente machen zusammen den IT-Servicekatalog aus. Um den Servicekatalog-Manager geeignet zu unterstützen, werden in CECAR die Elemente praxisbezogener weitergeführt, als dies in allen anderen Standards der Fall ist. Zu jedem Element werden in der Praxis erprobte Methoden vorgestellt, um die Elemente auszugestalten. Diese Methoden zeigen die Spannbreite der Modellierung auf und bieten für den Servicekatalog-Manager eine geeignete Basis, um flexibel auf Veränderungen im IT-Betrieb reagieren zu können. CECAR bietet aber noch mehr und bleibt nicht bei den Methoden stehen. Jeder Servicekatalog-Manager benötigt Vorlagen, an denen er sich orientieren kann. Diese Vorlagen, die aus einer Vielzahl von Praxisprojekten entstanden sind, werden in einem Repository abgelegt. Diese Vorgehensweise deckt sich mit der Arbeitsweise in der Praxis, da bei der Erstellung des eigenen IT-Servicekatalogs Vergleiche mit anderen IT-Servicekatalogen stattfinden. Das Repository übernimmt diese Arbeitsweise und liefert Vorschläge für die Ausgestaltung von IT-Services, Kennzahlen, IT-Servicekatalogen, Preismodellen etc. Im Folgenden werden die Elemente innerhalb des PDCA-Zyklus skizziert (s. Kap. 7).

Zielgruppe

Die Zielgruppen sind der entscheidende Faktor. Die im SOUSIS-Modell vorgestellten IT-Servicekatalog-Ansätze zeigen, um welche Zielgruppen es sich handelt. Der Dreiteilung in Elemente, Methoden und Repository folgend werden die relevanten Aspekte für eine Zielgruppe umgesetzt. In der *target group* werden die Zielgruppen und deren Bedürfnisse adressiert. Die Methoden zeigen, mit welchen IT-Servicekatalog-Ansätzen der IT-Servicekatalog modellierbar ist. Hierfür werden CECAR-Testfälle eingesetzt, die den Servicekatalog-Manager auf bestimmte kritische Sachverhalte hinweisen und mehrere Lösungsoptionen bieten. Im Repository werden die praxisrelevanten und an den Zielgruppen ausgerichteten IT-Servicekatalog-Vorlagen mitgeliefert (s. Kap. 8).

Katalogorganisation

Eine Besonderheit bei der Erstellung von IT-Servicekatalogen stellt die Gliederungsstruktur bei den IT-Servicekatalogen dar. Anhand der Gliederungsstruktur ordnen sich später die IT-Services ähnlich wie bei einem Leistungsverzeichnis ein. Die Granularität der Gliederungsstruktur liefert u.a. Hinweise, wie detailliert die IT-Services anzusetzen sind. In den Elementen wird der prinzipielle Aufbau eines IT-Servicekatalogs gezeigt. Die Methoden gehen dabei weiter und liefern verschiedene Sichtweisen, die u.a. grafisch aufgearbeitet sind (s. Abschnitt 9.2). Im Repository befinden sich mehrere Gliederungen inklusive den darunter eingeordneten IT-Services (s. Kap. 9).

Bestellvorgang

Ein IT-Servicekatalog benötigt eine Anleitung, wie die darin enthaltenen IT-Services zu buchen sind. Aus diesem Grund wird der Buchungsvorgang mit dem Element *order procedure* eingeführt. In den Methoden und im Repository befinden sich vom einzelnen Attribut bis zu komplexen Vorgängen die erforderlichen Hilfen für den Servicekatalog-Manager (s. Kap. 10).

IT-Service

Mit dem zweiten Hauptelement IT-Service startet die Modellierung. In den Elementen werden die grundsätzlichen Themen zum IT-Service behandelt. Anschließend sind in den *methods* mehrere Methoden aufgezeigt, wie sich IT-Services modellieren lassen. Im *repository* schließlich sind viele Vorlagen zu Servicebeschreibungen aus der Praxis abgelegt. Mit diesem kompakten Paket kann der Servicekatalog-Manager anhand der Anforderungen des IT-Servicekatalogs seine IT-Services geeignet gestalten (s. Kap. 11).

KPI/Service Levels

Die Ausgestaltung von Kennzahlen (*key performance indicator* – KPI) und Service Levels bedarf einer genauen Vorgehensweise. In den Elementen wird zwischen Service Levels und KPIs unterschieden. Die Methoden ergänzen die meist einfachen Formeln um die für den IT-Servicekatalog relevanten Aspekte. Im *repository* liegen mehrere Definitionen, die sich in der Praxis bewährt haben (s. Kap. 12).

Costs/Charge

Das Element Costs/Charge bietet für die Bestimmung von Servicepreisen und Preismodellen einen erweiterten Fokus, in dem festgelegt werden kann, ob ein IT-Service der Verrechnung unterliegt. In den Methoden wird auf die bekannten Leistungsverrechnungen verwiesen und eine Ergänzung vorgenommen. Als Vorlagen sind mehrere Preismodelle hinterlegt (s. Kap. 13).

Die flache Hierarchie von CECAR ermöglicht die Konzentration auf das Wesentliche, das zur Erstellung eines IT-Servicekatalogs erforderlich ist. Mit dieser flachen Struktur entsteht ein robustes Modell, das den wechselnden Anforderungen aus dem IT-Betrieb fortwährend nachkommt. Der Servicekatalog-Manager kann sich im CECAR-Modell zielgerichtet auf seine Problemfelder konzentrieren und erfährt hier eine massive Unterstützung. So kann er z.B. auf ein Element wie beispielsweise Zielgruppe direkt navigieren und erhält Methoden und Vorlagen, um seine Ziele verfolgen zu können. CECAR ist vollständig auf die Arbeitsweise des Servicekatalog-Managers ausgerichtet. Da CECAR mehrere Aspekte aus den bestehenden renommierten IT-Standards übernimmt, kann er sich immer konform hierzu bewegen und seine Lösungen erstellen. Letztlich erhält der Servicekatalog-Manager mit dieser Architektur ein ganzheitliches Modell, mit dem er sich seine Fragestellungen nicht mehr aus mehreren Frameworks zusammensuchen muss, sondern ein zielgerichtetes Vorgehen mit einem vollständigen Praxisbezug vorliegen hat.

Teil II

CECAR-Modell im Detail

4 Managementstrategie vor der Katalogerstellung

Die im CECAR-Modell ausgewiesene »Plan«-Phase beschäftigt sich mit der »Management Strategy«. Abbildung 4–1 zeigt, an welcher Stelle im CECAR-Modell die Managementstrategie platziert ist. Sie wird in den folgenden Abschnitten ausgeführt.

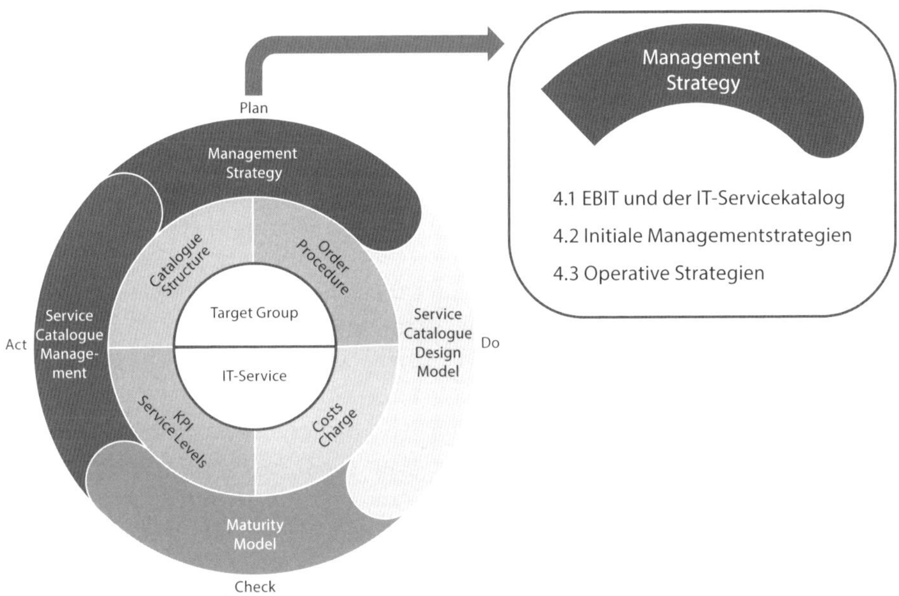

Abb. 4–1 *CECAR-Modell: Managementstrategie*

Unter dem Begriff Managementstrategie werden mehrere Aspekte subsumiert. Zum einen ist es eine finanzielle Sichtweise, die Zusammenhänge zwischen dem EBIT (Earnings before interest and taxes), dem Gewinn vor Zinsen und Steuern, und dem IT-Servicekatalog herstellt, und zum anderen sind es Strategien, die zu Beginn des Projekts Fakten und ein gewisses Verständnis für den IT-Servicekatalog schaffen. Diese Aspekte sind aus strategischer Sicht von Bedeutung, da sie maßgeblich zum Erfolg für die Erstellung eines IT-Servicekatalogs beitragen.

4.1 EBIT und der IT-Servicekatalog

Der IT-Servicekatalog ist ein Objekt zur Klärung der IT-Servicestrategie. IT-Unternehmen bauen ihre Technik nicht zum Selbstzweck um, sondern verfolgen ein Ziel. Die Chief Information Officers (CIO) haben einen erhöhten Handlungsdruck, denn wenn der angestrebte EBIT nicht erreicht wird, leiten die CIOs mehrere Maßnahmen ein. Die in der Praxis häufigste vorkommende Variante ist die Kosteneinsparung. CECAR liefert mit seinem Ansatz die Möglichkeit, IT-Services professionell zu designen, um transparente Budgetierung bzw. Kosten gegenüber anderen Bereichen zu erhalten. Der IT-Servicekatalog bildet die Basis für eine fundierte Kostenentscheidung.

4.1.1 Ausrichtung der IT am EBIT

Die meisten Unternehmen haben das betriebswirtschaftliche Dreieck EBIT – Cashflow – ROI im Blick. Die Optimierung der unterschiedlichen Kennzahlen ist darauf hin ausgerichtet und wird auf unterschiedliche Weise vorgenommen. Um den EBIT zu steigern, sind z.B. Firmenzukäufe ein in der Praxis erprobtes Mittel. Zusätzlich werden buchhalterische Methoden angewendet, um den Cashflow durch Abschreibungen zu verbessern. Die unternehmensinterne IT ist hierbei meist außen vor. Sie agiert weitestgehend unabhängig davon oder wird als buchhalterische Gesamtposition mitgeführt. In der IT ist die Budgetvergabe auf mehreren Ebenen für Verantwortliche mit einem bestimmten Budgetvolumen definiert, über das sie frei verfügen können. Aufgrund dieser hierarchischen Definition treffen die Beteiligten ihre Entscheidung für die Anlage des Budgets aus ihren aktuellen Bedürfnissen heraus. In der Folge entsteht ein heterogenes Geflecht aus angeschaffter Hardware, Software, internes/externes Personal, Wartungen, Auslagerungen etc., das zu wenig systematischen Anschaffungen durch die IT führt. Eine strategische Ausrichtung folgt meistens dem Paradigma, was technisch zeitgemäß ist oder wo eine Optimierung vorzunehmen ist. Der EBIT ist in der IT eher auf der Ebene der Geschäftsführung bekannt. Um den EBIT in die IT zu bringen, dient der IT-Servicekatalog. Er strukturiert die IT-Services und deren Kosten inklusive der Nutzungsverteilung auf die Kunden [Gentzsch 2006].

Die IT am EBIT auszurichten bedarf einer Überprüfung, die mehrere Aspekte in Betracht zieht, da die IT ein erhebliches Potenzial enthält, um eine EBIT-Steigerung vorzunehmen. Ein Beispiel soll dies verdeutlichen. Werden teure Produktlizenzen an 1000 User vergeben, die nicht damit arbeiten, entstehen Leerstände durch nicht genutzte Lizenzen. Durch diese ungenutzten Lizenzen können vermeidbare Kosten von einer Million Euro entstehen, die den EBIT beeinflussen. Die verschiedenen Kosten stehen folglich nicht in einer Linie zum EBIT und die Auswirkungen sind erheblich.

Unternehmen, bei denen der EBIT als zentrale Kennzahl gilt, können die IT nutzen, um eine Steigerung zu erreichen. Die IT, die mittlerweile, eine grundlegende Stellung in allen Produktionsstraßen einnimmt, ist ein Potenzialträger. Sie ist in allen unternehmenskritischen Geschäftsprozessen vertreten und übernimmt damit eine tragende Rolle. Diese Rolle, der ein hoher Nutzen zukommt, ist mit vielen Kosten verbunden. Ziel ist es, einen stabilen und funktionalen IT-Betrieb zu gewährleisten. Um dieses Ziel zu erreichen, ist die Anschaffung mehrerer IT-Systeme (HW, SW etc.) erforderlich.

Da die IT in allen Geschäftsbereichen in Form von gemeinsam genutzten Plattformen etc. vertreten ist, führt das zu bereichsübergreifenden IT-Kosten. Konzerne mit einer eigenen zentralisierten IT haben es relativ leicht, die IT-Kosten zentral zu steuern. Anders agieren Unternehmen, die den EBIT durch Firmenkäufe steigern. Ihnen geht vor entsprechenden Konsolidierungsprojekten durch unterschiedliche IT-Strategien der eingekauften Unternehmen ein erheblicher Anteil des EBIT verloren. Hier wird der Hebel angesetzt, da sonst ein erhebliches Potenzial ungenutzt bleibt. Die latenten Kosten minimieren sich, wenn die IT über den IT-Servicekatalog eine neue kundenorientierte Ausrichtung durch z.B. die Nutzung von standardisierten, gemeinsam genutzten IT-Services (*shared services*) erfährt.

Viele IT-Unternehmen sind von einem funktional orientierten Bereitstellungsmodell zu einem prozessorientierten Fabrikationsmodell (ITIL) gewechselt [Beims 2009]. Sie haben sich ausgehend von einem reinen Servicecenter über ein Costcenter zum Profitcenter und schließlich zum IT-Serviceprovider gewandelt. Der nächste Schritt in der IT ist die Entwicklung hin zum Geschäftspartner. Und hier stehen andere strategische Ziele im Fokus. Begriffe wie Cloud werden nicht nach Innovation bewertet, sondern danach, wie es zum häufig größten Unternehmensziel, nämlich der Steigerung des EBIT, beiträgt. Hier lassen sich einige Vorgehensweisen präferieren.

Die eigene EBIT-Strategie kann für die IT durch das Hinzuziehen des IT-Servicekatalogs ergänzt werden. Diese Strategie führt zu folgenden Umsetzungszielen:

a) Welche IT-Aspekte lassen sich sofort umstellen?
b) Welche IT-Aspekte müssen über einen längeren Zeitraum umgestellt werden?

Hierfür müssen sich die IT-Unternehmen mit einem Fokus auf den EBIT neu orientieren. Folgende Bereiche sind zu prüfen:

- Software- und Hardwareeinkauf/-leasing
- Hardwarebebauung
- In- und Outsourcing von IT-Systemen (meist in SLA geregelt)
- Externe Wartungs- und weitere Dienstleistungspartner

In diesen Bereichen sind die Punkte, die den EBIT beeinflussen, über die Überlegungen zum IT-Servicekatalog herauszuarbeiten und ggf. neu zu verhandeln. Ziel ist es, in diesen Bereichen eine neue Dimension des Business Alignment zu eröffnen, die komplett neue Investitionen ermöglicht. Dieser Vorgang, der über den

IT-Servicekatalog eine signifikante Unterstützung erfährt, ist eine Weiterentwicklung von technischen und zeitlich unabhängig eingeführten IT-Neuheiten hin zu einer IT, die den EBIT positiv beeinflusst.

Bisher wurde die Vielzahl von Dienstleistern auf einige wenige Core-Supplier reduziert. Der Fokus wird über den IT-Servicekatalog erweitert, der beinhaltet, wie die IT und wie die eingekauften Core-Supplier produzieren.

Die Vielzahl von Leistungseinheiten, die aus verschiedenen Anforderungen heraus in einem Leistungsportfolio zusammengestellt wurden, ist zu prüfen. Das Management, das für die Steigerung des EBIT verantwortlich ist, hat die Aufgabe, eine Entscheidungsgrundlage vorbereiten zu lassen. Diese besteht aus der Aufstellung eines Istzustands und der Erstellung einer EBIT-orientierten IT-Strategie. Hierfür bedarf es eines stringenten Vorgehens. CECAR dient dazu, die IT über den IT-Servicekatalog nach den betriebswirtschaftlichen Gesetzen des EBIT zu strukturieren. Mit CECAR erhält das IT-Management ein leistungsstarkes Instrument, um für eine EBIT-Steigerung die entsprechenden Fakten und Potenziale entscheidungsgerecht vorzubereiten.

4.1.2 Potenziale, die über den IT-Servicekatalog gehoben werden

Folgende Punkte aus der IT sind relevant, um den EBIT über den IT-Servicekatalog zu steigern. Zur Veranschaulichung sind Beispiele aus der IT eingefügt, um den Praxisbezug direkt herstellen zu können:

- **Aktivierte Eigenleistungen**
  IT-Unternehmen, die ein Produkt oder eine Dienstleistung für die eigene z.B. Betriebsoptimierung schaffen, können diese als Eigenleistung aktivieren. Bei IT-Produkten ist die Aktivierung schwierig, da entschieden werden muss, welche Leistungen aktiviert werden können. Die einfache Excel-Liste, die ein Mitarbeiter zur Steuerung und Verwaltung eines Arbeitsablaufs nebst Reporting selbst erstellt hat, zählt nicht dazu. Hier sind Experten erforderlich, um mit steuerrechtlicher und genauer IT-Kenntnis aktivierbare Eigenleistungen zu erkennen und einzustufen. Hier sollte der IT-Servicekatalog zwischen eingekauften Standardprodukten und eigens erstellten Produkten unterscheiden. Die eigens erstellten und ausgewiesenen Produkte bzw. Dienstleistungen liefern bereits einen Hinweis darauf, um hier eine Eigenleistung geltend zu machen.
- **Zuschreibungen auf das Anlagevermögen**
  Viele Unternehmen haben ihre eigene IT, die für sie die Steuerung digitaler Geschäftsprozesse unterstützt, ausgelagert. Erfolgt eine Beteiligung am betreffenden Unternehmen, so entsteht die Möglichkeit, eine Zuschreibung auf das Anlagevermögen vorzunehmen. Andere wiederum lagern gleich die eigene IT in eine unternehmensverbundene IT aus und lassen diese neben der eigenen Versorgung auf dem freien Markt agieren. Dadurch werden neue Impulse auf die

eigene IT erreicht und es entstehen ggf. Eigenentwicklungen, die den EBIT wieder steigern. Dies alles wird im IT-Servicekatalog aus Kundensicht dargestellt und für den Kunden wieder zusammengeführt.

- **Sonstige betriebliche Erträge**
  Unter diese Rubrik fallen z.B. abgeschriebene IT-Gerätschaften, die, anstatt sie zu verschrotten, über Gebrauchtportale verkauft werden, um damit Erlöse zu erzielen. Je nach Umfang der zu verkaufenden Gerätschaften sind hier zusätzliche Erlöse verborgen, die den EBIT steigern. Eingerechnet werden müssen die Kosten für den Verkauf, der Zeit und Personal erfordert. Wie intensiv der Personaleinsatz ist, muss von Unternehmen zu Unternehmen abgeschätzt werden. Denn neben dem reinen Verkauf stellen sich andere IT-Fragen. Eine scheinbar gelöschte Festplatte eines Servers, auf der sich vorher Kundendaten befanden, sollte nicht wiederherstellbar sein. Die gängigen Löschverfahren kosten Zeit und der Aufwand wird meist unterschätzt. Neben der Hardware gibt es den Bereich Lizenzverkauf. Dieser erfordert eine genaue Kenntnis in den jeweiligen Lizenzverträgen und deren Übertragbarkeit. Mit dem IT-Servicekatalog lässt sich dieser Sachverhalt als eigener IT-Service (z.B. Verschrottung oder Veräußerung) modellieren. Wenn ein durchgängiger IT-Service vorliegt, der diese Fälle aufgreift, werden die sonstigen betrieblichen Erträge erreicht.

Nachstehend werden Punkte genannt, die den EBIT reduzieren. Der IT-Servicekatalog unterstützt hier bei der Identifizierung:

- **Materialaufwand**
  Hierbei geht es darum, die größten Materialaufwände in der IT festzustellen. Dazu gehören die Gebäude- und deren Folgekosten, um ein Rechenzentrum ordnungsgemäß nach den ISO-Standards aufzubauen. Viele Rechenzentrumsstellflächen sind teuer, deshalb ist der Weg mit weniger physikalischen Servern und einer Vielzahl von virtuellen Servern auf den physikalischen Servern eine Alternative, das Unternehmenswachstum zu begleiten und die IT selbst nicht linear mitwachsen zu lassen. Dennoch bleibt dieser Materialaufwand ein Teil, der den EBIT schmälert. Mit dem IT-Servicekatalog lassen sich bei der Erhebung der Kosten zu den IT-Services die Materialaufwände entlang der IT-Services herausfiltern.
- **Personalaufwand**
  Je mehr Personal eingesetzt werden muss, um die IT zu betreiben, umso unattraktiver wird es für den EBIT. Hier müssen IT-Leiter den Blick auf Geschäftsprozesse richten, die ineffektiv laufen und hohe Personalressourcen benötigen. Ein Investment in eine professionelle Automatisierung könnte Abhilfe schaffen und ggf. den Nebeneffekt einer aktivierten Eigenleistung nach sich ziehen. Die Kosten und die erreichten Umsätze können über den IT-Servicekatalog pro IT-Service gegengerechnet werden, um zu sehen, wo die Aufwände hinfließen.

- **Sonstige betriebliche Aufwendungen**
  Hohe Kosten entstehen, wenn Berater als Ersatz für festangestellte Arbeitnehmer mit Aufgaben aus der Linie betraut werden. In der IT ist dies eine gängige Praxis, um einen Personalengpass auszugleichen. Fakt ist, diese Kräfte zählen zu den sonstigen betrieblichen Aufwendungen. Ein Blick darauf, ob der eigene Personalstamm geeignet aufgebaut ist, kann diese sonstigen betrieblichen Aufwendungen erheblich minimieren. Im IT-Servicekatalog sind die externen Dienstleister inklusive deren Kosten vermerkt, sodass sich genau ersehen lässt, bei welchen IT-Services zukauft wird [ITIL 4 2019].
- **Abschreibungen auf das Anlagevermögen**
  Letztlich betreibt die IT für das Unternehmen geschäftsprozesskritische Anwendungen und Server. Beides veraltet und muss abgeschrieben werden. Dabei ist die Zeit des Einsatzes der IT-Systeme entscheidend. Gegenüber der Steuer lassen sich die üblichen vier bzw. fünf Jahre für die Abschreibung bedingt ausblenden. Interessant wird es, wenn mit den Abnehmern der IT die Ermittlung des Bedarfs und die Innovationszyklen genau erfolgt. Manchmal kann die Laufzeit von z.B. Servern auf sechs bis sieben Jahre erhöht werden. Die IT kann wirtschaftlicher genutzt werden, was für den EBIT durchaus relevant ist. Über den IT-Servicekatalog erhält der Servicekatalog-Manager pro IT-Service ein Nutzungsprofil und leitet daraus ab, welche IT-Services seltener genutzt werden. Somit können »alte« Server hierfür verwendet werden und neue Systeme an anderen Stellen zum Einsatz kommen.
- **Bestandsveränderungen**
  Die Bestandsveränderungen sind ein Außenseiter in der EBIT-Berechnung. Sie nehmen eine Sonderfunktion bzw. -stellung ein und können steigernd wie schmälernd wirken. Unternehmen, die überlizenziert sind, können die nicht genutzten Lizenzen positiv verwenden. Diese Größe muss in der IT beobachtet werden, da große Softwarehersteller viel Aufwand mit dem Lizenzgeschäft und Lizenz-Monitoring betreiben. Jede IT muss hier genau Buch führen, damit dieser den EBIT beeinflussende Faktor nicht zufällig, sondern gezielt positiv ausfällt. Wird konsequent über den IT-Servicekatalog gebucht, kann derart komplexes Lizenz-Monitoring strukturiert und nachhaltig gelöst werden, da bekannt ist, welche Anwender den IT-Service nutzen.

Diese Beispiele zeigen, wie vielfältig sich der EBIT beeinflussen lässt und dass der IT-Servicekatalog hierbei eine wichtige Rolle spielt. Damit die IT gezielt auf den EBIT ausgerichtet wird, gilt es, die Wechselwirkungen zwischen IT und EBIT zu verdeutlichen. Das IT-Unternehmen soll einen Beitrag zum EBIT leisten und nicht gegen ihn wirken.

Auffallend bei der Betrachtung von außen ist die heterogene Gestaltung von Auslagerungsverträgen, die Service Level Agreements genannt werden. Die Geschäftsführung von IT-Unternehmen muss nicht zwingend einen tiefen Blick in diese Verträge werfen, eine visuelle Aufbereitung, was auf welche Art ausgelagert ist, hilft meist zu verstehen, ob ein heterogenes Umfeld oder eine Strategie mithilfe des IT-Servicekatalogs vorliegt, die den EBIT steigert.

4.2 Initiale Managementstrategien

Die Rolle des Servicekatalog-Managers ist in vielen IT-Unternehmen bisher nicht eingeführt bzw. nicht detailliert ausgeprägt. Um seine Ziele zu erreichen, deren Ergebnisse allen im IT-Unternehmen dienen, muss er sich gegenüber dem Management, Kunden und seinen Kollegen geeignet positionieren. CECAR gibt folgende Managementstrategien vor, die helfen, sich in die Rolle des Servicekatalog-Managers einzufügen.

4.2.1 Managementauftrag

Wer die Aufgabe bekommt, einen IT-Servicekatalog im IT-Unternehmen zu erstellen, der sollte nicht im Alleingang die IT-Services zusammenstellen. Der Servicekatalog-Manager benötigt den Auftrag direkt vom IT-Management, er muss sich sozusagen die Prokura hierfür holen. Projekte für einen IT-Servicekatalog sind transparent im IT-Unternehmen zu starten. Dabei sollte das IT-Management durchgehend informiert werden und genauso sollten Mitarbeiter des IT-Unternehmens den Fortschritt verfolgen können. Einen IT-Servicekatalog ohne vorherige Ankündigung als fertiges Ergebnis zu präsentieren ist nicht ratsam. Es entstehen Vorbehalte beim IT-Management – es könnten durch den IT-Servicekatalog bekannte und geduldete Missstände unkontrolliert transparent werden. Hier wäre ein Widerstand für die Projektfortführung zu erwarten. Ein Servicekatalog-Manager sollte dem IT-Management die Aufdeckung der Missstände ankündigen und parallel die Vorteile eines IT-Servicekatalogs aufzeigen (s. Abschnitt 15.7). Meist beginnt das IT-Management über den IT-Servicekatalog eigene Ziele zu verfolgen. Mit dieser Prokura kann der Servicekatalog-Manager seine Ziele realistisch erreichen.

4.2.2 Nachhaltigkeit

Wird ein IT-Servicekatalog-Projekt gestartet, so sollte die Erwartungshaltung des IT-Unternehmens und die der Kunden nicht zu hoch angesetzt werden. Die meisten IT-Servicekatalog-Projekte sind keine Quick-Win-Projekte, sondern fördern die Nachhaltigkeit im IT-Unternehmen. Natürlich lässt sich in einem kurzen Zeitraum ein initialer IT-Servicekatalog erstellen. Dieser ist ein erster Schritt auf dem Weg, denn nach dem Initialstart folgen die Arbeiten, um die IT-Services buchbar zu machen oder einheitlich im Unternehmen zu implementieren. Letztlich findet über den IT-Servicekatalog eine langfristige Konsolidierung der IT statt.

Eine Erwartungshaltung wird bei allen IT-Servicekatalog-Projekten zufriedengestellt: Die Einführung eines IT-Servicekatalogs führt in der Praxis immer zu Erfolgen oder zumindest zu effizienzsteigernden Teilerfolgen. Seine Einführung treibt die Standardisierung im IT-Unternehmen voran. Durch den IT-Servicekatalog werden viele Punkte zur Kosteneinsparungen deutlich und u.a. langanhaltende Missstände behoben. Die mit dem IT-Servicekatalog einhergehenden Verbesserungen in der IT basieren vor allem auf die durch die Konsolidierung bekannten positiven Effekte.

4.2.3 Beziehung von Service Levels und Preisen

Der Wunsch nach einer verursachergerechten Verrechnung ist ein hoher Anspruch. Der Servicekatalog-Manager muss sich hier der Realität auf eine bestimmte Weise stellen. Bei komplexen IT-Services lassen sich nicht alle Servicequalitäten (Service Levels) nachvollziehbar und mit einer Formel auf ein Preisschema abbilden. Es kommt zu einer Unvereinbarkeit im IT-Servicekatalog: die IT-Services mit den Service Levels auf der einen Seite und die Preise ohne genaue Zuordnung oder Formel auf der anderen Seite. Die neuralgischen Punkte, die eine durchgängige Preispolitik verhindern, sind folgende:

- **Mengen**
  Es gibt Abhängigkeiten zu den angeforderten Mengen, d.h., einen IT-Service einmal zu buchen ist kein Problem, den gleichen IT-Service über 100-mal sofort zu benötigen ist oft nicht vorgesehen. Ein Beispiel: Der IT-Service »Einrichten eines Benutzers« dauert laut IT-Servicekatalog 2 Stunden und kostet z.B. 20 Euro. Das Einrichten von 100 Benutzern kostet linear gerechnet 2000 Euro, aber die Einrichtungszeit von 2 Stunden wird nicht eingehalten, da sich parallel vielleicht nicht 100 Benutzer einrichten lassen. Die lineare Berechnung, 100 Benutzer mal 2 gleich 200 Stunden, ist kein gangbarer Weg. Ein geeigneter Schätzwert ist zu ermitteln. Meistens unterbleibt der Schätzwert und im IT-Servicekatalog findet sich hierzu keine Aussage, wenn die Menge einen bestimmten Wert überschreitet. Hierfür gibt es keine generellen Lösungen. Eine Lösung ist ggf. pro Einzelfall anzustreben. Eine Formulierung, bei der ein Preis mit einer bestimmte Abnahmemenge gilt, kann eine Lösung darstellen.
- **Lieferort**
  In weltweit agierenden Unternehmen, die von ihrem internen IT-Unternehmen beliefert werden, ist die Preisfindung für bestimmte IT-Services ebenfalls schwierig, da der IT-Service nicht an allen Lieferorten im globalen Kontext zu gleichen Konditionen bereitgestellt werden kann. Ein Praxisbeispiel soll dies aufzeigen. Angenommen ein IT-Unternehmen liefert aus einer zentral orientierten IT den IT-Service Mitarbeiterarbeitsplatz in Form eines Notebooks aus, dann stellen sich bereits die ersten Fragen, die von der Beschaffung des Note-

books bis zum Versand gehen. Wo wird das Notebook für z.B. Vietnam beschafft? Bei der internen IT oder direkt vor Ort? Wenn es ausschließlich bei der internen IT beschafft wird, so sind die Kosten für Versand in jedes Land, für Transport und Zoll unterschiedlich und meist zu hoch. Die gleiche Problematik gilt auch für IT-Unternehmen, die auf dem freien Markt agieren und globale Kunden haben. Meist werden Drittdienstleister, die vor Ort sind, eingebunden. Die Beschaffungskosten für ein Notebook sind nicht mehr einheitlich im IT-Servicekatalog abbildbar. Der Servicekatalog-Manager muss in seinem IT-Servicekatalog als Preis einen Verweis nennen wie z.B.: »Das Notebook wird zu landesspezifischen Bedingungen erworben und bereitgestellt.« Die Kosten für das Konfektionieren der Notebooks nach dem Unternehmensstandard können wiederum genau beziffert werden.

Komplexität
Ebenso ist die Komplexität der Lösung, auch wenn sie aus Standardkomponenten zusammengestellt wird, von der Größe und den lokalen Rahmenbedingungen abhängig. Ein weiteres Beispiel soll die Problematik verdeutlichen: Die Kosten für einen IT-Server lassen sich genauso beziffern wie andere atomare Komponenten. Werden jedoch mehrere IT-Server lokal und global für einen Verbund benötigt, so kann dies über den IT-Servicekatalog zusammengestellt werden, die Kosten für ein übergreifendes Projektmanagement sind dabei jedoch nicht enthalten. Hier kann der Servicekatalog-Manager folgenden Verweis im IT-Servicekatalog platzieren: »Bei komplexen IT-Infrastrukturen, die einen Projektcharakter haben, werden die zusätzlich notwendigen Projektmanagement-Kosten vorab kalkuliert und anschließend in Rechnung gestellt.«

An diesen einfachen Praxisszenarien wird ersichtlich, wie eine einheitliche und sorgsam gewählte Preispolitik an ihre Grenzen stößt. Servicekatalog-Manager sollten darauf vorbereitet sein und die genannten Ergänzungen im IT-Servicekatalog verwenden (s. Abschnitt 13.2.2.2).

4.2.4 Flexibilität versus Service-Templates

Die stark formalisierte Gestaltung von IT-Services in IT-Servicekatalogen geht oftmals mit der Anforderung einher, die Leistungen mit festen, verlässlichen Größen zu belegen und damit so weit wie irgendmöglich mess- und kalkulierbar zu gestalten. Dieses Vorgehen führt zu starren Service-Templates. Eine Flexibilität wird benötigt, um sich auf individuelle Erfordernisse des Kunden einzustellen. Freiräume, die ein flexibles Eingehen auf Kundenbedürfnisse erlauben, sind daher, trotz aller Standardisierung innerhalb eines IT-Servicekatalogs, maßgeblich am Erfolg beteiligt. Diese Gratwanderung zwischen Flexibilität und einem Service-Template wurde bereits im CECAR-Modell in der Konzeptionsphase angesprochen. Wenn es zu viele Attribute gibt, die keiner nutzt, ist das Service-Template nicht anwendbar. Analog zu dieser Problematik sollte es möglich sein, IT-Services aufzunehmen, die nicht exakt in das Schema passen. Werden beispielsweise Applikationen als IT-Services definiert und hierfür wurde ein Schema mit Service Levels entworfen, dann folgen andere IT-Services wie das Einrichten eines Benutzers oder der Notfallsupport nicht exakt dem Schema, das bei den Applikationen angelegt wird. Der Servicekatalog-Manager sollte diese IT-Services dennoch in geeigneter Weise in seinen IT-Servicekatalog aufnehmen können.

4.2.5 Entwicklung des Verständnisses von IT-Services aus Kundensicht

Die unterschiedlichen Sichten von Verantwortlichen führen nahezu zwangsläufig zu einem unterschiedlichen Verständnis, zu verschiedenen Erwartungshaltungen und somit zu abweichenden Vorstellungen bezüglich der Ausprägung von IT-Services im IT-Servicekatalog.

So wird beispielsweise ein Service-Level-Manager zunächst einmal eine vollkommen andere Sicht auf die IT-Services haben als ein Mitarbeiter aus dem IT-Betrieb oder beispielsweise ein IT-Controller.

Entscheidend für Akzeptanz und Anwendbarkeit eines IT-Servicekatalogs ist an der Stelle die Fähigkeit, im IT-Servicekatalog abzubildende IT-Services vor allem aus Sicht der jeweiligen Kundenkreise zu formulieren und zu gestalten. Dabei beeinflusst die Sicht auf den IT-Servicekatalog dessen Inhalte. Diese Problematik ist in der Konzeptionsphase des CECAR-Modells erläutert.

4.2.6 Serviceorganisation

Sind die zentralen IT-Services im IT-Servicekatalog erfasst, so nimmt CECAR ein weiteres Ziel ins Visier. Es kann auf Basis des IT-Servicekatalogs eine deutlich verbesserte und präzisere Make-or-Buy-Analyse erfolgen, um die IT-Services zu identifizieren, die das Potenzial für eine Auslagerung haben. Hierzu werden im IT-Servicekatalog die Zuständigkeiten zwischen Kunde und IT-Unternehmen in den Fokus genommen. Oft sind die Potenzialträger die IT-Services, die wenig Kundeninteraktion erfordern, und somit effizient und effektiv ausgelagert werden können. Abbildung 4–2 zeigt, welche generellen Kategorien für die Auslagerung heute zu den Potenzialträgern zählen.

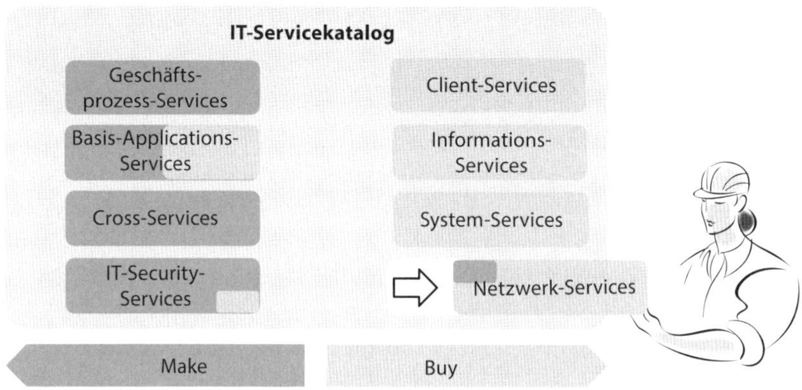

Abb. 4–2 *Make-or-Buy-Entscheidung*

Weitestgehend alle unternehmenskritischen IT-Services werden heute nach wie vor selbst in IT-Unternehmen produziert, da in diesen IT-Services das Geschäftsprozess-Know-how steckt, das im IT-Unternehmen verbleiben soll. Anders agieren IT-Unternehmen bei austauschbaren IT-Systemen (z.B. Serverhosting), auf denen IT-Services definiert sind. Hier ist eine Auslagerung möglich und wird von IT-Unternehmen entsprechend praktiziert.

Damit bestimmte IT-Services optimiert werden, um sie z.B. auslagern zu können, bedarf es einer Zielvereinbarung. Diese Zielvereinbarung wird in den Zielen des Serviceverantwortlichen aufgenommen. Nun kann der einzelne Mitarbeiter, der die Aufforderung vom Management durch die Zielvereinbarung hat, den IT-Service für die Auslagerung vorbereiten (s. Abb. 4–3). Hierdurch wird der IT-Servicekatalog zum Führungsinstrument.

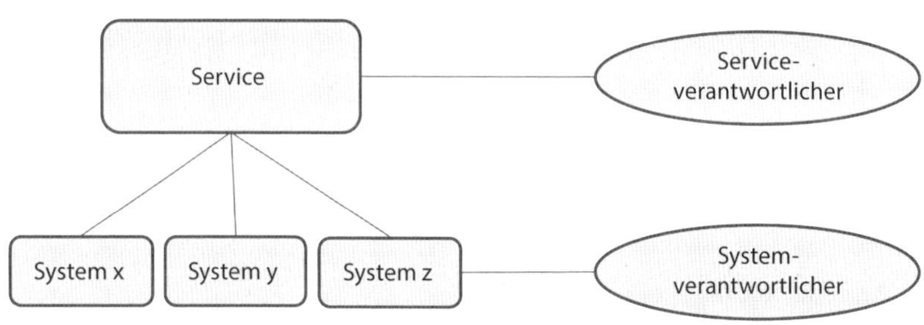

Abb. 4–3 *Einordnung des Serviceverantwortlichen*

Neben der reinen Zielvereinbarung zählt zu den Aufgaben des Serviceverantwortlichen die organisationübergreifende Koordination von IT-Services. Hierzu gehören die Reduktion von wiederkehrenden Incidents, Minimierung von genutzten IT-Ressourcen, durchgehende Auswertung der Leistung (Verfügbarkeit, Antwortzeit) und die Prüfung der Kundenzufriedenheit.

Über den IT-Servicekatalog wird eine an den IT-Ressourcen und eine am Kunden orientierte Steuerung von Mitarbeiterzielen erreicht.

4.2.7 Ersetzung von Operation Level Agreements

Mithilfe des IT-Servicekatalogs können bestehende Operation Level Agreements ersetzt werden bzw. zukünftige OLAs vermieden werden. Bisher wurden in den OLAs die internen IT-Abteilungen dazu verpflichtet, IT-Services in der vereinbarten Qualität zu erbringen. Hierfür wurden analog zu den SLAs Service Levels wie Verfügbarkeit, Wartungsfenster etc. abgestimmt. Zuletzt sollte eine Unterschrift des Abteilungsleiters erfolgen. Diese Unterschrift wurde meist nie erbracht, um sich nicht zu 100 % zur garantierten Leistungserbringung zu verpflichten. Im IT-Unternehmen verblieb ein OLA ohne persönliche Zusicherung.

Der IT-Servicekatalog löst dieses Problem. Alle relevanten IT-Services werden im IT-Servicekatalog mit geeigneten Service Levels beschrieben. Gegenüber Kunden verpflichtet sich das gesamte IT-Unternehmen, diese Qualität zu garantieren. Jedem IT-Service wird ein IT-Serviceverantwortlicher zugeordnet, der für die Qualitätserbringung verantwortlich ist. Sein Name wird dann zum IT-Service im IT-Servicekatalog eingetragen. Eine zusätzliche Unterschrift ist nicht mehr zu erbringen, da der IT-Servicekatalog für die Kunden des IT-Unternehmens als aktuell gültig erklärt wurde. Somit entstehen indirekt Zusicherungen von internen IT-Abteilungen zur Leistungserbringung von IT-Services, wie dies direkt mit OLAs erreicht werden sollte. Mit der Einführung des IT-Servicekatalogs und einer Zuordnung von IT-Serviceverantwortlichen nehmen die OLAs zukünftig eine untergeordnete Rolle ein.

4.2.8 Unterschiedliche Entscheidungsprozesse zur Aufnahme von Services

Wann wird ein IT-Service in den IT-Servicekatalog aufgenommen? Im ersten Moment erscheint es so, als ob die Entscheidung zufällig ist. Dieser Eindruck des Zufallsprinzips hält einer genauen Betrachtung nicht stand, denn die Entscheidungen, wann ein IT-Service in den IT-Servicekatalog aufgenommen wird, sind nicht auf den Prozess Servicekatalog-Management beschränkt. Eine Ausweitung auf die Prozesse Service Portfolio Management und Service Level Management ist in der Praxis üblich.

Service Portfolio Management

In der Entscheidungshoheit des Prozesses Service Portfolio Management liegt die Aufnahme eines IT-Service, um entweder das Portfolio zu erweitern oder einen Missstand im Unternehmen zu verändern. Zwei Praxisbeispiele zeigen hier, wie diese Entscheidungen getroffen werden können.

- **Praxisbeispiel 1**
  Weil es keine Unternehmens-Cloud gab, schlugen Mitarbeiter vor, datenintensive Firmenunterlagen (Projektanträge, Schulungsmaterial) über einen öffentlichen Filesharing-Dienst hochzuladen und mit den Kunden zu teilen. In der Folge wurde entschieden, den IT-Service Corporate-Cloud einzuführen.

Praxisbeispiel 2
Da es kein strukturiertes Ablagesystem außer dem Projektserver mit einem Fileverzeichnis im IT-Unternehmen gab, wurde das Mailsystem als persönliches Archivsystem verwendet. Die Mailboxgröße der internen Kunden stieg beträchtlich. Die Unternehmensführung entschied die Einführung des IT-Service Dokumentenmanagementsystem.

Servicekatalog-Management

Das Servicekatalog-Management entscheidet, welche IT-Services sich für die Aufnahme in den IT-Servicekatalog eignen. In Kapitel 7 werden u.a. Entscheidungshilfen aufgezeigt, wie sich die IT-Services im Detail bewerten lassen, damit sie in den IT-Servicekatalog aufgenommen werden können.

Praxisbeispiel
Da die Rollen Service-Level-Manager und der Servicekatalog-Manager in einer Person vereint waren, konnte dieser Mitarbeiter genau sehen, wann welche IT-Services von den Fachbereichen vorrangig im IT-Servicekatalog behandelt werden mussten. Bei einem IT-Service, in diesem Fall SAP-Travel, entschied er, das vom Fachbereich vorgelegte SLA weiterzuentwickeln und daraus einen vollständig buchbaren IT-Service zu machen und diesen in den IT-Servicekatalog aufzunehmen. Eigentlich war der IT-Service als einmaliger IT-Service gedacht, doch schließlich wurde er für alle Fachbereiche als eigenständiger IT-Service für geeignet befunden.

Service Level Management

Im Service Level Management wird von SLA zu SLA entschieden, wie die IT-Services beschrieben werden. Es entstehen erfahrungsgemäß De-facto-Templates von den IT-Services. Bei einer häufigen Anwendung dieser Templates ist zu entscheiden, ab wann ein IT-Service in den IT-Servicekatalog übernommen wird.

Praxisbeispiel
Bei weltweit betriebenen Anwendungen wurde der Support immer wieder neu konzeptioniert, kalkuliert, aufgebaut und geschult. Es entstanden textuelle De-facto-Templates; ein abgestimmtes Verfahren existierte nicht. Das Service Level Management beauftragte die Gestaltung und damit auch die Einführung des IT-Service »Globaler IT-Support« beim Servicekatalog-Management.

Servicekatalog-Manager müssen wissen, wo die Entscheidungen stattfinden und woher die Anfragen für die Aufnahme von IT-Services in den IT-Servicekatalog stammen. Nur so können sie im Vorfeld die Bedürfnisse erkennen und sich geeignet darauf einstellen, z.B. durch zyklisches Abfragen der Verantwortlichen.

4.3 Operative Strategien

4.3.1 Aktualität und Konsistenz

Einige Servicekatalog-Manager sind gezwungen, mangels Werkzeugunterstützung ihren IT-Servicekatalog über Textverarbeitung in Dokumenten zu organisieren. Das ist durchaus verständlich, erfordert aber eine eigene Form der Disziplin, um das Dokument aktuell und konsistent zu halten.

Die Namen von IT-Services werden initial festgelegt, sind aber andererseits je nach Entwicklungsstand des IT-Servicekatalogs Änderungen unterworfen. Zu Beginn des Projekts IT-Servicekatalog ändern sich die Namen oft, da die Beteiligten geeignete Begriffe für deren IT-Services suchen. Erst nach und nach stabilisieren sich die Namen und werden höchstens einmal im Jahr oder gar nicht mehr geändert. Solange im Projekt ein hoher Änderungsrhythmus vorliegt, muss der Servicekatalog-Manager mithalten können und dies bedeutet ein kontinuierliches Aktuellhalten aller Namensänderungen in seinem IT-Servicekatalog-Dokument. Dieser Prozess gilt im Projekt und im regulären Servicekatalog-Management-Prozess. Der Unterschied liegt im Änderungszyklus, denn dieser ist im Projekt schneller als im regulären Tagesbetrieb. Die Änderungen implizieren die Änderungen an allen Stellen im Dokument. Die Herausforderung liegt darin, als Servicekatalog-Manager hin und wieder mit Textfragmenten von anderen Serviceverantwortlichen bestückt zu werden und so kommt es zu einer Namensvielfalt, die präzise nachzuarbeiten ist. Um eine Inkonsistenz bei den Servicenamen zu vermeiden, hilft es auch, wenn zu Beginn z.B. Artikelnummern eingeführt werden, um bei Abweichungen der Namen über einen unveränderlichen Identifikator zu verfügen.

4.3.2 Lebenszyklus eines IT-Service

Im vorhergehenden Abschnitt ging es darum, mit der richtigen Struktur geänderte Servicenamen identifizieren zu können. In diesem Abschnitt wird der gesamte Lebenszyklus des IT-Service und seine Servicenamen betrachtet. Im Servicedesign wird meist vergessen, dass der im IT-Servicekatalog festgelegte Servicename in den jeweiligen Fachabteilungen nicht bekannt ist bzw. unter einem anderen Servicenamen abgespeichert ist. Dieser Sachverhalt wird zusätzlich verstärkt, indem es noch Abkürzungen zu dem Servicenamen gibt und somit sich die Anzahl der Begriffe für einen IT-Service erhöht. Der IT-Service und damit auch der Servicename durchlaufen einen Lebenszyklus. Folgendes Beispiel soll die Komplexität aufzeigen:

1. **Kundendatenmanagement**
   Kundendatenmanagement war der Startname, der sich bald erübrigt hatte, da das Projekt und dessen Umfang sich änderten.

2. **Langzeitarchivierung**
   Die Langzeitarchivierung war der nächste Name, der für diesen IT-Service gewählt wurde.
3. **Virtuelles Datenrepositorium**
   Aufgrund anderer eingesetzter Technologien wurde der IT-Service in virtuelles Datenrepositorium umbenannt.
4. **VIDA**
   Es wurde die Abkürzung VIDA für virtuelles Datenrepositorium eingeführt.
5. **App-VIDA**
   Dieser Begriff wurde im Controlling gebildet, da sich die Abkürzung von einem anderen gleichnamigen Akronym unterscheiden musste.

Somit entstanden für einen IT-Service fünf Begriffe, die alle den einen IT-Service repräsentierten. In den Köpfen der Benutzer blieben aber die anfangs genannten Begriffe bestehen, da sie den weiteren Verlauf der Serviceveränderung nicht mit verfolgten bzw. nicht mit verfolgen konnten. Wenn also beispielsweise in der Praxis 400 IT-Services vorliegen mit jeweils fünf oder mehr Begriffsausprägungen, dann sind 2000 Begriffe im Unternehmen verteilt. Da der IT-Service an mehreren Stellen eingetragen wird (wie z.B. Servicekatalog, SLA, Betriebsdokumentation, Webseite, Servicedesk), herrscht eine große Begriffsvielfalt. Die Begriffsabspaltungen sind schwer zu kontrollieren, umso mehr ist der Servicekatalog-Manager aufgefordert, im IT-Servicekatalog ein Servicenamensarchiv zu den IT-Services mitzuführen. Die Benutzer, die anschließend den fertiggestellten IT-Servicekatalog anwenden, können z.B. über die Volltextsuche den IT-Service, so wie sie ihn in Erinnerung haben, finden und den aktuellen Servicenamen erkennen. Somit erreicht der Servicekatalog-Manager für alle Abteilungen das Wiederauffinden von deren namensähnlichen IT-Services im IT-Servicekatalog. Ein derartiges Vorgehen erhöht u.a. die Akzeptanz eines IT-Servicekatalogs im Haus.

Werden die Servicenamen nicht mit betrachtet, so wird der IT-Servicekatalog unterlaufen. Gibt es zu dem gleichen IT-Service andere Namen im Unternehmen und sind diese Namen nicht beim IT-Service im IT-Servicekatalog abgelegt, so kann ggf. ein Auftrag zur Servicebereitstellung erfolgen, der nicht über den IT-Servicekatalog läuft. Das IT-Unternehmen produziert dann durch fehlende Namenszuordnungen einen eigenständigen IT-Service, der jedoch bereits im Hause existiert. In der Folge entstehen höhere Kosten, da der IT-Service nicht wie geplant vorkonfektioniert, sondern individuell produziert und im schlimmsten Fall im Katalog inhaltlich redundant angelegt wird. Es stellt sich daher die Frage, wo sich ein stabiler Servicename ablegen lässt. Der Servicename wird im Trouble-Ticket-System gelebt. Das Andocken der verwendeten Servicenamen ist nicht durchgängig möglich. Der Servicedesk beispielsweise arbeitet nicht ausschließlich mit den Servicenamen, wie sie im IT-Servicekatalog stehen, da für die schnelle Störungsbehebung eigene oder doch zumindest zusätzliche Begriffe definiert sind. In einer idealen

Welt wäre es förderlich, wenn der IT-Servicekatalog und das Trouble-Ticket-System z.B. durch Festlegung konkreter Akronyme/Kürzel in der Servicebeschreibung übereinstimmen würden.

In der Praxis gibt es aber meist nicht den einen stabilen Servicenamen, da die IT-Services an mehreren Stellen eingesetzt werden. An folgenden Stellen finden sich Servicenamen, die eigentlich übereinstimmen sollten:

- IT-Servicekatalog
- Rechnung/Controlling
- Trouble-Ticket-System
- Monitoring-System
- CMDB
- SLA

Die Abstimmung, wo und wann welche Servicenamen gelten, ist selten durchgängig geregelt. Die Einführung des IT-Servicekatalogs sollte dieses Problem langfristig ausräumen. Hierzu bedarf es eines hohen Reifegrads wie in Kapitel 6 vorgestellt.

Tipp: Servicekatalog-Manager sollten die unterschiedliche Namensnennung des IT-Service einplanen. Im IT-Servicekatalog sollte deshalb ein Servicenamensarchiv enthalten sein, damit alle Buchenden den IT-Service unter dem von ihnen abgespeicherten Namen finden.

4.3.3 Einen oder mehrere IT-Servicekataloge im Einsatz

Eine weitere strategische Entscheidung ist, ob es ein oder mehrere IT-Servicekataloge gibt oder zumindest verschiedene Sichten (Views) auf den IT-Servicekatalog. Diese Überlegungen sind berechtigt, denn es kommt immer wieder zu Szenarien, die ggf. mehrere IT-Servicekataloge erfordern. Zu solchen Szenarien zählen:

- **Heterogene Anwendergruppen**
  Die Anwendergruppen haben ein unterschiedliches Verständnis davon, was ein IT-Service ist. Kein IT-Servicekatalog kann die Spannbreite aller Anwendergruppen so zufriedenstellen, dass alle ohne weitere Hilfe eine Buchung durchführen können. Während die einen spezifische IT-Begriffe schwer nachvollziehen können, sind die anderen nach der ersten Zeile umfassend informiert. Das IT-Unternehmen sollte sich auf mehrere IT-Servicekataloge verständigen (s. Abschnitt 7.2.3). Es lassen sich mit Synonymen oder Abkürzungen Hilfen erzeugen, die mehrere Zielgruppen gleichzeitig ansprechen. Dieses Vorgehen löst jedoch nicht die generelle Problematik, bestimmte Servicebeschreibungen ausführlicher zu gestalten, damit der Anwender den IT-Service umfassend versteht.
- **Veranstaltungen**
  Werden Veranstaltungen temporär geplant, bei denen IT-Services für bestimmte Zwecke gewünscht sind, ist es zielführend, aus dem gültigen IT-Servicekatalog

eine Auskopplung vorzunehmen. Die Teilnehmer sollen ausschließlich die IT-Services buchen können, die aktuell für eine Veranstaltung angeboten bzw. benötigt werden. Wenn der IT-Servicekatalog durch ein Tool werkzeugtechnisch unterstützt ist, lassen sich solche Auskopplungen in Form von Sichten durchführen. Hier ist im konkreten Anwendungsfall zu entscheiden, ob der auf die Veranstaltung zugeschnittene IT-Servicekatalog digital oder in Papierform an die Teilnehmer auszuliefern ist.

- **Subsegment**
  Ähnlich wie bei den Veranstaltungen kann es zu mehreren IT-Servicekatalogen führen, wenn bestimmte Unternehmenssegmente einen IT-Servicekatalog bekommen sollen. An einigen Stellen von IT-Unternehmen sind kleinere Bereiche so weit vom Reifegrad her, dass mit einem IT-Servicekatalog begonnen werden kann. Im Endergebnis produziert dann jedes Unternehmenssegment einen eigenen IT-Servicekatalog. Natürlich ist ein IT-Servicekatalog für das gesamte IT-Unternehmen mit einem globalen Template anzustreben. Bei großen Telekommunikationsbetreibern, die in unterschiedliche Organisationsformen unterteilt sind, ist das häufig jedoch nicht durchführbar. Die Möglichkeit, für ein Subsegment der Kundenklientel einen IT-Servicekatalog anzubieten, findet in der Praxis Anwendung, weil ein Projekt mit einem globalen IT-Service-Template oftmals zu überdimensioniert für den konkreten Anwendungsfall eingeschätzt wird.
- **Fusion oder Unternehmenskauf**
  Wenn Unternehmensteile fusioniert oder aufgekauft werden, sind plötzlich mehrere IT-Servicekataloge vorhanden. Die Entscheidung ist hier, ob der Servicekatalog-Manager das Multimanagement der verschiedenen IT-Servicekataloge wirtschaftlich vornehmen kann oder ob es ggf. besser ist, wenn er diese zu einem oder zumindest zu wenigen IT-Servicekatalogen zusammenführt.

Für diese Szenarien gibt es die folgenden drei Entscheidungsrichtungen (s. Tab. 4–1). Dabei kann es sich um Sichten handeln, die auf die jeweiligen Zielgruppen zugeschnitten sind:

IT-Servicekatalog	Gedacht für ...
Anleitungskatalog	... Laien, die mit spezifischen IT-Begriffen nicht vertraut sind. Für diesen Fall werden Anleitungen im IT-Servicekatalog aufgenommen, wie der IT-Service zu verstehen ist und wie der IT-Service zu buchen ist.
Profikatalog	... IT-Experten. Der Profikatalog ist ein normierter Werkzeugkasten aus IT-Services. Die IT-Profis können damit individuelle Kundenanforderungen mit vordefinierten Standards bedienen.
Branchen-/ Themenkatalog	... Fachbereiche. Der Branchen-/Themenkatalog enthält für eine inhaltlich homogene Gruppe IT-Services, die in deren Sprache verfasst ist.

Tab. 4–1 *Mehrere IT-Servicekataloge im Einsatz*

Die Entscheidung, ob ein oder mehrere IT-Servicekataloge im Unternehmen zum Einsatz kommen, sollte genau abgewogen werden. Die Pflege unterschiedlicher IT-Servicekataloge ist aufwendig. Dieser Umstand wird verstärkt, wenn sich die IT-Services überdecken und mehrere Beschreibungen pro IT-Service existieren.

4.3.4 Bewertungskriterien für die Aufnahme in den IT-Servicekatalog

Viele IT-Unternehmen überlegen, welche IT-Services in den IT-Servicekatalog aufgenommen werden. Der Servicekatalog-Manager steht damit vor der Entscheidung, ob er einen vorgeschlagenen IT-Service in den IT-Servicekatalog aufnehmen soll oder nicht. Eine rein auf Erfahrung basierende Entscheidung ist keine langfristig tragfähige Lösung. Vordergründig scheint es in der Praxis keine Regel hierfür zu geben. Dieser Eindruck täuscht, denn es lassen sich Entscheidungskriterien angeben, ab wann ein vorgeschlagener IT-Service ein Kandidat für den IT-Servicekatalog ist. In einigen Fällen ist die Entscheidung eindeutig, den IT-Service in den IT-Servicekatalog aufzunehmen, und in anderen Fällen wird keine Aufnahme erfolgen. Tabelle 4–2 zeigt die Spannbreite auf. Ein IT-Service erfüllt meist nicht alle Gegebenheiten. Ein Annäherungsverfahren liefert im Anschluss für partiell erfüllende IT-Services eine Entscheidungsgrundlage.

Optimale Gegebenheiten		Nicht optimale Gegebenheiten
Hohe Bedeutung Der IT-Service ist Teil des Kerngeschäfts des Dienstleisters.	↔	**Geringe Bedeutung** Der IT-Service kommt bei einem/wenigen Kunden zum Einsatz.
Automatisierung nach Buchung Der IT-Service ist für den Besteller automatisiert buchbar (ähnlich einem Selfservice-Portal).	↔	**Manuelle Eingriffe nach Buchung** Der IT-Service muss manuell aufgesetzt werden. Hierzu sind ein oder mehrere IT-Techniker erforderlich.
Hoher Reifegrad Hinter dem IT-Service gibt es einen festgelegten Prozess/Ablauf von der Buchung bis zur Auslieferung.	↔	**Geringer Reifegrad** Der IT-Service ist neu im IT-Unternehmen eingeführt. Ein einheitliches Verfahren zur Buchung existiert nicht. Wer bucht, sendet eine E-Mail an einen Verantwortlichen.
Hohe Nutzung Viele User nutzen den IT-Service oder der IT-Service ist flächendeckend im Einsatz.	↔	**Geringe Nutzung** Der IT-Service wird von wenigen Nutzern verwendet oder der IT-Service wird einmal monatlich/jährlich angefordert.
Preise unabhängig von Service Levels Die Preise für die angebotenen Möglichkeiten, den IT-Service zu nutzen, werden jährlich kalkuliert und sind für diesen Zeitraum festgelegt.	↔	**Preise abhängig von Service Levels** Die Preise hängen von den gestellten Anforderungen und von stark schwankenden Beschaffungskosten ab.

Tab. 4–2 *Bewertungskriterien für die Aufnahme*

Bevor das Annäherungsverfahren aufgezeigt wird, bedarf es einer genauen Betrachtung, welche Entscheidungen der Servicekatalog-Manager treffen kann, wenn er über die Aufnahme eines IT-Service entscheiden muss. Der IT-Service wird vielleicht nicht in der vorgeschlagenen Form in den IT-Servicekatalog aufgenommen, muss jedoch auch nicht abgelehnt werden. Hier gibt es weitere Optionen, die berücksichtigt werden sollten, wenn über einen IT-Service entschieden wird, denn es gibt weitere Aufnahmeorte, wie in Tabelle 4–3 erläutert wird.

Aufnahmeort	Beschreibung
IT-Servicekatalog	Der IT-Service bringt die optimalen Voraussetzungen mit und kommt in den IT-Servicekatalog.
Integration	Der IT-Service kann in einen anderen IT-Service als Option oder im Text integriert werden.
Service Level Agreement	Der IT-Service wird geeignet für ein Service Level Agreement aufbereitet und von Fall zu Fall in den SLAs aufgenommen. Erst wenn IT-Services wiederholt in SLAs verwendet werden, können die IT-Services als Kandidaten für den IT-Servicekatalog favorisiert werden.
Rechnung	Der IT-Service wird ausschließlich im Controlling mitgeführt und verrechnet.
Archiv	Der IT-Service wird in einem Archiv zwischengespeichert, da er bereits in einem anderen IT-Service vorhanden ist, bald ausgelistet wird oder kurzzeitig nicht angeboten wird.

Tab. 4–3 *Aufnahmeorte für IT-Services*

Die Aufnahmeorte SLA, Rechnung und Archiv sind in der Praxis vorhanden und sollten in Betracht gezogen werden. Sie sind für den IT-Service nicht optimal und sind mehr als Ergänzung bzw. Best Practice zu verstehen, wie mit IT-Services umzugehen ist, die nicht direkt in den IT-Servicekatalog übernommen werden können oder sollen.

Annäherungsverfahren zur Aufnahme von IT-Services

Servicekatalog-Manager müssen mit IT-Services, die nicht alle genannten Kriterien erfüllen, umgehen können. Das hier vorgestellte Annährungsverfahren bietet eine einheitliche Entscheidungsgrundlage, um festzustellen, ab wann ein IT-Service aufzunehmen ist. Dabei sind in dem Annäherungsverfahren die Werte empirisch festgelegt. Jeder Servicekatalog-Manager sollte an seinem gegebenen Szenario die Werte überprüfen und dahingehend abändern. Bei dem Annäherungsverfahren werden die möglichen Kombinationen aufgezeigt und der Aufnahmeort vorgeschlagen (s. Tab. 4–4).

Bedeutung	Buchung	Reifegrad	Nutzung	Preise	Aufnahmeort
hoch	**automatisiert**	**hoch**	**viel**	unabhängig	IT-Servicekatalog Integration
hoch	**automatisiert**	**hoch**	**viel**	abhängig	IT-Servicekatalog Integration
hoch	**automatisiert**	**hoch**	wenig	unabhängig	IT-Servicekatalog Integration
hoch	**automatisiert**	**hoch**	wenig	abhängig	IT-Servicekatalog Integration
hoch	**automatisiert**	gering	viel	unabhängig	IT-Servicekatalog Integration
hoch	**automatisiert**	gering	viel	abhängig	IT-Servicekatalog Integration
hoch	**automatisiert**	gering	wenig	unabhängig	IT-Servicekatalog Integration
hoch	**automatisiert**	gering	wenig	abhängig	IT-Servicekatalog Integration
hoch	manuell	hoch	**viel**	unabhängig	IT-Servicekatalog Integration
hoch	manuell	hoch	**viel**	abhängig	IT-Servicekatalog Integration
hoch	manuell	hoch	wenig	unabhängig	SLA
hoch	manuell	hoch	wenig	abhängig	SLA
hoch	manuell	gering	viel	unabhängig	SLA
hoch	manuell	gering	viel	abhängig	SLA
hoch	manuell	gering	wenig	unabhängig	SLA
hoch	manuell	gering	wenig	abhängig	SLA
gering	**automatisiert**	hoch	**viel**	unabhängig	IT-Servicekatalog Integration
gering	**automatisiert**	hoch	**viel**	abhängig	IT-Servicekatalog Integration
gering	**automatisiert**	hoch	wenig	unabhängig	IT-Servicekatalog Integration
gering	**automatisiert**	hoch	wenig	abhängig	IT-Servicekatalog Integration
gering	**automatisiert**	gering	**viel**	unabhängig	IT-Servicekatalog Integration
gering	**automatisiert**	gering	**viel**	abhängig	IT-Servicekatalog Integration
gering	**automatisiert**	gering	wenig	unabhängig	IT-Servicekatalog Integration

→

Bedeutung	Buchung	Reifegrad	Nutzung	Preise	Aufnahmeort
gering	**automatisiert**	gering	wenig	abhängig	IT-Servicekatalog Integration
gering	manuell	hoch	**viel**	unabhängig	IT-Servicekatalog Integration
gering	manuell	hoch	**viel**	abhängig	IT-Servicekatalog Integration
gering	manuell	hoch	wenig	unabhängig	Rechnung
gering	manuell	hoch	wenig	abhängig	Rechnung
gering	manuell	gering	viel	unabhängig	IT-Servicekatalog Integration
gering	manuell	gering	viel	abhängig	IT-Servicekatalog Integration
gering	manuell	gering	wenig	unabhängig	Rechnung
gering	manuell	gering	wenig	abhängig	Archiv/Rechnung

Tab. 4–4 *Approximationsverfahren*

In der Tabelle ist das Grundprinzip dargestellt, nach denen IT-Services für den IT-Servicekatalog auszuwählen sind. Eine Ergänzung um den Zustand »mittel« kann vorgenommen werden, um die Aufnahme weiter zu differenzieren.

4.4 Zusammenfassung

Die von CECAR vorgegebenen Managementstrategien liefern einen wichtigen Beitrag, wie sich der Vorlauf zur Erstellung eines IT-Servicekatalogs gestaltet. Mit diesen Managementstrategien ist es möglich, einen konstruktiven Rahmen zu schaffen, in dem der Servicekatalog-Manager das IT-Servicekatalog-Projekt erfolgreich führen kann.

Dabei wurden drei Strategiefelder beleuchtet:

- **EBIT und der IT-Servicekatalog**
  Dem Beitrag, den der IT-Servicekatalog zur Steigerung des EBIT leistet, wurde ein besonderes Augenmerk gewidmet. Hier wurde gezeigt, an welchen Stellen sich durch den IT-Servicekatalog Potenziale schöpfen lassen, die im operativen Geschäft anders gesehen oder anders gelebt werden. Der IT-Servicekatalog bietet hier einen neuen Blick auf die Kostentreiber und hilft mit, diese zu identifizieren.
- **Initiale Managementstrategien**
  In diesem Strategiefeld benötigt ein Projekt zur Erstellung eines IT-Servicekatalogs die Aufmerksamkeit des Managements. Hierzu zählt die Ausstattung des Servicekatalog-Managers mit der notwendigen Prokura, damit er seine Ziele und damit einen gelebten IT-Servicekatalog an den Start bringen kann.

- **Operative Strategien**
  Allen höherwertigen Strategien wird eine Ebene der operativen Strategien zugewiesen, die dem Servicekatalog-Manager seine eigene Strategie formulieren lässt, damit er sich zu Beginn der Erstellung des IT-Servicekatalog optimal positioniert und Kardinalfehler vermeidet, die bei seinen Ansprechpartnern eine ablehnende Haltung implizieren können.

Mit diesen drei Strategiefeldern definiert das CECAR-Modell einen Weg für einen gut vorbereiteten Start, damit eine reibungslose Erstellung des IT-Servicekatalogs erfolgen kann.

5 Servicekatalog-Designmodell

Einen IT-Servicekatalog ohne Konzept aufzubauen, ist nicht zielführend. Die meisten ad-hoc-basierten Ansätze sind von einem hohen Grad an »Try & Error« gekennzeichnet (s. Kap. 15). Die Ersteller von IT-Servicekatalogen stehen bei diesem Vorgehen scheinbar immer wieder neuen und wechselnden Anforderungen gegenüber. Das in CECAR entwickelte Servicekatalog-Designmodell (s. Abb. 5–1) löst solche »Try & Error«-Ansätze ab.

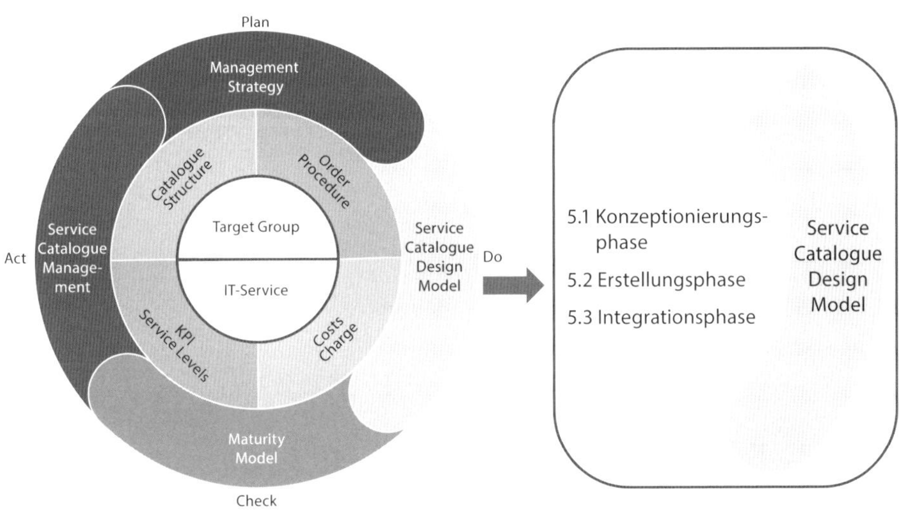

Abb. 5–1 *CECAR-Modell: Service Catalogue Design Model*

Das Vorgehen der IT-Servicekatalog-Ersteller ist nachvollziehbar, denn in der Literatur gibt es keine ingenieurwissenschaftlichen Ansätze. Einige Werbeartikel im Internet helfen nicht, um für ein derart komplexes Thema, wie es der IT-Servicekatalog ist, eine Patentrezeptlösung anzubieten. Das Thema ist durch viele Einflüsse geprägt und benötigt ein strukturiertes Vorgehen, das Schritt für Schritt zu einem IT-Servicekatalog führt, der in IT-Unternehmen gelebt wird.

Für ein schrittweises Vorgehen entstand im CECAR-Modell das Servicekatalog-Designmodell. Es unterstützt den Ersteller des IT-Servicekatalogs entlang des

Entstehungsprozesses einschließlich der Gestaltung des Prozesses Servicekatalog-Management. Hierfür beschreibt es in den drei Phasen Konzeptionierung, Erstellung und Integration (vgl. Abb. 5–2), wie bei der Gestaltung des IT-Servicekatalogs vorzugehen ist.

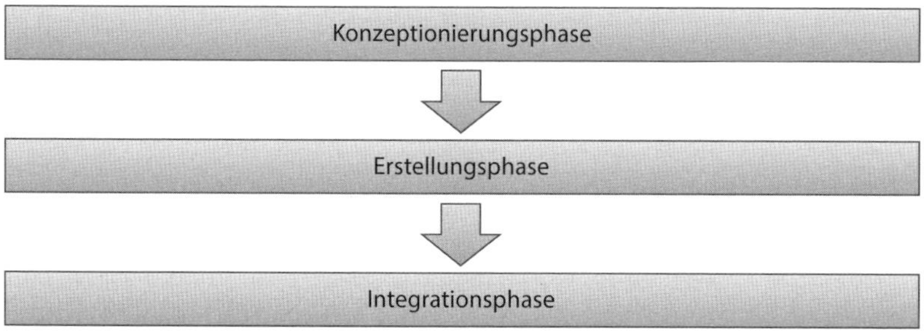

Abb. 5–2 *Drei Phasen des Servicekatalog-Designmodells*

Zu jeder der drei Phasen werden in den folgenden Abschnitten wichtige Hürden genannt. Das CECAR-Modell liefert geeignete Lösungen, um den Servicekatalog-Manager bei der Überwindung der Hürden zu unterstützen.

5.1 Konzeptionierungsphase

Die Konzeptionierungsphase ist die schwierigste Phase. Hier kommen neben den Ergebnissen aus der Analyse zusätzlich die konkurrierenden Interessen betroffener Rollen wie »IT-Management«, »Kunde«, »Systemverantwortlicher« oder »Vertriebsmitarbeiter« hinzu (s. Abschnitt 8.1).

Auf diese Situation muss der Servicekatalog-Manager bei der Erstellung des IT-Servicekatalogs vorbereitet sein. Um hier ein strukturiertes Vorgehen anbieten zu können, wird eine Anleitung an genau einer Stelle eingebaut, die die Möglichkeit bietet, die jeweiligen konkurrierenden Interessen abzubilden.

5.1.1 Verfahren – Erstellung von IT-Services und IT-Servicekatalog

Das Verfahren in der Konzeptionsphase durchläuft fünf Schritte. Ein Überblick zu diesen Schritten wird in Abbildung 5–3 gegeben. In der Grafik sind u.a. die Erstellungs- und Integrationsphase eingeordnet. Ebenso wird ein besonderer Aspekt herausgehoben, nämlich die Überführung der Attribute in ein sogenanntes Service-Template, eine Vorlage, mit der zukünftig IT-Services beschrieben werden.

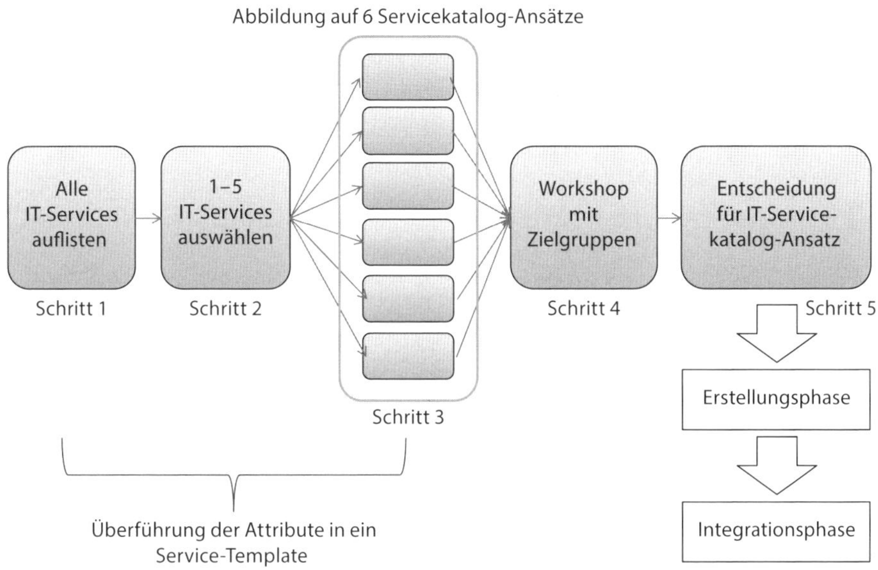

Abb. 5–3 *Detaillierte Konzeptionsphase*

Schritt 1: Alle IT-Services auflisten

Die im IT-Unternehmen vorliegenden IT-Services müssen erhoben werden. Dieser Schritt erfolgt initial und wird mit einer Analyse durchgeführt. Eine Analyse aller im IT-Unternehmen erbrachten IT-Services ist eine komplexe Aufgabe. Die größte Herausforderung besteht darin, den Begriff IT-Service zu definieren. Deshalb sind alle Definitionen (s. Kap. 2) nicht ohne Weiteres verwendbar. Alle wissenschaftlichen Arbeiten mit dem Ziel, den Begriff IT-Service zu schärfen, dienen dem Verständnis bei der Aufnahme von IT-Services. Ein Ansatz besteht darin, das im jeweiligen IT-Unternehmen vorliegende Grundverständnis zu IT-Services herauszufiltern. Dieser konstruktive Ansatz erfolgt über zwei Wege:

Freie Erfassung

Der wichtigste Ausgangspunkt ist, vorab Definitionen zu vermeiden, was genau unter einem IT-Service zu verstehen bzw. wie ein IT-Service zu gestalten ist, denn sonst entstehen ergebnislose Diskussionen, was ein IT-Service sein müsste. Daher bleibt dieser Weg ein theoretischer und wird deshalb vernachlässigt. Der pragmatische Ansatz startet an zwei Stellen:

1. **Unternehmensinterne Recherche**
   Es gibt zu den IT-Services meistens Vorarbeiten. An folgenden Objekten beginnt die Recherche (s. Tab. 5–1):

Recherche-Objekt	Beschreibung
Service Level Agreements	In den SLAs sind die zu erbringenden IT-Services beschrieben. Es ist nicht generell davon auszugehen, dass alle in den SLAs genannten Dienstleistungen so beschrieben sind, wie sie für den IT-Servicekatalog übernehmbar sind. Dennoch finden sich in den SLAs geeignete Vorarbeiten.
Drittdienstleisterverträge	Die Drittdienstleisterverträge sind analog zu den SLAs zu bewerten. Meistens wird der eingekaufte IT-Service im IT-Unternehmen veredelt und an den Endkunden weitergegeben. In diesen Verträgen sind die genannten IT-Services so etwas wie atomare IT-Services (s. Abschnitt 11.1).
Rechnungen	Die auf den Rechnungen genannten Verrechnungspositionen, die aus dem IT-Controlling kommen, haben eine interessante Teilmenge, nämlich die Menge der IT-Services. Sie gilt es herauszufiltern. Hier ist eine Transferarbeit zu leisten, um herauszufinden, welcher IT-Service sich hinter welcher verrechneten Lizenz befindet.
Systemplanungskalkulationen	Parallel zu den Rechnungen lohnt es sich, die Kalkulationsblätter der IT-Systemplaner zu begutachten. Hier wird meist ein atomares IT-Serviceverständnis gelebt.
Formulare	Antragsformulare tragen eine Vorstufe von IT-Services im Namen oder haben im Formular die entsprechende Auswahlmöglichkeit. Ergänzend hierzu lohnt es sich, die Bestellvorgangsbeschreibungen zu konsolidieren.
Betriebshandbücher	Die Betriebshandbücher sind meist IT-System-lastig jedoch hilfreich für das Verständnis, was betrieben wird, denn daraus lassen sich weitere IT-Services ableiten.
Arbeitsanweisungen	Die Arbeitsanweisungen sind analog zu Betriebshandbüchern zu sehen. Dabei ist die Systemseite nicht so stark ausgeprägt und liegt mehr auf einer Workflowebene vor.
Trouble-Ticket-System	Hier werden die relevanten Vorgänge bereits genannt. Auch hier lässt sich eine Teilmenge von IT-Services entnehmen.
Monitoring	Beim Monitoring fällt der Blick zuerst auf die Ende-zu-Ende-Monitore, da sie die gesamte Kette des Benutzers simulieren. Alle weiteren Monitore repräsentieren meistens Recherche-Objekte.

Tab. 5–1 *Recherche-Objekte*

   Nachdem diese Objekte und Dokumente erfolgreich durchgearbeitet sind, gilt es, diese um das Expertenwissen von IT-Verantwortlichen zu ergänzen.

2. **Interviews mit IT-Verantwortlichen**
   Interviews mit den IT-Verantwortlichen bzw. IT-Abteilungsleitern ohne ein spezielles IT-Serviceverständnis zu führen lohnt sich. Die Gesprächsatmosphäre ist dabei entspannter. Die folgenden Fragen verwenden die Begriffe aus den Servicedefinitionen der IT-Standards und versuchen damit das Grundverständ-

nis zum IT-Service zu erkennen, um damit so viele IT-Services wie möglich zu erfassen (s. Tab. 5–2).

Interviewfragen
Welche Dienstleistungen erbringen wir gegenüber den Kunden?
Wer sind unsere Kunden?
Was machen wir für unsere Kunden?
Welche Produkte haben wir im Einsatz?
Welche Anwendungen sind beim Kunden installiert?
Woraus besteht der IT-Alltag?
Welche Prozeduren stoßen wir an?
Was läuft nachts in der IT?
Was wurde für Kunden automatisiert?
Welche Aufträge erhält der IT-Verantwortliche?
Wer stellt diese Aufträge?
Welche der IT-Services aus dem CECAR-Repository für IT-Services (s. Abschnitt 11.3 und Anhang B) werden angeboten?

Tab. 5–2 *Interviewfragen*

Mit diesen Interviewfragen wird ohne eine weitere Einschränkung auf den Begriff IT-Service ein Überblick des Servicespektrums erreicht.

Tipp: In der Praxis existiert der Begriff Serviceliste. Diese Liste enthält alle IT-Services und einigen Spalten mit Attributen, die den IT-Service ergänzen oder kategorisieren sollen. Die Serviceliste kann als Vorläufer eines IT-Servicekatalogs angesehen werden. Meist sind für diese Servicelisten viele Werte im IT-Unternehmen erhoben worden. Auf dieser Evaluation kann der Servicekatalog-Manager aufbauen.

Nachdem die freie Erfassung abgeschlossen ist, müssen die IT-Services noch strukturiert werden, um in Schritt 2 »echte« IT-Services auszuwählen.

Strukturierung und Zusammenfassung

Das Herausarbeiten eines gemeinsamen IT-Serviceverständnisses findet über eine Bewertung der erfassten sogenannten IT-Services statt. Tabelle 5–3 zeigt ein Beispiel, wie die erfassten IT-Services bewertet werden. In der ersten Spalte sind die erfassten IT-Services aufgelistet. In der zweiten Spalte erfolgt eine Zuordnung nach Kriterien (s. Abschnitt 11.2.2). Die letzte Spalte enthält eine Bewertung mit einer Begründung. Anmerkung: Aus Gründen der Didaktik sind in der ersten Spalte die Ebenen bereits eingeführt. In der Praxis fehlt dies zu diesem Zeitpunkt noch.

Erfasste sogenannte IT-Services	Zuordnung	Bewertung
1 Windows Server Services	Kategorie	
1.1 Communication Application	Kategorie	
1.1.1 Citrix XenApp	Service	
1.1.2 Messaging Mail/Fax	Service	
1.1.3 Monitoring End2End	Monitoring	Option zu einem Service
1.1.4 Logon App	Service	
1.1.5 Printing	Service	
1.2 OS & Betrieb	Kategorie	
1.2.1 Server Engineering, Bereitstellung, Betrieb, Maintenance	Aufgabe	Service: Serverhosting-Text links ist in die Servicebeschreibung zu übernehmen
1.2.2 Server Virtualization	Option	Option zu einem Service
1.2.3 Data Center Facility	unklar	Unklar, ob das ein IT-Service ist
1.2.4 Infrastruktur: AD, DNS, DHCP, Hyper-Visor, Config Mgmt, PKI	Service	Dieser IT-Service ist in mehrere Services aufzuteilen
1.2.5 Monitoring	Option	Option zu einem Service
1.3 Data	Kategorie	
1.3.1 Backup/Restore	Backup	Backup/Restore kann als eigenständiger IT-Service oder als Option modelliert werden
1.3.2 Licensing Citrix, RDS, VMware	Aufgabe	Sollte in der Servicebeschreibung aufgenommen werden
1.3.3 Management, Projektsupport, Dokumentation und Reporting	Beschreibung	Management ist Teil einer Service-beschreibung
1.3.4 Notfallsupport	Option/Service	Option zu einem Service oder eigenständiger Service
1.4 Second-Level-Support	Service	

Tab. 5–3 *IT-Services strukturieren*

Nach der Strukturierung und Zusammenfassung lassen sich die IT-Services ableiten.

Tipp: Zu diesem Zeitpunkt entstehen in der Praxis zu der genannten Liste mit den IT-Services weitere Spalten, mit denen eine Art tabellarischen IT-Servicekatalog erstellt werden kann. Davon ist abzuraten, da dies für diejenigen, die aus einem IT-Servicekatalog buchen sollen bzw. möchten, unübersichtlich ist. Die Pflege derartiger Strukturen ist für den Servicekatalog-Manager aufwendig und der IT-Servicekatalog ist fehleranfälliger als geplant.

Schritt 2: 1–5 IT-Services auswählen

Da diese Liste aus Schritt 1 meist umfangreich ist, werden daraus ca. fünf IT-Services ausgewählt. Bei der Auswahl, welche IT-Services geeignet sind, stellen sich folgende Fragen:

Ist der auszuwählende IT-Service

- im IT-Unternehmen akzeptiert,
- nicht zu umfangreich bzw. trotz seines Umfangs von allen Zielgruppen leicht erfassbar,
- mit wenigen Optionen ausgestattet,
- von großer Bedeutung für die Kunden des IT-Unternehmens,
- oft genutzt (hohe Wiederholungsraten, zahlreiche Instanzen je Zeiteinheit o.Ä.)?

Schritt 3: Abbildung auf sechs IT-Servicekatalog-Ansätze

Nachdem die prototypisch umzusetzenden IT-Services ausgewählt sind, kommt der nächste Schritt. Diese IT-Services werden in sechs vordefinierte CECAR-Vorlagen überführt (s. Abschnitt 8.2). Ziel ist es, mit diesen sechs prototypischen IT-Servicekatalogen mit den Beteiligten einen gezielten Workshop, wie in Schritt 4 aufgezeigt, führen zu können. Üblicherweise sind Servicekataloge an Zielgruppen ausgerichtet [Jäckel und Scholderer 2006c]. Zu klären ist, wer als Servicenehmer angesprochen wird. Oft sind dies Manager, Fachbeauftragte, Techniker oder Finanzcontroller. Im Folgenden werden sechs Ansätze vorgestellt, die auf unterschiedlichen Ausrichtungen basieren (s. Tab. 5–4).

Zielgruppenbasierter IT-Servicekatalog-Ansatz	Beschreibung
Artikelansatz (s. Abschnitt 8.2.1)	Jeder IT-Service (z.B. Standard-IT-Arbeitsplatz) wird kurz skizziert und mit einigen Merkmalen, wie Wiederherstellzeit, basierend auf anderen IT-Services (z.B. Internetzugang) formal beschrieben. Die zu beschreibenden IT-Services werden in Kategorien (z.B. Client- oder Hosting-Services, siehe unten) geordnet. Jede Kategorienebene erhält eine eindeutige Identifikationsnummer – die sogenannte Artikelnummer. Mit dieser Nummer kann eindeutig auf den IT-Service zugegriffen werden. Auf diesem Grundprinzip wird ein hierarchisches Leistungsverzeichnis erstellt.
Kostenstellenansatz (s. Abschnitt 8.2.2 und 8.2.1)	Unternehmen, die mit Kostenstellen gegenüber dem Servicenehmer arbeiten, können darauf ihren IT-Servicekatalog aufbauen. Dieser Ansatz zeigt dann, welche IT-Services mit welchen Preismodellen, z.B. pro GB, pro CPU oder pro User, arbeiten. Dem Servicenehmer wird über diesen Aufbau der Kostenstellen ein transparenter Einblick in die Verrechnungssystematik gegeben. Für jeden Posten sind die Kosten aufgelistet ähnlich zum Artikelansatz. Die Unterscheidung liegt in der Controlling-Systematik [Zuidweg 1999]. Hier werden Kosten »quer« verrechnet oder Pauschalen für z.B. Gemeinkosten eingesetzt, um eine Summe von IT-Services und ggf. Personalkosten mit einzubeziehen.

→

Zielgruppen-basierter IT-Servicekatalog-Ansatz	Beschreibung
Beschreibender Ansatz (s. Abschnitt 8.2.3 und 8.2.1)	Servicekataloge, die diesem Ansatz folgen, beschreiben IT-Services textbasiert und versehen diese mit Service Levels. Dem Verfasser wird freigestellt, welche Texte er aufnimmt und welchen Umfang die Beschreibung hat. Ohne Anspruch auf Vollständigkeit wird der IT-Service erläutert. Die technischen Leistungen lassen sich mit organisatorischen Leistungen geeignet kombinieren, da bezüglich der Beschreibung freie Strukturen vorliegen und somit keine Restriktionen existieren.
Faktenansatz (s. Abschnitt 8.2.4)	Der Faktenansatz nimmt bestehende IT-Services und gibt ihnen eine strukturierte Form über alle relevanten Service Levels. Eine einfache tabellarische Auflistung der relevanten Kennzahlen führt zu einer umfassenden IT-Servicebeschreibung. Bei den Werten werden entlang der ITIL-Prozesse die Service Levels, wie Betriebszeiten, Vorlaufzeiten, Reaktionszeiten, und auch IT-spezifische Aspekte, wie Verfügbarkeit, Antwortzeit, Durchsatz, Fehlerrate, zusammengestellt und mit einem Preis versehen. Die Summe der IT-Services wird anschließend im IT-Servicekatalog zusammengestellt. Darüber hinaus können Zusammenhänge zwischen den IT-Services modelliert werden, indem Felder hinzukommen, die angeben, welche IT-Services bei diesem IT-Service gleichzeitig mit gelten müssen.
Imageansatz (s. Abschnitt 8.2.5)	Der Imageansatz geht von einer anderen Sichtweise aus. Die angebotenen und beschriebenen IT-Services unterstützen das Image des IT-Unternehmens. Diese Ausrichtung des IT-Servicekatalogs ist weitestgehend nur für IT-Unternehmen interessant, die auf dem freien Markt agieren. Alle Beschreibungen sind so gehalten, dass diese sofort vom Servicenehmer erfasst werden können und seinen Anforderungen genau entsprechen. Der IT-Servicekatalog erfordert damit die strikte Einhaltung eines Corporate Design, um dem Imageansatz gerecht zu werden. Alle im IT-Servicekatalog enthaltenen Service Levels sind weitestgehend von technischen Details abgekoppelt. Die Darstellung des IT-Service nimmt konsequent die Servicenehmersicht ein. Dieser Ansatz schafft es, sich von Technik frei zu machen. Mit dieser Servicenehmersicht kann sich der Dienstleister auf dem Markt positionieren und einen vertriebsorientierten Ansatz aufbauen.
Architekturansatz (s. Abschnitt 8.2.6 und 8.2.1)	Es werden Architekturen verwendet, um für den Servicenehmer den IT-Service so grafisch wie möglich aufzubereiten und diesen IT-Service anbieten zu können. Auch hier entnimmt der Ersteller des Servicekatalogs aus einem bestehenden Datenbestand, der in den IT-Abteilungen vorliegt, seinen Inhalt. Die Grafiken werden übernommen und mit kleineren technischen Beschreibungen kombiniert. Das ist für die Modellierung von komplexen IT-Services eine geeignete Methode.

Tab. 5–4 *IT-Servicekatalog-Ansätze*

Die genannten IT-Servicekatalog-Ansätze werden mit den aus Schritt 2 ausgewählten IT-Services bestückt. Eine detaillierte Umsetzung findet sich unter der in CECAR definierten Zielgruppe (s. Kap. 8).

Schritt 4: Workshop mit Zielgruppen

Der Workshop, der mit den Zielgruppen abgehalten wird, sollte folgendermaßen aufgebaut sein. Alle aus Schritt 3 exemplarisch erstellten IT-Servicekataloge werden ausgedruckt den Beteiligten vorgelegt. Damit die Entscheider ein Anwendungsverständnis der einzelnen IT-Servicekatalog-Prototypen erhalten, ist es hilfreich, die Workshop-Teilnehmer mit drei Standardanwendungen zu konfrontieren:

1. Aufnahme eine neuen IT-Service in den jeweiligen IT-Servicekatalog
2. Veränderung eines IT-Service
3. Löschen eines IT-Service

Für diese drei Standardfälle werden Umsetzungsmöglichkeiten bzw. Aufgaben aufgezeigt, mit denen Entscheider zu konfrontieren sind. Im CECAR-Modell werden diese in der Zielgruppe (s. Abschnitt 8.2) ausführlich in den CECAR-Testfällen behandelt.

Schritt 5: Entscheidung für den IT-Servicekatalog-Ansatz

Nach dem Workshop gilt es, ein stabiles Service-Template für den IT-Servicekatalog-Ansatz zu definieren. Die Vorgehensweise in diesem Schritt führt anhand von mehreren Attributen zur Entscheidung, welche Attribute für das Service-Template geeignet sind. Abbildung 5–4 zeigt die Grundzüge, wie der Weg über ein Service-Template zum IT-Servicekatalog führt.

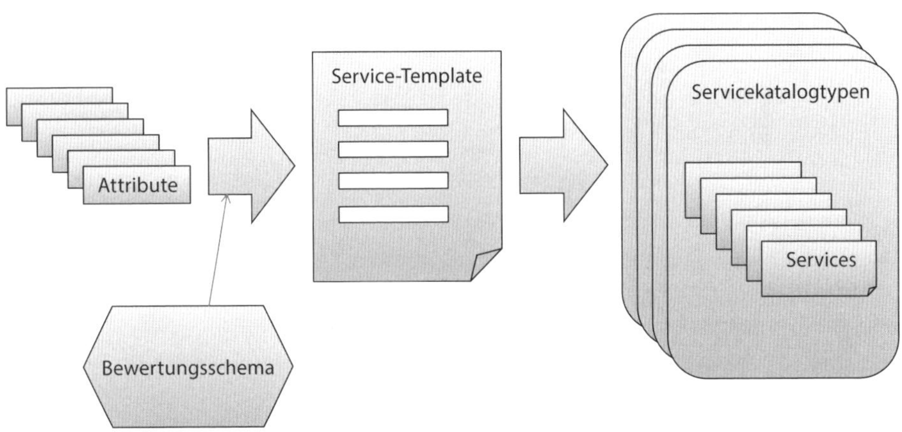

Abb. 5–4 *Entwurf eines Service-Templates*

Die Komplexität besteht darin, die Attribute zur Beschreibung von IT-Services auszuwählen. Nachdem zu diesem Zeitpunkt feststeht, welcher Typ von IT-Servicekatalog vorliegt, ist die Zielgruppe bekannt und kann bei der Selektion die Sicht des Kunden, Vertrieblers (s.o.), Controllers, Service-Level-Managers, Systemplaners oder Serviceverantwortlichen einnehmen. Bei dem Entwurf eines Service-Templates ist zu klären, wie viele und welche Attribute zielführend sind. Dabei gilt zusätzlich die Prämisse, alle gewählten Attribute sollten für die meisten IT-Services befüllbar sein. Das heißt, wenn Attribute ausgewählt werden, deren Werte innerhalb des IT-Unternehmens nicht vorliegen, ist das Attribut zwar geeignet, bleibt jedoch leer. Damit ist das Attribut für das Service-Template nicht verwendbar, auch wenn es gut wäre, dieses oder jenes Attribut zu haben. Interessante Attribute sind vielfältig vorhanden. Nicht jedes IT-Unternehmen hat einen Reifegrad, der es möglich macht, für alle IT-Services die Werte zu den Attributen zu liefern. Stehen die befüllbaren Attribute fest, so sollten diese als Kernattribute definiert werden, die immer befüllt werden müssen. Die weiteren Attribute sind optional zu behandeln.

Um der Problematik der Attribute zu begegnen, wird von zwei Seiten ein geeignetes Bewertungsschema angewendet. Zum einen geht es darum, die Sichtweise von bestimmten Rollen einzunehmen, und zum anderen ist eine thematische Ordnung zu den IT-Servicekatalog-Typen ein wichtiges Kriterium. In Tabelle 5–5 sind die relevanten Attribute aus der Sicht bestimmter Rollen aufgezeigt.

Attribute aus Sicht der Rollen	**Business Unit Executive**	**SLM**	**Service-desk**	**Customer**	**End-User**
Service Name	X	X	X	X	X
Version and Revision Date	X	X	X	X	X
Description	X	X	X	X	X
Features and Benefits	X	X	X	X	X
Start and End Date of Service	X	X	X	X	
Service Cancellation Conditions (both parties)		X	X	X	
Service and Support Times		X	X	X	X
Response Times		X	X	X	X
Planned Maintenance Slots		X	X	X	
Service Review Meetings		X	X	X	X
Available Reports		X	X	X	X
Information Security Classification		X	X	X	
Restrictions/Applicable Policies		X	X	X	
Service Ordering and Request Procedures		X	X	X	
Entry Points and Escalations		X	X	X	
Customers	X	X	X	X	
Customer Obligations	X	X	X	X	
Options (offered customizations or variants)		X	X	X	

→

Attribute aus Sicht der Rollen	**Business Unit Executive**	**SLM**	**Service-desk**	**Customer**	**End-User**
Cost Model		X			
Price List and Base for Charging		X		X	
Dependencies & Contributors		X	X		
Functional Specification		X	X	X	
Technical Specification		X	X		
Support Activities		X	X	X	
Existing SLAs or Underpinning Contracts		X	X		

Tab. 5–5 *Attribute und deren Abnehmer*

In Tabelle 5–6 werden die Attribute aus Sicht der IT-Servicekatalog-Typen folgendermaßen bewertet:

- ++ – das Attribut ist als sehr relevant einzuschätzen
- + – wichtig für diesen IT-Servicekatalog-Typ
- 0 – das Vorhandensein wird neutral bewertet

Attribute aus Sicht der IT-Servicekatalog-Typen	**Artikel-ansatz**	**Image-ansatz**	**Beschreibender Ansatz**	**Kosten-stellen-ansatz**	**Fakten-ansatz**	**Architektur-ansatz**
Service Name	++	++	++	++	++	++
Version and Revision Date	++			++	++	+
Description	+	++	++	+	++	++
Features and Benefits	+	++	+	0	0	0
Start and End Date of Service	++	0	0	0	++	0
Service Cancellation Conditions (both parties	++	0	0	0	++	0
Service and Support Times	++	+	+	++	++	+
Response Times	+	+	0	+	+	+
Planned Maintenance Slots	+	0	0	0	++	+
Service Review Meetings	0	0	0	0	++	0
Available Reports	+	0	0	0	++	+
Information Security Classification	+	0	0	0	++	+
Restrictions/Applicable Policies	+	0	0	0	++	+

→

Attribute aus Sicht der IT-Servicekatalog-Typen	**Artikel-ansatz**	**Image-ansatz**	**Beschreibender Ansatz**	**Kosten-stellen-ansatz**	**Fakten-ansatz**	**Architektur-ansatz**
Service Ordering and Request Procedures	+	+	0	0	+	0
Entry Points and Escalations	+	0	0	0	++	0
Customers	+	+	0	0	+	0
Customer Obligations	+	0	0	0	+	0
Options (offered Customizations or Variants)	+	+	0	+	+	+
Cost Model	++	+	0	++	+	0
Price List and Base for Charging	++	+	0	++	+	0
Dependencies & Contributors	++	0	0	0	++	++
Functional Specification	+	+	+	+	+	+
Technical Specification	+	0	0	0	+	++
Support Activities	+	+	+	+	+	+
Existing SLAs or Underpinning Contracts	0	0	0	+	++	0

Tab. 5–6 *Relevanz der Attribute*

IT-Unternehmen, die aus den sechs IT-Servicekatalogen einen stark vermischten Hybridansatz ableiten, werden aus der ersten Tabelle die Sicht der Rollen benötigen, um bei den Attributen Schwerpunkte bilden zu können.

Das CECAR-Modell prägt anhand von zwei Fragen eine Sichtweise, die bei der Auswahl eine Hilfestellung gibt:

- **Was benötigen Kunden im Servicekatalog?**
  - Leistungsumfang und -qualität (Description, Features and Benefits)
  - Beschaffungszeit (Service Ordering and Request Procedures)
  - Beschaffungsweg (Service Ordering and Request Procedures)
  - Preise (Cost model, Price List and Base for Charging)
  - Voraussetzungen (Customer Obligations)
  - Mindestabnahme (Service Ordering and Request Procedures)
- **Was benötigen IT-Unternehmen intern, um die Servicebeauftragung und -lieferung zu gewährleisten?**
  - Zuteilung von Personen (nicht Rollen) zu einem Service
  - Zuständigkeiten von externen Dienstleistern zur Beauftragung der von Kunden angeforderten IT-Services (Existing SLAs or Underpinning Contracts)

Ziel der Konzeptionsphase ist es, festzulegen, mit welchem IT-Servicekatalog-Typ weitergearbeitet wird. Dabei können zusätzlich zu einem IT-Servicekatalog-Typ weitere Aspekte aus anderen IT-Servicekatalog-Typen hinzugenommen werden. Ebenso ist das prinzipielle Service-Template mit seinen Attributen nach Abschluss des Verfahrens vorhanden.

5.1.2 Hürden und Lösungen

In der Praxis gibt es (in der Konzeptionsphase) drei Hürden, die in vielen IT-Unternehmen ähnlich auftreten bzw. bisher in der Praxis so stattgefunden haben.

Übergangene Zielgruppen

Als Kardinalfehler ist folgende Herangehensweise anzusehen: Wenn bei der Konzeption des IT-Servicekatalogs die Zielgruppen nicht eingehend genug berücksichtigt werden, ist der Erfolg gefährdet. Denn wer die Zielgruppen nicht einbindet und genau darum geht es in den sechs IT-Servicekatalogansätzen, der prägt den IT-Servicekatalog aus einer bzw. aus seiner singulären Sicht.

Die Folge ist, eine sinkende Akzeptanz bei den Beteiligten, da sie sich in dem IT-Servicekatalog-Konzept nicht wiederfinden. Um diesen Umstand zu vermeiden, hält CECAR mit den sechs IT-Servicekatalog-Ansätzen zielgruppengerechte Konzepte bereit. So kann der Servicekatalog-Manager leichter die Akzeptanz des IT-Servicekatalogs bei seinen Zielgruppen erreichen.

Verfrühter Toolstart

Zu einem verfrühten Toolstart kommt es, wenn in dieser Phase Toolhersteller eingeladen werden. Das ist in der Praxis in anderen Bereichen üblich. In diesem Fall stellen sich aber folgende Probleme ein. In einer Testinstallation werden die Funktionen des Tools aufgezeigt und vermutlich eingehend studiert. Die Funktionen werden ggf. über das Konzept gestellt.

In der Folge entstehen toolgetriebene Konzepte, die nicht zu den Abläufen des IT-Unternehmens passen. Ein Beispiel: Wenn mit dem Tool eine Kennzahl einmalig einem IT-Service zuteilbar ist, so wird der Weg zum sogenannten Gold-Silber-Bronze-Modell (s. Abschnitt 11.2.12) verbaut, da drei getrennte IT-Services anzulegen sind. Bei einer wiederholten Verwendung entsteht der Eindruck, dass ein IT-Unternehmen sehr viele IT-Services hat. Zusätzlich bedeutet dies für den Servicekatalog-Manager eine erhöhte Verwaltungstätigkeit im Tool zur Pflege der IT-Services.

In der Konzeptionsphase ist es daher wichtig, den eigenen IT-Servicekatalog und dessen Strukturen zu kennen. Erst nach einer abgeschlossenen Konzeptionsphase kann eine Einladung der Toolhersteller für beide Seiten zu einer Win-win-Situation führen. Beide Parteien wissen, worauf es ankommt, und können darauf reagieren und entweder von der Kundenseite her die Anforderungen reduzieren oder auf der Seite des Herstellers weitere Funktionalität anbieten.

Akribische Anwendung von ITIL

In ITIL wird ein Konzept vorgestellt, das eine Unterscheidung zwischen einem technischen und einem Business-IT-Servicekatalog vornimmt. Bei dieser Unterscheidung wird der Blick des Kunden (Business) und der Blick des IT-Unternehmens (technisch) getrennt. Diese Trennung ist verständlich, sie beschreibt eine Sicht, die bei den sechs IT-Servicekatalog-Ansätzen ebenfalls im Faktenansatz eingenommen wird. Es ist eine Sicht erforderlich, da mit internen Kunden zusammengearbeitet wird und somit beide Seiten ein valides Interesse haben, diese Information dem jeweils anderen zugänglich zu machen. Wenn es sich z. B. um einen vertriebsorientierten IT-Servicekatalog handelt, ist die technische Sicht seitens der Modellierung weitestgehend nicht erforderlich.

Durch eine zu theoretische Anwendung dieses ITIL-Konzepts entsteht eine erzwungene Trennung wie in Abschnitt 1.4 aufgezeigt. Es werden CMDB-ähnliche oder sogar doppelte Informationen über diese technische Sicht aufgebaut. Die Anwendung von ITIL kann durchaus wichtig sein, sie reflektiert aber vorwiegend eine Sichtweise und dies sollte dem Anwender des ITIL-Konzepts bewusst sein.

5.1.3 Verfahren – Service Mining

Der in Abschnitt 5.1.1 vorgestellte Bottom-up-Ansatz verarbeitet die zahlreichen Interviews mit umfangreichen Fragebögen für alle in einem Betrieb vorhandenen einzelnen Services und Aufgaben nur bedingt strukturiert. Die entstehenden Servicebeschreibungen fallen oft unterschiedlich aus, je nachdem, bei welcher Rolle das Wissen abgefragt wird. Der Top-down-Ansatz, der hier mit dem Begriff Service Mining bezeichnet wird, umgeht diese Problematik und greift auf erprobte und wiederkehrende Servicebeschreibungen zu. Hierzu bedarf es einer Bibliothek aus bestehenden Vorlagen mit Servicebeschreibungen. Dabei sind die Texte nach einem einheitlichen Schema verfasst und lassen sich zu einem IT-Servicekatalog zusammenführen. Die Voraussetzung für den Top-down-Ansatz ist somit eine umfangreiche und normierte Bibliothek.

Hier gibt es derzeit folgende Ansätze, um zu einer solchen Bibliothek zu gelangen.

1. **Öffentliches Service-Repository**
   In diesem Buch sind im Abschnitt 11.3 sowie im Anhang A und B einige Servicebeschreibungen beigefügt, die einen ersten Rumpf für eine solche Bibliothek darstellen können.
2. **Eigenentwicklung**
   Unternehmen entwickeln die Servicebeschreibungen selbst, was jedoch stark dem Bottom-up-Ansatz gleichkommt und deshalb erst später zu einem Service-Repository führt.

3. **Service-Repository-Anbieter**
   Bei einem externen Service-Mining-Anbieter greift der Servicekatalog-Manager auf eine Bibliothek eines Dienstleisters zu, die mehrere Servicebeschreibungen enthält (siehe *www.servicemining.de*).

Wenn die Grundvoraussetzung einer bereitgestellten Bibliothek erfüllt ist, dann findet die Erstellung eines Servicekatalogs statt. Über die Bibliothek bzw. das Service-Repository lassen sich die Services selektieren und in Kategorien einteilen (s. Abb. 5–5).

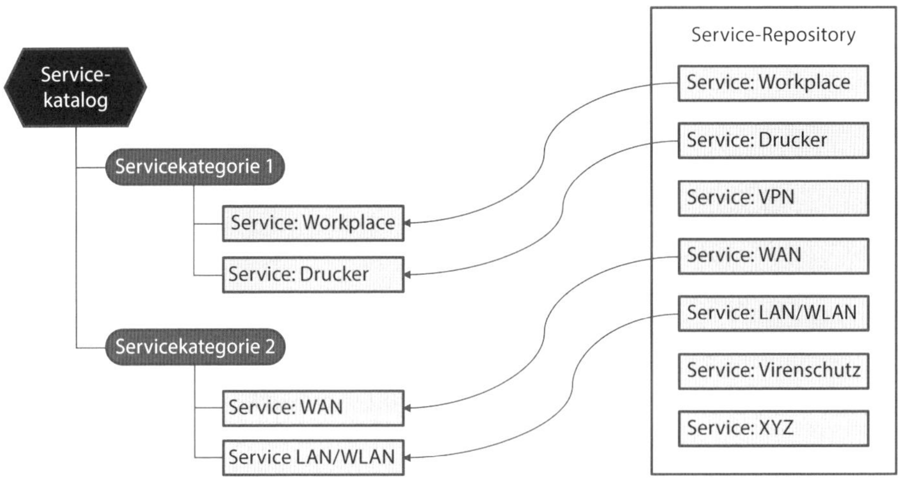

Abb. 5–5 *Service Mining*

Sind Struktur und Umfang des IT-Servicekatalogs abgenommen, folgt der nächste Schritt. Der strukturell abgenommene IT-Servicekatalog enthält zu diesem Zeitpunkt die Standard-Servicebeschreibungen aus der Bibliothek und keine unternehmens- und kundenspezifischen Inhalte in den Servicebeschreibungen. Je nach Umfang und Bedarf werden dann die Servicebeschreibungen individualisiert und abschließend zusammengeführt. Die geänderten Servicebeschreibungen sind nur ein Teil des Vorgehens. Weiterhin können neue Services mit eigenen Servicebeschreibungen ergänzt werden.

Der Vorteil des Top-down-Ansatzes Service Mining besteht darin, dass sehr viele der für die Industrie und Unternehmen gängigen Services bereits hinterlegt und kategorisiert sind. Auch eine umfassende Servicebeschreibung zu jedem einzelnen Service unterstützt im Alltag, wenn keine Zeit für die Konzentration auf die redaktionelle Ausarbeitung von Services ist. Insbesondere in dynamischen Umfeldern, in denen die Servicepalette sukzessive ausgebaut oder immer wieder geändert wird, hilft dieser Ansatz, schnell auf die Markterfordernisse reagieren zu können. Sofern die technische Unterstützung der Bibliothek wie z.B. über ein Tool gelöst ist, bedarf es nur weniger Arbeitsschritte, um einen umfangreichen Servicekatalog für ein Enterprise Service Management mit allen Beschreibungen zusammenzustellen. Dies würde über einen Bottom-up-Ansatz sonst mehrere Wochen dauern.

Gegenstand des Service Mining ist nicht, den perfekten Servicezuschnitt zu erstellen. Im Service Mining geht man davon aus, dass es den einen genauen Servicezuschnitt nicht gibt. Vielmehr ist das Ziel, sich schnell auf Servicestrukturen zu einigen und diese immer wieder flexibel auf die Markterfordernisse verändern zu können.

5.2 Erstellungsphase

Die Erstellungsphase ist gekennzeichnet von zwei unterschiedlichen Arbeitsfeldern. Das eine Arbeitsfeld ist die Ausgestaltung des IT-Servicekatalogs mit allen seinen IT-Services auf Basis der Service-Templates. Im zweiten Arbeitsfeld geht es um die initiale Akzeptanz des IT-Servicekatalogs seitens der Kunden und der IT-Mitarbeiter.

5.2.1 Verfahren – organisatorische Verankerung

Das Verfahren zeigt fünf Schritte auf, die in der Erstellungsphase eine Reihenfolge vorgeben, damit der entstehende IT-Servicekatalog von allen Beteiligten mitgetragen wird. Bei der Erstellung des IT-Servicekatalogs sind weitestgehend alle Sichtweisen zu beachten und die Entscheider stets einzubinden (s. Abb. 5–6). Nachdem sich die aus der Konzeptionsphase beispielhaften IT-Services als tragfähig erwiesen haben, folgt eine Fokussierung auf die gesamte Ausgestaltung des IT-Servicekatalogs. Das Verfahren legt den Schwerpunkt darauf, die IT-Services IT-Servicekatalog-gerecht zu übernehmen.

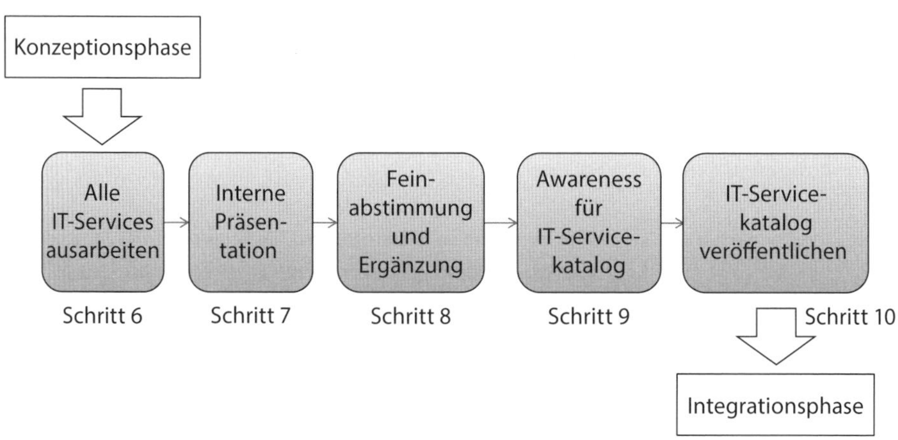

Abb. 5–6 *Detaillierte Erstellungsphase*

Schritt 6: Alle IT-Services ausarbeiten

Alle im Schritt 1 erfassten IT-Services werden über das Service-Template normiert. Dabei kommt es zu einem neuen Verständnis, wie die IT-Services geartet sind. Einige IT-Services stellen sich nicht als eigenständig heraus, sondern sind z.B. eine Option eines übergeordneten IT-Service.

In Kapitel 11 gibt das CECAR-Modell Methoden an, mit denen sich alle IT-Services für den IT-Servicekatalog erstellen lassen. Das Bezeichnende an diesem Schritt ist der Blick über das gesamte IT-Servicespektrum. Die Strukturierung und detaillierte Ausgestaltung von vielen IT-Services führen den Servicekatalog-Manager zu einem ganzheitlichen Blick auf die im IT-Unternehmen vorliegende IT-Servicestruktur. Wenn die IT-Services ausgestaltet sind, erfolgt in diesem Schritt die Gliederung dieser IT-Services. In Kapitel 9 werden unterschiedliche Grundprinzipien erläutert, damit die IT-Services nach geeigneten Gesichtspunkten geordnet werden.

Tipp: Wenn der IT-Servicekatalog inhaltlich fertig ist, empfiehlt es sich, den IT-Servicekatalog grafisch aufzubereiten. Entscheider lesen den Reifegrad des IT-Servicekatalogs u.a. an der Gestaltung seiner äußeren Form ab.

Schritt 7: Interne Präsentation

Nachdem der IT-Servicekatalog vorliegt, geht es darum, ob sich die Kunden wiederfinden bzw. ihre IT-Services (wieder-)erkennen und wissen, was sie künftig buchen müssen.

Der IT-Servicekatalog wird, sofern er in einem Textverarbeitungsdokument erstellt ist, z.B. als IT-Servicekatalog.pdf über E-Mail an alle Beteiligen versendet. In der E-Mail sollten die Beteiligten durch folgende Begleitfragen bei der Prüfung des IT-Servicekatalogs unterstützt werden:

- Sind alle für Sie relevanten und geleisteten IT-Services aufgeführt?
- Fehlen aus Ihrer Sicht in dem vorliegenden IT-Servicekatalog aktuell noch bestehende IT-Services?
- Welche IT-Services sind für Ihren Bereich sehr wichtig, weniger wichtig, unbedeutend?

Die Auswertung der Antworten zu diesen Fragen lässt erkennen, welche Zielgruppe zukünftig mit dem IT-Servicekatalog zurechtkommt und welche nicht. Für alle, die mit dem IT-Servicekatalog umgehen können, sind keine weiteren Hilfen notwendig. Für alle anderen gibt es keinen weiteren IT-Servicekatalog. Der Servicekatalog-Manager übernimmt die Funktion eines »Übersetzers« oder »Moderators«, der die Anforderungen aufnimmt und die hierfür relevanten IT-Services mit der entsprechenden Fachkenntnis aus dem IT-Servicekatalog selektiert. Somit werden zeitintensive Neuversuche mit anderen IT-Servicekatalog-Modellen eingespart, die wiederholt verworfen werden müssten.

Schritt 8: Feinabstimmung und Ergänzung

Die Anmerkungen der Entscheider sind einzuarbeiten. Hier kann es zu einem erheblichen Aufwand kommen, denn oft sind sich einige der Beteiligten erst jetzt der Einführung des IT-Servicekatalogs bewusst. Bei den Anmerkungen handelt es sich meist um fundamentale Kritik zu den modellierten IT-Services. Dies kann bis hin zu einer Neuausrichtung der Servicestrategie führen. Zu diesem Zeitpunkt kann es somit zu weiteren zeitintensiven Abstimmungen mit dem IT-Betrieb kommen. Letztlich ist es aber wichtiger, den IT-Servicekatalog im IT-Unternehmen zu verankern. Eine Neuausrichtung ist eine sachbezogene Diskussion, die Servicekatalog-Manager zyklisch führen müssen.

Schwieriger ist es, mit ungenauen Zuständen umzugehen. Wenn z.B. Entscheider sich nicht festlegen, d.h. dem Servicekatalog-Manager Informationen zu einem späteren Zeitpunkt zusagen und diese Zeitpunkte ebenfalls wieder verschieben. Häufige Begründungen sind: Dieser oder jener IT-Service ist nicht vollständig fertig und sollte nicht in den IT-Servicekatalog aufgenommen werden. In solchen Situationen kann der Servicekatalog-Manager diesen Vorbehalten entgegenwirken, indem er für diese IT-Services einen Übergangszustand definiert. Er kann z.B. diese IT-Services im IT-Servicekatalog belassen und mit der Kennzeichnung »auf Anfrage« versehen. IT-Services, die nicht direkt aus dem IT-Servicekatalog gebucht werden können, sind damit gekennzeichnet. Derjenige, der den IT-Service anfordert, weiß, es gibt keinen vordefinierten Buchungsweg und dieser IT-Service unterliegt gewissen planerischen Aspekten. Über diesen in der Praxis erprobten Mechanismus kann der Servicekatalog-Manager seinen IT-Servicekatalog vorantreiben, obwohl nicht alle IT-Services exakt definiert sind.

Schritt 9: Awareness für IT-Servicekatalog

Wenn der IT-Servicekatalog in der ersten Version vorliegt, geht es darum, die Aufmerksamkeit derjenigen darauf zu lenken, die zukünftig IT-Services buchen oder IT-Services entlang der definierten Wege erbringen. Der Entscheiderkreis aus Vertretern von Fachbereichen wird nun verlassen. Jetzt sind alle Endbenutzer der Fachbereiche auf den IT-Servicekatalog hin zu schulen. Der Servicekatalog-Manager kann hierzu die Fachbereiche bzw. Kunden zu einem Informationsgespräch einladen. In diesen Informationsgesprächen wird der IT-Servicekatalog erläutert. Dabei stehen der Leistungsumfang sowie Service Levels und Buchungswege im Fokus.

Auf Anfragen seitens der Zielgruppen, ob weitere individuelle IT-Services zu erwarten sind, sollte der Servicekatalog-Manager vorbereitet sein. In den Informationsgesprächen ist einerseits deutlich zu machen, zukünftig effizienter über den IT-Servicekatalog zu produzieren, und andererseits klarzustellen, dass individuelle IT-Services weiterhin möglich sind. Die Kunden oder Fachbereiche sollten von den im IT-Servicekatalog als Standards definierten IT-Services Kenntnis haben. Neue IT-Services werden nach wie vor erbracht, jedoch unter dem Gesichtspunkt, diese IT-Services nach einer Konsolidierung in den IT-Servicekatalog aufzunehmen, um die Wirtschaftlichkeit zu gewährleisten. Ziel ist es, die vorkonfektionierte Lieferung von IT-Services aus dem IT-Servicekatalog gegenüber den Zielgruppen hervorzuheben, um die in den Service Levels festgelegte bzw. definierte Qualität zuverlässig und wirtschaftlich zu erbringen.

Schritt 10: IT-Servicekatalog veröffentlichen

Der Veröffentlichung des IT-Servicekatalogs kann über mehrere Wege erfolgen. In den Informationsgesprächen kann der Intranetlink genannt werden. Einige nehmen speziell in der Anlaufphase die Möglichkeit wahr, per E-Mail die Kunden und die Belegschaft zu informieren.

Eine besondere Form, den IT-Servicekatalog zu verbreiten, ist, eine Druckversion an jedem Arbeitsplatz auszulegen. Dies machen in der Praxis IT-Unternehmen, um den IT-Servicekatalog durchgängig einzuführen.

5.2.2 Hürden und Lösungen

Auch in der Erstellungsphase gibt es Hürden, die der Servicekatalog-Manager in sein Kalkül einbeziehen sollte.

Try & Error

IT-Unternehmen beginnen direkt mit der Erstellung des IT-Servicekatalogs. Dies erfolgt nach dem »Try & Error«-Prinzip. Wenn der IT-Servicekatalog nicht bei Kunden oder Verantwortlichen ankommt, dann macht der Servicekatalog-Manager einfach den nächsten Versuch. Infolgedessen hat er meist mehrere Fehlversuche hinter sich, die im IT-Unternehmen das Projekt »IT-Servicekatalog« zum Erliegen bringen kann, bevor der letzte Versuch eines IT-Servicekatalogs erfolgreich ist. Wer die Konzeptionsphase überspringt, den holt folgende aus allen IT-Projekten bekannte Gesetzmäßigkeit ein: Aus jeder fehlenden Planungsminute in der Konzeptionsphase wird in der Erstellungsphase eine Stunde. In der Folge verzögert sich das Projekt »IT-Servicekatalog«.

Servicekatalog-Marketing

Ist der IT-Servicekatalog bereits im Entwurf oder Entstehungsprozess in einem ansprechenden Design ausgestaltet, so kann der Servicekatalog-Manager in die »Der IT-Servicekatalog ist fertig«-Falle geraten. Der IT-Servicekatalog ist inhaltlich erstellt, aber der Prozess zur Einführung geht darüber hinaus. Oft wird davon ausgegangen, »ein toller IT-Servicekatalog genügt doch«, internes Marketing steht dabei nicht im Fokus. Doch es ist nicht ausreichend, den IT-Servicekatalog im Intranet bereitzustellen. Wird so gehandelt, können Ängste von Mitarbeitern oder Entscheidern nicht im Vorfeld ausgeräumt werden. Denn Ressentiments blockieren den Kulturwandel, anstatt ihn aktiv mitzutragen.

Für den Servicekatalog-Manager ist der Schritt 9 von zentraler Bedeutung, um die Akzeptanz zu erhöhen. Ein Praxisbeispiel soll dies aufzeigen. In Tabelle 5–7 sind Aussagen mit Bedenken von Kunden und Mitarbeitern aufgelistet:

Vorher

Mitarbeiteraussagen	Kundenaussagen
Der IT-Servicekatalog ist das Resultat von Einsparmaßnahmen. Nur darum soll es gehen.	Die interne IT wird vor allem von Gewinnmotiven getrieben und trägt so zu einem riskanten Kulturwandel in unserem Unternehmen bei.
Der IT-Servicekatalog dient der Kontrolle der Mitarbeiter durch die Leitung. Und darüber wird bestimmt, was wir zu tun haben und was nicht.	Die interne IT nutzt ihre Monopolstellung aus.
Durch den IT-Servicekatalog werden unter den Mitarbeitern weitere Ängste geschürt werden.	Der IT-Servicekatalog gefährdet die Freiheit der Fachbereiche.
Der IT-Servicekatalog wird uns noch mehr Arbeit machen.	Die interne IT erzeugt Gewinne auf Kosten der Fachabteilungen und bereichert sich so an anderen.
Der IT-Servicekatalog ist nicht machbar, denn es wird unmöglich sein, alle im Unternehmen zufriedenzustellen.	Der IT-Servicekatalog ist nicht machbar, weil die Preise der internen IT unfinanzierbar sein werden.

Tab. 5–7 *Mitarbeiter- und Kundenaussagen (vorher)*

Nach einer umfassenden Aufklärung fand ein Wandel im Denken bei Mitarbeitern und Kunden statt. In Tabelle 5–8 sind diese Veränderungen aufgezeigt.

Nachher

Mitarbeiterdenken	Kundendenken
Identität Der IT-Servicekatalog trägt zur Identifikation der Mitarbeiter mit ihren Tätigkeitsbereichen und ihrer Organisation bei.	**Transparenz** Der IT-Servicekatalog trägt zur IT-Ressourcenabsicherung bei, schafft Transparenz bei der Budgetverteilung.
Leistungsfähigkeit Der IT-Servicekatalog veranschaulicht die breite Servicepalette, die sonst nur verborgen und gefühlt wahrgenommen wurde.	**Planungssicherheit** Der IT-Servicekatalog macht IT-Ressourcen bewertbar u. kalkulierbar und hilft eigene Bedarfslagen abzudecken.
Struktur Der IT-Servicekatalog schafft Klarheit bei Aufgabenzuweisung und Verantwortungsübernahme.	**Akzeptanz** Der IT-Servicekatalog öffnet den Blickwinkel auf die Komplexität und Bedeutsamkeit unseres Tuns.

Tab. 5–8 *Mitarbeiter- und Kundenaussagen (nachher)*

5.3 Integrationsphase

Nachdem die IT-Services im IT-Servicekatalog definiert und abgestimmt sind, kommt die Phase der Nachhaltigkeit. Zur gelungenen Integration bedarf es mehrerer organisatorischer Aktivitäten, um eine Verankerung des IT-Servicekatalogs im IT-Unternehmen zu erreichen.

5.3.1 Verfahren – betriebliche Verankerung

In dieser Phase lässt sich nicht direkt von einem Verfahren sprechen. Es sind vielmehr drei Bereiche, die unterschiedlich behandelt werden müssen. Abbildung 5–7 zeigt, wie diese Bereiche gelagert sind.

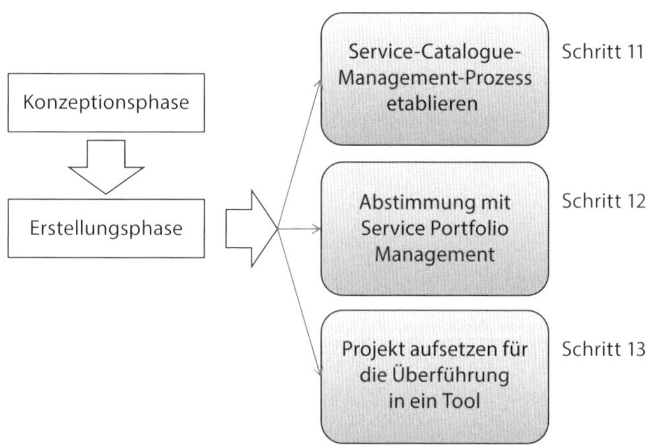

Abb. 5–7 *Detaillierte Integrationsphase*

Anhand der Grafik lassen sich die drei zu behandelnden Bereiche erkennen:

- einen Prozess zum Servicekatalog-Management zu etablieren,
- eine begleitende organisatorische Abstimmung mit dem Service Portfolio Management zu institutionalisieren und
- eine Werkzeugunterstützung für den IT-Servicekatalog zu implementieren.

Diese drei heterogenen Bereiche fallen in die Zuständigkeit/Verantwortung des Servicekatalog-Managers.

Schritt 11: Servicekatalog-Management-Prozess etablieren

Der Hauptzweck dieses Prozesses ist die Sicherstellung der Aktualität des IT-Servicekatalogs über das Servicekatalog-Management. Hierzu wird in Kapitel 7 eine umfassende Prozessbeschreibung geliefert.

Wichtig in diesem Zusammenhang sind Aktivitäten, die die IT-Services betreffen. Durch den IT-Servicekatalog sind die IT-Services festgelegt und damit sind die Namen der IT-Services gültig. Hier hat der Servicekatalog-Manager eine besondere Aufgabe, die so nicht in der Literatur genannt wird. Daher soll das Problem zunächst beschrieben werden. In der Vergangenheit entstanden durch die Konzentration auf IT-Systeme und ansatzweise Festlegung auf IT-Services mehrere unterschiedliche Begriffe für ähnliche Leistungen. Hier muss der Servicekatalog-Manager akkurat auf einheitliche Implementierung der IT-Servicenamen im IT-Unternehmen achten, denn sonst hat er zu der Vielzahl an existierenden Servicebegriffen noch weitere hinzugefügt (s. Abschnitt 4.3.2). Folgende Bereiche sind mit zu vereinheitlichen:

- **Trouble-Ticket-System**
  Am Servicedesk melden sich die Benutzer, die ein Problem haben. Hier sollte der Servicedesk mit der gleichen Liste an IT-Services im Trouble-Ticket-System wie das Servicekatalog-Management ausgestattet sein, um Probleme oder Anfragen von Benutzern serviceorientiert zuordnen zu können. Eine spätere Auswertung zu IT-Services ist sonst nicht oder nur mit einem erheblichen Aufwand möglich.
- **CMDB**
  In der Configuration Management Database sind die IT-Services mit aufzunehmen. In der ersten Version ist dies eine Liste mit IT-Servicenamen. Sukzessive können Configuration Items den IT-Services zugeordnet werden, um andere Prozesse wie das Incident Management zu unterstützen.
- **Change-Management-Tool**
  Im Change Management werden Change Requests gehandhabt und es werden an Configuration Items die Änderungen festgemacht. Das IT-Betriebspersonal dokumentiert regelmäßig Änderungen, um die Aktualität gewährleisten zu können.
- **Monitoring**
  Die Monitoring-Tools wurden bisher an den IT-Systemen angedockt und in den Tools wurden verständliche Namen für die zu messenden IT-Systeme vergeben. In den Monitoring-Tools sind die IT-Servicenamen abzugleichen. Auch Ende-zu-Ende-Messungen von Geschäftsprozessen fallen in diese Kategorie, da sie meist ebenfalls keine Abstimmung mit dem IT-Servicekatalog aufweisen.
- **Reporting**
  In den von Tools generierten Reports sollten für die Kunden die gleichen Begriffe erscheinen wie im IT-Servicekatalog. Da das Reporting häufig mit den Monitoring-Tools gekoppelt ist, genügt es, die Monitoring-Tools mit den richtigen IT-Servicenamen zu bestücken.
- **IT-Controlling**
  Es sollten auf der Rechnung ebenfalls die Namen der IT-Services erscheinen, die gebucht wurden. Dies ist insbesondere bei IT-Servicekatalogen, die keine Preisliste haben, schwierig. Hier kann es zu nicht abgestimmten Begriffen kommen. Der Servicekatalog-Manager sollte die Kunden bereits in den Informationsgesprächen darauf vorbereitet haben.

Wenn der Servicekatalog-Manager diese Aktivitäten fortwährend im Blick behält, profitiert das gesamte IT-Unternehmen davon, denn es entsteht ein einheitliches Verständnis bei den Mitarbeitern und den Kunden. Die Synergieeffekte, die zwischen den in ITIL definierten Prozessen entstehen, sind groß.

Schritt 12: Abstimmung mit Service Portfolio Management und dem Service Level Management

Eingebettet in eine zumeist heterogene System- und Prozesslandschaft weist das Servicekatalog-Management Schnittstellen zu anderen Prozessen und Funktionen auf und kann nicht als losgelöste Funktion ohne Einflüsse von oder nach anderen Funktionsbereichen hin aufgefasst werden.

Entlang der Prozesskette im Service Level Management werden im Wesentlichen zwei Schnittstellen mit anderen ITIL-Prozessen erkennbar. Die erste, aus Sicht des Servicekatalog-Managements eingehende Schnittstelle liefert Rahmenbedingungen vom Service Portfolio Management an das Servicekatalog-Management. Die zweite, ausgehende Schnittstelle liefert definierte IT-Services vom Servicekatalog-Management hin zum Service Level Management (s. Abb. 5–8).

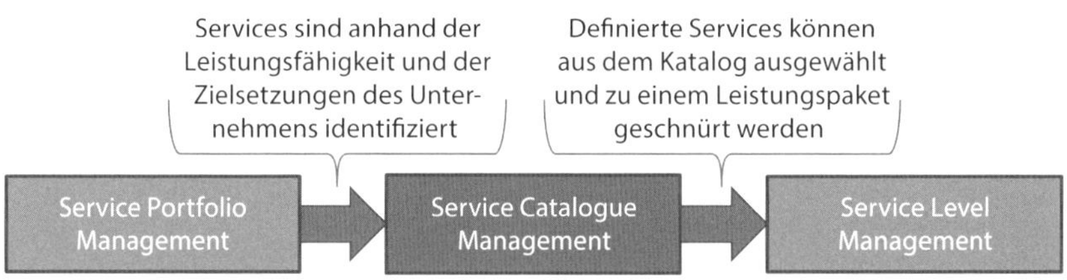

Abb. 5–8 *Servicekatalog-Management entlang der Prozesskette*

Im Rahmen des Service Portfolio Management, das den ersten Schritt im übergeordneten ITIL-Serviceprozess darstellt, wird eine Reihe von Fragestellungen aufgeworfen, die die Rahmenbedingungen bei der Gestaltung der IT-Services definieren.

Typische Fragestellungen im Service Portfolio Management sind:

- Warum benötigt ein Kunde diesen Service?
- Warum sollte er den IT-Service bei uns beziehen?
- Wo liegen unsere Stärken & Schwächen bezogen auf diese Leistung?
- Wo liegen die Risiken dieser Leistung (sowohl für den Leistungsnehmer als auch den Dienstleister)?
- Welche Ressourcen und Fertigkeiten müssen den IT-Services zugeordnet werden?

In der Praxis wird der Dienstleister zunächst einmal die IT-Services planen und die Planungen in einem zweiten Schritt um Serviceanforderungen aus dem Demand Management anreichern. Damit wird die Grundlage für die konkrete Implementierung der IT-Services geschaffen, die nach einer entsprechenden Freigabe in den IT-Servicekatalog überführt werden können.

Das Service Portfolio Management, mit all seinen Fragestellungen rund um die IT-Services und deren Ausgestaltung, liefert fertig implementierte IT-Services an das Servicekatalog-Management. Dabei erfolgt die Zusammenarbeit nicht streng linear, sondern verzahnt, und Service Portfolio Management sowie Servicekatalog-Management gehen hier Hand in Hand, wie Abbildung 5–9 veranschaulicht.

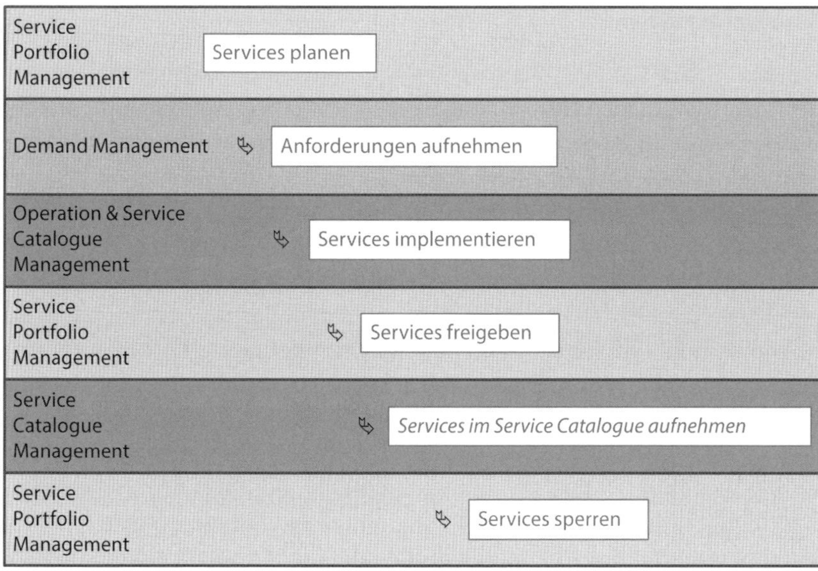

Abb. 5–9 *Bestandteile des IT-Service Portfolio Managements*

Während im Servicekatalog-Management insbesondere die Erhebung der IT-Services, die Normierung und deren Anpassung an die Anforderungen im Hinblick auf die Komplexität und Flexibilität im Vordergrund stehen, werden diese IT-Services im Rahmen des darauffolgenden Service Level Management in Vertragskonstrukte überführt, die die IT-Services um juristische und organisatorische Aspekte ergänzen. Der IT-Servicekatalog definiert IT-Services, deren Handhabung und juristische Rahmenbedingungen mit SLAs weiter konkretisiert werden (s. Abb. 5–10).

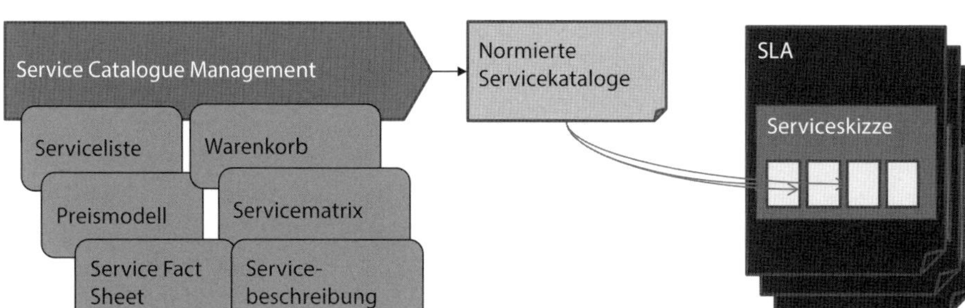

Abb. 5–10 *Servicekatalog-Management als Vorstufe zum SLM*

Im IT-Servicekatalog liegen im Idealfall sämtliche zentralen Parameter zu Serviceklasse, Servicebetrieb und Service-Überwachung vor. Sie sind atomar aufgebaut, sodass sie wie Module behandelt und als eigenständige Bausteine für den Servicenehmer individuell zusammengestellt werden können. Dabei liegen die IT-Services im Katalog unabhängig von konkreten Servicenehmerbeziehungen vor. Erst im Rahmen des Service Level Management werden diese Serviceparameter um konkrete Aspekte der Leistungsbeziehung zwischen Dienstleister und Servicenehmer angereichert. Dabei können verschiedenste Leistungen aus dem IT-Servicekatalog zusammengestellt und in SLAs überführt werden. In diesem Sinne ist der IT-Servicekatalog als Vorstufe für das SLA zu verstehen, der Bausteine mit konkreten Services liefert, deren Anwendung im SLA im Sinne des Servicenehmers konkret ausgestaltet wird (s. Abschnitt 7.2).

Schritt 13: Projekt aufsetzen für die Überführung in ein Tool

Bei der Implementierung eines Servicekatalogs im Unternehmen, ob mit oder ohne Tools, sind folgende Punkte der vorangegangenen Phasen zusammengefasst (s. Tab. 5–9).

Implementierungsaspekt	Beschreibung
Servicekatalog vs. Service Level Management	Lassen sich IT-Services im Katalog nicht 1:1, sondern mit einer hohen Transferleistung in das SLA übernehmen, ist der IT-Servicekatalog ineffektiv für das Service Level Management. Das SLM wird einen zweiten IT-Servicekatalog mit gleichlautenden IT-Services zur Erstellung von SLAs aufbauen.
Kennzahlen	Werden Kennzahlen zu den IT-Services genannt, so sind diese häufig zu ungenau modelliert bzw. haben einen hohen Interpretationsspielraum. Das ist ungünstig, da die Kennzahlen der IT-Services für alle Kunden gelten. Eine falsche Kennzahl in einem SLA ist ein lokal einzugrenzendes Problem. Eine falsche Kennzahl in einem Katalog hat eine große Auswirkung auf alle Kunden.
Zu viele IT-Services im Katalog	Wird der IT-Servicekatalog zu umfangreich, da eine Vielzahl von Applikationen als Dienste mit aufgenommen wird, ist es manchmal zielführender, wenn es nicht einen, sondern mehrere Servicekataloge mit jeweils einem bestimmten Zweck geben.
Servicekatalog vs. CMDB	Häufig erfahren gescheiterte CMDB-Projekte eine Wiederauflage über den IT-Servicekatalog. Jedoch ist der IT-Servicekatalog keine CMDB. Sein Fokus ist anders. ITIL 4 definierte hierfür das CMS. Der Katalog liefert wichtige Informationen, er kann jedoch ein CMS nicht ersetzen. Ergo sollte ein IT-Unternehmen sich bei der Servicekatalog-Erstellung vom CMDB-Anspruch lösen.

→

Implementierungsaspekt	Beschreibung
Dekomposition	Meist wird der Dekomposition von IT-Services mehr Aufmerksamkeit geschenkt als der Planung von Services. Die Dekomposition ist nachgelagert. Es ist zu überlegen, ob ein Katalog ohne Service-Dekomposition erstellbar ist. Eine detaillierte Dekomposition erfordert ein Tool. Manuell ist eine Wartung, die eine lückenlose und aktuelle Service-Dekomposition sicherstellt, nicht zu leisten.
Rechte	Bei der Implementierung werden viele Informationen aufgenommen, die wichtig für den IT-Service sind, jedoch nicht an den Kunden kommuniziert werden. Sollen beispielsweise keine dedizierten Service-Ansprechpartner zum Kunden kommuniziert werden, führt dies zur Einschränkung, was Kunden sehen dürfen und was nicht. Dies ist in der Implementierung über eine Rechteverwaltung zu berücksichtigen.

Tab. 5–9 *Herausforderungen beim Toolstart*

Die genaue Einführung eines Tools wird in Kapitel 14 aufgezeigt.

Fazit

Unabhängig von den Fehlern gilt eine Faustregel für den IT-Servicekatalog: Erst sollte das Konzept durchgängig sein, dann sollte die Implementierung erfolgen. Da bei IT-Servicekatalog-Tools viele Templates mitgeliefert werden, wird bei vorschneller Veröffentlichung der Servicekatalog-Manager zum Getriebenen des Tools.

5.3.2 Hürden und Lösungen

Die Hürden in der Integrationsphase liegen nicht in der Erstellung von IT-Servicekatalogen, sondern darin, sie im Betrieb zu verankern.

Aufwand unterschätzt

Der Prozess Servicekatalog-Management verlagert die latenten Aufwände, die im IT-Betrieb entstehen, wenn Kunden unstrukturiert IT-Services ordern. Dieser latente Aufwand wird abgelöst, indem der Prozess Servicekatalog-Management installiert wird. Somit werden Arbeitsaufwände des IT-Betriebs auf das Servicekatalog-Management verlagert. Das Servicekatalog-Management wird meist unterschätzt (Originalton: »Das geht doch nebenher« oder: »Einmal den IT-Servicekatalog gemacht und er ist für ein Jahr gültig«). Der IT-Betrieb ist dynamisch, denn es werden neue Technologien aufgenommen oder alte abgelöst. Die jeweils aktuelle Betriebssituation wird im IT-Servicekatalog aktualisiert. Dies ist wichtig, denn ein nicht aktueller IT-Servicekatalog ist kontraproduktiv. Der laufende Aufwand für das Servicekatalog-Management ist in den meisten IT-Unternehmen geringer als der Aufwand für das Service Level Management. Der initiale Aufwand, um einen IT-Servicekatalog einzuführen, ist jedoch höher und im Projektbeginn mit einzuplanen.

Verlinkung mit anderen Unternehmensbereichen

IT-Servicekataloge, die einen IT-Servicepreis enthalten, weisen eine enge Verzahnung zwischen Servicekatalog-Management und dem IT-Controlling auf. Hier gibt es neuralgische Punkte. Beispielsweise werden die IT-Servicepreise im IT-Servicekatalog häufig unternehmenspolitisch definiert. Das IT-Controlling stellt jedoch andere Rechnungen für die IT-Services aus, in denen diese zudem einen vollkommen anderen Namen haben. Die Kunden halten den IT-Servicekatalog in der Folge für veraltet, da er scheinbar nie die korrekten IT-Servicepreise enthält. Die Lösung hier ist die Einführung der gleichen Begrifflichkeiten in allen IT-Bereichen wie in Abschnitt 4.3.2 gefordert. Jeder arbeitet mit den IT-Services, die im IT-Servicekatalog verzeichnet sind. Dies gilt auch für den Servicedesk, indem sich im Trouble-Ticket-System die gleichen Begriffe finden lassen wie in den monatlichen Reports und auf den ausgestellten Monats- oder Jahresrechnungen. Erst diese Durchgängigkeit lässt die Stärken des IT-Servicekatalogs zur Geltung kommen.

Servicekatalog-Aktualisierung

Läuft der Prozess Servicekatalog-Management nebenher, so ist es dem Zufall überlassen, ab wann eine Aktualisierung stattfindet. Auch eine zeitlich festgelegte ein- bis zweimalige Überarbeitung pro Jahr ist kritisch zu sehen. Dabei geht es nicht darum, wie häufig der IT-Servicekatalog überarbeitet wird, sondern inwiefern der Servicekatalog-Manager im Voraus mit dem IT-Betrieb dauerhaft in Kontakt steht, um anstehende Änderungen an IT-Services bereits in der Anfangsphase zu erfassen und im IT-Servicekatalog aufnehmen zu können. Der Servicekatalog-Manager sollte die Aktualisierung nicht dem Zufall überlassen. Eine Übertragung der Aktualisierungsaktivitäten an die Serviceverantwortlichen ist eine Option, der Servicekatalog-Manager sollte jedoch laufend die Aktualität der IT-Services prüfen, um die aktive Mitwirkung des IT-Betriebs sicherzustellen.

6 Reifegradmodell zur Reifegradbestimmung

Viele IT-Unternehmen haben unterschiedliche Vorarbeiten zum IT-Servicekatalog geleistet. Für die kontinuierliche Weiterentwicklung hin zu IT-Servicekatalogen, die einen signifikanten Effizienzgewinn im IT-Unternehmen bedeuten, wurde in CECAR ein Reifegradmodell entwickelt (s. Abb. 6–1).

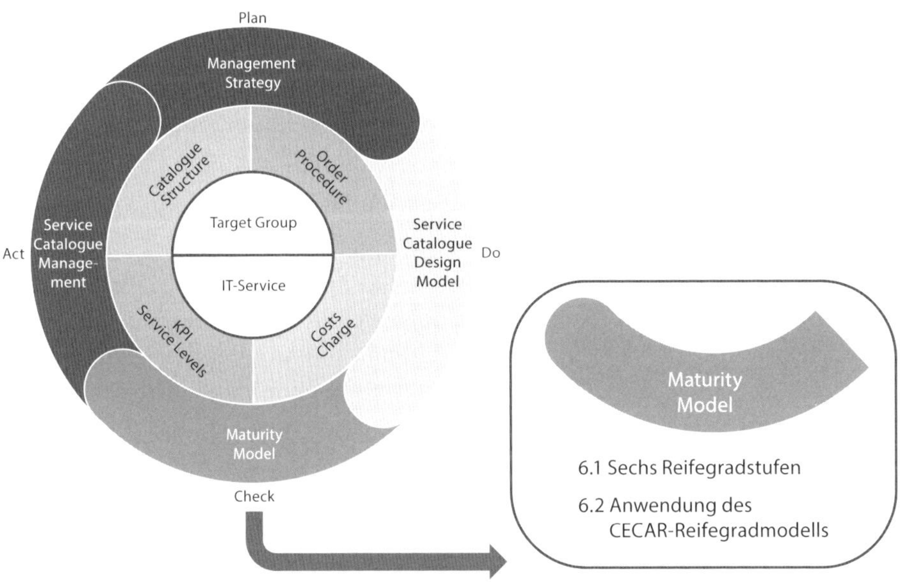

Abb. 6–1 *CECAR-Modell: Maturity Model*

Mit dem CECAR-Reifegradmodell können IT-Unternehmen den eigenen Entwicklungsstand ablesen. Meist liegen in IT-Unternehmen einige Prototypen zum IT-Servicekatalog vor. Dieses Modell soll ein IT-Unternehmen dabei unterstützen,

- das Optimum zu erreichen,
- den aktuellen Stand der bisherigen Arbeiten einzuordnen und
- eine Bewertung abzugeben.

Das CECAR-Reifegradmodell besitzt fünf Dimensionen zur Bestimmung des Reifegrads. Diese Dimensionen spannen, wie in Abbildung 6–2 dargestellt, einen Raum auf.

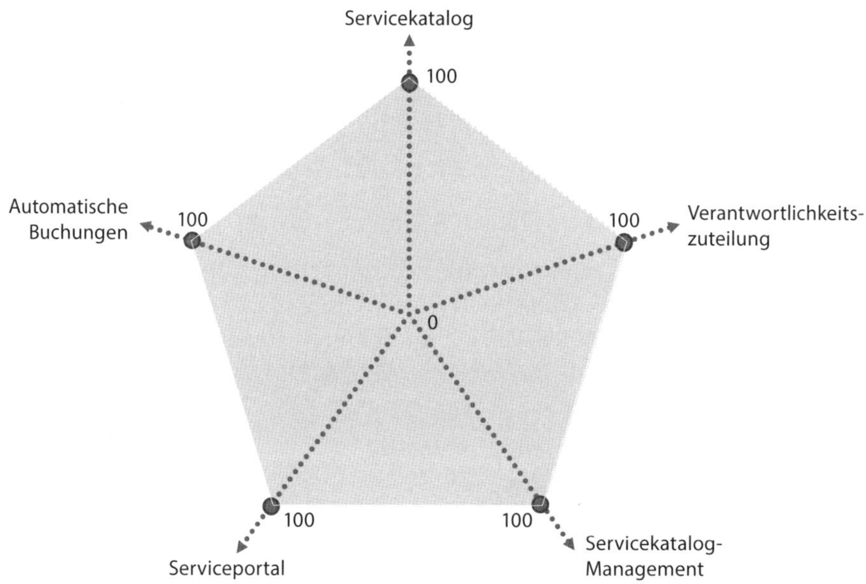

Abb. 6–2 *CECAR-Reifegradmodell*

Die fünf Dimensionen enthalten jeweils eine Skala von 0 % bis 100 %. Je nach Erreichung der Prozentzahl wird der entsprechende Punkt auf der Dimension eingetragen. Sind alle Punkte vorhanden, so können diese von Dimension zu Dimension verbunden werden. Mit diesem Spinnendiagramm lässt sich der Reifegrad ablesen. Zusätzlich entnehmen Servicekatalog-Manager diesem Modell auch den Handlungsbedarf, d.h. auf welche Stellen der Schwerpunkt für das IT-Unternehmen zu legen ist, damit eine Weiterentwicklung des Themas IT-Servicekatalog stattfindet.

6.1 Erläuterung der Dimensionen

In diesem Abschnitt werden zuerst die Dimensionen erklärt und im Anschluss daran die Skalenberechnung in Tabelle 6–1 vorgestellt.

Dimension 1: Servicekatalog

Diese Dimension zeigt auf, wie weit die Beschreibung und Aufnahme von IT-Services in den IT-Servicekatalog vorangeschritten ist. Hierfür sind drei Mengen zu unterscheiden:

- **Alle IT-Services des IT-Unternehmens**
  Diese Menge umfasst alle im IT-Unternehmen erbrachten IT-Services. Einige davon werden nur für einige wenige Kunden erbracht und sind nicht Teil des Korridors, der durch den IT-Servicekatalog definiert werden soll. Für die Dimension 1 ist diese Menge relevant, wenn sie mit der nächsten Menge zusammenfällt, andernfalls dient sie zur Einordnung der nächsten Menge.
- **Relevante IT-Services für den IT-Servicekatalog**
  Über die Menge der relevanten IT-Services für den IT-Servicekatalog wird definiert, welche IT-Services konkret für den IT-Servicekatalog erforderlich sind.
- **IT-Services im IT-Servicekatalog**
  Mit dieser Menge der IT-Services im IT-Servicekatalog wird festgelegt, wie viele IT-Services vollständig für den IT-Servicekatalog beschrieben sind.

Abbildung 6–3 zeigt dies grafisch auf.

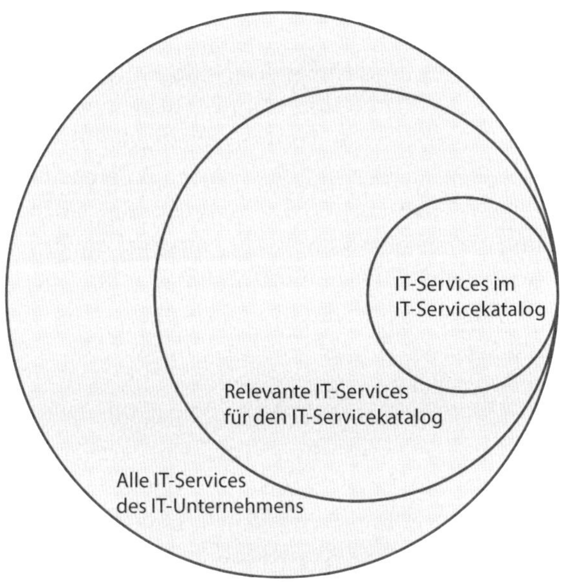

Abb. 6–3 *Servicemengen*

Das Verhältnis aus der Menge der IT-Services im IT-Servicekatalog und der Menge der relevanten IT-Services für den IT-Servicekatalog prägt die Dimension. Mithilfe dieses Verhältnisses lässt sich feststellen, wie weit der Aufbau des IT-Servicekatalogs vorangeschritten ist.

Dimension 2: Verantwortlichkeitszuteilung

Der in Abschnitt 4.2.6 definierte Serviceverantwortliche prägt die Dimension maßgeblich. Die in Dimension 1 genannten IT-Services, die im IT-Servicekatalog vollständig beschrieben sind, benötigen einen Serviceverantwortlichen. Das Verhältnis zwischen den IT-Services, die im IT-Servicekatalog enthalten sind, und den IT-Services, denen ein Serviceverantwortlicher zugeteilt ist, liefert den Wert auf der Skala der Dimension. Die Berechnung ist somit sehr einfach und klar gestaltet. Die Problematik liegt in der Praxis in der Zuteilung von Serviceverantwortlichen. Es sollte nicht der IT-Rechenzentrumsleiter bei allen IT-Services als Serviceverantwortlicher genannt sein. Vielmehr geht es darum, die zukünftigen Serviceverantwortlichen auf der Ebene des IT-Betriebspersonals zu verankern. Dies kann in der Praxis ein längerer Prozess sein und deshalb wird diese Dimension aufgespannt, um den Reifegrad auch hierüber ablesen zu können.

Dimension 3: SCM-Prozess und -Rolle

In der Dimension 3 geht es um den Servicekatalog-Managementprozess, dessen Aktivitäten zur Erreichung dieser Stufe definiert sein sollten. Ziel ist eine komplette Prozessbeschreibung, die alle Punkte enthält, die für eine Aktualisierung des IT-Servicekatalogs erforderlich sind. Als Startpunkt bietet ITIL einen Rahmen, um das Servicekatalog-Management und seine Aktivitäten einzugrenzen. Die reine Prozessbeschreibung gilt als organisatorische Vorstufe, die dem nächsten Schritt vorgelagert ist. In Kapitel 7 sind die fünf Aktivitäten für eine Implementierung vordefiniert. Diese Stufe ist somit leicht zu erreichen, denn die Definition von Arbeitsschwerpunkten ist mit dem genannten Abschnitt ableitbar.

Die organisatorische Verankerung erfolgt ebenfalls in dieser Dimension. Die Rolle des Servicekatalog-Managers wird den befähigten Mitarbeitern zugeordnet. Sie kann dabei auf eine oder mehrere Personen verteilt werden. Diese Rolle erfordert analog zum Service-Level-Manager ein umfangreiches IT-Hintergrundwissen, um die IT-Services geeignet zu verstehen, zu verwalten und neu definieren zu können. Jeder Aktivität im Prozess sind somit ein oder mehrere reale Personen zuzuordnen. Somit erhält man zu den fünf Aktivitäten zwei Zustände: einmal die Aktivität mit einer Rolle und einmal ohne. Das Ergebnis 10 spannt hier die Dimension vollständig auf.

Dimension 4: Serviceportal

Die Dimension 4 behandelt das Serviceportal, bei dem ähnlich wie bei einem Webshop die IT-Services eingetragen werden. Die Kunden können sich in diesem Serviceportal informieren und ihre IT-Services zusammenstellen. Die Preise der einzelnen IT-Services, sofern Preise relevant sind, werden in einen Warenkorb überführt, aufsummiert und den Kunden aufgezeigt. Kunden können ihre spezifischen Anforderungen über einen dedizierten Zugang beim IT-Unternehmen adressieren.

Dies ist eine technische Vorstufe, denn die IT-Services sind zusammenstellbar. Eine Buchung beschränkt sich auf das Versenden einer E-Mail an einen Serviceverantwortlichen, der die Buchung koordiniert. Die Dimension entsteht durch das Verhältnis aus denen im Serviceportal aufgenommenen IT-Services gegenüber den IT-Services, die im IT-Servicekatalog beschrieben sind.

Ein Aspekt ist dieser Dimension abträglich. In IT-Unternehmen existieren zu verschiedenen IT-Services unterschiedliche Serviceportal-ähnliche Strukturen. Beispiele hierfür sind:

- Buchungen über einen Servicedesk,
- IT-Services mit Bestellbeschreibungen im Intranet,
- Formulardatenbanken,
- webbasierte unternehmensinterne Shops für z.B. Hardwarebestellungen und
- Buchungsportale.

Kunden müssen genaue Kenntnis haben, mit welcher Serviceportal-ähnlichen Struktur ihr benötigter IT-Service zu bestellen ist. Ziel von IT-Unternehmen ist es, ein dediziertes Serviceportal anzubieten, um Kunden zielgerichtet zu leiten. Diesem in der Praxis relevanten Ziel kommt diese Dimension nach, indem der Wert für die Dimension auf der Achse durch die Anzahl der Portale dividiert und dadurch reduziert wird.

Dimension 5: Automatische Buchungen

In Dimension 5 implementiert ein IT-Unternehmen die gesamten Buchungsprozesse, die zur Auslösung einer Buchung eines IT-Service gehören. Diese Stufe gilt als die schwierigste Stufe, denn umfangreiche Prozesse, wie das Einrichten eines neuen Benutzers mit vielen Rechten in unterschiedlichen IT-Systemen bzw. Applikationen, vollautomatisch abzuwickeln, erfordert eine umfangreiche Schnittstelle zu den Benutzerkonten in den IT-Systemen. Wenn ein Kunde z.B. 20 IT-Services bucht, beginnt in der IT ein vollautomatischer Prozess, um in der vorgeschriebenen Zeit die von Kunden gestellten Anforderungen zu erledigen. Nach einer Buchung kommt das IT-Betriebspersonal zum Einsatz, indem es z.B. IT-Server aufstellt, entsprechend den Vorgaben installiert und anschließt, damit Kunden darauf ihre Geschäftsprozesse aufsetzen können. Eine Unterscheidung ist dennoch wichtig: Eine halbautomatische Buchung liegt vor, wenn eine E-Mail mit einem Auftrag an einen Mitarbeiter versendet wird. Vollautomatische Buchungsprozesse sind ähnlich zu behandeln wie bei einem Selfservice (z.B. Passwortrücksetzung), da auf die Buchung eine Reaktion ohne weiteren manuellen Eingriff erfolgt.

Eine Menge ist gesondert zu berücksichtigen, nämlich die IT-Services, die aufgrund ihres Wesens nie ohne Rückfragen buchbar sind, wie z.B. architekturelle Anpassungen. Der Servicekatalog-Manager kann diese IT-Services und die vollautomatisch buchbaren IT-Services auf die Dimension übertragen. In dieser Dimension hat die technische Verankerung des IT-Servicekatalogs im IT-Unternehmen stattgefunden. Die Übernahme von Anfragen aus dem Serviceportal wird automatisch zugewiesen.

Bestimmung der Skala pro Dimension

Dimension	Skala
Servicekatalog	W% aller für den IT-Servicekatalog bestimmten IT-Services sind beschrieben.
Verantwortlichkeitszuteilung	X% aller im IT-Servicekatalog beschriebenen IT-Services haben einen Serviceverantwortlichen zugeteilt bekommen.
Servicekatalog-Management	Anzahl der Prozessschritte des Servicekatalog-Managements zuzüglich der Anzahl von Prozessschritten, bei denen ein Mitarbeiter der Rolle Servicekatalog-Manager zugeordnet ist.
Serviceportal	(Y% aller im IT-Servicekatalog beschriebenen IT-Services sind im Serviceportal implementiert) dividiert durch (die Anzahl der unterschiedlichen Serviceportale wie z.B. Servicedesk, Intranet, Formulardatenbanken, Buchungsportal)
Automatische Buchungen	Z% aller IT-Services im Serviceportal lassen sich automatisch buchen.

Tab. 6–1 *Skalen der Dimensionen*

Mithilfe des CECAR-Reifegradmodells können Servicekatalog-Manager den Reifegrad im IT-Unternehmen ableiten. Zur Veranschaulichung dient folgendes Beispiel.

Beispielhafte Berechnung des Reifegrads

In einem Unternehmen liegen 80 IT-Services vor, 60 davon sind bereits im IT-Servicekatalog beschrieben. Die Verantwortlichkeitszuteilung ist ebenfalls zu Teilen vorhanden. Ebenso gibt es eine Beschreibung des Prozesses Servicekatalog-Management. Weitere Vorarbeiten zum Serviceportal und zu den Buchungsprozessen liegen vor. Tabelle 6–2 bildet dieses Szenario mit dem CECAR-Reifegradmodell präzise ab.

Dimension	Beispiel	Skalenwert
Servicekatalog	80 IT-Services sind für den IT-Servicekatalog vorgesehen. 60 IT-Services sind beschrieben und im IT-Servicekatalog aufgenommen.	75% auf der Dimension
Verantwortlichkeitszuteilung	Zu 40 IT-Services gibt es einen Serviceverantwortlich von den genannten 60 IT-Services.	66% auf der Dimension
Servicekatalog-Management	5 Schritte mit zwei Zuständen (mit und ohne Rollenzuordnung) = 10 Schritte, die 100% entsprechen. Angenommen 5 Schritte sind beschrieben und davon sind 3 einem Mitarbeiter zugeordnet	80% auf der Dimension

→

Dimension	Beispiel	Skalenwert
Serviceportal	30 von 60 IT-Services sind im Serviceportal implementiert. Es existiert nur ein Serviceportal, d.h., die Division hat keinen Einfluss auf das Ergebnis. Würden z.B. zwei Portale vorliegen, so wäre der Wert 50% dividiert durch 2 = 25%.	50% auf der Dimension
Automatische Buchungen	15 von 30 IT-Services sind automatisch buchbar.	50% auf der Dimension

Tab. 6–2 *Beispiel zur Dimensionsberechnung*

Abbildung 6–4 zeigt, wie sich der Reifegrad im IT-Unternehmen auf Basis des in Tabelle 6–2 genannten Beispiels darstellt.

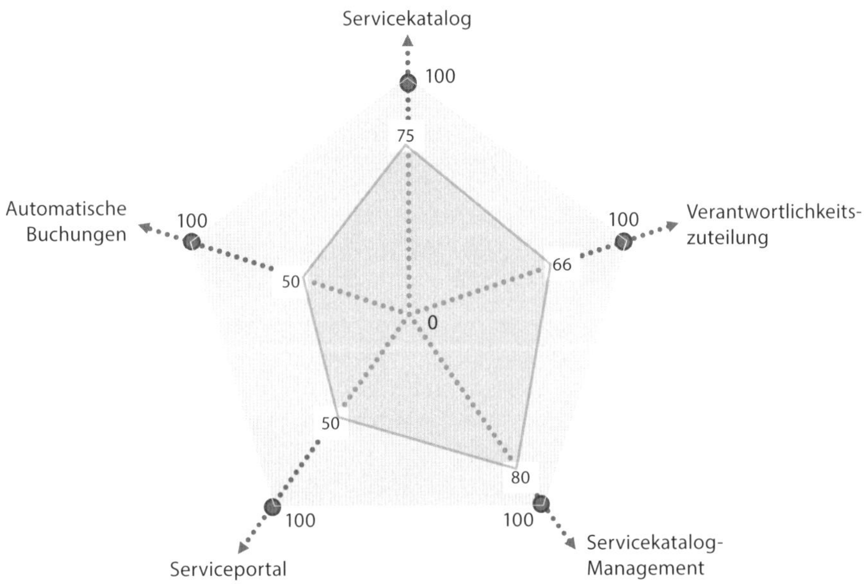

Abb. 6–4 *Beispiel eines Reifegrads*

Das Ergebnis aus Abbildung 6–4 gilt es zu interpretieren, um den nächsten Schritt im IT-Unternehmen systematisch einleiten zu können. Für dieses IT-Unternehmen ist es zielführend, eine Steigerung bei der Verantwortlichkeitszuteilung zu erreichen. Hat diese Steigerung stattgefunden, so entsteht eine neue Ausgangssituation. In der Folge können mehr IT-Services in das Serviceportal übernommen werden. Als einfacher Buchungsmechanismus ist das Versenden einer E-Mail an den Serviceverantwortlichen zu verwenden. Mit Steigerung bei der Verantwortlichkeitszuteilung erhält das IT-Unternehmen einen höheren Reifegrad in den beiden Dimensionen »Verantwortlichkeitszuteilung« und »Serviceportal«.

6.2 Interpretation des Ergebnisses

Mit diesen fünf Dimensionen können sich sehr viele unterschiedliche Diagramme ergeben. Für die Interpretation des Ergebnisses werden einige sehr häufige in IT-Unternehmen vorliegende Situationen beispielhaft ausgewählt und in Tabelle 6–3 diskutiert.

Ein hoher Reifegrad liegt für die in dieser Spalte genannten Dimensionen vor	Ein geringer Reifegrad liegt für die in dieser Spalte genannten Dimensionen vor	Handlungsempfehlung
■ Servicekatalog	■ Verantwortlichkeitszuteilung ■ Servicekatalog-Management ■ Serviceportal ■ Automatisierte Buchungen	a) Einleitung organisatorischer Maßnahmen für die Dimensionen 2–3. b) Einladung mehrerer Hersteller, die Servicekatalog-Tools anbieten, und Aufsetzen eines IT-Projekts zur Implementierung (s. Kap. 14) für die Dimensionen 4–5.
■ Servicekatalog ■ Verantwortlichkeitszuteilung ■ Servicekatalog-Management	■ Serviceportal ■ Automatisierte Buchungen	Einladung mehrerer Hersteller, die Servicekatalog-Tools anbieten, und Aufsetzen eines IT-Projekts zur Implementierung (s. Kap. 14).
■ Serviceportal ■ Automatisierte Buchungen	■ Servicekatalog ■ Verantwortlichkeitszuteilung ■ Servicekatalog-Management	a) Das Konzept des eigenen IT-Servicekatalogs ist zu prüfen (s. Abschnitt 5.1.1). b) Einleitung organisatorischer Maßnahmen für die Dimensionen 2–3.
■ Verantwortlichkeitszuteilung ■ Servicekatalog-Management ■ Serviceportal ■ Automatisierte Buchungen	■ Servicekatalog	Das Konzept des eigenen IT-Servicekatalogs ist zu prüfen (s. Abschnitt 5.1.1).
■ Verantwortlichkeitszuteilung ■ Servicekatalog-Management ■ Serviceportal	■ Servicekatalog ■ Automatisierte Buchungen	Die bestehenden Strukturen sind weitestgehend unabhängig entstanden. Die IT-Services sind im IT-Servicekatalog festzulegen (s. Abschnitt 5.1.1) und Buchungswege zu schaffen (s. Kap. 10).
■ Servicekatalog ■ Verantwortlichkeitszuteilung ■ Servicekatalog-Management ■ Automatisierte Buchungen	■ Serviceportal	Es gibt vermutlich kein Serviceportal oder sehr viele Zugänge, um einen IT-Service zu buchen. Hier gilt es, das Serviceportal zu zentralisieren (s. Kap. 14).

Tab. 6–3 *Handlungsempfehlungen aus dem Ergebnis*

Bei einer Gleichverteilung auf allen Dimensionen empfiehlt es sich, die Dimension 1 (Servicekatalog) zu steigern. Aus den neuen IT-Services bzw. Konzeptionen können die Dimensionen 2–5 entsprechend ihres Reifegrads erhöht werden.

6.3 Erhöhung des Reifegrads

Nachdem die einzelnen Dimensionen des Reifegradmodells aufgezeigt wurden, erläutert dieser Abschnitt die Erhöhung pro Dimension. Der Servicekatalog-Manager nimmt sich jede Dimension vor und bewertet, wie viel Prozent des jeweiligen Reifegrads erreicht ist. Das Ziel für IT-Unternehmen ist das Vorantreiben auf die 100%-Marke. Das CECAR-Reifegradmodell bietet so den IT-Leitern eine Möglichkeit, deren eigene Schwerpunkte im IT-Unternehmen aus einer Kundensicht zu bestimmen.

Zur Steigerung des Reifegrads werden aus dem vorangegangenen Vorgehensmodell zur Erstellung von IT-Servicekatalogen (s. Abschnitt 5.1.1) die Schritte zugeteilt (s. Tab. 6–4).

Dimensionen mit einem geringen Reifegrad lt. Reifegradmodell	Servicekatalog-Designmodell	Steigerung des Reifegrads
1 **Servicekatalog**	Konzeptionsphase und Erstellungsphase	Die Schritte 1 - 10 sind zu durchlaufen. ▪ Schritt 1 Alle IT-Services auflisten ▪ Schritt 2 1 - 5 IT-Services auswählen ▪ Schritt 3 Abbildung auf sechs IT-Servicekatalog-Ansätze ▪ Schritt 4 Workshop mit Zielgruppen ▪ Schritt 5 Entscheidung für IT-Servicekatalog-Ansatz ▪ Schritt 6 Alle IT-Services ausarbeiten ▪ Schritt 7 Interne Präsentation ▪ Schritt 8 Feinabstimmung und Ergänzung ▪ Schritt 9 Awareness für IT-Servicekatalog ▪ Schritt 10 IT-Servicekatalog veröffentlichen Sind diese Schritte fertig, so ist ein Reifegrad von 100% in dieser Dimension erreicht.

→

Dimensionen mit einem geringen Reifegrad lt. Reifegradmodell	Servicekatalog-Designmodell	Steigerung des Reifegrads
2 **Verantwortlichkeits-zuteilung**	Erstellungsphase	Im Schritt 6 sind die Serviceverantwortlichen zuzuteilen. Wichtig ist die Managementausrichtung, die sich aus Abschnitt 4.2.6 bezüglich der Serviceorganisation ergibt.
3 **Servicekatalog-Management**	Integrationsphase	Mit Schritt 11 »Servicekatalog-Managementprozess etablieren« sind alle Aktivitäten im Prozess festgelegt. Wird die Rolle des Servicekatalog-Managers aufgesetzt, prägt der Schritt 12 »Abstimmung mit Service Portfolio Management und dem SLM« maßgeblich den Reifegrad.
4 **Serviceportal**	Integrationsphase	Der Reifegrad ist am Projektfortschritt des Schritts 13 »Projekt aufsetzen für die Überführung in ein Tool« ablesbar.
5 **Automatische Buchungen**	Integrationsphase	Die Anzahl der IT-Services, die automatisiert buchbar sind, geben den Reifegrad an. Dies zählt zu Schritt 13 »Projekt aufsetzen für die Überführung in ein Tool«.

Tab. 6–4 *Reifegrad und Servicekatalog-Designmodell*

7 Servicekatalog-Management

Das Servicekatalog-Management effizient und effektiv aufzubauen ist entscheidend. Dabei geht es darum, die IT-Services zu verwalten und die Aufnahme von IT-Services zu steuern. Wichtig ist auch, das Servicekatalog-Management nicht unabhängig von anderen ITIL-Prozessen zu betrachten. Der Übergang hin zum Prozess Service Level Management bedarf einer genauen Konzeption. Das CECAR-Modell liefert hier einen zentralen Beitrag zur Gestaltung des Prozesses Servicekatalog-Management (s. Abb. 7–1).

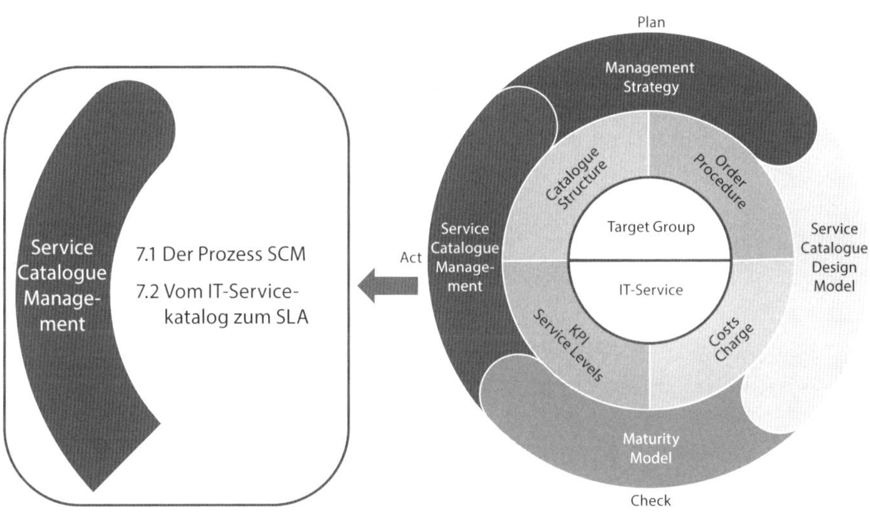

Abb. 7–1 *CECAR-Modell: Service Catalogue Management*

7.1 Der Prozess SCM

Der Servicekatalog-Managementprozess ist in ITIL dem Service Design zugeordnet.

Folgende Einordnung des Servicekatalog-Managements wird in ITIL wie nachstehend aufgezeigt definiert (s. Abb. 7–2).

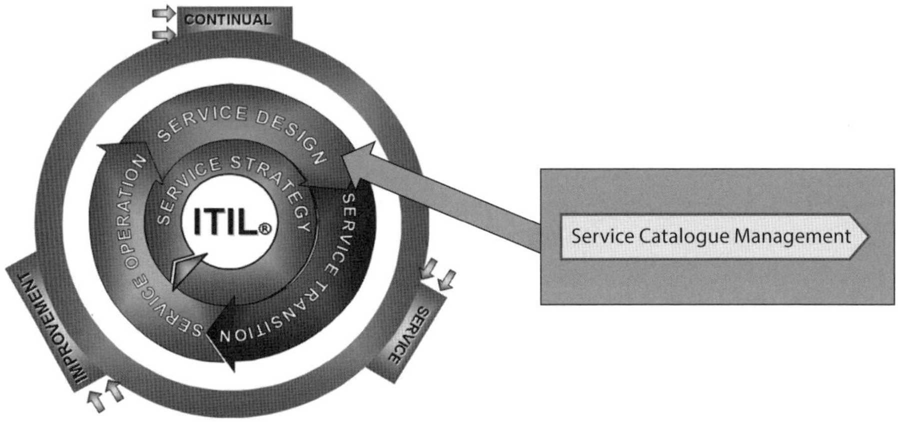

Abb. 7–2 *Einordnung Servicekatalog-Management*

Bei der Erstellung von Servicekatalogen werden Informationen der Service Transition, dem Service Operation und Continual Service Improvement durch den Servicekatalog-Managementprozess zusammengezogen und konsolidiert [Fröschle und Schrey 2012].

Im operativen Geschäft dient der IT-Servicekatalog als wichtiges Medium, um auf Anforderungen und Wünsche des Servicenehmers reagieren zu können. Der IT-Servicekatalog trägt im Wesentlichen zum Aufbau eines einheitlichen Verständnisses über das Leistungsspektrum im Haus eines IT-Dienstleisters bei. Aufgabe ist es, die Transparenz komplexer IT-Prozesse und IT-Services für den Servicenehmer vereinfacht darzustellen.

Vor diesem Hintergrund besteht für den Prozess Servicekatalog-Management (SCM) das Ziel, die Erstellung, Pflege und Koordination von Servicekatalogen mit genauen Informationen über alle aktuellen und geplanten operationalen IT-Services und Supply-Einheiten zu erreichen. Die hierfür erforderlichen Aktivitäten des Servicekatalog-Managements lassen sich in fünf verschiedene Prozessschritte gliedern, wie in Abbildung 7–3 aufgezeigt wird.

Abb. 7–3 *Prozessschritte des Servicekatalog-Managements*

Die Prozessschritte werden in den nachstehenden Abschnitten erläutert.

7.1.1 Aufnahme neuer IT-Services

Zu den typischen Aktivitäten des Servicekatalog-Managementprozesses zählen die Erstellung, Pflege und Koordination neuer und bestehender IT-Services im Servicekatalog. Wichtig bei dieser Erstellung ist die genaue Information über alle aktuellen und geplanten operationalen IT-Services und Supply-Einheiten. Die Anforderung eines neuen IT-Service beginnt mit der Annahme von einem Request für einen IT-Service. Im Folgenden wird dieser Request bewertet und anschließend entweder bestätigt oder abgelehnt. Im Falle der Bestätigung des Requests und damit des neuen IT-Service erfolgt die Abstimmung der geforderten Service Levels mit den bestehenden Service Levels anderer Services. Diese Abstimmung geschieht in der Regel unternehmensintern. Anschließend wird der IT-Service IT-Servicekatalog-gerecht ausformuliert.

Request zu buchbaren IT-Services

Um einen IT-Service geeignet aufzunehmen, ist es hilfreich, die Vorgehensweise von anderen ITIL-Prozessen zu übernehmen. Der Change Request beim Change Management oder der Service Request am Servicedesk zeigen, wie beim Servicekatalog-Management vorzugehen ist. Dieser Analogie folgend ist es sinnvoll, den eigenen Request zum Einchecken von IT-Services in den IT-Servicekatalog zu definieren. Tabelle 7–1 zeigt ein Beispiel eines Requests, der für das Servicekatalog-Management eines IT-Unternehmens entworfen wurde.

Serviceattribut	Beschreibung
Serviceverantwortlicher	Wer verantwortet den Service
Service	Name des Service
Status	▪ Vorgeschlagen ▪ Produktion ▪ Archiviert
Beschreibung	Zusammenfassung des IT-Service in der Sprache des Kunden (nicht technisch)
Standard-IT-Service-Features	Beschreibt die Serviceelemente und Funktionen für den Kunden – Basis-SLA
Optionale IT-Service-Features	Beschreibt die Serviceelemente und Funktionen, die für einige Kunden auf spezielle Anfrage erbracht werden. Ein erweitertes SLA ist u. U. notwendig.
Zielgruppe	Beschreibt, wer den IT-Service erhalten kann, z. B. Geschäftsbereiche, Abteilungen etc.
Servicezeiten	Definiert die Zeit, in der der Kunde den IT-Service nutzen kann
Benutzer-Requirements Pre-Requisits	Legt fest, welche Pre-Requisits der Benutzer haben muss, um den IT-Service zu nutzen, z. B. Berechtigungen, Gruppen, Hardware, Software
Benutzeraufgaben	Beschreibt die Aufgaben des Kunden

→

Serviceattribut	Beschreibung
Abgrenzung	Was ist nicht im IT-Service enthalten (nicht technisch)
Serviceanforderung	Wo/Wie kann der Kunde den IT-Service anfragen
Servicesupport	An wen kann sich der Benutzer wenden, falls er ein Problem mit dem IT-Service hat
Standardkosten	Gibt die Kosten für den Standard-IT-Service an
Optionale Kosten	Gibt die Kosten für die optionalen Features an (siehe oben)
Serviceziele	Angestrebte Ziele bei der Serviceerbringung

Tab. 7–1 *Request für buchbare IT-Services*

Jeder Request ist inhaltlich anders gelagert. Das Service-Template gibt daher die einzuholenden Informationen an. Über dieses Verfahren wird das Vorhandensein aller Informationen zu einem neuen IT-Service sichergestellt, um diesen bearbeiten zu können. Wird ein IT-Service geändert, nimmt der Servicekatalog-Manager das befüllte Service-Template und kennzeichnet die zu ändernden Stellen mit den dazugehörigen Änderungsvorschlägen.

Request zu nicht buchbaren Services

Einige IT-Services sind Teil des IT-Servicekatalogs, aber nicht explizit buchbar, da es sich um atomare IT-Services handelt. Für diese Art von IT-Services werden ggf. weniger Informationen eingeholt. Der folgende Request zeigt, auf welche Informationen in diesem Beispiel der Fokus liegt (s. Tab. 7–2).

Serviceattribut	Beschreibung
Serviceverantwortlicher	Wer verantwortet den Service
Servicebeschreibung	Worum geht es bei dem Service
Service Levels	Gibt es relevante Kennzahlen zu dem Service
Zuständigkeiten	Wie sind die Zuständigkeiten zwischen den Kunden und der IT aufgeteilt

Tab. 7–2 *Request zu nicht buchbaren IT-Services*

Bewertung und Verarbeitung des Requests

Es wird jeder durch das Service Portfolio Management vorvalidierte Request bewertet und anschließend entweder bestätigt und somit in den IT-Servicekatalog aufgenommen oder abgelehnt. Im Falle der Bestätigung des Requests erfolgt die Abstimmung der geforderten Service Levels mit den bestehenden Service Levels anderer Services. Diese Abstimmung geschieht in der Regel IT-intern. Anschließend wird der IT-Service IT-Servicekatalog-gerecht ausformuliert. Nach der Aktualisierung des entsprechenden Servicekatalogs werden die Kunden über die Anpassung des Servicekatalogs informiert. Die Nichtaufnahme eines IT-Service sollte begründet werden.

Vergabe einer Artikelnummer

Für IT-Servicekataloge, die mit Artikelnummern arbeiten, wird für den IT-Service eine entsprechende Artikelnummer vergeben. Jeder IT-Service erhält eine Artikelnummer (s. Abschnitt 11.2.11).

Der Servicekatalog-Manager muss ein System entwerfen, damit bei neuen IT-Services für das Einbringen in den IT-Servicekatalog eine gewisse Nachvollziehbarkeit herrscht (s. Abschnitt 11.2.11). Insbesondere, wenn die Aufnahme von IT-Services ausgesetzt wird, z. B. weil Informationen im Request nicht vorliegen.

Tipp: Vor der Aktualisierung des entsprechenden Servicekatalogs empfiehlt es sich, den Kunden über die Anpassung des Servicekatalogs zu informieren.

7.1.2 Aufbau und Bereitstellung von IT-Servicekatalogen

Der Aufbau und die Bereitstellung von IT-Servicekatalogen kann durch eine zentrale Datenhaltung mit mehreren Servicekatalog-Sichten gewährleistet werden. Dazu sollte die Strukturierung von IT-Services, wie z. B. die Preismodelle, mit dem IT-Controlling abgestimmt werden. Es werden zwei IT-Servicetypen unterschieden:

- IT-Services, die eindeutig mit einem Preis versehen werden können
- IT-Services, die sich aus unterschiedlichen Komponenten zusammensetzen und sich aufgrund ihres Inhaltes nicht mit einem Standardpreis auszeichnen lassen

Bei der inhaltlichen Ausgestaltung von Servicekatalogen sollten zur Übersicht Servicematrizen verwendet werden. Der Inhalt der Servicematrizen wird durch Betriebswissen in Form von Analysen eingeholt. Im Fokus steht dabei die Zusammenstellung von Servicekatalog-Sichten, die Bereitstellung von aufgebauten Servicekatalogen, der Abgleich unterschiedlicher IT-Services auf die Servicekataloge sowie die Verwaltung der Zugriffsrechte auf Servicekataloge. Beispiele für mögliche Inhalte eines Servicekatalogs werden in Abschnitt 8.2 detailliert beschrieben.

7.1.3 Verwaltung und Bereitstellung von Standards

Dieser Prozessschritt umfasst die Bereitstellung von Servicevorlagen. Dazu gehören der Aufbau und die Überarbeitung von unternehmensinternen Standardvorgaben. Die geprüften IT-Services werden innerhalb eines IT-Betriebs zu Standards erhoben (s. Abschnitt 11.2).

Zur weiteren Unterstützung empfiehlt es sich, Standards mit beispielhafter Ausprägung den Fachbereichen zur Verfügung zu stellen. Weiterhin kann die Normierung von Begriffen (z. B. Servicenamen, Kennzahlen) zur Effizienzsteigerung beitragen (s. Abschnitt 5.1.1). Folgende Punkte können als unternehmensinterne Standardvorgaben definiert werden:

- **IT-Verrechnungseinheiten**
  Einige Verrechnungseinheiten sollen nachfolgend vorgestellt werden. Es sind Kombinationen zwischen den verschiedenen Einheiten möglich (s. Kap. 13).
- **Kennzahlendefinition**
  Zur einheitlichen Beschreibung von IT-Services müssen die Kennzahlen präzisiert werden. Für jede Kennzahl ist die Bezeichnung, die Messeinheit, ein Bezugsbereich, eine durchschnittliche Antwortzeit, die Verfügbarkeit, die Reaktionszeit, die Entstörzeit und eine Wiederherstellungszeit anzugeben (s. Kap. 12).
- **Servicebegriffe** (s. Abschnitt 11.3)
- **Servicekomponente**
  (enthält z.B. die Beschreibung, Leistung und Verantwortlichkeiten einer bestimmten Servicekomponente)

7.1.4 Koordination zwischen Supply-Einheiten

Innerhalb dieses Prozessschritts steht die Normierung und Harmonisierung von IT-Services zwischen Unternehmenseinheiten im Fokus. Das Servicekatalog-Management agiert deshalb mit unterschiedlichen Unternehmenseinheiten und koordiniert die für Servicekataloge relevanten Informationen. Laufende Abstimmungen mit z.B. Controlling, SLM, Betrieb und Systemplanung sind dabei ebenfalls zu berücksichtigen. So werden IT-Services auf die erforderlichen Abrechnungszyklen abstimmt. Im Hintergrund zu den IT-Services werden weitere Daten (z.B. Aufwände, Kosten externer Dienstleister), die im IT-Unternehmen intern verwendet werden, erhoben und laufend aktualisiert. Ziel ist es, die Istkosten transparent auf die IT-Services zu verteilen (s. Tab. 7–3).

Checkliste

Bereich	Beschreibung
Controlling	Sind die Preise und Artikelnummern abgestimmt?
Serviceverantwortlicher	Ist der Serviceverantwortliche informiert, damit er den IT-Service in den Katalog aufnimmt?
Service Level Management	Sind die Service Levels mit dem Service Level Management abgestimmt?
Systemplanung	Sind mit der Systemplanung die zu liefernden Mengen abgestimmt?

Tab. 7–3 *Checkliste für zyklische Abfragen*

7.1.5 Qualitätsmaßnahmen

Bei der Qualitätsmaßnahme sollte ein einheitliches Servicespektrum zwischen Servicekatalog-Management und IT-Betrieb entstehen. Die Anzahl der aufgenommenen und verwalteten IT-Services innerhalb des Servicekatalogs ergeben den Prozentsatz der Services, die ausgeliefert und übergeben wurden und sich in der »Live-Umgebung« befinden. Auch die Anzahl von Abweichungen zwischen den Informationen im IT-Servicekatalog und der CMDB spielen bei der Qualitätsmaßnahme eine wichtige Rolle.

In einem z. B. vierteljährlichen Review werden folgende Punkte der untenstehenden Checkliste (s. Tab. 7–4) zu einem IT-Service mit dem Serviceverantwortlichen geprüft.

Checkliste

Punkt	Beschreibung
Serviceziele	Welche Ziele verfolgt der Serviceverantwortliche? Sind z. B. neue Optionen geplant oder wird eine Abschaltung des IT-Service erwogen?
Veränderungen	Welche Änderungen ergaben sich am Service?
Dienstleisterverträge	Sind die aktuellen oder neuen Verträge bekannt?
Service Level Agreement	Gibt es wiederkehrende IT-Services in Service Level Agreements?
Kostenplanung	Wie erfolgt die Kalkulation zum IT-Service und welche Positionen kamen hinzu bzw. fallen weg?
Prozesskenntnis	Gibt es zu dem IT-Service neue Prozessschritte, Zuständigkeiten, Aufgaben?

Tab. 7–4 *Checkliste zur Qualitätsverbesserung*

Tipp: Es empfiehlt sich, zusätzlich zu den im IT-Servicekatalog genannten Serviceverantwortlichen eine Liste mit den Serviceverantwortlichen zu den IT-Services, die außerhalb des IT-Servicekatalogs betrieben werden, anzulegen (s. Abschnitt 4.2.6). Rückfragen von Kunden oder aus dem IT-Unternehmen kommen in verschiedenen Zusammenhängen und hier ist es wichtig, gleichermaßen aussagefähig zu sein.

7.2 Vom IT-Servicekatalog zum SLA

Um die Interaktion zwischen dem Prozess Servicekatalog-Management und dem angegliederten Prozess Service Level Management zu unterstützen, ist es erforderlich, die Übergabe von IT-Services zu beachten [Bonk u. a. 2010].

Das in Abschnitt 2.5 genannte SOUSIS-Modell veranschaulicht die umfangreichen Tätigkeiten, die nach der Buchung aus dem IT-Servicekatalog für den Prozess Service Level Management folgen können. Abbildung 7–4 des SOUSIS-Modells zeigt den Punkt mit einem dicken Pfeil an [Scholderer 2016].

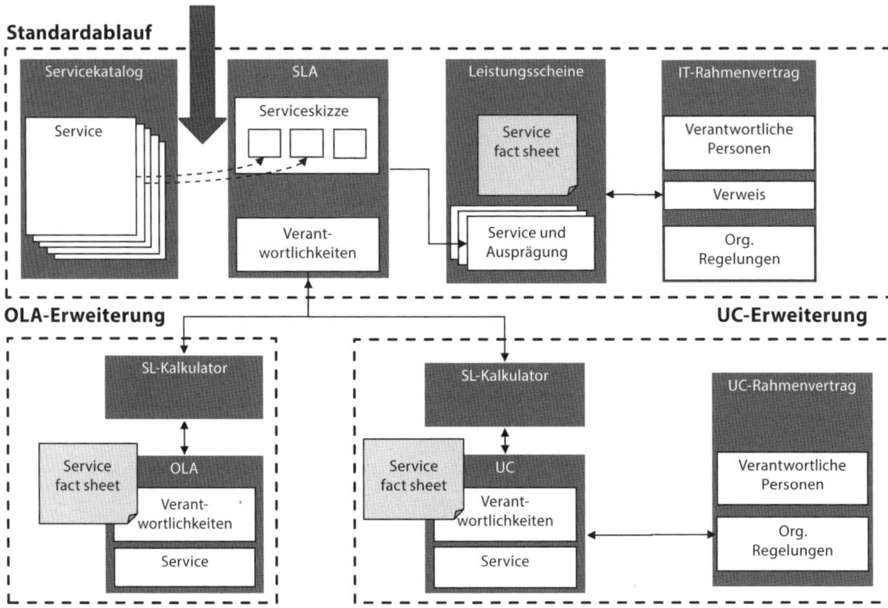

Abb. 7–4 *SOUSIS-Modell*

Die Übergabe von IT-Services hin zu SLAs findet immer dann statt, wenn IT-Services aus dem IT-Servicekatalog gebucht werden. Dabei ist zu unterscheiden, ob die IT-Services, die von Kunden verändert werden, in SLAs einfließen. Die anderen IT-Services werden nach der Buchung mit der im IT-Servicekatalog angegebenen Qualität erbracht. Immer wenn aufgrund von Kundenanpassungen dieser Vorgang aufgerufen wird, entsteht eine Übernahme von IT-Services, die im IT-Servicekatalog definiert sind, in ein oder mehrere Service Level Agreements. Bei genauerer Betrachtung fällt auf, weshalb dies bei vielen IT-Servicekatalogen nicht in das Kalkül einbezogen wird. Die Prozesse Service Level Management und Service Catalogue Management werden getrennt voneinander erstellt und somit ist der Übergang von den Objekten SLA und IT-Servicekatalog nicht berücksichtigt. Dies begründet sich mit der Verwendung des IT-Servicekatalogs aus einer Endbenutzersicht heraus. Eine umfangreiche Buchung mehrerer IT-Services wie z.B. zum Aufbau einer neuen Firmenlokation wird nicht in Betracht gezogen. Die Folgen wirken sich auf den Service-Level-Manager aus. Er muss bei diesem Vorgang mit höheren Aufwänden beim Umformatieren und Ergänzen von Inhalten beim IT-Service rechnen. Dadurch entsteht beim Übertragen von IT-Services in das SLA eine umfangreiche und unnötige Transferarbeit.

Um diese durchaus hohen Aufwände zu vermeiden, werden in den nächsten Abschnitten Ansätze vorgestellt, bei denen sich Designentscheidungen für einen IT-Servicekatalog auf den Prozess Service Level Management unterschiedlich auswirken. Das Ziel ist eine effiziente Übernahme von IT-Services in Service Level

Agreements. Folgende vier Ansätze werden in nachstehenden Abschnitten beschrieben und bewertet:

- 1:1-Ansatz
- Ergänzungsansatz
- Serviceseparierungsansatz
- Transferansatz

7.2.1 1:1-Ansatz

Beim 1:1-Ansatz sind die IT-Services im IT-Servicekatalog so beschrieben, wie sie 1:1 in das SLA übernommen werden können. Folgende drei Elemente des IT-Service sind dabei ausgeprägt:

- **Servicebeschreibung**
  Die Servicebeschreibung ist so formuliert, dass sie in ihrer Länge bzw. ihrem Umfang auf das SLA übertragen werden kann.
- **Service Levels**
  Die Service Levels sind tabellarisch aufgelistet, damit sie über einen einfachen Kopiervorgang in das SLA übernehmbar sind. Die Abstimmung der Service Levels gegenüber anderen IT-Services im SLA, die ggf. neu hinzugekommen sind, übernimmt der Service-Level-Manager.
- **Zuständigkeitsmatrix**
  Die Zuständigkeitsmatrizen sind im IT-Servicekatalog vorbereitet. Die Übernahme sollte mit einem einfachen Kopiervorgang durchführbar sein. Die Anpassung der Zuständigkeiten auf die Gegebenheiten muss der Service-Level-Manager mit dem Kunden abstimmen.

Abbildung 7–5 visualisiert den Ansatz. Im SLA kommen zu den aus dem IT-Servicekatalog übernommenen IT-Services die SLA-relevanten Inhalte, wie Präambel, Pönalen, Unterschriften etc., hinzu.

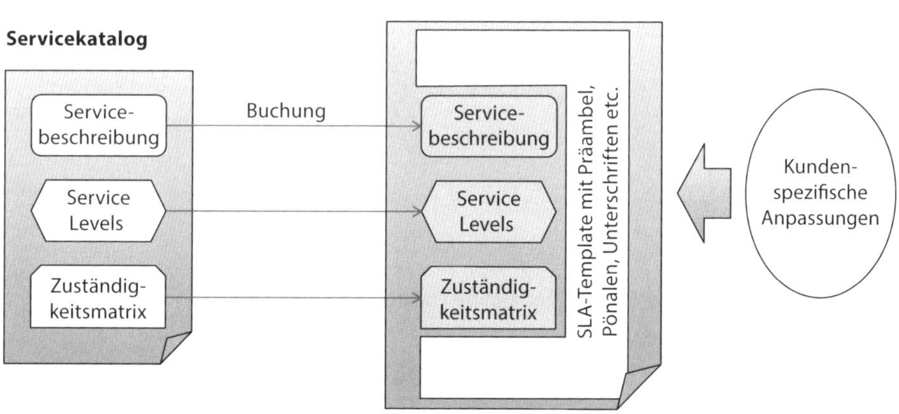

Abb. 7–5 *1:1-Ansatz*

Der Vorteil dieses Vorgehens zeigt sich nicht ausschließlich in der Übernahme der IT-Services aus dem IT-Servicekatalog in das SLA, sondern in der zentralen Verwaltung aller für den IT-Service relevanten Inhalte. Alle Informationen sind im IT-Servicekatalog zusammengefasst und daraus werden andere Prozesse wie z.B. das Service Level Management bedient.

Der IT-Servicekatalog kann durch die Zentralisierung der Servicebeschreibung, der Service Levels und Zuständigkeitsmatrizen umfangreich werden. Für denjenigen, der aus dem IT-Servicekatalog eine Buchung vornimmt, kann die Vielzahl von Informationen überfordernd wirken und zu einem IT-Servicekatalog führen, der nur von dedizierten Personenkreisen mit einem entsprechenden IT-Hintergrund anwendbar ist. Diese Unübersichtlichkeit der Vielzahl von Informationen, insbesondere, wenn die Zuständigkeitsmatrizen über mehrere Seiten gehen, ist nicht gewünscht und deshalb entscheiden sich einige IT-Unternehmen gegen diesen Ansatz und nehmen die Aufwände beim Übertragen in das SLA in Kauf.

Tipp: Mit einer Sicht lässt sich der IT-Servicekatalog übersichtlicher machen und der Nachteil der Unübersichtlichkeit umgehen. Dabei sind die Informationen, wie die Zuständigkeitsmatrizen, auszublenden. In einem Tool erfolgt dies über eine Datenbanksicht und in Word sind die Zuständigkeitsmatrizen als unsichtbar zu markieren.

7.2.2 Ergänzungsansatz

Der Ergänzungsansatz umgeht die Informationsmenge, indem er im IT-Servicekatalog die zur Buchung notwendigen Informationen vorhält. Erst wenn ein SLA erforderlich ist (s. Abschnitt 5.3), kommen weitere Informationen hinzu. Abbildung 7–6 zeigt, wie dieser Ergänzungsansatz funktioniert.

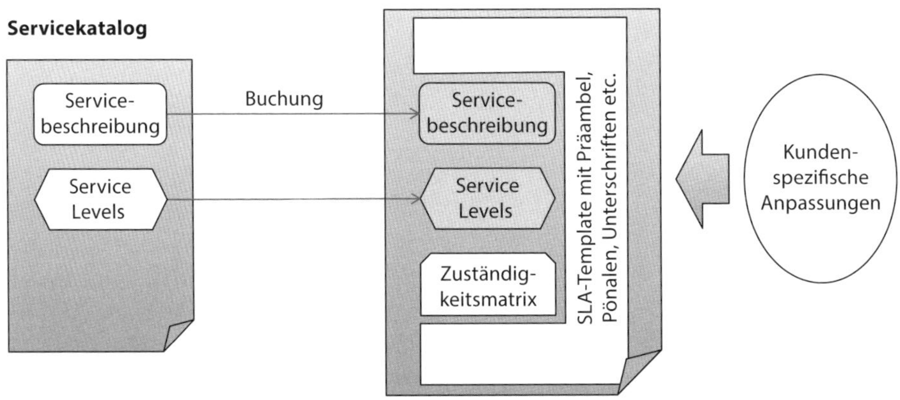

Abb. 7–6 *Ergänzungsansatz*

In dieser Informationskonstellation werden die Nachteile des 1:1-Ansatzes umgangen. Der IT-Servicekatalog beschränkt sich auf die zentralen Elemente, die für den Buchenden von Interesse sind.

Die Nachteile entstehen mehr auf der SLA-Seite. Wenn die bekannten IT-Services in das SLA übernommen werden, kann es zu Irritationen kommen, woher die Zuständigkeitsmatrizen genommen wurden. Es entsteht eine Diskussion, ob das dem unternehmensinternen Standard entspricht, und so werden die Zuständigkeiten, die im Service Level Management als Standard gelten, neu aufgerollt. Der Vorteil, der durch die Vorbereitung der Zuständigkeitsmatrizen entsteht, verringert sich deutlich. Dies begründet sich darin, dass die Zuständigkeitsmatrizen im IT-Unternehmen abgestimmt sind, die Kunden jedoch erst bei der SLA-Verhandlung damit konfrontiert werden. Für die Kunden erscheinen die Zuständigkeitsmatrizen als neues Element und werden auch so eingestuft. Demzufolge meinen die Kunden, sie müssen die Zusammenarbeit mit dem IT-Unternehmen neu abstimmen.

Von Nachteil ist auch die Verwaltung der Zuständigkeitsmatrizen im Service Level Management. Diese Abkopplung zwischen der Servicebeschreibung und den Zuständigkeitsmatrizen führt zu nicht aktuellen Zuständigkeitsmatrizen für den IT-Service, da diese nicht auf dem einheitlichen Versionsstand sind.

7.2.3 Serviceseparierungsansatz

Eine komplett andere Richtung schlägt der Serviceseparierungsansatz ein. Hier wird eine klare Unterscheidung der IT-Services vorgenommen, was zu einer Trennung des **einen** IT-Servicekatalogs führt. Alle Endbenutzer-bezogenen IT-Services werden in einem Endbenutzer-Servicekatalog aufbereitet. Die darin enthaltenen Artikel werden im Falle einer Buchung in den Warenkorb gelegt und nach einer durchgeführten Buchung inklusive Bezahlung wird der IT-Service mit der angegebenen Qualität bereitgestellt und erbracht. Es erfolgt eine Übergabe an die Verrechnung und es entsteht kein SLA mehr. Alle IT-Services, die einheitlich als Bausteine für Kunden vorbereitet sind und immer mal wieder einer Änderung bedürfen, werden in einen SLA-Servicekatalog gebracht. Ein Beispiel aus der Praxis soll dies aufzeigen. In einem Endbenutzer-Servicekatalog waren alle IT-Services vorbereitet. Die IT-Abteilung musste fortwährend weltweit verteilte neue Produktionsstätten aufbauen. Mit jeder Produktionsstätte wurden zur Ausstattung der IT neue Teams zusammengestellt, die das IT-Konzept mit individuellen IT-Services entwarfen. Es fehlte trotz eines gemeinsamen IT-Verständnisses ein durchgängiges Werkzeug, mit dem die IT-Konzepte einheitlich entworfen werden konnten. Die Zusammenstellung und die Anpassung wurden von Produktionsstätte zu Produktionsstätte immer wieder neu bestimmt. Für diesen Umstand wurde der SLA-Servicekatalog entworfen. Dieser SLA-Servicekatalog beinhaltete vorkonfektionierte und einheitlich benannte IT-Services. Der Vorteil aus einer einheitlichen

Form von IT-Services stellte sich bald ein, denn von nun an konnte die IT ihre IT-Services standardisiert mit kleinen Änderungen an die Kunden weitergeben. Die Zielgruppe für den IT-Servicekatalog waren IT-Systemplaner und keine Endbenutzer (s. Abb. 7–7).

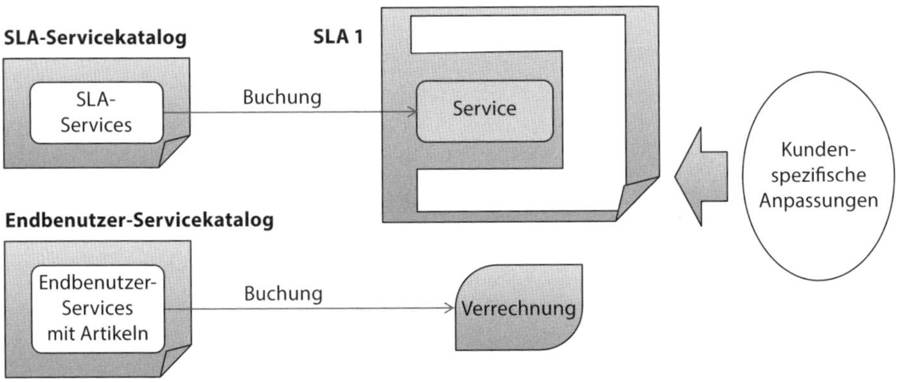

Abb. 7–7 *Serviceseparierungsansatz*

Gelingt die Trennung von einfachen und komplexen IT-Services, so ist dies von Vorteil. Beide Zielgruppen bekommen je einen IT-Servicekatalog, der auf ihre Anforderungen zugeschnitten ist. IT-Systemplaner erhalten spezifische IT-Servicetexte und keine Texte aus Endbenutzersicht, die wiederum angepasst werden müssen. Endbenutzer müssen sich nicht mit komplexen und für sie kryptischen IT-Services beschäftigen, sondern erhalten allgemein verständliche Servicebeschreibungen – eine Win-win-Situation, in der beide Zielgruppen effektiv ihre IT-Services buchen können.

Dieser Ansatz ist bestimmten Szenarien vorbehalten. Ein Nachteil entsteht, falls Endbenutzer-Services in das SLA übernommen werden. Die Abbildung von modifizierten Endbenutzer-Services ins SLA ist nicht trivial, da der Preis einer Artikelnummer für ein SLA spezifisch angepasst werden muss. Ebenso müssen die Zuständigkeiten neu geklärt werden. Dieser Nachteil wird umso gravierender, je häufiger die Übernahme von Endbenutzer-Services in SLAs erfolgt. Szenarien, die bei der klaren Trennung bleiben können, werden diesen Nachteil nicht wahrnehmen und können die Vorteile deutlich ausspielen.

7.2.4 Transferansatz

Der Transferansatz nimmt eine Sonderstellung ein, denn er kann in den anderen Ansätzen enthalten sein. Um die Herausforderung besser ableiten zu können, wird er als eigener Ansatz behandelt. Beim Transferansatz liegt ein IT-Servicekatalog vor, der im Corporate Design ausgearbeitet ist und bei Bedarf werden die IT-Services in das SLA übernommen. Die Unterscheidung, ob der IT-Servicekatalog dabei mit einem Grafikprogramm für Print bzw. Web gesetzt wurde oder in einem IT-Servicekatalog-Tool übernommen wurde, ist nicht erforderlich, wie sich das bei der Betrachtung der Vorzüge und Nachteile zeigen wird (s. Abb. 7–8).

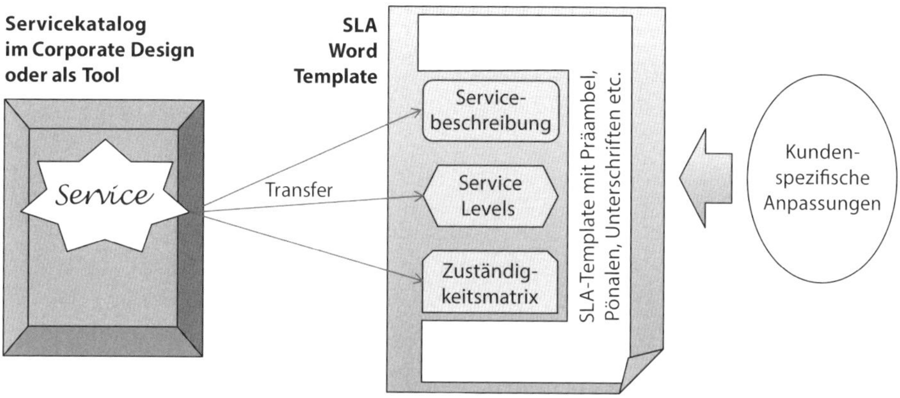

Abb. 7–8 *Transferansatz*

Der Vorteil liegt weniger auf der Konstellation als vielmehr auf dem attraktiven IT-Servicekatalog, der im Corporate Design gemacht wurde. Ein gut designter IT-Servicekatalog spricht die Zielgruppen an und begünstigt den Kauf von standardisierten IT-Services. Die Akzeptanz des IT-Servicekatalogs steigt dadurch im IT-Unternehmen.

Der genannte Vorteil birgt einen entscheidenden Nachteil. Sobald die Servicebeschreibungen im IT-Servicekatalog im Design integriert sind, lassen sie sich nur mit einem hohen Aufwand transferieren. Bei jedem Transfer vom IT-Servicekatalog in das SLA sind viele Übertragungs- und Anpassungsarbeiten notwendig, die sich von einfachen Copy-Paste-Tätigkeiten bis zum kompletten Abtippen der Servicebeschreibung erstrecken. Dieser Umstand begründet sich in den unterschiedlichen Anwendungen, die eingesetzt werden. Der IT-Servicekatalog wird für das Corporate Design in einem Grafikprogramm erstellt, sodass eine einheitliche Datenhaltung nicht möglich ist.

7.2.5 Serviceaufteilung

Die Erörterung der genannten Ansätze, wie der IT-Service vom IT-Servicekatalog in das SLA kommt, konzentrierte sich meist auf die Betrachtung hin zu einem SLA. Der IT-Servicekatalog bietet die IT-Services wertungsfrei an. Werden z.B. IT-Services benötigt, um mehrere Filialen eines Kunden individuell auszustatten, so entsteht meistens ein SLA pro Filiale. Da jede Filiale unterschiedliche IT-Services nutzt, ergibt sich in jedem SLA eine andere Zusammensetzung von IT-Services. Das bedeutet, die Entscheidung, in wie viele SLAs sich die IT-Services aus dem IT-Servicekatalog verteilen, wird am vorliegenden Einsatzzweck festgemacht (s. Abb. 7–9).

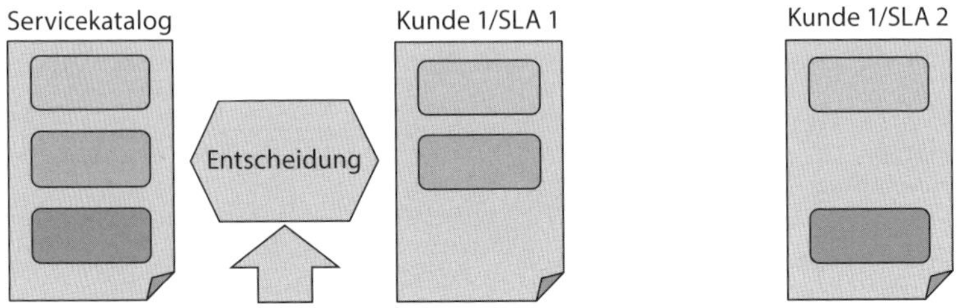

Abb. 7–9 *Serviceaufteilung*

Der Servicekatalog-Manager sollte sich folgende Fragen stellen, um zu wissen, inwieweit das eigene IT-Unternehmen inklusive seiner Kundenstruktur zu dem jeweiligen Ansatz passt:

- In wie viele SLAs werden die gebuchten IT-Services aufgeteilt?
- Werden die IT-Services überhaupt in SLAs aufgenommen oder verbleiben im IT-Servicekatalog und werden über die Verrechnung mitgeführt?

Eine Analyse, wie häufig IT-Services, die im IT-Servicekatalog stehen, mit SLAs immer wieder auf den Kunden zugeschnitten werden, ist hilfreich. Je besser ein Servicekatalog-Manager abschätzen kann, wie oft dieser Vorgang ausgeführt wird, desto besser lässt sich der Ablauf darauf abstimmen und die in CECAR angebotenen Konzepte auswählen. Wird z.B. ein IT-Servicekatalog im Corporate Design gefordert, ist der 1:1-Ansatz wählbar und es ist zu überlegen, wie dieser IT-Servicekatalog am Corporate Design auszurichten ist. Somit werden die Nachteile des Transferansatzes vermieden.

7.3 Beschreibung der Rolle des Serviceverantwortlichen

In ITIL wird die Rolle des Service Owners als der Verantwortliche für ein oder mehrere Services genannt. Die folgenden Abschnitte greifen das Konzept des Serviceverantwortlichen auf und geben einen Einblick in die Art und den Umfang der Aufgaben, Schwerpunkte und Hilfsmittel (Service Owner Environment, Service Owner Empowerment), die erforderlich sind, um diese Rolle auszuüben. Der Service Owner benötigt eine zugeschnittene Umgebung, in der er seiner Rolle gerecht werden kann. Um diese Umgebung aufzubauen, werden alle zentralen Punkte aufgezeigt, die Unternehmen bereitstellen sollten, damit diese Rolle umfassend ausgestattet ist.

7.4 Einordnung Service Owner

In der IT-Infrastruktur sind Systemverantwortliche dafür zuständig, die IT-Komponenten stabil und sicher zu betreiben. Deren Fokus liegt auf einem zugeschnittenen IT-Segment. Die Rolle Service Owner ist übergreifender. In der nachstehenden Abbildung 7–10 wird seine Position verdeutlicht.

Abb. 7–10 Einordnung Service Owner

Damit ein IT-Service stabil betrieben und weiterentwickelt werden kann, liegen die Aufgaben des Service Owners u.a. in der organisationsübergreifenden Koordination von Systemverantwortlichen.

7.4.1 Aufgabenbereiche des Service Owners

Bei der Definition der Rolle Service Owner wird deutlich, dass diese ein Aufgabenspektrum hat, das sich aus Teilen des Projektmanagements und des Operationsmanagement zusammensetzt. Abbildung 7–11 zeigt dies auf.

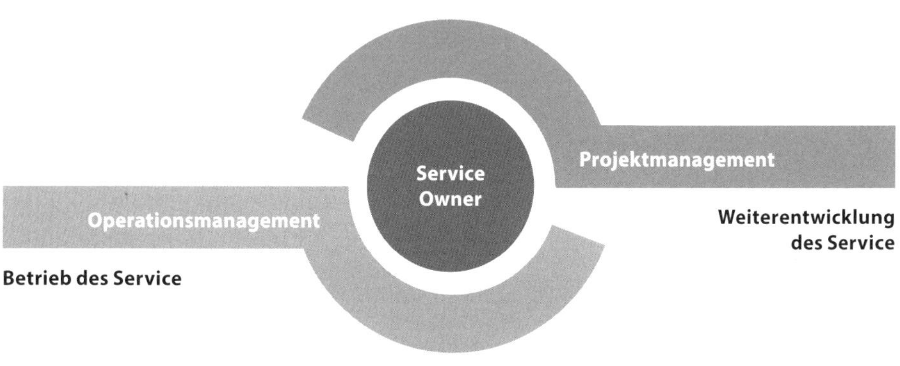

Abb. 7–11 Aufgabenbereiche des Service Owners

Die beiden Aufgabenspektren werden hier kurz skizziert:

- **Projektmanagement**
  Der Projektmanagement-Anteil behandelt im Wesentlichen die Weiterentwicklung des IT-Service. Hier hat der Service Owner aus dem IT-Management Zielvorgaben, um einen Service aktuell an den Bedürfnissen der Fachbereiche bzw. der Geschäftsfelder respektive der Anwender auszurichten. Für die Einhaltung seiner Zielvorgaben greift er zu den üblichen Methoden und Werkzeugen des Projektmanagements wie Meilensteine oder Quality Gates etc.
- **Operationsmanagement**
  Die Aufgaben, die mit dem Operationsmanagement in Verbindung stehen, sind übliche Reporting- Aufgaben, wie der IT-Service technisch funktioniert und wo es neuralgische Punkte gibt. Übliche Zielvorgaben sind Kostenreduktion, Stabilität, Schnelligkeit und Sicherheit.

7.4.2 Kommunikationsradius

Den Kommunikationsradius, also mit wem der Service Owner sich abstimmt bzw. in Interaktion tritt, zeigt Abbildung 7–12.

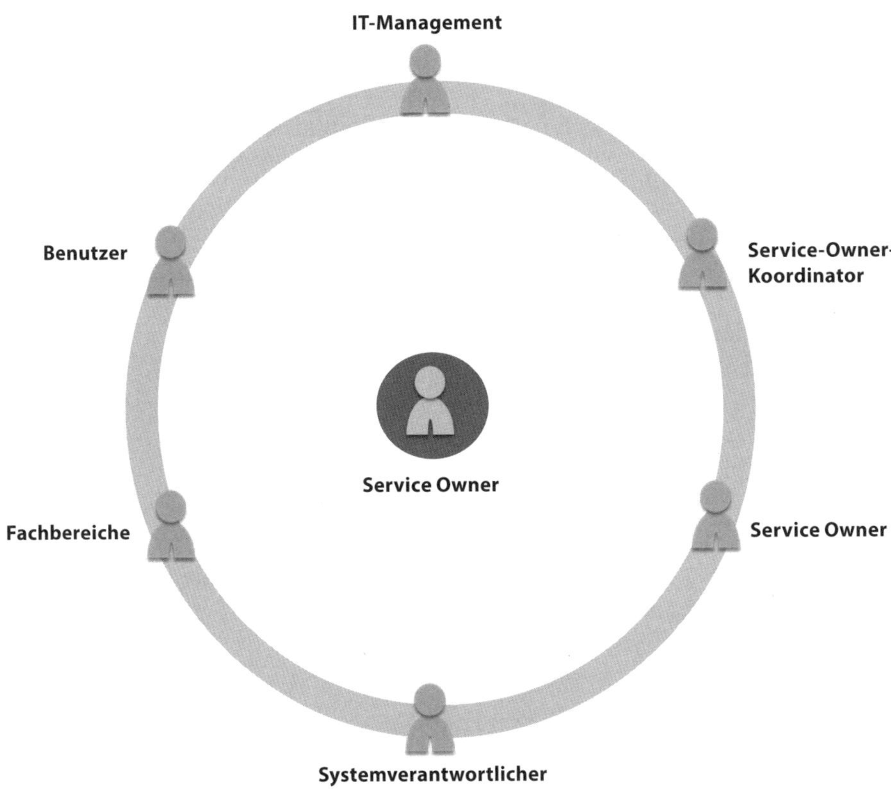

Abb. 7–12 Kommunikationsradius des Service Owners

Mit jedem dieser Teilnehmer auf dem Kommunikationsradius hat der Service Owner mehrere Pfade offen, um seine Zielvorgaben zu verfolgen bzw. zu erfüllen. Aus diesem Kommunikationsradius heraus lassen sich die Aufgabenfelder des Service Owners genau betrachten. Ebenso ist eine erste Schwerpunktbildung möglich, die im Anschluss die genaue Umgebung des Service Owners festlegt.

7.4.3 Themenschwerpunkte des Service Owners

Der nächste Schritt, um ein »Service Owner Environment« zu definieren, führt zu zwei Fragen:

- Welche Kommunikationsthemen haben die Service Owner, wenn sie mit den Rollen aus dem Kommunikationsradius in Interaktion treten?
- Welche Arbeitsmittel lassen sich dabei nutzen?

Abbildung 7–13 führt die skizzierten Antworten in einer Grafik zusammen.

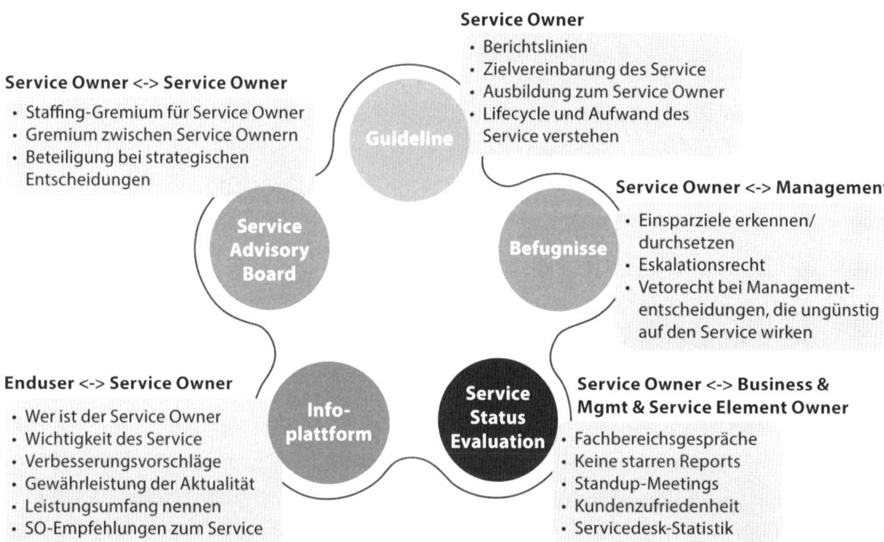

Abb. 7–13 *Themenschwerpunkte des Service Owners*

Um das Service Owner Environment mit relevanten Methoden abzuleiten, ist eine Trennung erforderlich. Das mit Prokura beschriebene Themenfeld wird zusammengefasst unter dem Begriff »Service Owner Empowerment«. Das Service Owner Empowerment ist nicht Teil des Service Owner Environment, denn es handelt sich um eine organisatorische Zuteilung der Prokura. Diese kann sich von Service Owner zu Service Owner unterscheiden. Ebenso ist es unternehmensspezifisch ausgeprägt, wie sich diese Rolle innerhalb des Organigramms integrieren lässt. Diese Trennung von Service Owner Empowerment und Service Owner Environment erlaubt eine klare Zuteilung der für den Service Owner erforderlichen Arbeitsmittel (s. Abb. 7–14).

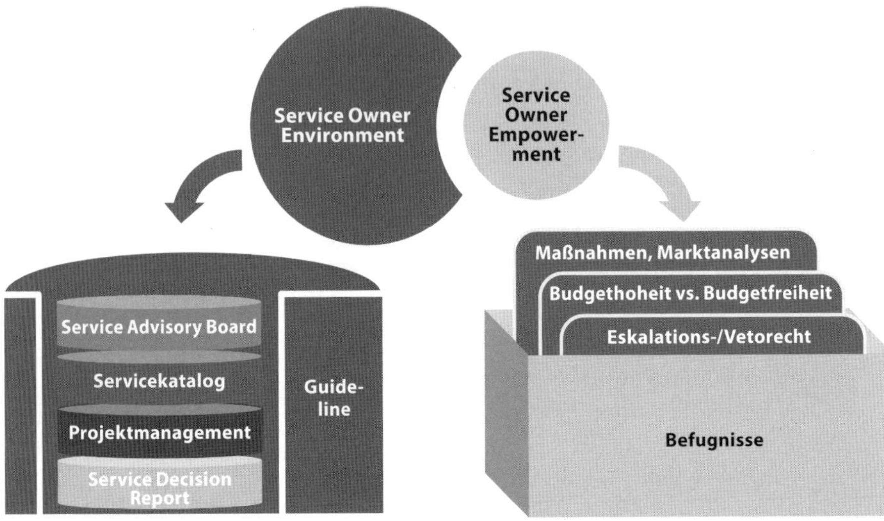

Abb. 7–14 *Service Owner Environment und Service Owner Empowerment*

Aus der Abbildung lassen sich für das Service Owner Environment die tatsächlichen Werkzeuge ableiten, die der Service Owner benötigt, um seinen Aufgaben inhaltlich nachzukommen. Je nach Umfang der definierten Zielvereinbarungen bzw. -vorgaben erhält er Befugnisse, um diese auch zu erreichen. Im Folgenden wird das Service Owner Environment konzipiert und anschließend wird das Service Owner Empowerment aufgezeigt.

7.5 Service Owner Environment

Das Service Owner Environment setzt sich aus den Themenfeldern Service Advisory Board, Infoplattform, Service Status Evaluation und einer Guideline zusammen. Diese werden in ein kompaktes Environment-Schema zusammengeführt. Die Klammer bildet die Guideline, in der genau beschrieben ist, wie der Service Owner konkret in seinem Unternehmen die Rolle auszufüllen und auszuüben hat. Dabei adressiert die Guideline alle Themenfelder, die aufgrund mehrerer Gegebenheiten, die in vielen IT-Unternehmen vorliegen, in Werkzeuge zu übersetzen sind (s. Tab. 7–5). Die Erläuterung der Zuordnung erfolgt im Anschluss an diese Tabelle.

Themenfelder	Werkzeuge für Service Owner
Service Advisory Board	Service Advisory Board
Guideline	Klammer und auch Projektmanagement
Infoplattform	Servicekatalog
Service Status Evaluation	Service Decision Report

Tab. 7–5 *Themenfelder – Werkzeuge*

Das Service Advisory Board kann als Werkzeug verwendet werden. Hier gibt es eine direkte Abbildung. Beim Themenfeld Service Status Evaluation ist es zielführend, wenn es fokussiert wird. Hierfür ist ein Report die geeignete Methode. Über diesen Weg entsteht als Werkzeug der Service Decision Report, der wie ein Art Cockpit für den IT-Service funktioniert. Die Infoplattform, die zum Austausch zwischen den Benutzern und dem Service Owner erforderlich ist, kann auf bestehende IT-Servicekatalog-Tools abgebildet werden. In diesen Tools sind viele Funktionen enthalten, wie sich User untereinander zu verschiedenen Punkten entlang des Service austauschen können. Aus der Guideline heraus wird das Projektmanagement explizit als Werkzeug extrahiert. Die einzelnen Werkzeuge werden in einzelnen Abschnitten detaillierter erläutert.

7.5.1 Service Advisory Board

Der Austausch zwischen den Service Ownern erfolgt im Service Advisory Board. Hier werden neuralgische Punkte, Interessenkonflikte, strategische Entscheidungen und Personalbesetzungen besprochen und je nach Service Owner Empowerment selbst verfolgt oder managementgerecht zur Entscheidung aufbereitet. Um die genannten Punkte zu besprechen, ist dieses Gremium notwendig. Dabei ist das Service Advisory Board in Ansätzen mit dem in ITIL definierten Change Advisory Board vergleichbar. Es bedarf jedoch anderer Aspekte, die als Arbeitsbasis herangezogen werden müssen, da das Diskussions- bzw. Zielobjekt der IT-Service ist. Um dies zu veranschaulichen, sind alle Aspekte zusammengestellt.

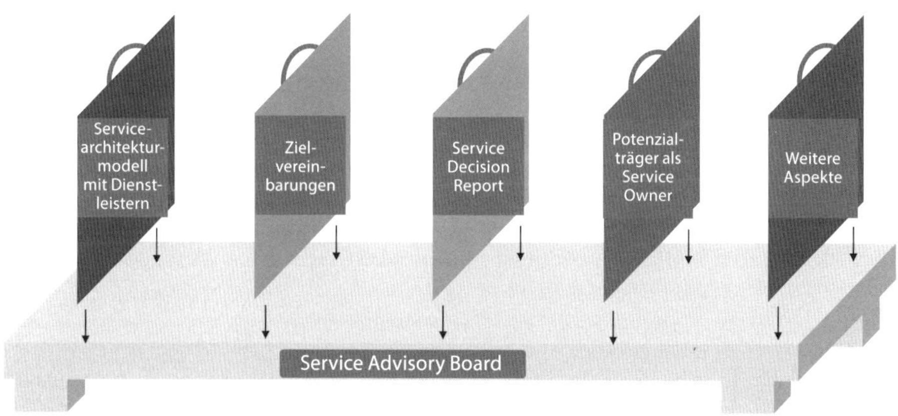

Abb. 7–15 *Service Advisory Board*

Die konkrete Verwendung der Arbeitsbasis ist in Tabelle 7–6 aufgezeigt.

Aspekte der Arbeitsbasis	Verwendung der Aspekte
Servicearchitektur-modell mit Dienstleistern	Die Servicearchitektur stellt die Grundlage der Diskussion dar. Hier sind die wesentlichen Zusammenhänge der Services verzeichnet und auch die eingekauften Dienstleister aufgeführt. Somit entsteht ein gesamtes Bild, um allen Service Ownern einen Blick über deren IT-Services hinaus zu geben. Dieser Gesamtüberblick ermöglicht dann eine zielgerichtete Diskussion, wenn es darum geht, gemeinsame Entscheidungen (z.B. Abschalten oder Hinzufügen von IT-Services) zu treffen.
Zielvereinbarungen	Wichtiger Bestandteil sind die öffentlichen Teile der Zielvereinbarungen der Service Owner. Es soll vermieden werden, dass Interessenkonflikte entstehen, wenn z.B. ein Service Owner einen IT-Service bei der Antwortzeit verbessern soll, während ein anderer Service Owner durch Kostenreduktion seinen IT-Service attraktiver zu gestalten hat. Allen Service Ownern liegen die anderen Zielvereinbarungen vor, um Konflikte direkt zu besprechen und die Zielvereinbarungen nachjustieren zu können.
Service Decision Report	Der Service Decision Report liefert klare Aussagen, wie aufwendig ein IT-Service zu bewirtschaften ist. Hierüber erhalten Service Owner eine faktenbasierte Argumentationsgrundlage, um ihre Anliegen gegenüber anderen Rollen zu kommunizieren.
Potenzialträger als Service Owner	Innerhalb des Service Advisory Board werden auch Personalentscheidungen besprochen. Hierfür führen Service Owner Potenzialträger auf, die dann bei einem Nachrücken ausscheidender Service Owner bereits geschult sind und eingesetzt werden können.
Weitere Aspekte	Andere Themen sind im Rahmen der unternehmensspezifischen Ausgestaltung des Service Advisory Board entsprechend aufzunehmen.

Tab. 7–6 *Arbeitsbasis des Service Advisory Board*

7.5.2 Servicekatalog(-Tool)

Der Servicekatalog, der IT-Services über Attribute beschreibt, wird um weitere Attribute ergänzt, die bestimmte benutzer- und geschäftsspezifische Anliegen abdecken sollen.

- Kritikalität
  Dieses Attribut beschreibt die Bedeutung des IT-Service für das Unternehmen.
- Aktualität
  Damit Benutzer nicht die Aktualität des IT-Service abfragen müssen, wird über dieses Attribut eine transparente Informationspolitik gewährleistet.
- Neuerungen
  Werden Neuerungen am IT-Service durchgeführt oder wird der IT-Service erweitert, so können Benutzer dies am IT-Service direkt über dieses Attribut auslesen.

- **Empfehlungen**
  Nicht jeder IT-Service ist exakt auf jedes IT-Unternehmen zugeschnitten und ein Customizing ist ggf. zu teuer oder nicht möglich. Hierfür kann der Service Owner Empfehlungen für eine effiziente und effektive Nutzung des IT-Service aussprechen.
- **Verbesserungsvorschläge**
  Impulse, die von Benutzern ausgehen, sind über das Attribut Verbesserungsvorschläge aufzunehmen. Meistens sind es Key-User, die hier Vorschläge sammeln und konsolidieren, bevor diese an den Service Owner kommuniziert werden.

Diese ergänzenden Attribute sind für die Arbeit des Service Owners ausreichend. Über sie kann er die Kommunikation mit seinen Benutzern steuern. Hierbei sei angemerkt, dass die Attribute auch in einem direkten Gespräch mit Benutzern abgefragt werden können bzw. sollten.

7.5.3 Projektmanagement

Der Service Owner übernimmt seine Zielvorgaben in das unternehmensinterne Projektmanagementsystem und bereitet darin sein Vorgehen und seine Meilensteine auf. Dies ist bei technischen Zielvorgaben leichter zu definieren, als wenn es sich um Zielvorgaben handelt wie Freundlichkeit der am Service beteiligten Rollen.

Unabhängig davon empfiehlt es sich, als Service Owner mit sogenannten »Quality Gates« zu arbeiten, d.h., erst wenn eine bestimmte Menge von Voraussetzungen erfüllt sind, darf das Quality Gate hin zum folgenden Zustand passiert werden. Diese sehr restriktive Verfolgung der Ziele ermöglicht es dem Service Owner, seine Ziele trotz sich manchmal verändernder Situationen klar zu fokussieren.

Wichtig ist, dass ein Projektmanagementsystem zum Einsatz kommt, denn es liefert wichtige Daten, die dann in den Service Decision Report eingehen.

7.5.4 Service Decision Report

Der Service Decision Report greift für den Service Owner die Anteile des Projekt- und Operationsmanagements auf und liefert eine Entscheidungsgrundlage für das weitere Vorgehen. Ziel ist es, dass der Service Owner auch unter sich verändernden Bedingungen (z.B. aufkommende häufige IT-Serviceausfälle) seine Zielvorgaben im Blick behält und diese konsequent verfolgen kann. Abbildung 7–16 gibt einen Ein- und Überblick, wie ein Service Decision Report für Service Owner aufzubauen ist.

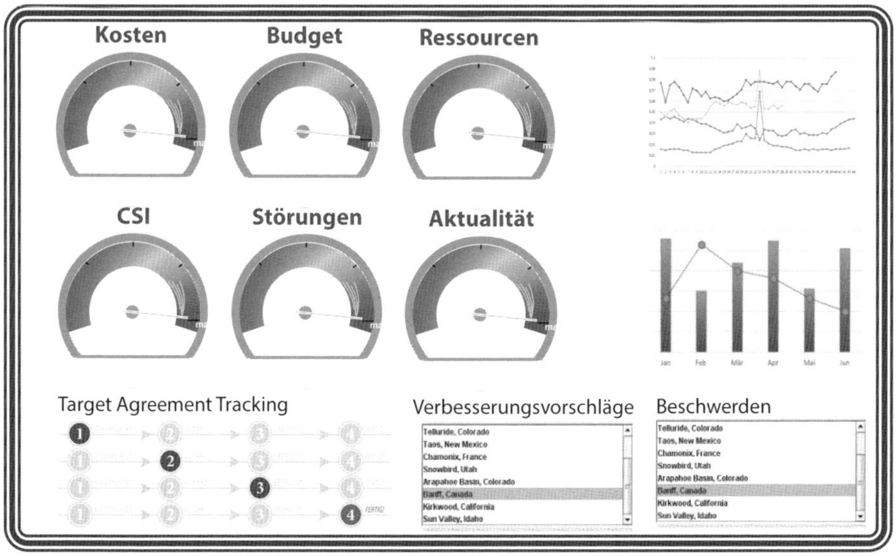

Abb. 7–16 *Service Decision Report*

Die in Abbildung 7–16 zusammengestellten Elemente muss der Service Owner so interpretieren können, dass er daraus seine Maßnahmen ableiten kann. Tabelle 7–7 beschreibt die Elemente und zeigt wesentliche Zusammenhänge auf.

Elemente	Verwendung der Elemente
Kosten	Zur Bestimmung der aktuellen Kosten des IT-Service liefert das Verrechnungsmodell alle direkt am IT-Service allokierten Kosten sowie die indirekten Kosten. Über die Kosten kann z.B. eine Zielvereinbarung »Kostenreduktion« verfolgt werden.
Budget	Das Budget wird gemeinsam mit dem Unternehmen für den Service Owner festgelegt. Hier kann er entscheiden, welche finanziellen Mittel er zur Verfügung hat, um z.B. Störungen nachhaltig zu beheben, die Aktualität des IT-Service anzuheben oder Verbesserungsvorschläge umzusetzen. Das eingesetzte Budget wird dann dem Bereich Kosten zugeordnet. Gegebenenfalls geht der Service Owner eine kurzfristige Kostenerhöhung ein, um langfristig z.B. Störungskosten zu senken oder sogar zu vermeiden.
Ressourcen	Aus dem Verrechnungsmodell gehen die verwendeten technischen und personellen Ressourcen hervor. Hier obliegt es dem Service Owner, seine vorliegenden Ressourcen zielgerichtet einzusetzen. Externe Dienstleister sind hierbei Teil der Ressourcen, deren effektiver und effizienter Einsatz zu steuern ist.
Kosten/Budget/ Ressourcen-Chart	Das Kosten/Budget/Ressourcen-Chart liefert einen historischen Überblick über mindestens 12 Monate. Dabei werden Kosten, Budget und Ressourcen ins Verhältnis gesetzt, um zu erkennen, wie sich diese langfristig verhalten, damit der Service Owner strategisch seine Maßnahmen und deren Auswirkungen verfolgen und daraus auch Entscheidungen für die Zukunft ableiten kann.

→

Elemente	Verwendung der Elemente
CSI	Der in ITIL definierte Customer-Satisfaction-Index (CSI) zur Messung der Kundenzufriedenheit wird über Umfragen erhoben. Der Service Owner kann hierbei seine Punkte selbst definieren. Häufig sind es Serviceaspekte wie Schnelligkeit, Stabilität, Sicherheit, Funktionsumfang, Bedienbarkeit und ggf. Freundlichkeit sowie Unterstützung, die in den Index eingehen.
Störungen	Incidents und Probleme werden aus dem Ticketsystem extrahiert, kumuliert und auf einen Wert abgebildet. Ziel ist es, anhand von Häufungen bestimmte Störungsmuster zu erkennen.
Aktualität	IT-Services, die Hardware wie z.B. Smartphones oder Notebooks enthalten oder softwaregesteuert sind, unterliegen einem Alterungsprozess. Dieser wird über einen Index aktuell aufgezeigt. Die Datenbasis wird im Wesentlichen über das Asset Management geliefert.
CSI/Störungen/ Aktualität-Chart	Über das CSI/Störungen/Aktualität-Chart werden kausale Zusammenhänge wie z.B. sinkende Kundenzufriedenheit, Störungshäufigkeiten und ein Veralten aufgezeigt. Hierzu werden ebenfalls historische Daten verwendet und mindestens auf einen 12 Monatszeitraum abgebildet.
Target Agreement Tracking	Die Zielvereinbarungen können über das Target Agreement Tracking verfolgt werden, sodass der Service Owner sehen kann, wie weit seine Vorgaben bereits erfüllt sind. Als Datenbasis werden Informationen aus dem Projektmanagementsystem verwendet, das der Service Owner pflegt.
Verbesserungsvorschläge/ Beschwerden	Neben einer Vielzahl von kumulierten Informationen ist es für den Service Owner unerlässlich, über Rohdaten zu verfügen. Hierfür dienen die beiden Bereiche Verbesserungsvorschläge und Beschwerden. Der Service Owner soll über diese Einzelstimmen einen Trend mit konkreten Benutzeraussagen in Verbindung bringen. Als Datenbasis dient das IT-Servicekatalog-Tool, das als Informationsplattform zwischen dem Service Owner und den Benutzern des IT-Service verwendet wird.

Tab. 7–7 *Elemente des Service Decision Report*

Ein wichtiger Hinweis sei hier noch ergänzt. Auch wenn ein Service Decision Report sehr formalisiert ist, sollte sich der Service Owner nicht ausschließlich darauf fokussieren. Es ist für ihn unerlässlich, das direkte Gespräch mit den Beteiligten aus dem Kommunikationsradius, z.B. mit Benutzern oder Service Element Ownern zu führen. Die Ergebnisse aus diesen Gesprächen kann der Service Owner dann mit dem Service Decision Report abgleichen.

7.5.5 Aufwandsabschätzung eines IT-Service

In diesem Abschnitt wird der Frage nachgegangen, wie viel Aufwand in Personentagen hat ein Service Owner für einen konkreten IT-Service aufzubringen. Generell kann keine genaue Schätzung in Tagen angegeben werden, da sich dies nach Art und Umfang für jeden IT-Service unterscheidet. Es gibt jedoch klare Faktoren, an denen man den Aufwand des Service Owners festmachen kann. Abbildung 7–17 zeigt die für den Service Owner relevanten Faktoren auf, die im Anschluss erläutert werden.

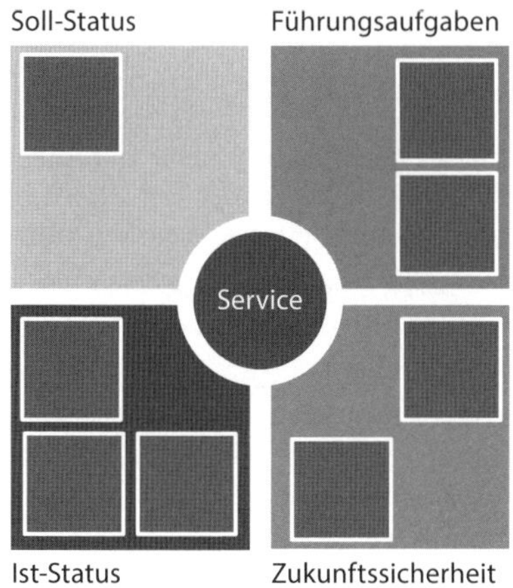

Abb. 7–17 *Aufwandsabschätzung für den Service Owner*

Aus der Abbildung werden die entsprechenden Punkte ersichtlich, die seitens des Service Owners Aufwände generieren, um seiner Aufgabe gerecht zu werden.

- **Soll-Status**
  Dieser Quadrant umfasst Planungs- und Konzeptionsaufwände, die in Verbindung mit den Zielvereinbarungen des Service Owners stehen. Dieser Aufwand ist anhand der Zielvereinbarung abzuschätzen.
- **Ist-Status**
  Der Ist-Status lässt sich bei den meisten IT-Services genauer bestimmen. Hier gibt es Basisaufwände wie Statusmeetings mit Anwendern, Betriebspersonal und Dienstleistern. Zusätzlich sind Aufwände wie das Erkennen von Trends des IT-Service hinzuzuzählen.
- **Führungsaufgaben**
  Um vom Ist-Stand in den Soll-Stand zu kommen, sind vom Service Owner verschiedene Führungsaufgaben wahrzunehmen. Hierzu zählen Budgetklärung, Eskalationen und Managementmeetings.
- **Zukunftssicherheit**
  Je nach IT-Service sind Zukunftstrends, neueste Technologien oder aktuell geplante Releases abzuschätzen. Hier entstehen für den Service Owner ebenfalls Aufwände.

Die Aufwände können über diese vier Quadranten zusammengefasst und somit abgeschätzt werden. Diese Abschätzung vorzunehmen ist sehr wichtig, da die Rolle des Service Owners nicht immer eine volle Arbeitsstelle ausfüllt und manchmal parallel zu anderen Rollen von einzelnen Mitarbeitern erbracht wird. Um ausreichend zeitliche Ressourcen für andere bereitzustellen, damit er die Rolle Service Owner ausfüllen kann, ist diese Aufwandsabschätzung zwingend erforderlich. Eine Einschätzung für die Einarbeitung des Service Owners kann im Service Advisory Board gegeben werden.

7.6 Service Owner Empowerment

Das Service Owner Empowerment beschreibt die Befugnisse, die ein Service Owner erhält, um seine Zielvereinbarungen zu erfüllen. Hierfür sind verschiedene Rechte und Kompetenzen auszugestalten. Diese können dann bei Bedarf an den Service Owner vergeben und ihm nach Erfüllung wieder entzogen werden. Die Rolle Service Owner ist hier anders auszufüllen als bisherige Rollen, die Führungskräften zugeordnet waren. Vermieden werden soll eine Konkurrenzsituation, die durch vorliegende Unternehmenshierarchien entstehen kann. Die folgende Liste zeigt, welche Befugnisse zielführend sind. Eine Auswahl obliegt dann dem entsprechenden Vorgesetzten:

- **Unterschriftsberechtigung**
  Bei der Unterschriftsberechtigung ist es dem Service Owner möglich, externe Dienstleistungen oder IT-Komponenten einzukaufen. Seine Unterschrift ist hier bindend. In welchem Umfang er unterschreiben kann, unterscheidet sich je nach Budgethoheit oder Budgetrahmen. Im Falle der Budgethoheit hat er ein fest definiertes finanzielles Gesamtkontingent. Er kann frei entscheiden, das bedeutet, die Führungsebene oder die Unternehmensleitung vertraut ihm, dass er seine Entscheidungen zum Wohle des Unternehmens vornimmt. Anders ist dies beim Budgetrahmen zu beurteilen. Hier wird zusammen mit dem Vorgesetzten der finanzielle Gestaltungspielraum festgelegt und anschließend kann der Service Owner in diesem Rahmen frei entscheiden und Maßnahmen einleiten, wie z.B. Marktanalysen durchführen oder Optimierungen von IT-Komponenten vornehmen.
- **Informationsrecht**
  Dieses Recht befähigt den Service Owner, dass er von den am IT-Service beteiligten Dienstleistern, IT-Abteilungen oder anderen Service Ownern jederzeit zu allen den IT-Service betreffenden relevanten Fragen umfassende und verbindliche Informationen einholen kann. Dabei ist es ihm über dieses Recht möglich, auch Dienstwege der Linienorganisation zu überspringen, um schnell ein umfassendes Bild zur Lage seines IT-Service zu erhalten.
- **Mitspracherecht**
  Mittels des Mitspracherechts ist er sowohl bei der Wahl neuer Service Owner beteiligt als auch bei strategischen Entscheidungen, die seinen IT-Service betreffen.
- **Weisungsrecht**
  In seiner Rolle als Service Owner erhält er über das Weisungsrecht die Möglichkeit, der am IT-Service beteiligten Rolle oder externen Dienstleistern im Rahmen seiner Zielvorgabe Aufträge zu erteilen und deren Erfüllung zu überprüfen.

- **Entscheidungsrecht**
  Kommt es zwischen den Systemverantwortlichen und/oder ausübenden Rollen des Dienstleisters bei neuralgischen Punkten zum IT-Service (z.B. welche Technologie zukunftssicherer ist oder welche Strategie zielführender ist) zu einem Dissens, so hat der Service Owner das Recht, Konsensentscheide zu fällen. Dieses Recht gilt nur für Beteiligte, die dem Service Owner unterstellt sind. Der Einsatz dieses Rechts zwischen Service Ownern ist nicht ergebnisorientiert und sollte hierfür nicht eingesetzt werden.
- **Eskalationsrecht**
  Mit diesem Recht ist der Service Owner befähigt, fristgerechte Entscheide zu erwirken. Hier kann er, sofern erforderlich, durch eine Eskalation der Entscheidung an die zuständige übergeordnete Stelle der Linienorganisation oder den Auftraggeber die von ihm nicht lösbaren Punkte an eine übergeordnete Managementebene kommunizieren, um seine Zielvorgaben zu erreichen.
- **Einspruchsrecht**
  In allen Fällen, in denen der Service Owner seine Sach-, Termin- oder Kosten/Wirtschaftlichkeitsziele für seinen IT-Service gefährdet sieht und er ein Veto einreichen muss, besteht über das Einspruchsrecht eine Interventionsmöglichkeit. Somit kann er über das Attribut **Wichtigkeit des IT-Service** Managemententscheidungen begegnen, die sich ungünstig auf seinen IT-Service auswirken würden.

Die Rolle des Service Owners ist konsequent am IT-Service ausgerichtet. Da sich der IT-Service dynamisch verändert, sollten auch die Befugnisse den Erfordernissen entsprechend zugeteilt bzw. aberkannt werden. Gibt es z.B. keine besonderen Vorkommnisse und auch keine Weiterentwicklungstendenzen, so benötigt der Service Owner nur ein geringes Maß an Befugnissen. Handelt es sich jedoch um einen unternehmenskritischen IT-Service, der einer hohen Volatilität unterworfen ist, viele Weiterentwicklungen impliziert und fortwährend neuer Budgets bedarf, um den Geschäftsanforderungen gerecht zu werden, ist der Service Owner mit umfangreichen Befugnissen auszustatten.

Deutlich wird, dass der Service Owner diese Rechte nur für seine Zielvorgaben erhalten sollte, da diese Rechte sehr weitgreifend sind. Ein genauer Zuschnitt ist somit erforderlich.

8 Zielgruppenbasierte IT-Servicekatalog-Ansätze

In diesem Kapitel werden die Zielgruppen von IT-Servicekatalogen untersucht. Im Kern von CECAR wurde der Grundsatz definiert: »Kein IT-Service ohne eine Zielgruppe« (s. Abschnitt 3.3). Dieser Abschnitt fokussiert den ersten Kernbereich mit der Zielgruppe, die im CECAR-Modell als Target Group gekennzeichnet ist (s. Abb. 8–1).

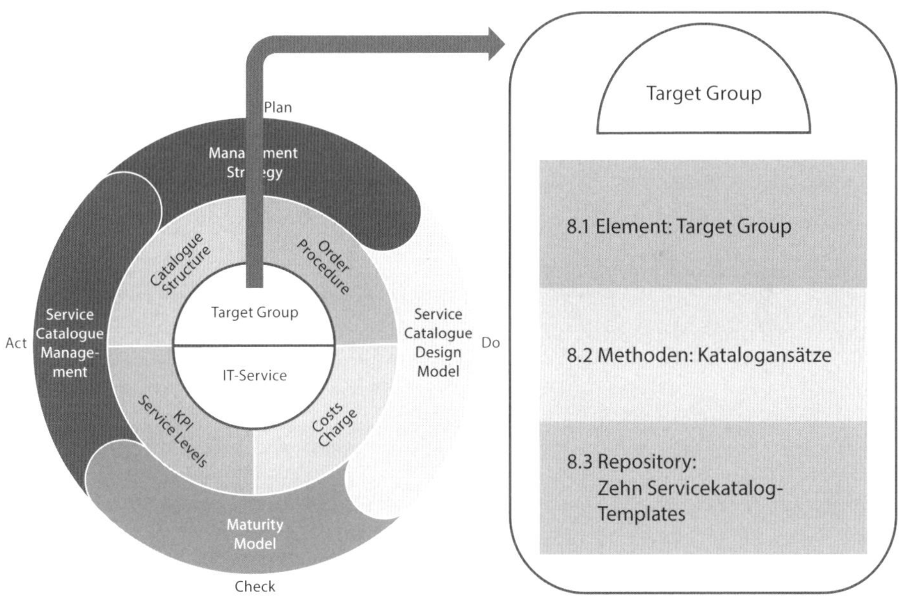

Abb. 8–1 *CECAR-Modell: Target Group*

Diesem Grundsatz folgend liefert CECAR die Zielgruppen im Element »Target Group«. Die relevanten Methoden sind in Form von zielgruppenbasierten IT-Servicekatalog-Ansätzen direkt für die Umsetzung ausgeführt. Zur weiteren in der Praxis erforderlichen Gestaltung des IT-Servicekatalogs wird ein Repository mit Servicekatalog-Templates mitgeliefert, das in einigen Variationen von Templates aufzeigt, wie IT-Services strukturiert werden.

8.1 Element: Target Group

Das Konzept des technischen und des Business-Servicekatalogs wird aufgrund der nicht durchgängigen Umsetzbarkeit in der Praxis kritisiert. Eine Ausrichtung des Servicekatalogs an der jeweiligen Zielgruppe erwies sich dagegen als praktikabel und zielführend. Zu definieren ist in diesem Zusammenhang immer, welche Zielgruppe angesprochen werden soll. Häufige Zielgruppen sind Manager, Fachbeauftragte, Techniker oder Controller. Die folgenden sechs IT-Servicekatalog-Ansätze unterstellen eine jeweils unterschiedliche Ausrichtung auf mögliche Zielgruppen im Unternehmen. Gezeigt wird, wie mit den Ansätzen auf die Anforderungen der Anwender einzugehen ist, um die Zielgruppen zu bestimmen und für diese den richtigen Ansatz zu finden [Jäckel und Scholderer 2006a-g].

Es gilt, die relevanten Zielgruppen abzuleiten, die einen IT-Servicekatalog erstellen. CECAR unterstützt deren Arbeitsweise. Die IT-Standards (s. Kap. 2) nennen folgende Zielgruppen, für die der IT-Servicekatalog von Bedeutung ist (s. Tab. 8–1).

Standard	Genannte Zielgruppen	Verwendung
CMMI-SVC	IT-Service-Delivery-Personal	Ja, in dieser Zielgruppenmenge werden u. a. ITIL-nahe Rollen verstanden
	Vertrieb	Ja
	anderes Geschäftspersonal also Fachbereiche/Kunden	Nein, diese Rolle findet keine Verwendung, da bei diesen Zielgruppen mehr auf die Art der IT-Services einzugehen ist, die sich im IT-Servicekatalog zu befinden haben, als auf den IT-Servicekatalog-Ansatz.
	Endverbraucher	Dto.
	Lieferanten bzw. Techniker	Ja, da zugekaufte Technologien abzustimmen sind.
ITIL 4	IT-Controlling	Ja, diese Rolle sollte mit aufgenommen werden, da IT-Controller IT-Services verrechnen. Hier sollte der IT-Servicekatalog eine Unterstützung sein.
	IT-Service-Delivery-Personal	Ja, hier ist u. a. die Rolle des Servicekatalog-Managers definiert.
SOUSIS	Systemplaner	Ja, denn die Systemplaner arbeiten immer wieder mit Teilen von IT-Services.
	Dokumentierer	Ja, da diese Rolle benötigt wird, um die IT-Services umfassend zu dokumentieren.

Tab. 8–1 *Ableitung der Zielgruppen*

Nachdem diese Zielgruppen aus den IT-Standards selektiert wurden, folgt der nächste Schritt. Nun gilt es, die Spezifika, wie das Anforderungsprofil, dieser Zielgruppen zu beschreiben [Scholderer 2002a-c]. Denn aus diesem Anforderungsprofil heraus können präzise IT-Servicekatalog-Ansätze entworfen werden. Innerhalb von CECAR sind zu jeder dieser Zielgruppen eigene Ansätze vorbereitet. Somit bekommt ein IT-Unternehmen eine genaue Einschätzung, für wen der zu entwerfende

IT-Servicekatalog eine Unterstützung bietet. Dabei können mehrere Zielgruppen in einem Verbund auftreten. Dies wird u.a. im Repository mit den Hybrid-Templates (s. Abschnitt 8.3.9 und 8.3.10) aufgezeigt. Tabelle 8–2 zeigt, wie die Zielgruppen geartet sind und welches Profil sie beschreibt.

Zielgruppen	Profilbeschreibung
Systemplaner	Die Zielgruppe Systemplaner sieht den IT-Servicekatalog als »Baukasten« mit vorkonfektionierten IT-Services. Dabei ist den Systemplanern wichtig, zu wissen, wie diese IT-Services bepreist sind. Aus der Systemplanersicht ist dies verständlich, da mit den vorkonfektionierten IT-Services neue an den Kunden angepasste IT-Services zusammenstellbar sind bzw. implementiert werden. Um sich auf diese Zielgruppe einzustellen, benötigt es einen IT-Servicekatalog, der einerseits genau ist und andererseits Derivate von vorkonfektionierten IT-Services zulässt.
Vertrieb	Im Vertrieb gelten andere Gesetze. Ein IT-Servicekatalog, der dieser Zielgruppe hilft, enthält gewisse Freiräume in der Auslegung von IT-Services. Es sind weniger technische Details gefragt. Vielmehr tritt das Aussehen bzw. das Corporate Design in den Vordergrund. Diese Zielgruppe benötigt einen fokussierten IT-Servicekatalog, der eine ausgewählte Anzahl von IT-Services enthält. Diese Auswahl sollte sich am Image des IT-Unternehmens orientieren und dieses verstärken.
Dokumentierer	Der Dokumentierer arbeitet mit einem stark technisch orientierten Fokus. Für ihn ist es wichtig, die IT-Services, die es im IT-Unternehmen gibt, in seinem IT-Servicekatalog aufzunehmen und zu beschreiben. Der Anteil der Buchung ist für ihn zweitrangig, da es mehr um die Erfassung der IT-Services im IT-Unternehmen geht. Der IT-Servicekatalog wird aus seiner Sicht heraus als Dokumentationshilfe angesehen.
IT-Controller	Eine weitere Zielgruppe kommt aus dem Finanzmanagement. Es handelt sich um die IT-Controller. Sie arbeiten sich über Kostenstellen, fixe und variable Kosten an den IT-Service heran. Alle Kostenpunkte, die in einem IT-Service auftreten, sollen erfasst und einer Kostenstelle zugeordnet werden. Diese Rolle ist mehr an den IT-Servicebegriffen bzw. an den Identitäten der IT-Services interessiert, da bei der Zuteilung von IT-Kosten mit eindeutigen Begriffen oder Identifikationsnummern gearbeitet werden muss. IT-Kosten müssen nach unterschiedlichen Aspekten gruppiert werden können. Eine Kostengruppe davon sind die IT-Services.
IT-Service-Delivery-Personal	Alle Vertreter, die auf einem ITIL-Niveau agieren, sehen im IT-Servicekatalog die IT-Services mit Service Levels und den dahinterliegenden Verknüpfungen. Für sie ist der IT-Servicekatalog eine Quelle, aus der z.B. das Service Level Management oder andere Prozesse gespeist werden. Aus deren Sicht buchen Fachbereiche, die ein ähnliches IT-Serviceverständnis haben sollten oder entwickelt haben.
Techniker	Tauschen Techniker bzw. technisch geprägte Lieferanten ihre IT-Services aus, so fügt sich ein anderes Bild zusammen. Sie sind an detaillierteren Zusammenhängen interessiert, um Technik mit Technik zusammenzukoppeln. Ergo liegt deren Fokus auf Architekturen bzw. Bebauungsplänen. Hierüber werden IT-Services verstanden und eingekauft.

Tab. 8–2 *Anforderungsprofil der Zielgruppen*

Die Behandlung der einzelnen Ansätze und deren Anwendungsspektrum werden in den folgenden Abschnitten aufgezeigt.

8.2 Methoden: Katalogansätze

Die methodisch einzusetzenden Katalogansätze können präzise den Zielgruppen zugeordnet werden. Tabelle 8–3 zeigt, welche Kataloge zu welchen Zielgruppen passen.

Zielgruppen	Zielgruppenbasierte IT-Servicekataloge
Systemplaner	Artikelansatz
Vertrieb	Imageansatz
Dokumentierer	Beschreibender Ansatz
IT-Controller	Kostenstellenansatz
IT-Service-Delivery-Personal	Faktenansatz
Techniker	Architekturansatz

Tab. 8–3 *Zuordnung Zielgruppen zu IT-Servicekatalog-Ansätzen*

Eine Herausforderung sei an dieser Stelle vorweggenommen. Es gibt im IT-Unternehmen mehrere Zielgruppen, die gleichzeitig an dem IT-Servicekatalog Interesse anmelden. Die im Folgenden modellierten Katalogansätze liefern eine Basis, auf der eine Entscheidung getroffen wird, mit welchem Ansatz hauptsächlich zu starten ist und welche Punkte aus den anderen Katalogen hinzukommen, um weitere Anforderungen anderer Zielgruppen zu bedienen.

8.2.1 Artikelansatz

Bei diesem Ansatz steht eine kurze Beschreibung der IT-Services mit ihren relevanten Merkmalen im Vordergrund. Allen IT-Services werden Kategorien mit einer eindeutigen Identifikationsnummer zugeordnet. Daraus entstehen eine Artikelnummer, die den eindeutigen Zugriff auf jeden IT-Service garantiert, und ein hierarchisches Leistungsverzeichnis mit allen relevanten Services. Das nachstehende Beispiel soll ein Leistungsverzeichnis verdeutlichen.

Beispielhaftes Leistungsverzeichnis

10000 Client-Services
- 11000 Standard-IT-Arbeitsplatz
  - 11010 Silber
  - 11020 Gold
- 12000 Scanner
- 13000 Arbeitsplatzdrucker

→

20000	Hosting-Services	
	21000	Serverbetrieb
	22000	File Server
	23000	Citrix – Windows Terminal Server
30000	Application-Services	
	31000	Rechnungswesen
	32000	E-Mail
	33000	Intranet
	34000	Kundenstammdaten
40000	Infrastruktur-Services	
	41000	Datenbank Oracle
	42000	Datenbank SQL
	43000	EAI – Application Development
	44000	EAI – System Maintenance & Operations

Die IT-Services im IT-Servicekatalog (im obigen Beispiel ist es die Ebene 2) müssen so klein angesetzt werden, um jede beliebige Leistung miteinander kombinieren zu können. Mit diesem Ansatz werden die erbrachten Leistungen detailliert formuliert. Die Stärke dieses Ansatzes ist die präzise Kombination von Leistungen zu IT-Services, die damit für jeden Servicenehmer individuell zusammenstellbar sind. Es ist fast jeder beliebige Serviceübergang hin zum Servicenehmer modellierbar. Ebenso können Servicenehmer über die Leistungsverzeichnisse den Serviceumfang einsehen und bei Nachbestellungen für bestimmte Bereiche ihren Bedarf unkompliziert bestellen. Trotz all dieser Vorzüge des Ansatzes können sich diese in Nachteile verwandeln. Werden viele IT-Services beschrieben, so steigen die vorhandenen IT-Service-Abhängigkeiten zueinander. Werden beispielsweise IT-Services wie Netze, Backup, Firewall und Applikationen definiert, so gehören bei der Auswahl einer Applikation die IT-Services Firewall, Backup und Netze mit dazu, während bei der Wahl des IT-Service »Netze« nur die Firewall in einer Abhängigkeit steht. Diese Abhängigkeiten müssen mitbeschrieben und verwaltet werden. Das ist aufwendig. Bei der Auswahl von IT-Services entsteht dadurch oftmals eine Buchungsbesonderheit. Wählt der Servicenehmer einen IT-Service, werden ihm weitere IT-Services angezeigt, die er aufgrund von internen Abhängigkeiten mit buchen muss. Das verwirrt den Einkäufer oder führt zu einer Ablehnung. Das heißt, bei der Einführung eines solchen artikelbasierten Katalogs muss auf der Servicenehmerseite eine gewisse Akzeptanz und Offenheit für den beschriebenen Umstand vorhanden sein.

Beispielelement des Artikels: Standard-IT-Arbeitsplatz

Anhand des folgenden Beispiels werden die zentralen Artikelattribute genannt, um einen IT-Service zu designen:

Beschreibung des IT-Service:

- Betrieb eines standardisierten IT-Arbeitsplatzes (ohne weitere Peripherie)
- Bereitstellung Applikationsportfolio
- Installation und Konfiguration der Software
- Einhaltung gültiger Policies durch den Dienstleister wie z.B. Passwortrichtlinie
- Einrichtung der nötigen Benutzerrechte
- Anbindung an das interne Netzwerk (für interne Arbeitsplätze)
- Versionsverwaltung und Sicherstellung einheitlicher Versionen einer Applikation
- Nutzung des Mailsystems
- Zugriff auf Intranet/Internet
- Nutzung des Filesystems/100 GB pro Benutzer
- Wiederherstellzeit: 6 Stunden
- Hardware orientiert sich an aktuellen Marktstandards und wird alle 4 Jahre erneuert

Mögliche Ausprägungen:

Artikelnummer	ITARTIKELNR 11000
Zielgruppe	Alle Fachbereiche des IT-Unternehmens

Artikelnummer	ITARTIKELNR 11010
Rechte	Typ 1: keine Administratorrechte
Support	Uneingeschränkter Support

Artikelnummer	ITARTIKELNR 11020
Rechte	Typ 2: Administratorrechte
Support	Uneingeschränkter Support

Nach einer kurzen Beschreibung folgt der für den Artikelansatz charakteristische strukturelle Teil mit den »möglichen Ausprägungen«, die mit der entsprechenden ITARTIKELNR klassifiziert sind. Der Servicenehmer kann den Standard-IT-Arbeitsplatz in zwei Ausprägungen erhalten. Diese sind mit den Nummern 10010 oder 10020 gekennzeichnet. Über diese eindeutigen Identifikatoren kann der Servicenehmer präzise seinen IT-Service auswählen. So bekommt er für 10010 einen Standard-IT-Arbeitsplatz ohne Administratorrechte mit einem Filesystem von 100 GB pro Benutzer. Der Benutzer erwartet einen binnen 6 Stunden nach gemeldeter Störung wiederhergestellten Standard-IT-Arbeitsplatz. Den Anforderungen des Servicenehmers entsprechend gibt es eine Artikelnummer (10020) mit einem gehobenen Profil. Werden in der weiteren Geschäftsbeziehung andere Ausprägungen notwendig, kann der Service-Level-Manager neue Artikelnummern mit den relevanten Service Levels und dazugehörigen Werten festlegen.

Der folgende CECAR-Testfall (s. Tab. 8–4) dient zum Verständnis, welche Designentscheidungen bei neu aufzunehmenden IT-Services zu treffen sind, wenn mit diesem IT-Servicekatalog gearbeitet wird.

CECAR-Testfall: Neuer IT-Service für diesen IT-Servicekatalog
Ein IT-Unternehmen bietet den neuen IT-Service »Kollaboration« an. Dieser IT-Service soll in den IT-Servicekatalog aufgenommen werden. Der IT-Service »Kollaboration« umfasst Anwendungen, damit Webmeetings, Termine, Mitarbeiter-Chats, Telefon- und Videokonferenzen koordiniert werden können. Wie fügt ein Servicekatalog-Manager diesen IT-Service in den IT-Servicekatalog ein? Unter welchem Gliederungspunkt wird der IT-Service aufgeführt oder ist ein neuer Gliederungspunkt erforderlich oder wird der IT-Service unter einem anderen IT-Service mit eingebunden?
Folgende Möglichkeiten bieten sich dem Servicekatalog-Manager
- **Variante 1** Der IT-Service Kollaboration lässt sich semantisch unter der Kategorie Application-IT-Services als eigener IT-Services einordnen. - **Variante 2** Eine Einordnung unter der Kategorie Client-IT-Services lässt sich vornehmen, da derzeit unter Client-Services der IT-Service PC-User für Leistungen hin zum Endbenutzer steht. - **Variante 3** Dieser IT-Service lässt sich auch unter PC-User aufnehmen, da dieser bereits ein Applikationsportfolio enthält, in das dieser IT-Service integriert wird. Voraussetzung: Dieser IT-Service soll immer mit PC-User ausgeliefert werden - **Variante 4** In die Servicebeschreibung des IT-Service PC-User wird die Beschreibung von Kollaboration integriert. Dies ist bis auf einen Unterschied ähnlich wie Variante 3 zu betrachten. In der Servicebeschreibung befindet sich alles zum Thema Kollaboration. - **Variante 5** Es gibt bei PC-User zwei Optionen: eine Auslieferung des IT-Service PC-User mit oder ohne Kollaboration.

Tab. 8–4 *CECAR-Testfall 1 für Artikelansatz*

Der Servicekatalog-Manager hat mit diesen Varianten ein umfangreiches Set, um neue IT-Services geeignet modellieren zu können.

Der nächste CECAR-Testfall (s. Tab. 8–5) zeigt den Umgang mit Artikelnummern bzw. Nummernkreisen.

CECAR-Testfall: Neue Option bzw. Serviceausprägung

- Der IT-Service PC-User wird im IT-Unternehmen mit einer neuen Serviceausprägung angeboten.
- Einzufügen ist die neue Ausprägung des IT-Service. Zu vergeben ist die richtige laufende Artikelnummer. Diese ist vor oder nach ITLRM 10010 oder nach ITLRM 10020 zu platzieren.

Serviceausprägung des neuen Service

Artikelnummer	
Rechte	Administratorrechte
Support	eingeschränkter Support

Der Servicekatalog-Manager muss sich entscheiden, da es keine eindeutige Lösung gibt, eine logische Artikelnummer zu vergeben.

- **Variante 1**
  Vor ITLRM 10010: z.B. ITLRM 10005
  - Ja wg. Admin-Rechte, nein wegen eingeschränktem Support
- **Variante 2**
  Zwischen ITLRM 10010 und ITLRM 10020
  - Nein, da ITLRM 10010 und ITLRM 10020 die neue Serviceausprägung nicht erlauben
- **Variante 3**
  Nach ITLRM 10020
  - Nein wg. Admin-Rechte, ja wegen eingeschränktem Support

Tab. 8–5 *CECAR-Testfall 2 für Artikelansatz*

Die Wahl wird auf (1) oder (3) fallen. Diese Prüfung zeigt, inwieweit der Servicekatalog-Manager mit Artikelnummern eine Vielzahl von Serviceausprägungen modellieren kann. Eine kontinuierliche Reihenfolge und damit logische Vergabe von Artikelnummern ist jedoch nicht immer gegeben. Diesen Sachverhalt zu kennen ist wichtig, um seitens der Kunden keine Erwartungen zu schüren, indem Buchende mit der höheren Artikelnummer eine höherwertige Leistung erwarten können (s. Tab. 8–6).

CECAR-Testfall: Veränderungen am IT-Service

Der IT-Service Fileserver wird überarbeitet und ausschließlich mit den Werten 100 GB, 200 GB, ab 500 GB angeboten.

Bisher:

Verfügbare Größen	Bis 20 GB (Artikelnummer ITLRM 30000) Bis 30 GB (Artikelnummer ITLRM 30010) Bis 40 GB (Artikelnummer ITLRM 30020) Bis 50 GB (Artikelnummer ITLRM 30030) Ab 50 GB (Artikelnummer ITLRM 30040)

Wie müssen die neuen Artikel und Artikelnummern lauten und wie sind Kunden einzubinden?

→

Der Servicekatalog-Manager wird sich neue Artikelnummern überlegen.

Die Artikelnummern sind einfach abzuleiten. Nun steht anschließend die Entscheidung an, wie der Umgang mit den alten Artikelnummern zu regeln ist, da mit diesen bestehende Kunden versorgt werden. Folgendes Vorgehen ist zu empfehlen:

Neue Artikelnummern vergeben

- Bis 100 GB (Artikelnummer ITLRM 30100) [Neue Artikelnr.]
- Bis 200 GB (Artikelnummer ITLRM 30200) [Neue Artikelnr.]
- Ab 500 GB (Artikelnummer ITLRM 30300) [Neue Artikelnr.]

Variante A:
Hochstufen der Kunden

- Die Kunden werden auf 100 GB hochgestuft.
- Die Kunden werden informiert und zukünftig gilt ITLRM 30100 bis 30300.
- Die Artikelnummern ITLRM 30000–ITLRM 30040 werden abgeschaltet.
- Der Preis könnte gleichbleiben, wenn der Sprung durch den Werteverfall von Speicher gegenkompensiert wird. Ansonsten ist der Preis zu erhöhen. Dies bedarf einer sorgfältigen Ankündigung bei den Kunden.

Variante B:
Auslaufende Artikelnummern

- Die Kunden bleiben bei den alten GB-Werten.
- Die Artikelnummern ITLRM 30000–ITLRM 30050 werden für Bestandskunden beibehalten, sind jedoch nicht mehr im IT-Servicekatalog sichtbar.

Tab. 8–6 *CECAR-Testfall 3 für Artikelansatz*

Diese Arbeiten sind Teil der täglichen Aufgaben des Servicekatalog-Managers, wenn er IT-Services anhand von Artikelnummern hochstufen muss.

Tipp: Mit dem Artikelansatz lassen sich die ausgelisteten Artikel fortwährend protokollieren, wenn die Artikel nicht mehr »in Produktion« sind. Somit lässt sich später eine Auswertung durchführen, wie sich der IT-Servicekatalog weiterentwickelt hat.

Tipp: Über den Artikelansatz lässt sich ein IT-Servicekatalog modellieren, der alle IT-Services im IT-Unternehmen erfasst. Es entsteht ein vollständiger IT-Servicekatalog. Hier ist der Aufwand für die Erstellung zu prüfen, da eine vollständige Modellierung viel Zeit erfordert.

8.2.2 Kostenstellenansatz

Viele Unternehmen arbeiten im Controlling für interne und externe Kosten mit Kostenstellen. In der Regel ist jeder Abteilung eine eindeutige Kostenstelle zugeordnet, alle anfallenden Kosten werden über die verursachende Kostenstelle abgerechnet. Ein Unternehmen, das mit Kostenstellen arbeitet, kann den IT-Servicekatalog darauf aufbauen. Der Kostenstellenansatz legt offen, welche IT-Services mit welchen Preismodellen korrelieren. Denkbar ist eine Preisgestaltung pro GB, pro CPU oder pro Nutzer. Der Servicenehmer erhält durch den Aufbau der Kostenstellen einen leicht verständlichen Überblick über die gesamte Verrechnungssystematik.

Dieser Kataloganssatz ist effizient, da er im Unternehmen aktuell gehalten wird und jederzeit mit validen Zahlen und Daten arbeitet. Die ungünstigen Aspekte sind z.T. Umstellungen in der Kosten- und Preisbildungssystematik. Denn zu Jahresabschlüssen oder Quartalsreports müssen ggf. Budgets umorganisiert werden. Dies hat eine direkte Auswirkung, die für den Servicenehmer sichtbar wird und ihn somit verunsichern kann. Das unten in Tabelle 8–7 aufgezeigte Beispiel wird dafür herangezogen. Der Dienstleister ändert seine Abrechnungssystematik, indem er die über eine Umlage verrechneten IT-Services auf eine verbrauchsgerechte Verrechnung umstellt. Dies kann sich für den Servicenehmer entweder kostensenkend (der einfachere Fall) oder kostensteigernd auswirken. Für den Servicenehmer werden im kostensteigernden Fall seine IT-Services ad hoc nicht mehr planbar, was zu einem Vertrauensverlust zum Dienstleister führen kann. Hier muss der Dienstleister den Servicenehmer vorbereiten, damit keine unerwarteten Diskussionen über Preissteigerungen entstehen.

Beispielelement eines Kostenstellenansatzes

IT-Service	Kostenstelle	Mindest-abnahme	Einheit pro Stück	Preis p.a.
Client-Services				
Standard-IT-Arbeitsplatz	11000	1	CPU	5.000 €
Scanner	12000	0	GB	1.500 €
Arbeitsplatzdrucker	13000	0	CPU	500 €
Hosting-Services				
File Server	22000	1	CPU	10.000 €
Terminal Server	23000	1	CPU	13.000 €
Application-Services				
Rechnungswesen	31000	100	Lizenz	38.500 €
E-Mail	32000	1	GB	300 €
Kollaboration	33000		Umlage	15.300 €
Intranet	34000		Umlage	42.000 €
Kundenstammdaten	35000	50	Lizenz	500 €
Infrastruktur-Services				
Datenbank Oracle	41000	10	GB	4.000 €
Datenbank SQL	42000	1	GB	1.500 €
EAI – Application Development	43000	0	PT	1.750 €
EAI – System Maintenance & Operations	44000	0	PT	1.500 €

Tab. 8–7 *Beispielelement eines Kostenstellenansatzes*

Für den Servicekatalog-Manager ist bei diesem Ansatz der Umgang mit IT-Services genau zu beachten. Der Umgang mit den Kosten steht dabei im Mittelpunkt (s. Tab. 8–8).

CECAR-Testfall: Neuer IT-Service für diesen IT-Servicekatalog
Der neue IT-Service Netzwerk wird integriert und von mehreren bzw. allen IT-Services genutzt. Wie geht der Servicekatalog-Manager mit diesem IT-Service um?
Folgende Möglichkeiten bieten sich dem Servicekatalog-Manager
■ **Variante 1** Der IT-Service Netzwerk wird als eigener IT-Service aufgenommen und erhält als Preis eine Kostenangabe, die als Umlage für alle ausgewiesen ist. ■ **Variante 2** Der IT-Service Netzwerk wird nicht in den IT-Servicekatalog aufgenommen, sondern die Kosten werden auf die Servicepreise mit aufgeschlagen.

Tab. 8–8 *CECAR-Testfall 1 für Kostenstellenansatz*

Die Integration von neuen IT-Services kann unter Umständen das bestehende Kostenkonstrukt empfindlich stören. Dies gilt, wenn sich bestehende IT-Services ändern. Sofern Querverrechnungen existieren, müssen diese bekannt sein, um die Wechselwirkungen auf die Servicepreise zu kennen.

8.2.3 Servicebeschreibungsansatz

Ein Servicekatalog, der auf dem beschreibenden Ansatz basiert, geht von einer textuellen Darstellung der IT-Services aus. Diese werden mit den zugehörigen Service Levels versehen. Der Verfasser des Katalogs ist in der Wahl des Textes frei und hat keine Vorgaben beim Umfang der Beschreibung einzuhalten. Die gewählten IT-Services werden erläutert, dabei besteht kein Anspruch auf Vollständigkeit. Der größte Vorteil des beschreibenden Ansatzes liegt im Kombinieren von technischen mit den zugehörigen organisatorischen Leistungen. Die Beschreibung folgt letztlich keiner strengen Strukturierung, somit gibt es bei der Darstellung keine definierten Einschränkungen.

Beispielelement eines beschreibenden Ansatzes

Beschreibung

Der IT-Service Standard-IT-Arbeitsplatz enthält die Dienstleistung rund um den Benutzerarbeitsplatz, inklusive aller anwendungsspezifischen Einstellungen, die der Dienstleister dem Servicenehmer nach dessen Vorgaben bereitstellt. Hierzu zählen PC, Notebook, Monitor, Arbeitsplatzdrucker und Telefonapparate.

Leistungen

Installation, Umzug und Abbau sowie Reparatur von PC, Notebook, Arbeitsplatzdrucker und Telefonapparaten nach einer entsprechenden Bedarfsmeldung. Diese Leistung umfasst ebenso die Wartung und Instandhaltung der Geräte.

Hierzu ist ebenfalls ein CECAR-Testfall vorbereitet (s. Tab. 8–9).

CECAR-Testfall: Ein IT-Service soll aus dem IT-Servicekatalog ausgewählt werden.
Folgende IT-Services sind definiert:

Servicestruktur	IT-Services
0 **Version**	
1 **IT-Service Support**	1.1 Servicedesk 1.2 Incident Management 1.3 Problem Management 1.4 Change Management 1.5 Release Management und Version Management 1.6 Configuration Management
2 **IT-Service Delivery**	2.1 Availability Management 2.2 Capacity Management 2.3 Continuity Management
3 **Standard Services**	3.1 Basisinfrastruktur-Management 3.2 Servermanagement 3.3 Hardware-Services 3.4 Desktop-Services 3.5 Backup und Restore
4 **Advanced Services**	4.1 Database-Services 4.2 Middleware-Services 4.3 Citrix-Terminal-Service
5 **Additional Services**	4.1 Installation und Deinstallation von HW inklusive Systemsoftware 4.2 Installation und Deinstallation von Software

Der Kunde möchte den IT-Service »Fileserver mit Gruppenshares inklusive

- Bereitstellung entsprechender Hardware
- Einrichtung der User- und Profilverzeichnisse
- Betrieb der Fileserverfarm
- Tägliche vollständige Datensicherung«

buchen.

Aus welchen IT-Services aus dem IT-Servicekatalog wird dieser IT-Service für den Kunden zusammengestellt?

Der Servicekatalog-Manager steht vor der Herausforderung, einen IT-Service aus den bestehenden IT-Services zusammenzustellen.

Fileserver mit Gruppenshares inklusive

- Bereitstellung entsprechender Hardware (Hardware-Service)
- Einrichtung der User- und Profilverzeichnisse (Servicedesk)
- Betrieb der Fileserverfarm (Servermanagement)
- Tägliche vollständige Datensicherung (Backup und Restore)
- + anteilige Verrechnung aus den anderen Prozessen bzw. Leistungen

Tab. 8–9 *CECAR-Testfall 1 für Servicebeschreibungsansatz*

Der Servicekatalog-Manager verwendet diesen CECAR-Testfall, um für sich selbst festzustellen, ob er den richtigen IT-Serviceschnitt gefunden hat.

Tipp: Dieser Ansatz ist als Vorstufe zu einem »buchbaren« IT-Servicekatalog zu verstehen. Mit dem Servicebeschreibungsansatz lässt sich z.B. ein besserer IT-Serviceschnitt finden, indem geprüft wird, inwieweit die Anfragen von Kunden mit den beschriebenen IT-Services bedient werden können. In einem Workshop buchen die Teilnehmer »ihre« IT-Services (s. Abschnitt 5.2.1, Schritt 9: Awareness). Und nach einigen Buchungsversuchen wird eventuell deutlich, so können die IT-Services nicht verwendet werden, da bei einer Anforderung eines IT-Services fast alle IT-Services aus dem IT-Servicekatalog zu buchen sind. Eine neue Konzeption des IT-Service erfolgt mit dieser Einsicht und kann vom Servicekatalog-Manager neu verfasst werden. Funktionieren jedoch die Buchungen, so kann der IT-Servicekatalog freigegeben werden.

Der nächste CECAR-Testfall (s. Tab. 8–10) ist bei Servicebeschreibungsansätzen interessant.

CECAR-Testfall: Neue Service Levels hinzufügen

Für den IT-Service Standard-IT-Arbeitsplatz werden Service Levels erhoben.

- **Einrichtungszeit eines Arbeitsplatzes**
  in drei Tagen ab Bestelleingang
- **Bereitstellungszeit**
  ist von Montag bis Freitag in der Zeit von 08:00 bis 18:00 Uhr

Was muss der Servicekatalog-Manager beachten, wenn er diese Service Levels in den IT-Servicekatalog aufnimmt?

Da es keine Service Levels gibt, muss der Servicekatalog-Manager Folgendes beachten.

Standard-IT-Arbeitsplatz

Beschreibung [...]

Leistungen [...]

Service Levels

- **Einrichtungszeit eines Arbeitsplatzes**
  3 Tage ab Bestelleingang
- **Bereitstellungszeit**
  Montag – Freitag: 08:00 – 18:00 Uhr

Tab. 8–10 *CECAR-Testfall 2 für Servicebeschreibungsansatz*

Unter der Servicebeschreibung werden die Service Levels partiell eingefügt. Konzepte wie die übergeordneten Service Levels sind zu diesem Zeitpunkt verfrüht. Zusätzlich benötigt er zu den genannten Service Levels die Definition in einem eigenen Kapitel und er sollte ein Glossar für Service Levels anlegen.

Tipp: Dieser Katalogansatz ist vor allem dann entscheidend, wenn sich keine Service Levels aus dem IT-Unternehmen extrahieren lassen, da sich die Mitarbeiter nicht kooperativ zeigen. Der Weg führt dann über den beschreibenden Ansatz. Die IT-Services sind im Servicekatalog aufzunehmen. Anschließend muss ein kooperativer IT-Mitarbeiter gefunden werden, der bereits Service Levels bei seinen IT-Services ausweist. Diese Service Levels müssen ebenfalls in den IT-Servicekatalog aufgenommen werden. Wird der beschreibende Ansatz vorgestellt, fallen diese Service Levels auf und es entsteht ein gewisser Handlungsdruck, der eigentlich immer zur Aufforderung der Angabe von Service Levels bei allen anderen IT-Services führt.

8.2.4 Faktenansatz

Bei diesem Ansatz werden bestehende IT-Services in einer strukturierten Form über alle wichtigen Service Levels verwendet. Die IT-Services werden durch eine transparente Auflistung in Tabellenform mit allen relevanten Kennzahlen umfassend und leicht verständlich beschrieben. Aufgeführt werden alle Werte, die entlang der ITIL-Prozesse mit Service Levels versehen sind. Dazu gehören Betriebs- und Vorlaufzeiten, Reaktionszeiten und IT-spezifische Aspekte wie Verfügbarkeiten, Antwortzeiten, Durchsatz und Fehlerrate. Es entsteht eine Auflistung aller Werte mit dem resultierenden Preis. Abschließend werden alle IT-Services in einer Summe in einem IT-Servicekatalog zusammengestellt. Auf Wunsch können sogar Zusammenhänge zwischen den einzelnen IT-Services modelliert werden, indem jeweils die einem IT-Service zugehörigen weiteren IT-Services angezeigt werden.

Dieser Ansatz ist realisierbar, wenn die jeweiligen Service Levels im Unternehmen vorliegen (s.Tab. 8–11). Die einzelnen Service Levels müssen jedoch immer wieder aktualisiert und mit den IT-Abteilungen abgesprochen werden. Das kann pragmatisch erfolgen, wenn die Menge der Service Levels pro IT-Service nicht zu groß und detailliert gewählt worden ist. Die Menge sollte 20 Service Levels nicht überschreiten, damit aus Servicenehmersicht der IT-Service noch zu überblicken ist (s. Tab. 8–11).

Service Level	Festgelegte/vereinbarte Werte
Auskunft	
Servicenummer	+49 (0)721-570 44 387 zum Normaltelefontarif
Servicezeit/Ansprechzeit	Montag–Freitag: 08:00–20:00 Uhr
Anrufannahmezeit	90% in 10 Sekunden
Anrufankunftsrate	99%
Aufträge	
Servicezeit	Montag–Freitag: 08:00–18:00 Uhr
Kontrolle	4-Augenkontrolle durch Servicenehmer
Auftragsbearbeitungsrate	100%
Auftragserfassungszeit	innerhalb von 2 Arbeitstagen in der Servicezeit
Fehlerquote	1%
Max. Anwählversuche	2 Calls über 3 Arbeitstage verteilt

Tab. 8–11 *Beispielelement/Auszug eines Faktenansatzes*

Die Zusammenstellung eines abgestimmten Sets an Attributen erfordert vom Servicekatalog-Manager und den Beteiligten einen gewissen Aufwand. Alle IT-Services sind mit einem Template präzise zu erfassen und zu beschreiben. Angenommen, es gibt einen Faktenansatz, bei dem ein Template wie im Repository (s. Abschnitte 8.3.5, 8.3.6, 8.3.7) vorliegt. Des Weiteren wird ein IT-Servicekatalog mit einer Struktur angenommen, der ausschließlich Applikationen als IT-Services enthält. Beratungsleistungen sind im IT-Servicekatalog explizit ausgeschlossen. Mit dieser Ausgangssituation konfrontiert die folgende Prüfung den Servicekatalog-Manager (s. Tab. 8–12).

CECAR-Testfall: Neuer IT-Service für diesen IT-Servicekatalog

Der neue IT-Service EAI-Application-Development-Service wird im IT-Unternehmen als erforderlich erachtet und soll Kunden angeboten werden.

Servicebeschreibung: EAI-Application-Development-Service

Der EAI-(Enterprise-Application-Integration-)Application-Development-Service unterstützt die Kunden bei der Planung von Prozessen und Datentransfers zwischen unterschiedlichen IT-Systemen:

- Beratung bei der Gestaltung des Prozessablaufs
- Beratung bei der Gestaltung von Nachrichtenstrukturen und Formaten
- Projektmanagement-Leistungen
- Dokumentation

Wo und wie wird dieser IT-Service in den IT-Servicekatalog aufgenommen? Anmerkung: Dieser IT-Service passt nicht auf das bestehende Template, da nur das Attribut »Servicebeschreibung« wirklich bedient wird. Die restlichen Attribute bleiben leer.

→

Um hier geeignet reagieren zu können, sind folgende Wege zielführend
Variante 1 Dieser IT-Service ist eine Beratungsleistung, die lt. IT-Servicekatalog nicht angeboten wird bzw. der Katalog wird hier gegenüber abgegrenzt. Rein formal wird dieser IT-Service nicht aufgenommen.
Variante 2 Sollte der IT-Service doch aufgenommen werden, so muss die Abgrenzung im IT-Servicekatalog aufgehoben werden. Es wird eine neue Servicekategorie geschaffen: z.B. Beratungsleistungen. Hierfür gibt es ein geeignetes Template.
Variante 3 Sind mehrere Beratungsleistungen zu erwarten, so kann ein zweiter IT-Servicekatalog für Beratungsleistungen eine Lösung sein. Somit würde im ersten IT-Servicekatalog die Abgrenzung beibehalten.

Tab. 8–12 *CECAR-Testfall 1 für Faktenansatz*

Der Servicekatalog-Manager hat das Template im IT-Unternehmen eingeführt und jetzt wird ihm diese Arbeit mehr oder minder zerstört bzw. es wird von ihm eine neue Flexibilität gefordert. Damit der Servicekatalog-Manager mit diesem Ansatz nicht in eine solche Defensive gedrängt wird, sollte diese Prüfung vorweg erfolgen, um zu wissen, wie mit solchen neuen IT-Services, die nicht in das bestehende Schema passen, umzugehen ist.

> **Tipp:** Weitere Service-Templates zuzulassen ist durchaus ein Weg, der in der Praxis erprobt ist. Wichtig ist es, die IT-Services für den Kunden zu erfassen und nicht auf Paradigmen bestehender Service-Templates zu bestehen.

Als nächster CECAR-Testfall (s. Tab. 8–13) dient ein Request an den Servicekatalog-Manager. An einem bestehenden IT-Service kommt es zu Änderungen.

CECAR-Testfall: Neuer Service Level

Gegeben ist ein IT-Service mit dem Namen »Anwendung 1« mit folgenden Attributen (Ausschnitt):

Services	Verfügbarkeit pro Monat (%)	Überwachter Betrieb (365 Tage p.a.)
»Anwendung 1«	99%	24 Std. × 7 Tage

Parallel zu dem IT-Service Anwendung1 wird zusätzlich der IT-Service mit einer besseren Verfügbarkeit von 99,9% angeboten. Wie und wo wird der modifizierte IT-Service im IT-Servicekatalog angeboten?

Dem Servicekatalog-Manager stehen zwei Wege offen

- **Variante 1**
  Die Anwendung 1 wird aufgeteilt in Anwendung 1a und 1b. Jeder dieser IT-Services wird mit dem jeweiligen Verfügbarkeitswert ausgestattet. Im Ergebnis entstehen zwei fast identische ausgefüllte Service-Templates.
- **Variante 2**
  Innerhalb der Anwendung 1 wird in der Tabelle die Verfügbarkeit als weitere Zeile aufgenommen. Damit kann der IT-Service in zwei Ausprägungen gebucht werden.

Tab. 8–13 *CECAR-Testfall 2 für Faktenansatz*

In diesem Fall sollte der Servicekatalog-Manager überlegen, welches Konzept er verfolgt. Will er die IT-Services in der Gliederung gleich für den Buchenden ersichtlich machen (Variante 1) oder will er weniger IT-Services zu verwalten haben (Variante 2).

Der nächste CECAR-Testfall ist weitreichend, da es hier um Abhängigkeiten geht. Die Modellierung von Abhängigkeiten ist immer problematisch, da viele Fälle zu beachten sind. Die folgende Prüfung (s. Tab. 8–14) zeigt, wie der Servicekatalog-Manager mit modellierten Abhängigkeiten umgehen kann.

CECAR-Testfall: Löschen eines IT-Service

Gegeben sind zwei IT-Services, die voneinander abhängig sind:

IT-Service 1

Die Anwendung 1 verwaltet die Kundenstammdaten (Name, Anschriften, Rechnungskonten, Verträge, Produktausprägungen) und beauftragt für interne Produkte die technische Provisionierung.

IT-Service 2

Proxy-Dienst zur Übergabe der ermittelten Kunden- und Transaktionsdaten an die Anwendung 1.

- **Frage A**
  Was ist zu tun, wenn der IT-Service 1 nicht mehr angeboten und aus dem IT-Servicekatalog entfernt wird?
- **Frage B**
  Was ist zu tun, wenn der IT-Service 2 nicht mehr angeboten und aus dem IT-Servicekatalog entfernt wird?

Folgende Wege stehen dem Servicekatalog-Manager zur Verfügung

Zu Frage A

- Der Eintrag Anwendung 1 ist aus der Servicebeschreibung zu entfernen bzw. die neue Quelle für IT-Service 2 (z.B. Anwendung neu) muss genannt werden
- oder der IT-Service 2 muss mit abgeschaltet werden.

Zu Frage B

- Keine Änderung in IT-Service 1, sofern es keine nennenswerte Auswirkung gibt. Es ist zu klären, ob die Anwendung 1 ohne den Proxy-Dienst funktioniert.
- Es sind Änderungen vorzunehmen, wenn dadurch Schnittstellen/Funktionen/Daten betroffen sind.

Tab. 8–14 *CECAR-Testfall 3 für Faktenansatz*

Bereits an diesen kleinen Prüfungen lässt sich die Komplexität erkennen, die Abhängigkeiten in sich tragen. Sind viele Abhängigkeiten untereinander vorhanden, so nehmen die Varianten der genannten Fragen A und B exponentiell zu. Diese Situation kann von Servicekatalog-Managern meistens nicht bewältigt werden. Es entsteht ein IT-Servicekatalog, der nicht mehr aktuell gehalten werden kann, da Abhängigkeiten viel Aufwand erzeugen.

8.2.5 Imageansatz

Der Imageansatz verstärkt mit den ausgewählten und modellierten IT-Services das Image des Unternehmens. Alle Beschreibungen sollen vom Servicenehmer ohne großen Aufwand erfasst werden und sollen seinen Anforderungen detailgenau entsprechen. Aus diesen Vorgaben resultiert eine strenge Beachtung des internen Corporate Designs, um das Image des Unternehmens weitgehend aufrechtzuerhalten. Die im IT-Servicekatalog aufgeführten Service Levels sind unabhängig von den technischen Details. Alle IT-Services sind durchgängig aus der Sicht des Servicenehmers dargestellt, deshalb verzichtet der Imageansatz konsequent auf die Verwendung von technischen Details.

Nachteile entstehen, wenn Servicenehmer mehr Transparenz für die Preisbildung fordern. Hierzu kann dieser Ansatz wenig Stellung beziehen. Dem Servicenehmer bleibt es sozusagen selbst überlassen, die Kosten als adäquat anzusehen. Der Ansatz ist für klar abgegrenzte IT-Services anwendbar. Bei IT-Services, die Mitwirkungspflichten seitens des Servicenehmers umfassen, lässt sich das bei größeren Szenarien nicht stringent fortführen (s. Abb. 8–2).

Abb. 8–2 *Beispielelement eines Imageansatzes [Jäckel und Scholderer 2006c]*

Für das oben genannte Beispiel wird folgender CECAR-Testfall (s. Tab. 8–15) vorgeschlagen.

CECAR-Testfall: Neuer IT-Service für diesen IT-Servicekatalog

Angenommen es gibt übergeordnete Service Levels, die mit folgenden Werten versehen sind:

Übergeordnete Service Levels	Werte
Systembetriebszeiten	Montag–Freitag 07:00–19:00
Anwendungsbetriebszeiten	Montag–Freitag 07:00–19:00
Datenbankbetriebszeiten	Montag–Freitag 07:00–19:00
Servicedesk-Zeiten	Montag–Freitag 07:00–19:00
Wartungsfenster für Kundensysteme	Montag–Freitag 07:00–19:00
Full Backup	Montag–Freitag 07:00–19:00
Inkrementelles Backup	Montag–Freitag 07:00–19:00

Zusätzlich gilt folgender Passus:

»Die übergeordneten Service Levels gelten für alle IT-Services im Servicekatalog. Alle weiteren erforderlichen Service Levels sind bei den einzelnen IT-Services spezifisch festgelegt. Bei sich widersprechenden Service Levels gelten die Service Levels, die individuell für den IT-Service festgelegt sind.«

- Ein neuer IT-Service Datenbackup-on-CD wird angeboten, der von den übergreifenden Service Levels abweicht.
- Die Zeit, in der der IT-Service zur Verfügung steht, ist Montag-Freitag von 09:00–14:00 Uhr.
- Diese Zeiten sind widersprüchlich zu den übergreifenden Service Levels.
- Wie lässt sich dieser IT-Service einfügen?

Der Servicekatalog-Manager hat hier zwei Wege

- **Variante 1**
  Der IT-Service Datenbackup-on-CD wird analog zu allen anderen IT-Services hinzugefügt.
  Die abweichende Servicezeit wird bei den Service-spezifischen Parametern eingetragen.
- **Variante 2**
  Der IT-Service Datenbackup-on-CD wird analog zu allen anderen IT-Services hinzugefügt.
  Es wird die standardisierte Servicezeit im Service-Template überschrieben.

Tab. 8–15 *CECAR-Testfall 1 für Imageansatz*

Hier ist entscheidend, wie beim Konzept der übergeordneten Service Levels mit den Ausnahmen umgegangen wird. Der Servicekatalog-Manager sollte sich dauerhaft für die Variante 1 oder 2 entscheiden und nicht zwischen beiden wechseln. Über eine klare Entscheidung lassen sich IT-Services mit eigenen Spezifika später herausfiltern.

8.2.6 Architekturansatz

Diese Methodik folgt einer anderen Systematik als die bisher beschriebenen Servicekataloge. Zum Einsatz kommen technische Architekturbilder mit Schichtenmodellen oder Client-Server-Architekturen. Der Servicenehmer soll dadurch eine grafische Aufbereitung der IT-Services erhalten. Bei der Erarbeitung des Servicekatalogs wird meist ein bestehender Datenbestand zugrunde gelegt. Er sollte im IT-Fachbereich vorliegen. Alle Grafiken können in der Regel übernommen und mit kompakten technischen Beschreibungen versehen werden. Vor allem für die Modellierung von komplexen IT-Services ist diese Methode geeignet. Die Grafiken sind jedoch anfällig, wenn beispielsweise Änderungen durch Systemablösungen notwendig werden. Dann muss der IT-Service neu aufgebaut werden, und die bisherigen Kosten erschließen sich nicht mehr so leicht bzw. müssen angepasst werden (s. Abb. 8–3).

Dieser Service umfasst die Ausübung des gesamten produktiven Tagesbetriebs für die Produktionsumgebung (PU) und Testumgebung (TPU), auf der die Anwendungssoftware »CMS« sowie spezifische Anpassungen des Auftraggebers (AG) läuft. Die Produktionsumgebung (PU) wird dabei strikt von der Testproduktionsumgebung (TPU) getrennt, d.h., sie werden auf separat für die Produktionsumgebung (PU) bereitgestellten Maschinen betrieben oder werden durch logische Instanzen unterschieden (Terminalserver). Folgenden Leistungen werden erbracht:

- Gesamtkonzeptionierung der Produktionsumgebung
- Bereitstellung der CMS-Frontend-Applikationen über eine Terminalserver-Lösung
- Verifizierung und Berücksichtigung der gewonnenen Erkenntnisse bezüglich Infrastruktur

Die Testproduktionsumgebung (TPU) ist nicht redundant ausgelegt, wird nicht verteilt betrieben und ist lediglich in einer Brandschutzzone untergebracht. Die sonstigen für den Betrieb notwendigen Komponenten sind im Gesamtkonzept redundant ausgelegt und einsatzbereit.

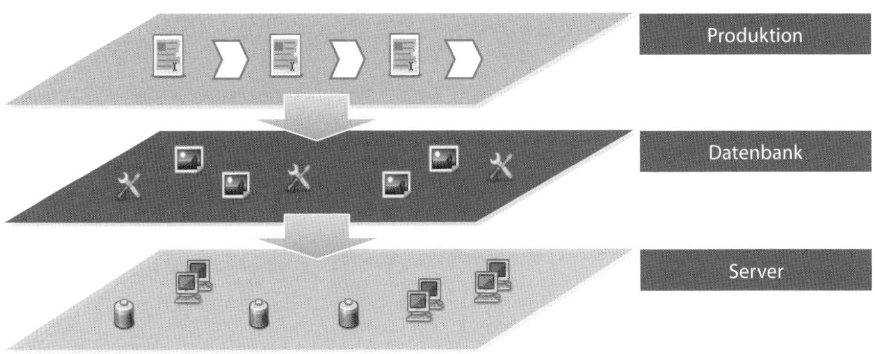

Abb. 8–3 *Beispielelement eines Architekturansatzes*

Für diesen IT-Servicekatalog-Ansatz wird ebenfalls ein CECAR-Testfall (s. Tab. 8–16 und Abb. 8–4) vorgeschlagen.

CECAR-Testfall: Neuer IT-Service für diesen IT-Servicekatalog

Es wird im IT-Unternehmen der Einsatz einer Middleware implementiert. Wie wird die Middleware als eigener IT-Service in der oben stehenden Grafik im IT-Servicekatalog aufgenommen?

Zwei Möglichkeiten bieten sich dem Servicekatalog-Manager

- **Variante 1**
  Die Middleware wird in der Servicebeschreibung aufgenommen.
- **Variante 2**
  In der Grafik entsteht eine neue Ebene »Middleware«.

Tab. 8–16 *CECAR-Testfall 1 für Architekturansatz*

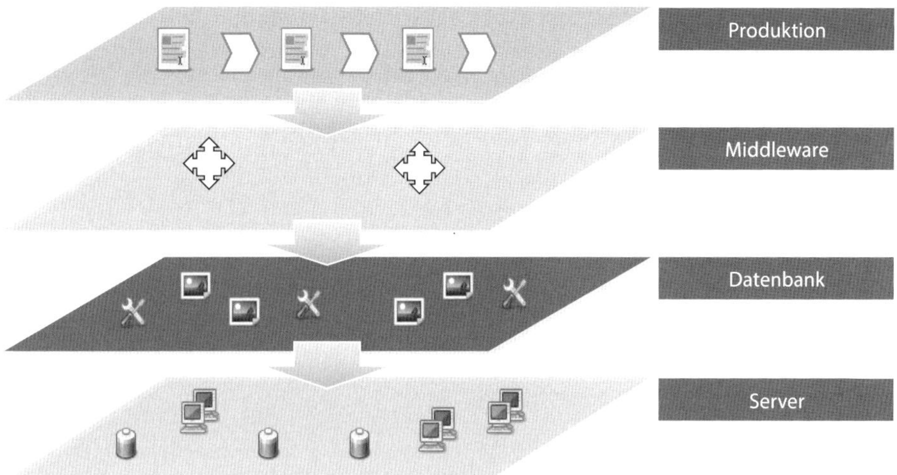

Abb. 8–4 *Einfügen eines Elements im CECAR-Testfall*

Die Variante 2 enthält einerseits den Aufwand, die Grafik umzuzeichnen, und andererseits wird eine Diskussion entstehen, ob die Middleware nicht zwischen die Datenbank- und die Serverebene gehört. Die Variante 1 ist für den Servicekatalog-Manager in diesem Fall die geeignetere Variante.

8.2.7 Einsatzfelder der IT-Servicekatalog-Ansätze

Zu den Fragen, welcher IT-Servicekatalog in welchem Einsatzfeld zur Anwendung kommt, gibt Tabelle 8–17 einen Überblick.

Katalogansatz	Einsatzfeld
Artikelansatz	für Unternehmen, bei denen die Servicepalette sukzessive aufgebaut, umgeworfen und neu aufgebaut wird
Imageansatz	für Unternehmen mit starkem Sales-Charakter
Beschreibende Ansatz	für Unternehmen mit geringem Reifegrad
Kostenstellenansatz	für Unternehmen mit genauen Kostenstellen
Faktenansatz	für die meisten IT-Unternehmen
Architekturansatz	wird selten verwendet

Tab. 8–17 *Einsatzfelder IT-Servicekatalog-Ansätze*

Natürlich bleibt die Fusion aus den einzelnen Ansätzen als der Anteil übrig, der viele Sichtweisen als Konsens in sich trägt. Eine zielgerichtete Modellierung des IT-Servicekatalogs beginnt mit einem Ansatz. Weitere Aspekte lassen sich aus den anderen Ansätzen aufnehmen. Dieses Vorgehen hat sich als erfolgreich bewährt und schützt den Servicekatalog-Manager vor Fehlkonzeptionen mit wiederholten Neuanfängen.

8.3 Repository: zehn Servicekatalog-Templates

Im Repository befinden sich einige Servicekatalog-Templates, die eine Fusion aus den oberen Katalogansätzen darstellen. Der Servicekatalog-Manager kann anhand von Beispielen abschätzen, inwieweit ein Template seine Anforderungen bedienen kann.

8.3.1 Template für Artikelansatz

Servicename
Datenbank Oracle
Servicebeschreibung
Der IT-Service Oracle-Datenbank umfasst die Bereitstellung der Infrastruktur zum Test und zum Betrieb von Oracle-Datenbanken. Im Rahmen dieses IT-Service wird der Betrieb der Datenbank bzw. der Oracle-Umgebung angeboten.
Detaillierte Leistungsbeschreibung
■ Einrichtung und Bereitstellung des Oracle-Basissystems ■ Durchführung von Datensicherungen und Recovery (im Bedarfsfall) ■ Erstellung von Datenbankkopien im Rahmen des vereinbarten Umfangs ■ Monitoring der Datenbank bzw. der Umgebung ■ Reporting von Performance und Verfügbarkeitsdaten. Die genaue Definition der Ausprägung wird im Rahmen des SLAs vorgenommen, ebenso die Bestimmung der Messpunkte und die Definition des Übergabepunktes der Leistung.
Artikel

Artikelnummer	ITLRM 30300
Zielgruppe	Alle Fachbereiche der IT-Unternehmen mit eigenen Oracle-Datenbanken oder Oracle-Anwendungen

Serviceausprägungen

Artikelnummer	ITLRM 30310 (Typ 1)
Maximale Ausfallzeit	24 Stunden
Verfügbarkeit	98 %
Datenbankkopien (Anzahl)	2
Servicezeit	Von 06:00 – 22:00 Uhr montags bis freitags

Artikelnummer	ITLRM 30320 (Typ 2)
Maximale Ausfallzeit	24 Stunden
Verfügbarkeit	98 %
Datenbankkopien (Anzahl)	2
Servicezeit	Von 07:00 – 20:00 Uhr montags bis freitags

→

Bereitstellungszeit
Das System steht innerhalb von 15 Arbeitstagen zur produktiven Nutzung zur Verfügung. Die Bereitstellungszeit gilt unter der Voraussetzung, dass vom Kunden eine entsprechende Hardware mit installiertem Betriebssystem bereitgestellt wird.
Abnahmevoraussetzung
■ Zur Umsetzung von Aufträgen müssen die Kundenforderungen vollständig bekannt sein ■ Ein qualifizierter Ansprechpartner steht auf Kundenseite zur Verfügung
Abnahmekriterien
Testfälle und Testprotokolle

Tab. 8–18 *Artikelansatz-Template*

8.3.2 Template für Kostenstellenansatz

IT-Service	Kostenstelle	Mindestabnahme	Einheit pro Stück	Preis p.a.	Weitere Felder ...
Arbeitsplatz					
Standard-IT-Arbeitsplatz	11000	1	CPU	5.000 €	
Scanner	12000	0	GB	1.500 €	
Arbeitsplatzdrucker	13000	0	CPU	500 €	
Hosting-Services					
File Server	22000	1	CPU	10.000 €	
Terminal Server	23000	1	CPU	13.000 €	
Application-Services					
Rechnungswesen	31000	100	Lizenz	38.500 €	
E-Mail	32000	1	GB	300 €	
Intranet	34000		Umlage	42.000 €	
Kundenstammdaten	35000	50	Lizenz	500 €	
Infrastruktur Services					
Datenbank Oracle	41000	10	GB	4.000 €	
EAI – Application Development	43000	0	PT	1.750 €	

Tab. 8–19 *Template für Kostenstellenansatz*

8.3.3 Template für beschreibenden Ansatz

Servicename
Arbeitsplatz-PCs
Servicebeschreibung
Für Windows-Arbeitsplatz-PCs für Mitarbeiter, Pool- oder Schulungsräume im Münchner Wissenschaftsnetz (MWN) können umfassende Dienstleistungen im Lifecycle-Management von PCs genutzt werden: MWN-PC. Die reine Aufnahme von Computern in MWN-weite Active-Directory-Strukturen, ohne Dienste im Lifecycle-Management in Anspruch zu nehmen, ist ebenso möglich: MWN-PC light. Es sind mit dem IT-Service die Themen Benutzerverwaltung, Softwareverteilung, Fileservices, Drucken und Druck-Accounting, Backup, Sicherheit, Monitoring und Management-Delegation adressiert. Der »MWN-PC light« wird lediglich ins Active Directory aufgenommen und vom Kunden selbst administriert. Obligatorische Voraussetzung ist eine kompetente Vor-Ort-Betreuungskapazität, die den First-Level-Support für Endnutzer leistet und als Ansprechpartner den LRZ-Serviceverantwortlichen zur Verfügung steht. Es kann Client-Hardware mit umfassender Treiberversorgung durch den Hersteller an das Lifecycle-Management angebunden werden. Die Beschaffung der geeigneten Treibersoftware obliegt dem Kunden. Ebenso liegt die korrekte Lizenzierung der Clients ausschließlich in der Verantwortung des Kunden. Bei Fragen wenden Sie sich bitte an das Softwareteam am LRZ.

Tab. 8–20 *Servicebeschreibender Ansatz – Template 1*

8.3.4 Template mit Struktur für beschreibenden Ansatz

Servicename
IT-Arbeitsplatz
Servicebeschreibung
Bereitstellung und Betrieb eines standardisierten PC-Arbeitsplatzes
Detaillierte Leistungsbeschreibung
✓ Anbindung an das Drucksystem ✓ Anbindung an das Netzwerk ✓ Anwendungssoftwareinstallation und Lizenzkontrolle im Umfang des IT-Applikationsportfolios ✓ […]
Mitwirkungspflicht
✓ 2 Steckdosen stehen zur Anbindung des Systems zur Verfügung (max. 2,5 Meter entfernt) ✓ Bereitstellung einer unterschriebenen Projektbestellung in Schriftform ✓ Vorhandensein eines Zugangs zum PROVIDER CORPORATE NETWORK, sowohl physikalisch (Netzwerkdose) als auch berechtigungstechnisch
Abnahmekriterien
✓ Erfolgreich ausgeführte Anmeldung durch den Benutzer

→

Buchbare Services	
Servicebezeichnung	**Mobiler IT-Arbeitsplatz**
Beschreibung	✓ Laptop als PC-System ✓ Docking-Station inklusive Netzteil ✓ Tasche zur Aufbewahrung ✓ Maus ✓ Monitor (optional) ✓ […]
Bereitstellungszeit	5 Arbeitstage
Servicebezeichnung	**Stationärer IT-Arbeitsplatz**
[...]	✓

Tab. 8–21 *Servicebeschreibender Ansatz – Template 2*

8.3.5 Template für Faktenansatz (1)

Servicename

»Anwendung 1«

Servicebeschreibung

Die »Anwendung 1« verwaltet die Kundenstammdaten (Name, Anschriften, Rechnungskonten, Verträge, Produktausprägungen) und beauftragt für bestimmte Produkte die technische Provisionierung.

Serviceklasse

Services	Verfügbarkeit pro Monat (%)	Überwachter Betrieb (365 Tage p. a.)
»Anwendung 1«	99%	24 Std. × 7 Tage

Servicebetrieb

Priorität	Anzahl betroffener User	Reaktionszeit (1)	Reaktionszeit (2)
1	> 1000	60 min	160 min
2	1000 ≥ User > 500	60 min	160 min
3	≤ 500	60 min	160 min
4	sonstige	60 min	160 min

(1) in der Hauptzeit, bezieht sich auf 90% aller Tickets
(2) in der Nebenzeit, bezieht sich auf 90% aller Tickets

→

Serviceüberwachung

Leistungsübergabepunkt

Verwendete Variante	Beschreibung	Standort (Servicenehmer/-geber, Straße, Raum	IP-Adresse
	Router		xxx.xxx.xxx.xxx
	Gateway		xxx.xxx.xxx.xxx
	Port		xxx.xxx.xxx.xxx
	PC		

Monitoring

Am Servicenehmerstandort wird ein aktiver Mess-PC installiert, der mit einem Roboter über definierte Klickstrecken das Benutzerverhalten (z.B. Login, selektive Useraktionen) auf kritischen Applikationen simuliert.

Reporting

Service	Kennzahl	Reporting-Zeitraum
»Anwendung 1«	▪ Verfügbarkeit ▪ Durchschnittl. Antwortzeit	Monat

- Alle Reports werden monatlich erstellt und sind online abrufbar.
- Jeder Report wird bis zum 5. Arbeitstag des Folgemonats erstellt.

Tab. 8–22 *Faktenansatz – Template 1*

8.3.6 Template für Faktenansatz (2)

Servicename
Global Active Directory
Ansprechpartner
Frau/Herr Mustermann
Einsatzfeld
weltweit
Identifikationsnummer
123243124535
Servicebeschreibung
Sie erhalten mit der Servicekomponente Global Active Directory einen hochverfügbaren Verzeichnisdienst innerhalb von Fresenius. Das Global Active Directory ist ein Tool zur Authentifizierung von Benutzern und Maschinen (z.B. Servern). Darüber hinaus ermöglicht das Global Active Directory die Konfiguration von Clients mithilfe von Policies (z.B. Passwortpolicy). Mit dem Global AD können Sie Gruppen, Benutzer und Maschinen strukturieren. Zusätzlich können Sie die Berechtigungen bzw. Zugriffsrechte auf Daten und Fileserver vergeben und steuern.

→

Service Levels

Betriebszeiten	**24/7**
Garantierte Servicezeiten	Montag bis Freitag (außer an Feiertagen) 06:00–18:00 Uhr CET**
Wartungsfenster in Stunden pro Woche	10 (samstags 16:00–20:00 Uhr CET, sonntags 08:00–14:00 Uhr CET oder nach Ankündigung)
Verfügbarkeit in % pro Monat	98*

* Bezogen auf einen Dreimonatsdurchschnitt
** Servicezeiten gelten für Support

Beistellleistungen durch das IT-Unternehmen

- Bereitstellung der IT-Service-Domäne (Forest Root Domain) für zentrale Applikationen und Services
- Bereitstellung der Basisdomains

Reporting

- monatlich

Servicebetrieb

- Pflege von zentralen Policies in der Rootdomäne und den zentralen Gesellschaftsdomänen
- [...]

Mitwirkung seitens Kunde

- Entwicklung und Pflege eigener Templates
- [...]

Leistungsausschluss

- Notfallrufbereitschaft
- [...]

Installation

- [...]

Support-Level

- First-Level-Support
- [...]

Zusätzliche Serviceerweiterungen

- Zentrales Patch-Management für Clients und Domain-Controller
- [...]

Tab. 8–23 *Faktenansatz – Template 2*

8.3.7 Template für Faktenansatz (3)

Attribute	Werte
Service Name	
Version and Revision Date	
Description	
Features and Benefits	
Start and End Date of Service	
Service Cancellation Conditions (both parties)	
Service and Support Times	
Response Times	
Planned Maintenance Slots	
Service Review Meetings	
Available Reports	
Information Security Classification	
Restrictions/Applicable Policies	
Service Ordering and Request Procedures	
Entry Points and Escalations	
Customers	
Customer Obligations	
Options (offered Customizations or Variants)	
Price List and Base for Charging	
Dependencies & Contributors	
Functional Specification	
Technical Specification	
Support Activities	
Existing SLAs or Underpinning Contracts	

Tab. 8–24 *Faktenansatz – Template 3*

8.3.8 Template für Architekturansatz

Servicename
Leitungsanbindung
Servicegrafik

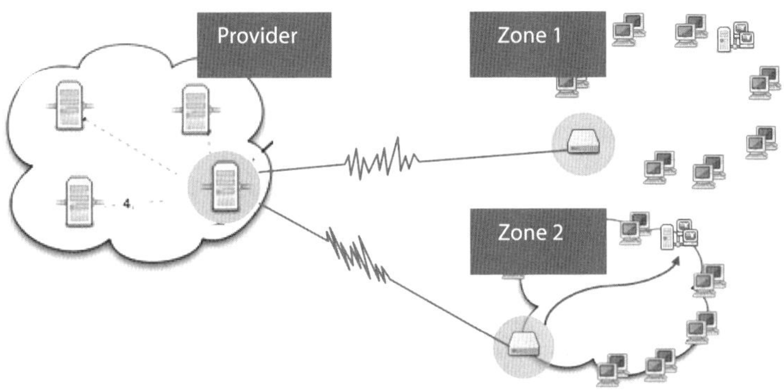

Abb. 8–5 *Servicegrafik im CECAR-Testfall*

Servicebeschreibung
Der IT-Service umfasst den Betrieb und die Administration der Switches, standortübergreifend über zwei Brandschutzzonen, basierend auf Switches der Firma Cisco. Der AN erbringt für den AG im Rahmen dieses Operation-IT-Service die folgenden Leistungen: - Installation, Betrieb und Administration der Switch-Systeme - Planung und Dokumentation des IP-Netzwerkes - Updaten der Switch-Firmware - Überwachung der Switch-Systeme - Einleitung aller erforderlichen Maßnahmen für die Fehlerbeseitigung

Tab. 8–25 *Architekturansatz – Template 1*

8.3.9 Hybrid-Template (1)

Servicename
Serverhosting
Servicebeschreibung
Der Begriff »Serverhosting« bezeichnet den gehärteten Betrieb von Servern durch den AN. Der AG bzw. Applikationseigener erhält einen betriebsfertig installierten Server inklusive Betriebssystem und Softwarepaket mit systemnahen Tools sowie allen für den Betrieb im IT-Netzwerk notwendigen Einstellungen inklusive Security nach den Standards [...]
Service Levels

Service Level	**Werte**
Betriebszeit	Mo.–So. 00:00–24:00 Uhr
Servicezeiten Einfach (5×12) Standard (6×18) Erweitert (7×24)	 Mo.–Fr. 07:00–19:00 Uhr Mo.–Sa. 06:00–24:00 Uhr Mo.–So. 00:00–24:00 Uhr
Servicezeit Servicedesk (7×24)	Hauptzeit: Mo.–Fr. 07:00–19:00 Uhr Nebenzeit: außerhalb der Hauptzeit
Verfügbarkeit pro Monat	99,95 % pro Monat
usw.	

Zuständigkeiten

Zuständigkeitsmatrix

Legende: V = Verantwortung D = Durchführung M = Mitwirkung I = Information Leer = nicht relevant	**AG**	**AN**
Betrieb Remote-Zugang	M	V/D
Beschaffung der Server	V/D	M
Einbau, Installation und Konfiguration der Server		V/D
Konfiguration der Betriebsumgebung		V/D
Anlage von Benutzern und Berechtigungen auf Serverebene	I/M	V/D
Durchführung von Funktionstests	I/M	V/D
etc.		

Tab. 8–26 *Hybrid-Template 1*

8.3.10 Hybrid-Template (2)

Servicename
IT-Arbeitsplatzservice
Servicebeschreibung
Im Rahmen dieses IT-Service werden alle Leistungen erbracht, die für den gesamten Lebenszyklus eines IT-Arbeitsplatzes für den Innen- und Außendienst, d.h. Bereitstellung, Betrieb, Betreuung und Entsorgung, notwendig sind. Der IT-Arbeitsplatzservice ist eine Grundvoraussetzung für den Zugang zu den meisten Anwendungsservices. Die maximalen Anforderungen der Anwendungsservices bestimmen die Anforderungen der jeweiligen IT-Arbeitsplätze. […]
Servicebestandteile
Der IT-ARBEITSPLATZSERVICE umfasst mehrere Bestandteile, die in feste und optionale Servicebestandteile gegliedert sind.
Feste Servicebestandteile
Feste Servicebestandteile sind im Standardumfang eines jeden konkreten IT-ARBEITSPLATZSERVICE enthalten. Feste Servicebestandteile sind im Einzelnen: a) **Bereitstellung und Betrieb eines IT-Arbeitsplatzes** Der IT-Arbeitsplatz wird in angefordertem Umfang, Qualität und Funktion inklusive aller erforderlichen IT-Komponenten und Infrastrukturdienste bereitgestellt und betrieben; die hierzu notwendigen Serviceprozesse werden durchgeführt. IT-Komponenten sind die Endgeräte sowie erforderliche Peripheriegeräte, die in einem IT-Warenkorb festgelegt sind. b) **Beschaffungsabwicklung** Freigegebene bestellbare IT-Arbeitsplätze und IT-Komponenten werden in Form eines IT-Warenkorbes bereitgestellt, Die Beschaffung der hierüber angeforderten und gemäß dem jeweiligen Genehmigungsprozess genehmigten IT-Komponenten wird abgewickelt. […]
Optionale Servicebestandteile
Optionale Servicebestandteile können nach Bedarf zusätzlich vereinbart werden: a) **Anwenderunterstützung** Im Zusammenhang mit der Nutzung des IT-Arbeitsplatzes erfolgt bei Bedarf eine Anwenderunterstützung (wie z.B. Hinweise zur Bedienung von Software). Die Anwenderunterstützung für Anwendungen wird im Rahmen des ANWENDUNGSSERVICE erbracht. b) **Verwaltung zusätzlicher Benutzer** Falls zusätzliche Benutzer einen IT-Arbeitsplatz nutzen, werden für diese Benutzer entsprechende Benutzerkennungen verwaltet. […]
Service Levels
Für den IT-ARBEITSPLATZSERVICE werden folgende Serviceklassen unterschieden:

Service Level	**Werte**
Servicezeit des 2nd Level	Mo. – Fr. 07:00 – 17:00 Uhr
[…]	

Tab. 8–27 *Hybrid-Template 2*

9 Katalogorganisation für die Struktur von IT-Servicekatalogen

Die Strukturierung von IT-Servicekatalogen wird im CECAR-Modell in dem Segment »Catalogue Structure« ausgeführt (s. Abb. 9–1). Die Abhängigkeit zur Zielgruppe zeigt sich darin, ob ein IT-Servicekatalog der Zielgruppe entsprechend strukturiert werden sollte. Das CECAR-Modell liefert hier Konzepte in der vorgeschlagenen Einteilung in Form von Element, Methoden und Repository.

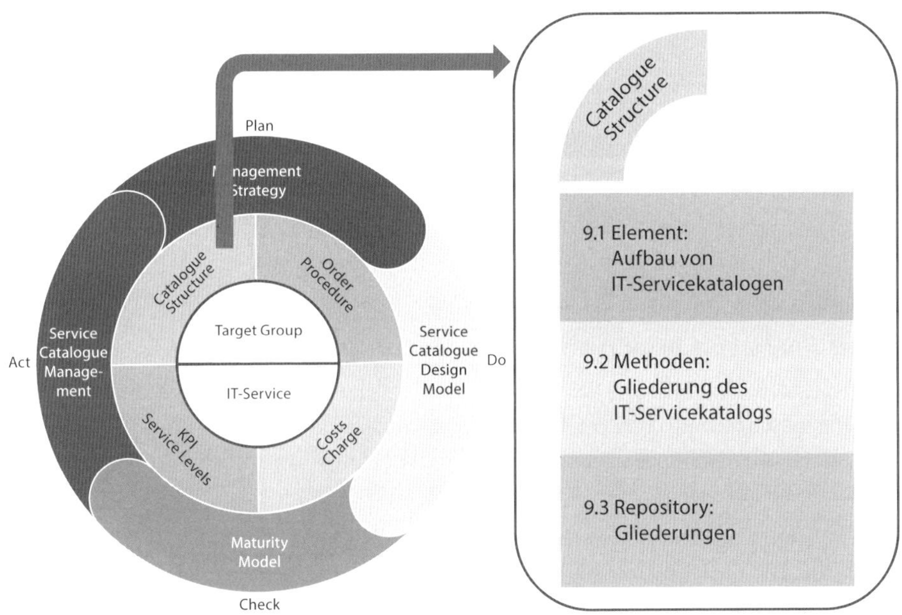

Abb. 9–1 *CECAR-Modell: Catalogue Structure*

Im Punkt Element wird der Aufbau von IT-Servicekatalogen behandelt. Es sind Methoden erforderlich, um neben den Inhalten die richtige Struktur zu treffen. Im Repository liefert das CECAR-Modell weitere Gliederungen, die als Leitfaden zur Erstellung von IT-Servicekatalogen dienen.

9.1 Element: Catalogue Structure

Die Organisation von IT-Servicekatalogen wird in CECAR als eigenes Element modelliert. CECAR unterstützt den Servicekatalog-Manager hier – neben einer Vielzahl von anderen Aspekten – bei der Erstellung von IT-Servicekatalogen und gibt Hinweise, wie die Struktur des IT-Servicekatalogs zu planen und umzusetzen ist. Abbildung 9–2 zeigt, wie ein IT-Servicekatalog aufgebaut sein kann.

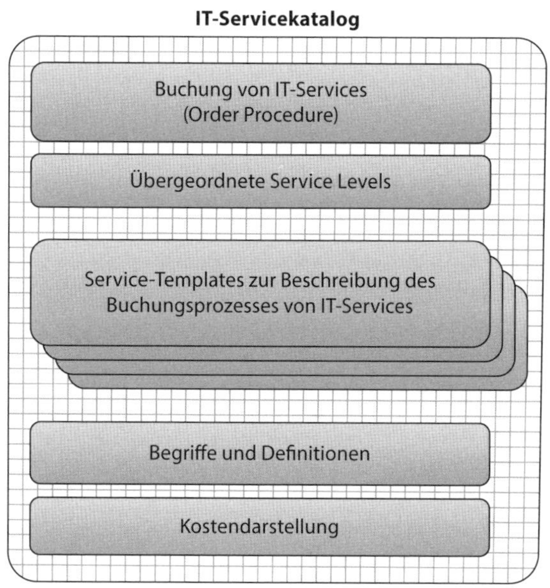

Abb. 9–2 *IT-Servicekatalog-Aufbau*

Die folgenden Punkte sollten in einem IT-Servicekatalog vorhanden sein:

- **Prozessbeschreibung**
  Eine Beschreibung des Buchungsprozesses ist erforderlich, damit der Servicenehmer die für ihn bereitgestellten Anforderungs- und Bestellvorgänge nachvollziehen kann.
- **Übergeordnete Service Levels**
  In diesen übergeordneten Service Levels sind die zentralen Werte (z.B. Betriebs- und Servicezeiten), die den Betrieb der IT-Services operativ ermöglichen, explizit genannt. Diese Werte bilden die »übergeordneten Service Levels«. Sie gelten für alle IT-Services und können im Speziellen direkt im IT-Service abgeändert vermerkt werden.

- **Service-Template**
  Je nachdem, welcher IT-Servicekatalog-Ansatz ausgewählt wird, sind entsprechende Service-Templates zu präferieren. Es können natürlich unterschiedliche Service-Templates zur Anwendung kommen. Dies sollte unter dem Aspekt der Effizienz betrachtet werden. Ein Service-Template, das nur einige wenige IT-Services berücksichtigt, ist nicht geeignet. Deshalb sollten mehrere Service-Templates nebeneinander bestehen können.
- **Begriffe und Definitionen**
  An das Element IT-Service schließt der Bereich »Begriffe und Definitionen« an. Hier werden, ähnlich wie bei einem Glossar, die Begriffe eingeführt und kurz erläutert sowie bestimmte Definitionen für Kennzahlen zur Leistungsmessung und Qualitätssicherung vorgenommen.
- **Kostendarstellung**
  Das abschließende Element wird separat von den IT-Services definiert und behandelt die Kosten, die für einen IT-Service berechnet werden. Diese komprimierte Darstellung aller IT-Services in einer »Preisliste« erlaubt ein kontinuierliches Aktualisieren der Kosten an einem Ort, ohne Änderungen in den Dokumentationen der IT-Services vornehmen zu müssen. Weiterhin kann der IT-Servicekatalog so ggf. ohne Preisliste an Servicenehmer zur Ansicht weitergegeben werden. Dies ist szenariospezifisch zu berücksichtigen, denn für eine IT-Lösung mittels IT-Services können und müssen bestimmte Bereiche individuell kalkuliert werden, sodass eine starre Preisliste kontraproduktiv und somit nicht zielführend wäre.

Die Abbildung 7–3 (S. 120) suggeriert, dass der IT-Servicekatalog alle Aspekte für den Buchenden enthält. Diese Sichtweise sollte revidiert werden [Scholderer 2001]. Es ist vielmehr zielführend, die Buchungsvorgänge in eigenen Dokumenten oder Systemen zu beschreiben. Der IT-Servicekatalog verweist auf die Dokumente bzw. Systeme. Ebenso kann die Preisliste als separates Dokument zum IT-Servicekatalog gehören.

9.2 Methoden: Gliederung des IT-Servicekatalogs

Die Organisation von IT-Servicekatalogen ist am deutlichsten an der Gliederungsstruktur zu erkennen. Anhand dieser Struktur kann der Servicekatalog-Manager viel über den IT-Servicekatalog ablesen. Zu sehen sind die Schwerpunkte, die bei den IT-Services gewählt werden, oder die logische Gruppierung lässt Schlüsse zu, wie in einem IT-Unternehmen gedacht wird. Hierfür werden im Folgenden drei Methoden zur Strukturierung des IT-Servicekatalogs bzw. deren IT-Services vorgestellt.

9.2.1 Schichtenbasierte Katalogstruktur

Die servicebasierte Katalogstruktur wird entlang der Schichtung des Netz- und Systemmanagements vorgenommen. Dabei werden alle Schichten, die in der IT unterschieden werden, aufgenommen und entsprechend mit dem jeweiligen Managementbereich versehen. Abbildung 9–3 zeigt, wie diese Ebenen heute benannt sind.

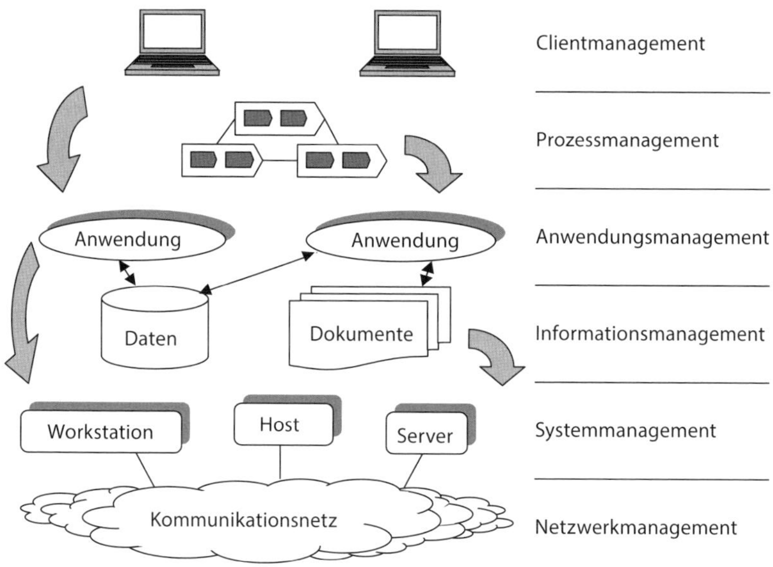

Abb. 9–3 *Ebenen zur Strukturierung von IT-Systemen [Scholderer 2001]*

Ein Servicekatalog-Manager kann sich an diesen Schichten orientieren und die IT-Services genau zuordnen. Die folgende Servicekatalog-Struktur zeigt beispielhaft eine Zuteilung auf.

1 **Clientmanagement**
- 1.1 Thin Client, Fat Client, Notebook, Maschinen-PC
- 1.2 Drucker
- 1.3 Telefone

2 **Prozessmanagement**
- 2.1 Servicedesk
- 2.2 IT-Operation
- 2.3 Field Service Management
- 2.4 Event Management
- 2.5 Incident Management
- 2.6 Problem Management
- 2.7 Request Fulfillment Management
- 2.8 Access Management

→

3 **Anwendungsmanagement**
- 3.1 SAP
- 3.2 Sharepoint
- 3.3 Mail
- 3.4 UMS/CTI

4 **Informationsmanagement**
- 4.1 File-Services
- 4.2 Storage
- 4.3 Datenbankdienste
- 4.4 Datensicherung (Backup/Recovery)

5 **Systemmanagement**
- 5.1 Serverhosting
- 5.2 Softwareinstallation und -verteilung
- 5.3 Servervirtualisierung
- 5.4 Rechenzentrumsinfrastruktur

6 **Netzmanagement**
- 6.1 Firewall/DMZ
- 6.2 VPN
- 6.3 Proxy und Gateway
- 6.4 Netzwerk-Security
- 6.5 WAN
- 6.6 LAN
- 6.7 WLAN

Der Servicekatalog-Manager muss Folgendes einkalkulieren. Nicht alle Kunden können IT-Services aus diesem IT-Servicekatalog buchen. Dieser IT-Servicekatalog ist ein Baukasten, der es einem IT-Experten durch gezielte Buchungen von IT-Services ermöglicht, die bestmöglichste Servicelösung für den Kunden zusammenzustellen. Hier handelt es sich nicht um einen IT-Servicekatalog, der mit einem Klick den IT-Service zu Buchung bringt, sondern mehr um eine technisch orientierte Struktur der IT-Services.

Dieses Modell hat Vorteile, denn es ist einfach anpassbar auf viele IT-Unternehmen. Die folgende Ausprägung zeigt, wie das Ursprungsbild für ein bestimmtes Unternehmen weiterentwickelt wurde. Der IT-Servicekatalog enthält acht Servicekategorien. Sechs davon bauen aufeinander auf, während zwei Servicekategorien eine übergreifende Funktion einnehmen (s. Abb. 9–4).

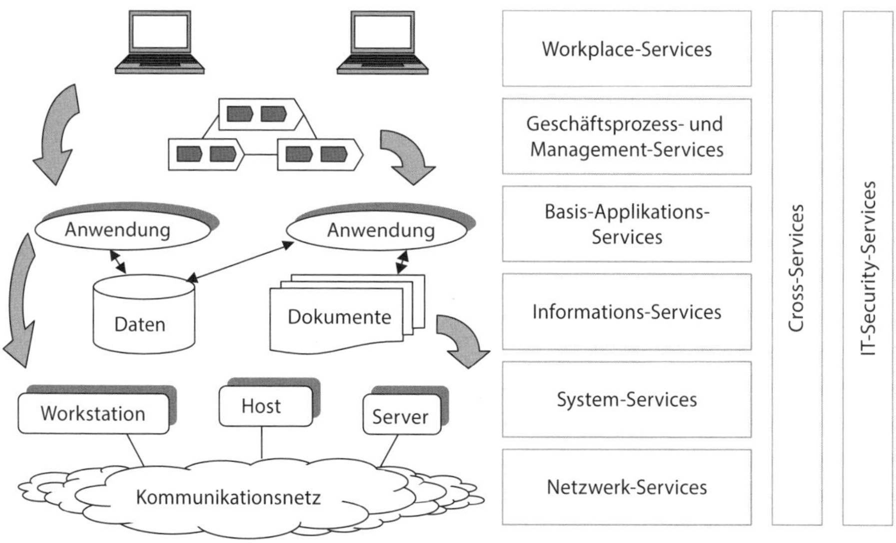

Abb. 9–4 *Erweiterte Strukturierung*

Die zugehörigen Servicekategorien sind in Tabelle 9–1 aufgeführt.

Servicekategorie	Beschreibung
Workplace-Services	In dieser Kategorie, die sich an die Benutzer wendet, werden alle Systeme für den Arbeitsplatz sowie Telefonie und Peripheriegeräte beschrieben. Diese Kategorie wird u.a. durch Client-Basis-Services (z.B. Bestückung spezieller Software) ergänzt, die die vorstehenden IT-Services unterstützen.
Geschäftsprozess- und Management-Services	Diese Kategorie enthält sowohl alle unternehmenskritischen als auch spezifischen Dienste, die für den Kernbereich der Warenwirtschaft und Logistik unerlässlich sind.
Basis-Applikations-Services	Unter dieser Kategorie werden die zentralen Applikationen eingeordnet, die zum Standardumfang der meisten Arbeitsplätze zählen.
Informations-Services	In dieser Kategorie sind alle Dienste genannt, die für die Datenhaltung, -ablage, -transfer und -zwischenpufferung notwendig sind.
System-Services	Mittels der System-Services werden die verschiedenen eingesetzten Serversysteme klassifiziert.
Netzwerk-Services	Diese Kategorie enthält alle Dienste, die für einen stabilen und gesicherten Netzwerkbetrieb erforderlich sind.
Cross-Services	Diese Kategorie enthält die Services, die übergreifend sind. Sie sind aufgrund ihrer Allgemeingültigkeit in dieser Kategorie zusammengefasst. Diese IT-Services sind in der Regel vom Kunden nicht direkt buchbar.
IT-Security-Services	Diese Kategorie enthält die sicherheitsspezifischen Services, die übergreifend sind. Diese IT-Services sind in der Regel vom Kunden nicht direkt buchbar.

Tab. 9–1 *Servicekatalog-Kategorien*

Dieses Beispiel zeigt, wie hilfreich eine Visualisierung des Aufbaus eines IT-Servicekatalogs ist. Servicekatalog-Manager müssen verstehen, in welcher Form neue IT-Services einzuordnen sind. Im Falle der Nichteinordnung muss eine neue Kategorie geschaffen werden.

Tipp: Diese Abbildungen sollte der Servicekatalog-Manager in seiner Prozessbeschreibung aufnehmen. Sie im IT-Servicekatalog zu platzieren führt meist zu größeren Verwirrungen als zu Klarheit, da Bilder immer interpretierbar sind.

9.2.2 Endbenutzersicht-basierte Katalogstruktur

Die Katalogstruktur aus Endbenutzersicht behebt die Defizite einer schichtenbasierten Katalogstruktur. Sie nimmt konsequent die Endbenutzersicht ein. Es wird ausschließlich deren Sicht auf die IT repräsentiert. Diese Sicht stellt die IT-Services dar, die tatsächlich »begreifbar« im Wirkungskreis des Endbenutzers sind (s. Abb. 9–5).

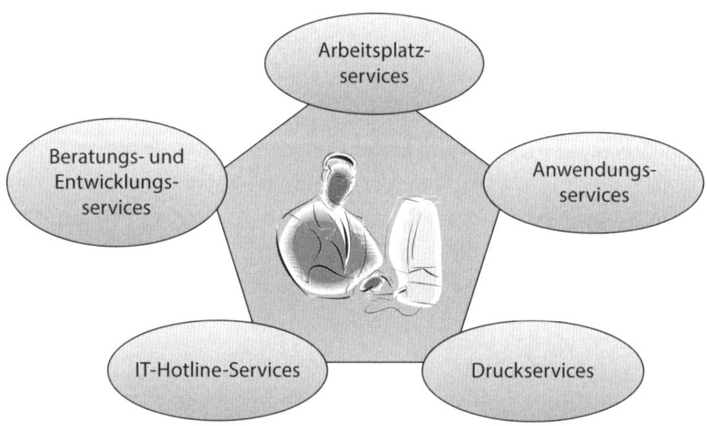

Abb. 9–5 *Endbenutzersicht*

- **IT-Arbeitsplatzservice**
  Im Rahmen dieses IT-Service werden alle Leistungen erbracht, die zur Bereitstellung, Betrieb und Betreuung von IT-Arbeitsplätzen für den Kunden notwendig sind. Dazu gehören alle Servicebestandteile für den gesamten Lebenszyklus des IT-Arbeitsplatzes wie Beschaffung, Betreuung und Entsorgung der Hardware (inklusive zugehöriger Peripheriegeräte wie z.B. Drucker, Telefone und Scanner) und Software sowie die zugehörigen Infrastrukturdienste.
- **Anwendungsservice**
  Bei diesem IT-Service werden sämtliche Leistungen erbracht, die zum produktiven Betrieb einer Anwendung insgesamt erforderlich sind. Neben der Bereitstellung der Anwendung selbst gehören hierzu insbesondere der funktionsfähige

Betrieb der dazu erforderlichen IT-Komponenten (Software, Hardware, Netze, Datenbanken, Speichermedien etc.) sowie Dienstleistungen zur Anwenderunterstützung und Fehlerbehebung.

- **IT-Hotline-Service**
  Der IT-Hotline-Service ist das zentrale Leistungsangebot der IT für IT-Anwender bei Störungen des laufenden Betriebs.
- **Beratungs- und Entwicklungsservice**
  Im Rahmen dieses IT-Service werden alle Leistungen erbracht, die zur Entwicklung neuer oder zur Änderung und Erweiterung bestehender Anwendungen, IT-Arbeitsplatzsysteme oder IT-Infrastrukturlösungen erforderlich sind, sowie die Beratung der Kunden in allen Fragen des optimalen Einsatzes der Informationstechnologie zur Unterstützung der Geschäftsprozesse.
- **Druckservice**
  Die IT bietet einen Druckservice für den digitalen Endlosdruck von Dokumenten an. Angestoßen wird dieser Druckservice direkt aus den Anwendungssystemen durch die Verarbeitung von Druckdaten aus Anwendungen oder alternativ durch die Verarbeitung von bereitgestellten elektronischen Dokumenten (z.B. gezielte Rundschreiben, Infobriefe, Serienbriefe).

Die IT-Services sind in ihrer Art und Ausprägung allgemein gehalten. Diese Struktur hilft dabei, alles aus der Endbenutzersicht zu sehen. Lassen sich viele IT-Services ähnlich abhandeln, entsteht ein einfacher IT-Servicekatalog. Am Beispiel eines Servicekatalog-Managers, der diese fünf Klassen verwendet, soll ein Vorgang untersucht werden. Der Kunde möchte eine bestimmte Anwendung buchen. Für diesen Fall hatte der Servicekatalog-Manager eine Anwendungsliste vorgesehen, insbesondere für die Verrechnung von Anwendungen. Mit einer Liste konnte er über 300 Anwendungen gleich behandeln, die aber unterschiedlich bepreist wurden. Ein abgestuftes und ausgefeiltes System aus mehreren Service Levels war nicht erforderlich. Somit lässt sich feststellen, entweder werden alle bzw. viele Anwendungen der Kategorie Anwendungsservice zugeschrieben oder eine Aufteilung der Anwendungsservices in andere Kategorien ist vorzunehmen.

9.2.3 Strukturierung über Gewichtung von Services

Neben den genannten Katalogstrukturen gibt es die Möglichkeit, IT-Services nach deren Wertigkeit im Unternehmen zu strukturieren. Diese Struktur kommt zum Einsatz, wenn mit dem IT-Servicekatalog Neukunden gewonnen werden sollen. Abbildung 9–6 zeigt beispielhaft eine Struktur aus einem Praxisprojekt auf.

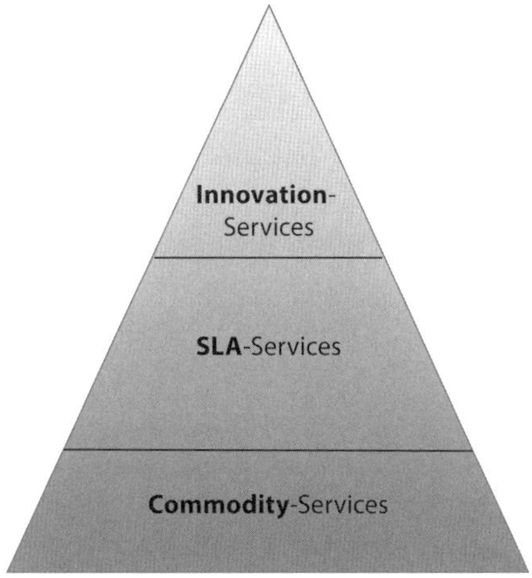

Abb. 9–6 *Gewichtung von Services*

Die Kategorien strukturieren die IT-Services anhand folgender Systematik:

Innovation-Services
: Die innovativen IT-Services der Neuzeit sind z.B. Roboterlösungen oder See-through-Brillen, die mit dem Supportteam gekoppelt sind. Zu den Innovationen zählen Software as a Service (SaaS), Infrastructure as a IT-Service (IaaS) oder Platform as a IT-Service (PaaS), wenn sie den Kunden attraktiv nahe gebracht werden.

SLA-Services
: Zu den SLA-Services zählen z.B. Supportdienstleistungen, die garantierte Lösungszeiten enthalten, oder die Verfügbarkeit von Anwendungen, die zugesichert werden. Die Zusicherung erfolgt in den SLAs. Somit sind hier alle IT-Services enthalten, die in die SLAs übernommen werden.

Commodity-Services
: Es gibt eine Vielzahl von Dienstleistungen, die im Standardumfang enthalten sind. Damit diese Dienstleistungen vom Kunden wahrgenommen werden, werden sie im IT-Servicekatalog aufgezeigt, jedoch nicht bepreist.

Fazit

Unabhängig davon, mit welcher Struktur der Servicekatalog-Manager arbeitet, sollte er sich bei der Wahl der Kategorien bewusst sein, welches Ziel verfolgt wird. Da aus der Gliederung des IT-Servicekatalogs die Denkweise abzulesen ist, sollte er sich vorab vergewissern, ob diese gewählte Sichtweise sich mit der Kultur der Kunden deckt. Wenn ein Kunde unter einer bestimmten Kategorie seine IT-Services erwartet, ist er unzufrieden, wenn diese unter einem für ihn unverständlichen Begriff gelandet sind.

9.3 Repository: Gliederungen von IT-Servicekatalogen

Die folgenden Gliederungen dienen zur Orientierung, welche Strukturierungen sich in der Praxis bewährt haben.

9.3.1 Rechenzentrums-Gliederung

Kategorien	Servicestruktur	IT-Services
1 **Abkürzungsverzeichnis**		
2 **IT-Services**	2.1 IT-Plattform	2.1.1 Serverhosting 2.1.2 Applikationsbetrieb 2.1.3 Softwareinstallation und -verteilung
	2.2 IT-Services – Security	2.2.1 Firewall/DMZ 2.2.2 Remote Access/VPN/WAN 2.2.3 Proxy und Gateway 2.2.4 Virenschutz 2.2.5 Netzwerk-Security 2.2.6 Identity & Access Management
	2.3 IT-Services – Clients	2.3.1 Standard Software Package 2.3.2 Thin Client, Fat Client, Notebook, Maschinen-PC
	2.4 IT-Services – Basisdienste	2.4.1 Datensicherung (Backup/Recovery) 2.4.2 Netz 2.4.3 Voice 2.4.4 UMS/CTI (Xpression) 2.4.5 Servervirtualisierung 2.4.6 Citrix (Applikationsvirtualisierung) 2.4.7 Exchange (Mailkommunikation) 2.4.8 File-Services 2.4.9 Druckservices 2.4.10 Patchmanagement 2.4.11 Rechenzentrumsinfrastruktur 2.4.12 Storage 2.4.13 Datenbankdienste 2.4.14 Reporting 2.4.15 Lagermanagement
3 **IT-Service-management-Prozesse**	3.1 IT-Service Strategy	3.1.1 Service Portfolio Management 3.1.2 Financial Management 3.1.3 Demand Management
	3.2 Service Design	3.2.1 Service Level Management 3.2.2 IT-Servicekatalog-Management 3.2.3 Supplier Management 3.2.4 Capacity Management 3.2.5 Availability Management 3.2.6 Security- und Information Management 3.2.7 Continuity Management

→

Kategorien	Servicestruktur	IT-Services
3 **IT-Service-management-Prozesse** (Fortsetzung)	3.3 IT-Service Transition	3.3.1 Change Management/Planung & Unterstützung 3.3.2 Release- und Deployment Management 3.3.3 Configuration & Asset Management 3.3.4 Servicevalidierung & Test 3.3.5 Wissensmanagement
	3.4 IT-Service Operation	3.4.1 Service Desk 3.4.2 IT-Operation 3.4.3 Field Service Management 3.4.4 Event Management 3.4.5 Incident Management 3.4.6 Problem Management 3.4.7 Request Fulfillment Management 3.4.8 Access Management

Tab. 9–2 *Rechenzentrums-Gliederung*

9.3.2 Gewichtete Service-Gliederung

Servicestruktur	IT-Services
1 **Einführung**	1.1 Zielsetzung und Aufbau des Servicekatalogs 1.2 Anwendung des Servicekatalogs 1.3 Abgrenzung des Servicekatalogs
2 **Commodity Services**	2.1 Servicedesk 2.2 Störungstracking (e-Insight) 2.3 Lifecycle-Planung (Roadmap) 2.4 Ersatzteilberatung
3 **SLA-Services**	3.1 Service Fact Sheet 3.2 On-Site Maintenance 3.3 Dienstleister-übergreifende Wartungskoordination 3.4 Ersatzteilnachlieferung und -support 3.5 Call out Service 3.6 Emergency Call Service 3.7 System-Monitoring 3.8 System-Administration 3.9 Backup System Check 3.10 Reporting und Servicemeeting
4 **Innovation-Services**	4.1 KiSoft Web Eye 4.2 K3D-Onsite-Printing 4.3 K-RobotEYE
5 **Prozesse** (nicht explizit buchbar)	5.1 Incident Management 5.2 Problem Management 5.3 Change Management 5.4 Capacity Management 5.5 Service Level Management

Tab. 9–3 *Gewichtete Service-Gliederung*

9.3.3 Kundenservice-Gliederung

Kategorien	Servicestruktur	IT-Services
1 **Abkürzungsverzeichnis**		
2 **UNI-Richtlinien**		
3 **Einführung**	3.1 UNI-Services 3.2 UNI-Prozesse	
4 **UNI-Services**	4.1 UNI-Service Levels	
	4.2 Service-Punkt	4.2.1 Probleme mit Vor-Ort-Präsenz 4.2.2 Berechtigungs- und Zutrittsbeantragung 4.2.3 Gerätereservierung
	4.3 Anwendungs-services	4.3.1 Audio/Video-Mul,tipoint-Konferenzen 4.3.2 Backup&Restore 4.3.3 E-Mail 4.3.4 Internet – VPN und WLAN 4.3.5 IT-Wetterbericht 4.3.6 Netzlaufwerke 4.3.7 PC-Pool-Leitsystem 4.3.8 Webapplikationen 4.3.9 WWW-Dienste (uni-trier.de) 4.3.10 UNI-Cloud 4.3.11 UNI-Nutzerkennung 4.3.12 UNI-Windows-Benutzerprofil
	4.4 Öffentlich zugängliche UNI-Rechner und -Systeme	4.4.1 Campus-Netz 4.4.2 Drucken in PC-Pools 4.4.3 Multimedia-Pools 4.4.4 PC-Pools 4.4.5 Scannen in Multimedia-Pools 4.4.6 Wohnheim-IT
	4.5 UNI-interne und fakultätsnahe Services	4.5.1 Client/Desktop-Management 4.5.2 Serverhosting 4.5.3 Middleware 4.5.4 Datenbank 4.5.5 Speicher (Non-Standard-Service) 4.5.6 Rechenzentrumsinfrastruktur
	4.6 Security-Services	4.6.1 Digitale Zertifikate 4.6.2 Firewall/DMZ 4.6.3 Netzwerk-Security 4.6.4 Proxy und Gateway 4.6.5 Virenschutz
	4.7 AddedValue-Services	4.7.1 EDV-Broschürenverkauf 4.7.2 Fragenbogen-Scanning 4.7.3 Rent a HiWi – Softwareentwicklung 4.7.4 Repair Your Own Device
	4.8 Hardware-Services	4.8.1 Beschaffung und Instandsetzung 4.8.2 Geräteverleih
	4.9 Software- & Lizenz-Services	4.9.1 Kostenlose Downloads und Sonderkonditionen 4.9.2 Kostenpflichtige Downloads

Tab. 9–4 *Kundenservice-Gliederung*

9.3.4 Serviceklassen-Gliederung

IT-Services	Servicebestandteile	Serviceoptionen
1 **Einführung**		
2 **Übersicht der IT-Servicetypen**		
3 **Zusammenarbeit und Prozesse**	3.1 Abschluss von Service-Level-Vereinbarungen 3.2 Service Request 3.3 Messung und Reporting von IT-Services 3.4 Sicherheit und Datenschutz 3.5 Katastrophenfall 3.6 Ansprechpartner für Eskalationen	
4 **Beratungs- und Entwicklungsservice**	4.1 Beschreibung	
	4.2 Servicebestandteile	4.2.1 Fest 4.2.2 Optional
	4.3 Service Levels	
5 **Anwendungsservice**	5.1 Beschreibung	
	5.2 Servicebestandteile	5.2.1 Fest 5.2.2 Optional
	5.3 Service Levels	
6 **IT-Arbeitsplatzservice**	6.1 Beschreibung	
	6.2 Servicebestandteile	6.2.1 Fest 6.2.2 Optional
	6.3 Service Levels	
7 **Druckservice**	7.1 Beschreibung	
	7.2 Servicebestandteile	7.2.1 Fest 7.2.2 Optional
	7.3 Service Levels	
8 **IT-Hotline-Service**	8.1 Beschreibung	
	8.2 Servicebestandteile	8.2.1 Fest 8.2.2 Optional
	8.3 Service Levels	
9 **Glossar**		

Tab. 9–5 *Serviceklassen-Gliederung*

9.3.5 Clientorientierte Gliederung

Servicestruktur	IT-Services
1 **Einleitung**	1.1 Definition IT-Service 1.2 Höhere Gewalt und Dritte 1.3 Grundbegriffe 1.4 Übergeordnete Service Levels
2 **IT-Services**	2.1 Zugang Provider Corporate Network 2.2 IT-Arbeitsplatz 2.3 Anwendung E-Mail 2.4 Anwendungen Fachbereich (Anwendungssoftware) 2.5 IT-Smartphone (Blackberry/IPhone) 2.6 IT-Zusatzgeräte/-Systeme (Hardware) 2.7 Zugang Internet (Internet-Zugriffsberechtigungen) 2.8 Anwendung SAP (PLATZHALTER) 2.9 Anwendung Kassensystem Gastronomie 2.10 Anwendung Kassensystem Einzelhandel 2.11 Anwendung Individualsystem XY (PLATZHALTER)
3 **IT-Services-Preisübersicht**	
4 **Glossar**	

Tab. 9–6 *Clientorientierte Gliederung*

9.3.6 Bundle- und Service-Gliederung

Servicestruktur	IT-Services
Endbenutzer-Servicesbundles	1. IT-Arbeitsplatz 2. E-Mail und Kommunikationsservice 3. Telefonie am Arbeitsplatz 4. Mobile Telefon- und Datenverbindungen 5. Homeoffice 6. FAX-Anbindungs-Service 7. Sichere Datenverbindungen zu Fresenius 8. Konferenz-Services 9. Servicedesk & Support 10. Terminal Server (Citrix)

→

Servicestruktur	IT-Services
Endnutzer-basierte IT-Services	11. Basic IT Operation Package 12. Client-Backup 13. Harddrive Protection 14. First Installation Service 15. IT Equipment Moving Service 16. On-Site Support 17. Computer Pick-up Service 18. Central Service Desk Bad Homburg 19. Decentralized Service Desks 20. Emergency Support 21. E-Mail Plus with User Support 22. E-Mail Facility Connection Standard 23. E-Mail Facility Connection Plus 24. E-Mail Web Solution Basic 25. E-Mail Web Solution Extended 26. Mobile E-Mail for BlackBerrys 27. Software Packaging and Deployment 28. Terminal Server 29. SAP Portal and Platform Support
Netzwerk- und Telekommunikation	30. E-Mail Communication Services 31. Telephony at Workstation 32. Mobile Phones and Data Connections 33. Home Office 34. FAX Connection IT-Service 35. Secure Data Connections 36. Conferencing Services 37. Servicedesk & Support 38. Terminal Server (Citrix) 39. Network- and Telecommunications 40. Network Printer Access 41. Internet Access Basic 42. VPN Connect Full Access 43. VPN Connect Basic Applications 44. VPN WEB Connect 45. Home Office Basic 46. Home Office Comfort 47. Voice Telephone 48. Voice Mailbox 49. Fax Connection 50. Mobile Phones and Data Connections 51. Audio Conferencing 52. Room Video Conferencing 53. Desktop Video Conferencing

Tab. 9–7 *Bundle- und Service-Gliederung*

9.3.7 IT-Service-Gliederung

Kategorien	Servicestruktur	IT-Services
1 **Version**		
2 **Einleitung**		
3 **Definition IT-Service**		
4 **IT-Services**	4.1 Client-Services	4.1.1 PC-User
	4.2 Infrastruktur-Services	4.2.1 Serverbetrieb 4.2.2 Fileserver 4.2.3 Datenbank Oracle 4.2.4 Datenbank SQL
	4.3 Hosting-Services	4.3.1 Citrix – Windows Terminal Server
	4.4 Anwendungsservices	4.4.1 EAI – Application Development 4.4.2 EAI – System Maintenance
	4.5 IT Quality & Security Services	4.5.1 IT Security

Tab. 9–8 *IT-Service-Gliederung*

9.3.8 Anwendungsservice-Gliederung

Kategorien	Servicestruktur	IT-Services
1 **Version**		
2 **Einführung und Service Level Management**		
3 **Übergeordnete Service Levels** (gültig für alle Services)		
4 **IT-Services**	4.1 Online-Services	4.1.1 »Anwendung 1« 4.1.2 »Anwendung 2« 4.1.3 »Anwendung 3« 4.1.4 »Anwendung 4« 4.1.5 »Anwendung 5« 4.1.6 »Anwendung 6« 4.1.7 »Anwendung 7« 4.1.8 »Anwendung 8«
	4.2 Basisservices	4.2.1 File- und Print-Service 4.2.2 Metaframe Remote IT-Services WAN
	4.3 Callcenter-Technik	4.3.1 Softphone 4.3.2 Call-Agent Reporting 4.3.3 CTI-Proxy auf dem PC des Agenten
5 **Kennzahlendefinition**		
6 **Aktuelle Preisliste**		
7 **Glossar**		

Tab. 9–9 *Anwendungsservice-Gliederung*

9.3.9 Prozess/Basisservice-Gliederung

Servicestruktur	IT-Services
0 **Version**	
1 **IT-Service Support**	1.1 Servicedesk 1.2 Incident Management 1.3 Problem Management 1.4 Change Management 1.5 Release Management und Version Management 1.6 Configuration Management
2 **IT-Service Delivery**	2.1 Availability Management 2.2 Capacity Management 2.3 Continuity Management
3 **Standard-Services**	3.1 Basisinfrastruktur-Management 3.2 Servermanagement 3.3 Hardware-Services 3.4 Desktop-Services 3.5 Backup und Restore
4 **Advanced Services**	4.1 Database-Services 4.2 Middleware-Services 4.3 Citrix-Terminal-Service
5 **Additional Services**	5.1 Installation und Deinstallation von HW inklusive Systemsoftware 5.2 Installation und Deinstallation von Software

Tab. 9–10 *Prozess/Basisservice-Gliederung*

9.3.10 Geschäftsprozess- und Rechenzentrumssicht-Gliederung

Servicestruktur	IT-Services
1 **Kennzahlen zu allen Services**	
2 **Workplace-Services**	2.1 Workplace/IT-Arbeitsplätze 2.2 Telefonie/Voice 2.3 Peripheriegeräte 2.4 Workplace-Basis-Services
3 **Geschäftsprozess- und Management-Services**	3.1 Business-Prozessautomatisierung und -steuerung 3.2 EAI-Management 3.3 Logistik-Print-Service 3.4 Facility- und Security-Alarming 3.5 Compliance-Unterstützung

→

Servicestruktur	IT-Services
4 **Basis-Applikations-Services**	4.1 Logon Script 4.2 Application Publishing 4.3 Messaging Fax 4.4 E-Mail 4.5 Dokumenten-Preload (Webservice) 4.6 SAP (Basis/Solman) 4.7 Logistik-Verwaltungssystem 4.8 LDAP/Active Directory Service
5 **Informations-Services**	5.1 Datenbank (RDBMS-Management) 5.2 Filearchivierung und E-Mail-Archivierung 5.3 FileShare (SAMBA) 5.4 Storage as a IT-Service 5.5 Storage Attached Network
6 **System-Services**	6.1 Serverhosting 6.2 Serverhousing (Data Center Facility)
7 **Netzwerk-Services**	7.1 DNS und DHCP 7.2 LAN und Netzdesign 7.3 WAN 7.4 WLAN und Public WLAN 7.5 Firewall/DMZ 7.6 Remote Access und VPN 7.7 Sicherer Internetzugang und Content Security 7.8 AAA-Dienste 7.9 Partnerlink 7.10 IP-TK-Anlage 7.11 RedWAN
8 **Cross-Services**	8.1 Second-Level-Support 8.2 Notfallsupport 8.3 Monitoring/Reporting 8.4 Drittdienstleistersteuerung 8.5 Projektmanagement, Evaluation, Sourcing 8.6 Apprenticeship Mentoring 8.7 Backup/Restore 8.8 Desaster Recovery
9 **IT-Security-Services**	9.1 IT-Security-Management 9.2 Vorsorge für IT-Notfall und Notfallübung 9.3 Vulnerability Management 9.4 Security Incident Management 9.5 Security-Audits 9.6 Virenschutz

Tab. 9–11 *Geschäftsprozess- und Rechenzentrumssicht-Gliederung*

10 Order Procedure für eine geführte Buchung von IT-Services

Das CECAR-Modell liefert einen umfassenden Ansatz zur Gestaltung von IT-Servicekatalogen. Dies beinhaltet die Auswahl seines zu bestellenden IT-Service und dessen Buchung. Entsprechend der Zielgruppe sollte dieser Prozess inhaltlich beschrieben und konzipiert sein. Im CECAR-Modell ist der Punkt aus diesem Grund explizit ausgeführt und thematisch der Zielgruppe (Target Group) zugeordnet (s. Abb. 10–1).

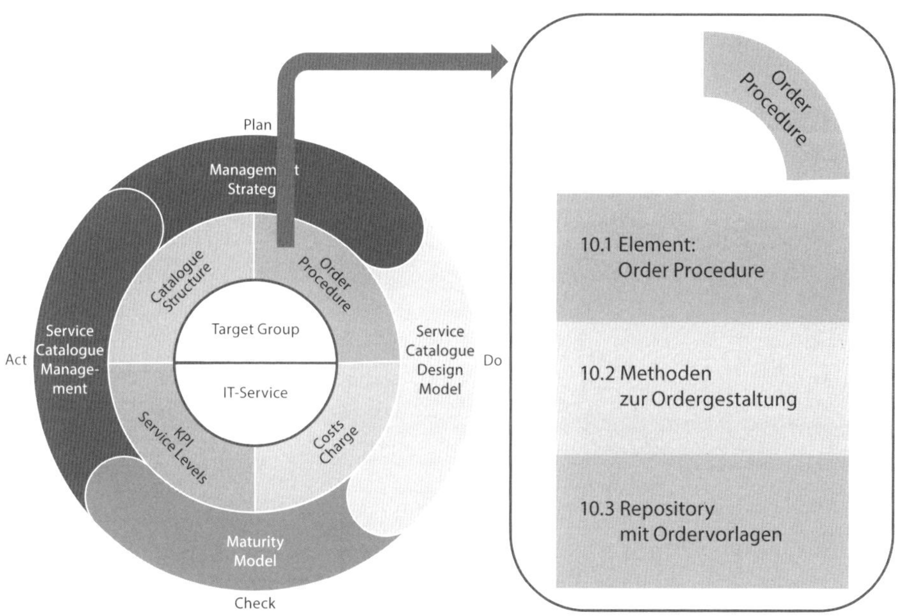

Abb. 10–1 *CECAR-Modell: Order Procedure*

Im CECAR-Modell wird das Element des Buchungsprozesses als »Order Procedure« konzeptionell behandelt. Die Methoden liefern ein entsprechendes Set zur Gestaltung des Buchungsprozesses. Zur konkreten Umsetzung des eigenen IT-Servicekatalogs werden im Repository vollständige Vorlagen mitgeliefert.

10.1 Element: Order Procedure

Das Element Order Procedure ist ein Prozess, der aufzeigt, wie der Buchende von der Wahl des IT-Service bis zur Buchung und darüber hinaus geführt wird. Aus der Sicht des Buchenden ergeben sich folgende Fragen, auf die für die Erstellung eines IT-Servicekatalogs eine Antwort vorliegen sollte:

- Wie ist eine Buchung auszulösen (Formular, Anruf etc.)?
- Wo geht die Buchung ein (Rolle, System)?
- Ist die Buchung korrekt (Genehmigung)?
- Wo ist die Buchung gerade (Nachverfolgung)?
- Welche Buchungsschritte sind einzuhalten?

Auch wenn Buchungsprozesse in der Modellierung einfach erscheinen, bei der Umsetzung liegt die Problematik häufig im Detail [Schmidt und Dohle 2007]. Hierfür bietet CECAR Methoden an, die an diesen relevanten Punkten die Probleme und mögliche Lösungen aufzeigen. In Abbildung 10–2 ist ein schematischer Buchungsprozess dargestellt, der nach der Abbildung erläutert wird.

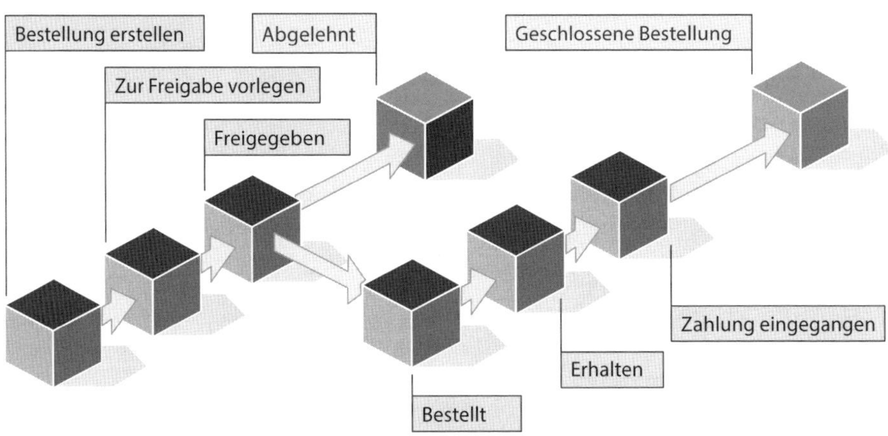

Abb. 10–2 *Buchungsprozess*

Prinzipiell besteht der Buchungsprozess aus folgenden Inhalten:

1. **Buchung erstellen**
   Der erste Schritt in der Buchung beinhaltet mehrere Aspekte. Zuerst gilt es, zu überprüfen, ob die Voraussetzungen für eine Buchung erfüllt sind. Dies verläuft parallel zur Order des IT-Service. Zusätzlich ist ein Sonderfall zu prüfen: Gibt es vielleicht einen Buchungsüberlauf, d.h., wurde mehr gebucht, als für diesen IT-Service vorgesehen ist?

2. **Zur Freigabe vorlegen**
   Dieser Schritt verfolgt den Vorgang, wie eine Order korrekt abzuschließen ist. Zu berücksichtigen sind dabei alle Genehmigungsstellen.

3. **Freigegeben**
   Nachdem die Genehmigungen bzw. Bestätigungen zur Order eingeholt sind, kann die Buchung erfolgen. Im Falle einer Ablehnung terminiert der Buchungsprozess hier.
4. **Bestellt**
   Während die Buchung ausgelöst ist, kann/sollte die Buchung nachverfolgbar sein (ähnlich dem Paketverfolgungsservice). Hierzu ist in der IT das Ticketsystem zu verwenden.
5. **Erhalten**
   Mit dem Erhalt des IT-Service erfolgt die Abnahme, z.B. durch erstmalige Anmeldung mit einer Benutzerkennung bei dem gelieferten IT-Service.
6. **Zahlung eingegangen**
   In diesem Schritt werden die eingegangenen Zahlungen überprüft und ggf. Zahlungserinnerungen versendet.
7. **Geschlossene Buchung**
   Mit dem Abschluss des Vorgangs ist der Buchungsprozess beendet.

Es muss nicht den einen Vorgang zur Buchung geben. Mehrere Bestellabläufe zu einem IT-Servicekatalog sind zulässig. Im Sinne der Wirtschaftlichkeit wäre ein einheitlicher Bestellvorgang zielführend. In der Praxis existieren aber meist mehrere Vorgänge. Dies gilt auch innerhalb eines IT-Service, der je nach Ausprägung z.B. der zu buchenden Fachbereiche seinen Weg verändert [Workflow Management Coalition 2005].

Trennung von Order Procedure und Umsetzung

Es ist zielführend, die Order Procedure von der Umsetzung der Order zu trennen. Ähnlich wie bei ITIL im Change Management. Die Planung einer Änderung lässt sich in ein strukturiertes Vorgehen packen. Die tatsächliche Umsetzung der Änderung ist aber immer wieder spezifisch von Änderung zu Änderung. Obwohl dieser Umstand eigentlich bekannt ist, wird dies im IT-Servicekatalog in der Praxis häufig nicht getrennt.

Es gibt zwei Order-Arten. Sie sind in der Ausführung unterschiedlich und trotzdem bleibt der Beschaffungsvorgang unabhängig davon erhalten. Die beiden Kategorien werden zunächst kurz veranschaulicht.

- **Beschaffungsorder**
  Bei der Beschaffungsorder werden neue für den IT-Service benötigte IT-Systeme (Geräte, Lizenzen) angeschafft. Dies zu modellieren ist meist aufwendiger, da mehr, meist auch manuelle Schritte erforderlich sind.
- **Nutzungsfreischaltungsorder**
  Bei der Nutzungsfreischaltung, wie z.B. der Firewall-Portfreischaltung oder der Freischaltung von Benutzerrechten für eine bestimmte Applikation, damit

dieser IT-Service in Anspruch genommen werden kann, sind meist weniger Schritte in der Umsetzung notwendig.

Trotz der Unterschiedlichkeit der beiden Order-Arten muss die Order korrekt erfüllt sein. Hierfür sind Genehmigungswege einzuhalten, die vor der Ausführung der Order bzw. deren Umsetzung stattfinden. Eine Trennung der Order Procedure von der Umsetzung sollte strikt eingehalten werden. Dies ist dahingehend wichtig, da sich die Technik ändert und damit andere Umsetzungswege beschritten werden. Hiervon sollte sich der Servicekatalog-Manager unabhängig machen.

Tipp: Es empfiehlt sich, die Buchungswege kurz zu halten. Komplexe Vorgänge führen eher zur Ablehnung des IT-Servicekatalogs.

10.2 Methoden zur Ordergestaltung

Die Gestaltung der Order, die an die Buchung von IT-Services anschließt, ist ausschlaggebend für den Erfolg bzw. für die Akzeptanz des IT-Servicekatalogs. Die nachstehenden Methoden sind entlang des Bestellvorgangs (Order Procedure) aufgeführt.

10.2.1 Orderübergabe

Die Übergabe einer Order kann unterschiedlich ausfallen. Der Reifegrad eines IT-Unternehmens gibt hierzu einen Ausschlag. Wer einen IT-Servicekatalog hat ohne automatisierten Buchungsablauf wird die Orderübergabe anders modellieren als jemand, der auf Automatisierungen zurückgreifen kann. Dies gilt u.a. für IT-Services, die nicht »so einfach mal« gebucht werden können.

Im Folgenden werden die Modellierungsmöglichkeiten aufgezeigt und eingeordnet (s. Tab. 10–1).

Orderübergabe	Einsatzfeld für entsprechende IT-Service
IT-Servicekatalog-System	Der Warenkorb wird im IT-Servicekatalog-System ausgeführt. Anschließend finden anhand von Schnittstellen z.B. Freischaltungen von Benutzerrechten zur IT-Servicenutzung statt.
Servicedesk	Analog zum IT-Servicekatalog-System, wobei die Ausführung über das Servicedesk-Personal erfolgt.
Dedizierter Ansprechpartner	Bei komplexen IT-Services, die einer Absprache bedürfen, wird der Serviceverantwortliche hinzugezogen.
IT-Einkauf	Für IT-Services, die einer gesonderten Beschaffung unterliegen
Auftragssystem	Die Order kann an ein anderes Auftragssystem übergeben werden, dieses reagiert anschließend mit einer personellen Bearbeitung oder agiert analog zum IT-Servicekatalog-System. Es handelt sich um eine Verschiebung der Order auf ein Zwischensystem.

Tab. 10–1 *Orderübergabe*

10.2.2 Orderformulare

Neben der Orderübergabe ist es zusätzlich wichtig, zu wissen, in welcher Form die Order zu übergeben ist. Formulare sind ein hilfreicher Mechanismus, wenn ein IT-Service nicht komplett als Standard definiert werden kann, da Variationen oder Kundenspezifika zuzulassen sind. Formulare können per E-Mail, Fax, Web oder auf Papier erstellt werden.

Eine Sonderrolle kommt dem Warenkorb zu. Er kann als eine Art Formular behandelt werden. Nachdem ein IT-Service ausgewählt ist, kann er in den Warenkorb gelegt werden. Damit sind alle Eigenschaften für den IT-Service ausgefüllt. Die Buchung ist korrekt aufgegeben. Der Warenkorb sammelt die fertigen Buchungen (indirekt als Formular anzusehen), insofern ist der Warenkorb mit einer Buchung wie ein Bestellformular zu betrachten.

Unabhängig davon, in welcher Form das Formular zur Anwendung kommt, gibt es zwei generelle Vorgehensweisen, die beim Formulareinsatz zu beachten sind. Je nach Vorgehensweise lässt sich der Einsatzzeitpunkt des Formulars im Buchungsvorgang mehr zu Beginn oder mehr zum Ende wählen. Die beiden folgenden Einsätze zeigen dies auf:

- **Vorgelagertes Formular**
  Hierbei wird der Buchende direkt darauf hingewiesen ein Formular auszufüllen, das einer Prüfung unterliegt und bei Erfolg seine Buchung auslöst.
- **Nachgelagertes Formular**
  Bei der Buchung eines IT-Service wird auf die Zusendung eines Formulars im Nachgang an die Buchung hingewiesen. In einigen Fällen ist dieses ausgefüllte Formular intern zu genehmigen.

Beide Formulare haben Vor- und Nachteile, die der Servicekatalog-Manager abwägen muss.

Vor- und Nachteile: Einsatz des vorgelagerten Formulars

Der Einsatz im vorgelagerten Formular lässt sich wie folgt beschreiben. Der Buchende wird bei der Auswahl des IT-Service direkt mit den Details zur Buchung konfrontiert. Dies wirkt für eine Reihe von Buchenden abschreckend. Sie binden für das Ausfüllen des Formulars interne Ressourcen (andere Mitarbeiter), die ihnen bei der Informationsbeschaffung behilflich sind. Dieser Nachteil kann bei der Einführung des IT-Servicekatalogs zu einer Nichtakzeptanz führen. Emotional gesteuerte Aussagen, wie »Oh wie kompliziert«, sind bei einem Start des IT-Servicekatalogs nicht hilfreich. Ist der IT-Servicekatalog bereits akzeptiert, so spielt das vorgelagerte Formular den Vorteil der validen Buchungen aus. Sind alle Informationen eingeholt, um den IT-Service zu bestücken, so verbleiben die validen Buchungen im IT-Servicekatalog.

Vor- und Nachteile: Einsatz des nachgelagerten Formulars

Das nachgelagerte Formular arbeitet wie folgt. Der Nutzer bucht den IT-Service. Im Anschluss an die Buchung erhält er das Formular zum Ausfüllen und meistens muss er es genehmigen lassen. Hier kommen mehrere Punkte zusammen. Für den Bedienkomfort ist es angenehm, wenn hinderliche Details zu Beginn verborgen bleiben. Dies ermöglicht es, mehr Buchungen über den IT-Servicekatalog zu generieren und ihn damit besser im Unternehmen zu platzieren. Doch dieser Vorteil kann zum Nachteil werden. Der Buchende füllt vielleicht unter Zuhilfenahme von Kollegen das Formular aufwendig aus und erhält bei der Genehmigungsstelle eine Absage. Zu diesem Zeitpunkt liegt bereits eine Vorstufe der Buchung im IT-Servicekatalog vor, die wieder aus dem System gelöscht werden muss. Das IT-Unternehmen kann somit nicht abschätzen, wie viele echte Buchungen auf es zukommen.

Tipp: Der Einsatz von Formularen kompensiert das Nichtvorhandensein von Buchungsabläufen und macht die Situation häufig komplexer. Als Faustregel gilt: Eingeführte und bereits anerkannte Formulare lassen sich weitestgehend immer einbinden.

10.2.3 Verrechnungsobjekte

Das Absetzen einer Order benötigt, nachdem die Orderübergabe geregelt ist und alle Informationen vorliegen, ein Zielobjekt, auf das sie gebucht wird.

Es sind drei Verrechnungsobjekte zu unterscheiden, die untereinander zusammenhängen können:

- Verrechnungsposition
  Auf dem freien Markt, wenn Kunden mit einem externen Dienstleister arbeiten, wird diese Position bevorzugt. Der Buchende löst die Buchung aus und diese wird, nachdem sie erfolgt ist, auf der Rechnung als Verrechnungsposition ausgewiesen.
- Kostenstelle
  Die Kostenstelle ist ein Kostenrechnungsobjekt, das die bei einer Buchung entstandenen Kosten auf einer Identifikationsnummer sammelt. Dies ist im Inhouse-Verhältnis wichtig, da das Controlling des IT-Unternehmens sehen kann, welche Abteilung bzw. welcher Fachbereich welche Kosten generiert. Die Kosten können über die Kostenstelle nach unterschiedlichen Kriterien strukturiert werden (s. Abschnitt 11.2.11).
- BANF
  Eine Bedarfsanforderung kurz BANF kann als vorübergehendes Verrechnungsobjekt angesehen werden. Sie nimmt die Order mit einer eindeutigen Nummer auf. Erst wenn die Order erledigt ist, erfolgt die Zuteilung auf eine Verrechnungsposition oder Kostenstelle.

Alle drei Verrechnungsobjekte können mit einander korrespondieren, da im externen Kundenverhältnis sowohl der Kunde als auch das IT-Unternehmen die Einnahmen bzw. Ausgaben über Kostenstellen organisieren.

Bei der Erstellung eines IT-Servicekatalogs wird deutlich, ob für einen IT-Service direkt eine Kostenstelle erforderlich ist oder ob dies über andere Systeme realisierbar ist. Das folgende Beispiel verdeutlicht dies. Ein Buchender in einem Inhouse-Verhältnis benötigt meist die Kostenstelle, auf die seine Buchungen von IT-Services erfolgen. Hier kann der IT-Servicekatalog-Manager zwei Wege gehen. Entweder überlässt er es dem Buchenden, dies zu wissen, oder im Hintergrund wird eine Zuordnung zwischen Buchendem und Kostenstellen gehalten.

10.2.4 Orderworkflow

Bevor eine Order ausgelöst wird, ist der Ablauf der Buchung zu modellieren. Dies ist u.a. wichtig, da die Buchenden dann ein Verständnis dafür gewinnen, wie und wo die einzelnen bestellten IT-Services bearbeitet werden.

Generell lassen sich zwei Workflows aus dem IT-Servicekatalog ableiten:

- **Order mit anschließender Verrechnung**
  Die Order wird, nachdem sie ausgelöst ist, in einem Workflow abgearbeitet und anschließend erfolgt die Verrechnung. Es entstehen keine weiteren Arbeiten oder Abstimmungen mehr.
- **Order mit Übergabe an ein SLA**
  Bei diesem Workflow werden die IT-Services in einem SLA zusammengestellt und über das Service Level Management weiterverarbeitet [Scholderer 2016].

Der Servicekatalog-Manager sollte wissen, auf welche der beiden Pfade er die im IT-Servicekatalog angebotenen IT-Services setzt. Dabei können beide Wege modelliert werden. Es gilt kein Ausschlusskriterium hierfür. Einige IT-Services werden erst unter bestimmten Bedingungen (andere Mengen, andere Länder) SLA-relevant.

Ein IT-Service mit mehreren Orderworkflows

Der Orderworkflow mit anschließender Verrechnung folgt nicht einem einzigen vordefinierten Ablauf. Er kann sich vielmehr je nach Zielgruppe verändern. Die Erstellung des IT-Servicekatalogs kann dieses Hilfsmittel deutlich erleichtern, da über diesen Weg je nach Zielgruppe bestimmte Bedingungen verknüpft werden. Je nach Fachbereich ist im Inhouse-Verhältnis ein anderer Workflow einzuschlagen. Liegen z.B. für die Fachbereiche unterschiedliche Mobilfunkverträge vor, so verändert sich meist die Beschaffung. Über Orderworkflows kann der Servicekatalog-Manager den Vorgang steuern und IT-Services anbieten, die über mehrere Wege buchbar sind.

Offenlegung von Workflows

Einige Workflows sind komplex. Eine Order mit 50–60 Schritten ist durchaus keine Seltenheit. Hier kann der Servicekatalog-Manager zwei Arten der Modellierung überlegen:

- **Verweis auf den Workflow**
  Ein Verweis auf den gesamten Workflow zu einem IT-Service ist hinterlegt. Dies dient sozusagen der Information für den Buchenden, wie die Order bearbeitet wird.
- **Workfloweinbindung**
  Der Buchende wird direkt in den Workflow mit eingebunden, d.h., das Tool des IT-Servicekatalogs oder ein anderes Auftragssystem meldet sich beim Buchenden und informiert diesen oder fordert weitere Angaben ein wie z.B. weitere Genehmigungen.

Inwieweit die Workflows transparent sind (sein sollen), hängt davon ab, welche Kultur seitens der Kunden gewünscht ist. Prinzipiell ist es gut, wenn die Workflows existieren und bekannt ist, was in den Schritten detailliert abläuft. Und genau hierfür findet sich eine passende Abstraktion. Bei vielen Schritten sind diese zusammenzufassen, damit der Kunde sieht, wo er mitwirken muss und wo der Übergang hin zum IT-Unternehmen ist und wie viele Schritte dort benötigt werden. Das drückt sich in einem »Rechteck« als Prozessschritt aus.

10.2.5 Ansprache des Bestellers

Speziell in der Order Procedure wird der Benutzer angesprochen, wie er die Order abzugeben hat. Hier sollte sich der Schreibstil an den Benutzer wenden. Einige Tipps zur Wortwahl:

- Der Schreibstil soll idealerweise den »3 K« folgen: kurz, klar, kundenorientiert.
- Kurze Absätze (3–4 Zeilen), kurze Sätze, eine Information pro Satz (keine Schachtelsätze), einfache Wörter und Begriffe (möglichst wenig Fachbegriffe)
- Klare Gliederung durch (kurze) Überschriften, Aufzählungen (im Infoblatt)
- Möglichst keine redundanten Informationen in Maskeneinträgen-/Hilfetexten und Nutzungsbedingungen
- An gesprochener Sprache orientieren (Wie würden Sie den Sachverhalt am Telefon erklären?)
- »Sie-Stil« verwenden (statt »Wir gewähren Ihnen Zugriff« → »Sie erhalten Zugriff«. Anwender fühlt sich direkt angesprochen, nicht wir als IT-Unternehmen, sondern der Nutzen des Anwenders steht im Vordergrund)
- Aktive Formulierungen wählen, unpersönliches Passiv vermeiden (statt »Der Zugang wird eingerichtet« → »Sie erhalten Zugang zu …«)
- Ggf. direkte Fragen einbauen

- Verben statt Substantivierungen (Wörter auf »-ung«, »-keit«, »-heit« möglichst vermeiden (statt »Wir nehmen eine Prüfung Ihrer Zugangsdaten vor« → »Wir prüfen Ihre Zugangsdaten«)
- Bitten statt befehlen (statt »Der Antrag ist auszufüllen« → »Bitte füllen Sie den Antrag aus«)
- »Zauberwörter« verwenden: (→ »bitte«, »einfach«, »gerne«, »für Sie«)

10.3 Repository mit Ordervorlagen

10.3.1 Textbausteine Orderübergabe

Orderübergabe	Textvorschläge
IT-Servicekatalog-System	Wollen Sie den Warenkorb verbindlich bestellen? Wenn ja, bitte auf »Warenkorb absenden« klicken.
Servicedesk	Alle unsere IT-Services können Sie über den Servicedesk beziehen. Halten Sie Ihre Benutzerkennung bitte bereit.
Dedizierter Ansprechpartner (I)	Wenden Sie sich für eine Buchung an Fr./Hr. XYZ
Dedizierter Ansprechpartner (II)	Füllen Sie bitte eine Bestellanforderung aus und senden Sie diese an vorname.name@unternehmen.de
IT-Einkauf	Das XY-Endgerät bestellen Sie beim IT-Einkauf

Tab. 10–2 *Textbausteine Orderübergabe*

10.3.2 Textbausteine für Formulareinsatz

Formularart	Textvorschläge
Vorgelagertes Formular	Füllen Sie bitte für den zu beschaffenden IT-Service ein Bestellformular aus und senden dieses an den IT-Einkauf (Kontakt: XYZ). Der IT-Service wird daraufhin für Sie beschafft und freigeschaltet. Ist eine Installation erforderlich, kann die Software alternativ an Ihren Arbeitsplatz geliefert und installiert werden.
Nachgelagertes Formular	Nach der Buchung des IT-Service bekommen Sie ein Konfigurationsformular per E-Mail zugeschickt. Bitte füllen Sie dieses Formular aus und lassen es von einem zeichnungsberechtigten Vorgesetzten unterschreiben. Anschließend senden Sie das Formular bitte per Fax an die Abteilung Systembeschaffung (Kontakt: XYZ).

Tab. 10–3 *Textbausteine für Formulareinsatz*

10.3.3 Textbausteine Verrechnungsobjekte

Verrechnungsobjekte	Textvorschläge
Verrechnungsposition	Der IT-Service trägt die Bestellnummer 123456. Bitte prüfen Sie beim Rechnungseingang die Korrektheit dieser Position.
Kostenstelle	Diesen IT-Service erhalten Sie bei (Kontakt XYZ). Sie werden aufgefordert, Ihre Kostenstelle einzutragen. Bitte füllen Sie alle notwendigen Informationen aus. Der IT-Service wird Ihnen automatisch monatlich in Rechnung gestellt.
BANF	Bitte wählen Sie Ihren IT-Service im IT-Servicekatalog aus und leiten die Bestellanforderung (BANF) an den IT-Einkauf.

Tab. 10–4 *Textbausteine Verrechnungsobjekte*

10.3.4 Orderworkflow-Templates

Orderworkflow	Textvorschläge
Zwei Zielgruppen, zwei Vorgänge	Mitarbeiter der Fachabteilung A und B nutzen bitte folgenden Genehmigungsworkflow: Für die Buchung des IT-Service 123 benötigen Sie lediglich das Formular, das unter folgendem Link hinterlegt ist: (Link). Bitte füllen Sie das Formular aus und lassen es vom Vorgesetzten unterschreiben. Senden Sie dieses Formular per Mail an (Mailadresse). Mitarbeiter der Fachabteilung C und D nutzen bitte folgenden Genehmigungsworkflow: Notes Kachel (Buchung von IT-Service 123). Unter nachstehendem Link finden Sie die aktuellen Bestellrichtlinien.
Buchungsablauf normal bis zur Verrechnung	1. Voraussetzung für diesen IT-Service ist ein bestehendes SAP-Konto 2. Neuen IT-Service bestellen (IT-Anträge und Richtlinien über Netzwerkzugriff: Antragstyp: Neuer IT-Service) 3. Nach erfolgter Buchung erhalten Sie eine Nachricht mit allen notwendigen Informationen und einer Kurzanleitung. Für weitergehende Informationen bzw. Fragen wenden Sie sich bitte an den Servicedesk.
IT-Warenkorb mit Genehmigungsprozess im Hintergrund	Freigegebene bestellbare IT-Arbeitsplätze und IT-Komponenten werden in Form eines IT-Warenkorbes bereitgestellt. Die Beschaffung der hierüber angeforderten und gemäß dem jeweiligen Genehmigungsprozess genehmigten IT-Komponenten wird abgewickelt.

Tab. 10–5 *Orderworkflow-Templates*

10.3.5 Orderworkflow vom IT-Servicekatalog zum SLA

Der Ablauf vom IT-Servicekatalog zum SLA lässt sich wie folgt beschreiben:

1. Auswahl der IT-Services und deren Serviceklasse
2. In der konkreten Ausprägung bei einem Kunden wird beispielsweise der IT-Service 123 an mehreren Lokationen erforderlich. Die einzelnen Ausprägungen des IT-Service 123 können in einem SLA zusammengefasst werden.
3. Das SLA übernimmt vom IT-Servicekatalog alle zentralen Serviceparameter wie Verfügbarkeitsklassen, Bandbreiten etc. Die Parameter werden auf den Kunden abgestimmt.
4. Zusätzlich zu den auszuwählenden Serviceklassen werden weitere Absprachen im Leistungsschein getroffen und dort beschrieben.
5. Die aus dem IT-Servicekatalog kommenden »übergeordneten Service Levels« sollten nicht verändert werden. Ist dies in einem Projekt erforderlich, so ist mit dem verantwortlichen Service-Level-Manager eine Abstimmung zu treffen.
6. Komplexe Dienstleistungen werden häufig in Kooperation mit beiden Parteien, Servicenehmer und Servicegeber, erbracht. Für diesen Fall stehen Zuständigkeitsmatrizen bei den jeweiligen IT-Services zur Verfügung, um eine Verteilung der Verantwortlichkeiten, Durchführung, Mitwirkung und Informationspflicht treffen zu können.

Das Ergebnis eines angewendeten Servicekatalogs ist somit

- eine konkrete Beschreibung der Leistungsscheine für Kunden und
- eine klare Preisstruktur, auf der die Verrechnung in den Leistungsscheinen basiert.

11 IT-Services modellieren und professionell designen

Der Komplex »Modellierung von IT-Services« zählt zu den schwierigsten Bereichen (s. Abschnitt 2.7). Wie in Abschnitt 5.1.1 gezeigt, ist der Weg zur Definition eines IT-Service bereits konzeptionell vorzubereiten. In diesem Kapitel liefert das CECAR-Modell sowohl eine Ausführung des Elements IT-Service inklusive der Methoden zum Design eines IT-Service als auch ein umfassendes Repository, das aufgrund seines Umfangs in mehrere Abschnitte aufgeteilt ist (s. Abb. 11–1).

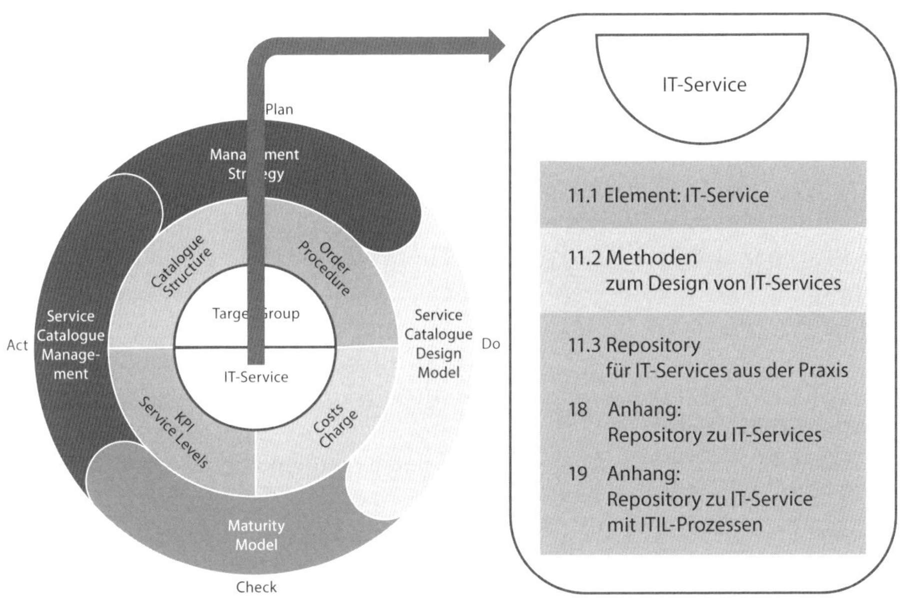

Abb. 11–1 *CECAR-Modell: IT-Service*

Im Bereich der Prozesse wächst die Zahl der IT-Standards kontinuierlich. Das konkrete Objekt, nämlich der IT-Service, blieb bisher weitestgehend unberücksichtigt (s. Kap. 2). In CECAR liegt der Fokus auf dem Design von IT-Services. Hierzu bedient man sich der Sicht aus dem Blick der Zielgruppen. Denn den Zielgruppen soll der IT-Service angeboten werden. In den nächsten Abschnitten wird das Wesen des IT-Service beschrieben und es werden Methoden aufgezeigt, die zur Modellierung erforderlich sind.

11.1 Element: IT-Service

Das in den IT-Standards vorgestellte SOUSIS-Modell zeigt, wie IT-Services entlang von drei Aspekten beschrieben werden [Scholderer 2016]. Diese sind die Serviceklasse, der Servicebetrieb und die Serviceüberwachung. In SOUSIS werden diesen Punkten die speziellen IT-Serviceparameter zugeordnet und mit Werten versehen. Es werden typische Beispiele hierfür genannt:

- **Serviceklasse**
  Innerhalb der Serviceklasse werden Kennzahlen wie Verfügbarkeit, Antwortzeit und Bandbreite definiert und mögliche Levels (z.B. 98,5 % Verfügbarkeit) angegeben.
- **Servicebetrieb**
  Der Servicebetrieb legt Parameter wie Wiederherstellungszeit, Reaktionszeit und Rufannahme fest. Dies sind Aspekte, die für den Betrieb des IT-Service von Bedeutung sind.
- **Serviceüberwachung**
  Zur Überwachung des IT-Service sind die Punkte Leistungsübergabepunkt, Monitoring und Reporting zu definieren (s. Abschnitt 12.2.7).

Bei genauerer Betrachtung erscheinen diese drei Punkte zwar als richtig, sie müssen jedoch präziser einsortiert werden. Das Verständnis von Servicebetrieb und -überwachung definiert sich über den Bereich KPI und Service Levels [Fröschle und Kütz 2011]. Sie sind wichtige Bausteine und keine direkten Methoden, um den IT-Service zu modellieren. Sie beschreiben mehr das Verhalten des IT-Service bzw. wie das Verhalten einzuschätzen ist. Lediglich die Serviceklasse gibt einen Hinweis zur Modellierung. Hier ist eine Modellierungsmethode aus dem Bereich der Optionen vorhanden.

Für die Modellierung von IT-Services sind andere und deutlich mehr Methoden erforderlich [Jäckel und Scholderer 2007a-c]. Da es zum IT-Service grundsätzliche Fragen gibt, wie »was ist ein IT-Service und was nicht« oder »was gehört alles zu diesem IT-Service«, bedarf es eines umfassenden Sets von Methoden, um den IT-Service zu erfassen und zu beschreiben. Abbildung 11–2 strukturiert die in der Praxis erprobten Methoden nach drei Kriterien.

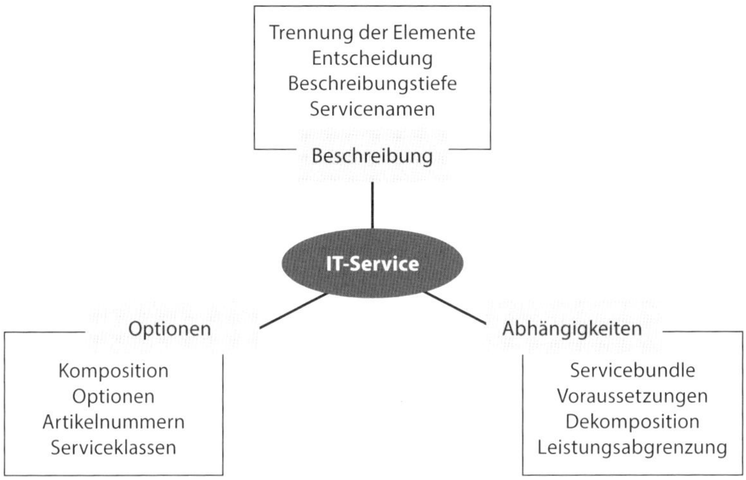

Abb. 11–2 *Design von IT-Services*

Um das Element IT-Service zu beschreiben, bedarf es dieser Unterscheidung. Die Beschreibung des Wesens des IT-Service ist grundlegend vorzunehmen. Ebenso gilt es, die Optionen zu nennen, mit welchen Ausführungen der IT-Service angeboten wird. Letztlich sind die Abhängigkeiten ein weiterer Punkt, der zu den essenziellen Themen des IT-Service zählt.

Die Beschreibung von IT-Services ist komplex, da viele Aspekte beim Design mit hineinspielen. Eine umfassende Modellierung von IT-Services wird im nächsten Kapitel ausführlich behandelt.

11.2 Methoden: Methoden zum Design von IT-Services

Der Servicekatalog-Manager erhält mit den CECAR-Methoden ein umfassendes Werkzeugset, um seine IT-Services geeignet gestalten zu können. Damit er diese Werkzeuge auch effektiv und effizient anwenden kann, benötigt er einen Überblick darüber. In Tabelle 11–1 wird die Vielzahl der CECAR-Methoden mit Angabe der jeweiligen Einsatzfelder erläutert.

Bereich	Methode	Kommt zum Einsatz
Beschreibung	Prinzipielle Zerlegung von IT-Services	Diese Methode gilt für alle IT-Services, wird aber meistens für atomare IT-Services verwendet.
	Entscheidung, was ist ein IT-Service und was nicht	Für alle IT-Services ist diese Methode empfehlenswert.
	Beschreibung eines IT-Service	Für alle IT-Services ist diese Methode empfehlenswert.
	Vergabe von klaren Servicenamen	Für alle IT-Services ist diese Methode empfehlenswert.

→

Bereich	Methode	Kommt zum Einsatz
Abhängigkeiten	IT-Servicebundles	Der Einsatz dieser Methode dient meist zur Beschreibung von Ende-zu-Ende-Services aus Endbenutzersicht.
	Voraussetzungen	Über diese Methode werden die Abhängigkeiten auf das für Kunden Wesentliche reduziert.
	Dekomposition: Abhängigkeiten zwischen IT-Services	Diese Methode zeigt, worauf bei Abhängigkeiten zwischen den IT-Services zu achten ist. Bei grafischen Darstellungen von IT-Services ist diese Methode zu wählen.
	Leistungsabgrenzung zwischen IT-Services	Der Einsatz erfolgt, wenn die IT-Services explizite Ausschlüsse erfordern.
Optionen	Servicekomposition und der Einsatz von Kennzahlen	Wenn mehrere Kennzahlen zu einem IT-Service modelliert werden, ist diese Methode anzuwenden.
	Einsatz von Optionen: Umfang eines IT-Service modellieren	Werden viele ähnliche IT-Services modelliert, so kann diese Methode zur Reduzierung der angestiegenen Servicemenge führen.
	Artikelnummern	Einsatz im dynamischen Umfeld, wenn sich die IT-Servicenamen häufig ändern.
	Definition von Serviceklassen	Diese Methode betrachtet einen Sonderfall von Optionen und wird eingesetzt, um die Wertigkeit von Serviceklassen (z.B. Gold, Silber, Bronze) über ein Stichwort aufzuzeigen.

Tab. 11-1 *Servicemodellierungsmethoden und deren Anwendung*

Da das Design von IT-Services den Blick aufs Ganze benötigt und der Servicekatalog-Manager auf viele Aspekte reagieren muss, werden hier die CECAR-Methoden anhand von Beispielen diskutiert, um die Auswirkung bei deren Anwendung deutlich zu sehen.

11.2.1 Prinzipielle Zerlegung eines IT-Services

Die wichtigste Methode, um die zentralen Bestandteile eines IT-Service zu verstehen, ist die prinzipielle Zerlegung. In der Vergangenheit wurde ein IT-Service unsystematisch aufgebaut. Die Anwendung von Strukturen erfolgte nach einem nicht nachvollziehbaren Schema. Eine empirische Auswertung von IT-Services des Autors über ca. 100 IT-Servicekataloge hinweg zeigte drei Aspekte, die ein IT-Service bedienen sollte, um den Anforderungen gerecht zu werden:

- **Servicebeschreibung**
  Anhand einer Beschreibung, deren Umfang und Beschreibungstiefe in Abschnitt 11.2.3 geklärt wird, sind die Merkmale eines IT-Service zu erläutern.

- **Service Levels**
  Die Qualität, wie gut der IT-Service erbracht wird, legen Service Levels fest. Einige Service Levels definieren einen Korridor, in dem der IT-Service erbracht wird (z.B. Mo.–Fr. 07:00–19:00 Uhr), während die sogenannten Kennzahlen den messbaren Anteil repräsentieren (z.B. Verfügbarkeit 98 %). Anhand dieser Service Levels kann der IT-Service präzise in seiner zu erwartenden Qualität beschrieben werden.
- **Zuständigkeiten**
  Wer für den IT-Service zuständig ist, erfassen die Zuständigkeitsmatrizen. Einen Ausschnitt einer solchen Matrix zeigt Tabelle 1–3 (S. 13). Die Erfassung ist notwendig, denn in den meisten IT-Servicebeschreibungen werden das Wesen des IT-Service und die Zuständigkeiten miteinander vermischt. Ein IT-Service lässt sich im ersten Ansatz leichter beschreiben, wenn der Satz beginnt mit »Der Kunde/Dienstleister hat für den IT-Service zu gewährleisten, dass …«. Mit diesen oder ähnlichen Formulierungen erfolgt eine Vermischung des Wesens des IT-Service und der Zuständigkeit, wer den IT-Service erbringt. Um dies zu vermeiden, ist es erforderlich, den IT-Service allgemeingültig so zu beschreiben, wie er vom IT-Unternehmen erbracht wird. Mit der Trennung der Zuständigkeiten ist der IT-Service im IT-Servicekatalog leichter wartbar und Kunden verstehen besser, für welche Aufgaben sie verantwortlich sind.

Abbildung 11–3 zeigt die Überführung eines unsystematisch beschriebenen IT-Service in eine strukturierte Form.

Der Dienstleister gewährleistet in der Betriebszeit von 08:00–18:00 Uhr, dass er den Service RAS zur Einwahl in das Unternehmensnetzwerk mit einer Verfügbarkeit von 99% erbringt.

Servicebeschreibung:
Der Service RAS dient zur Einwahl in das Unternehmensnetzwerk

Service Levels	Werte
Betriebszeit	08:00–18:00 Uhr
Verfügbarkeit	99%

V=Verantwortung | D=Durchführung M=Mitwirkung | I=Information	Kunde	Provider
Betrieb		V/D

Abb. 11–3 Prinzipielle Servicezerlegung

Diese prinzipielle Zerlegung ist notwendig, denn die unsystematische Schreibweise führt zu einem hohen Aufwand. Wenn sich etwas am IT-Service verändert, so muss der Servicekatalog-Manager die gesamte Servicebeschreibung überprüfen und diese auf den korrekten Stand bringen. Mit der prinzipiellen Zerlegung wird genau dieser Aufwand vermieden, da gezielt an den relevanten und direkt ersichtlichen Passagen des IT-Service die Änderungen vorgenommen werden.

Praxishinweis: Die Zuständigkeitsmatrix ist einer der entscheidenden Mechanismen, mit denen der Servicekatalog-Manager die schwer überschaubaren Beschreibungen und Regelungen beherrscht. Bei der Erstellung von IT-Services besteht sonst die Gefahr, dass der Servicekatalog-Manager unscharfe Beschreibungen wählt, wie etwa »Der Servicenehmer erbringt die ...« oder »Der Dienstleister übernimmt ...«. Binnen weniger Sätze entsteht ein schwer überschaubares Konstrukt von Verantwortlichkeiten. Der Servicekatalog-Manager kann dies vermeiden, indem er bestehende Texte, in denen Verantwortlichkeiten enthalten sind, auf die Zuständigkeitsmatrix überträgt. Das führt zu einem klaren Verständnis der Verteilung der Aufgaben und Verantwortlichkeiten.

11.2.2 Entscheidung: Was ist ein IT-Service und was nicht

Die Entscheidung, ob ein IT-Service vorliegt oder nicht, wird heute aufgrund von Erfahrung getroffen. In diesem Abschnitt werden zwei Vorgehensweisen vorgestellt, die ein nachvollziehbares Vorgehen beinhalten. Um einen IT-Service zu bestimmen, kann top-down oder bottom-up vorgegangen werden. In der Praxis finden beide Vorgehensweisen ihre Anwendung und ergänzen sich.

Top-down-Vorgehen

Diese Vorgehensweise legt den Fokus darauf, was ein IT-Service ist. Die Umkehrung, also was ein IT-Service nicht ist, bleibt außen vor. Beim Top-down-Vorgehen sind zwei aufeinander aufbauende Elemente zu definieren. Das erste Element ist eine Servicearchitektur. Diese Architektur definiert, wie die IT-Services zueinander angeordnet sind. Dabei werden Servicekategorien gebildet, die sich im IT-Servicekatalog ggf. als logische Struktur wiederfinden. Dies ist jedoch nicht zwingend erforderlich. Die Servicekategorien beinhalten zum Verständnis einige Services, Servicetypen oder auch Technologien. Abbildung 11–4 zeigt dies beispielhaft auf.

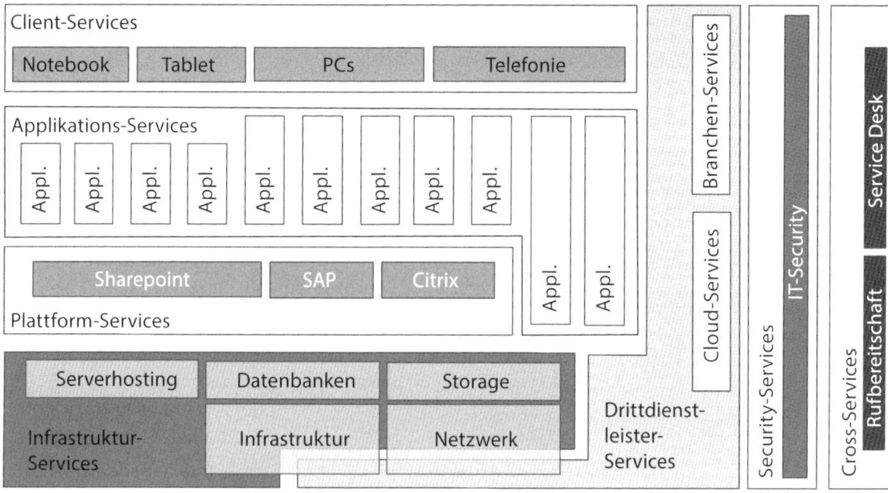

Abb. 11–4 *Servicearchitektur*

Die Servicearchitektur und deren -kategorien sind darauf zu testen, ob neue IT-Services zugeordnet werden können. Sind die empirischen Tests erfolgreich, so kann auf der Servicearchitektur aufbauend das zweite Element Servicerichtlinie entworfen werden. Mit der Servicerichtlinie werden die Servicekategorien beschrieben, um von der Abbildung hin zu einem normierten Vorgehen zu kommen. Tabelle 11–2 liefert ein Beispiel, wie diese Servicehierarchie ausformuliert sein kann.

Servicekategorie	**Beschreibung**
Client-Services	Zu den Client-Services zählen alle Endgeräte, mit denen Endbenutzer ihre Geschäftsprozesse ausführen können.
Plattform-Services	Technologien oder IT-Systeme, auf denen weitere Applikationen aufsetzen, werden im IT-Unternehmen als Plattform-Services kategorisiert und als eigenständiger Service im IT-Servicekatalog modelliert. Hierunter fallen SAP, Sharepoint und Citrix.
Applikations-Services	Applikationen, die auf Plattform-Services aufsetzen und die Kunden für den Geschäftsbetrieb nutzen, werden im IT-Unternehmen als eigenständige Services angesehen (bisher als Produkt geführt) und im Business-Servicekatalog aufgenommen. Eigenständige Applikationen, die direkt einem Geschäftsprozess zuordenbar sind, werden im IT-Unternehmen als eigenständige Services geführt und im Business-Servicekatalog aufgenommen.
Infrastruktur-Services	Infrastruktur-Services, wie Netzwerk, Serverhosting, Datenbankbetrieb, Print etc. sind Bestandteil des IT-Servicekatalogs und werden für Kunden entsprechend dem Geschäftsprozessbedarf zusammengestellt und ggf. als Servicebundle im Business-Servicekatalog aufgenommen.

→

Servicekategorie	Beschreibung
Drittdienstleister-Services	Alle von Drittdienstleistern eingekauften Services, die Kunden nutzen, werden im IT-Unternehmen als eigenständige Services geführt und je nach Anwendungsfall im Business-Servicekatalog oder im IT-Servicekatalog aufgenommen.
Security-Services	Zu den Security-Services zählen alle Leistungen, die für die Sicherheit der IT erforderlich sind, wie Firewall etc.
Cross-Services	Als Cross-Services werden alle Leistungen bezeichnet, die übergreifend zu den vorher genannten Services definiert sind.

Tab. 11–2 *Servicerichtlinie*

Mit der Servicearchitektur wird entschieden, wo ein IT-Service einzuordnen ist, und mit der Servicerichtlinie wird festgelegt, welche der genannten Services in den IT-Servicekatalog aufgenommen werden. Die Servicerichtlinie ist um diesen Hinweis zu ergänzen.

Bottom-up-Vorgehen

Das Bottom-up-Vorgehen knüpft an das in Abschnitt 5.1.1 vorgestellte Verfahren an. In IT-Unternehmen werden bei der Ersterhebung die IT-Services und Nicht-IT-Services erfasst. Nach einem Zufallsprinzip werden bei der Analyse in der Praxis Kategorien, Aufgaben, Optionen eines IT-Service, ITIL-Prozesse, Arbeitsabläufe, Aktivitäten, etc. in einen IT-Servicekatalog aufgenommen. Abbildung 11–5 zeigt, dass die Menge der gedachten IT-Services größer ist als die Menge der tatsächlichen IT-Services.

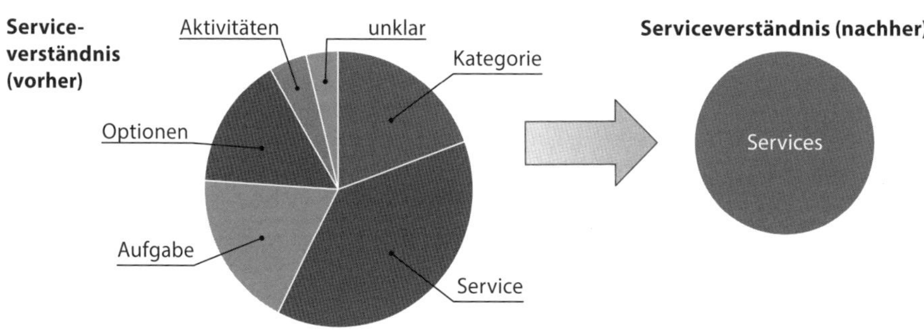

Abb. 11–5 *Service-Entscheidung*

Für die Entscheidung, »was ein IT-Service ist und was nicht«, ermöglicht Tabelle 5–3 (S. 86) und die daraus resultierende Vorgehensweise eine präzise Herleitung bzw. Begründung.

In Tabelle 11–3 wird hierfür gezeigt, was tatsächlich ein IT-Service ist und was vermutlich kein IT-Service ist, sondern mehr eine Aufgabe oder Ähnliches. Die linke und die rechte Spalte lassen deutlich die Wortwahl als wichtigen Entscheidungsfaktor erkennen.

Ist ein IT-Service	Kein IT-Service, sondern eher eine Aufgabe in einem IT-Service
Backup/Restore	Daten parken
Leihgeräteverwaltung	Handling von Poolgeräten (z.B. UMTS-Karte, Beamer, Notebook, Mobiltelefone)
Berechtigungsmanagement	Einrichtung/Pflege/Löschung von Remote-Zugängen
Netzwerkmanagement	Konfiguration von Netzwerkports
Notfallsupport	Bereitstellung aller notwendigen Notfallinformationen und -dokumente

Tab. 11–3 *Service-Entscheidung*

In Abschnitt 11.2.1 werden die zu erbringenden Aufgaben in Zuständigkeitsmatrizen aus der IT-Servicebeschreibung extrahiert. Dieses Vorgehen der Trennung von Zuständigkeiten kann der Servicekatalog-Manager nutzen, um im umgekehrten Vorgehen zu prüfen, ob er einen IT-Service oder eine Aufgabe beschrieben hat. Dabei sollte er für den vermeintlichen IT-Service eine Zuständigkeitsmatrix anlegen und befüllen. Folgende Punkte sind dabei zu beachten:

- **Ausschluss**
  Finden sich zu dem IT-Service keine Zuständigkeiten, so liegt mich Sicherheit eine Aufgabe oder Ähnliches vor.
- **Benutzeranleitung**
  Verbleiben Tätigkeiten, die wie in einer Bedienanleitung über Klicks von einem zum anderen Menü führen, liegt ebenfalls eine Aufgabe und kein IT-Service vor.
- **Option**
  Die Einträge in der Zuständigkeitsmatrix sind die gleichen wie bei einem ähnlich klingenden IT-Service. Dann liegt vermutlich eine Option vor, die Teil eines anderen IT-Service ist (s. Abschnitt 11.2.10).
- **Kategorie**
  Übersteigen die Einträge in den Zuständigkeitsmatrizen ein Maß von über 50 Zeilen. So liegt aller Wahrscheinlichkeit eine Kategorie vor, die sich in mehrere IT-Services unterteilt.

Dieses Entscheidungsprüfverfahren, was ein IT-Service ist und was nicht, unterstützt den Servicekatalog-Manager bei der Verifizierung (s. Abschnitt 5.1.1, Schritt 1). Oft werden dem Servicekatalog-Manager Listen mit IT-Services aus den einzelnen IT-Abteilungen vorgelegt. Diese Listen kann er mit diesem Entscheidungsprüfverfahren bearbeiten und den Erstellern der IT-Services Hinweise geben.

Tipp: Der Servicekatalog-Manager sollte sich die Liste der IT-Services z.B. in Excel anlegen und eine weitere Spalte anfügen, in der er die Unterscheidung nach Kategorie, IT-Service, Aufgabe, Option und Aktivitäten vornimmt. Das daraus entstehende Ergebnis gibt einen Überblick, wie die Liste der IT-Services auf die wesentlichen IT-Services reduziert wird.

Tipp: Auf die Diskussion, ob ein ITIL-Prozess ein IT-Service ist oder nicht, sollte sich der Servicekatalog-Manager nicht einlassen. Die in ITIL definierten Prozesse oder Funktionen, wie Change Management oder Servicedesk, können durchaus als IT-Services in den IT-Servicekatalog aufgenommen werden, wenn diese aus anderen IT-Services ausgekoppelt und als eigenständige IT-Services gelistet werden.

11.2.3 Beschreibung(-stiefe) eines IT-Service

Um einen IT-Service zu erfassen, bedarf es der kundengerechten Beschreibung bzw. Beschreibungstiefe. Dem Designer des IT-Service muss deutlich werden, welche Punkte in der Beschreibung enthalten sein sollen. Insbesondere soll mit der CECAR-Methode die Entstehung einer Benutzeranleitung verhindert werden. Ziel ist es, einen IT-Service zu definieren. Zusätzlich soll das Kopieren von Texten bekannter IT-Services aus dem Internet vermieden werden. Beispielsweise empfiehlt es sich nicht, jemandem den IT-Service »Firewall« über die Funktionsweise der Firewall zu erklären, sondern dies sollte über das Einsatzfeld der Firewall und den Serviceumfang erfolgen.

Textauszug aus Wikipedia für eine Firewall [de.wikipedia.org/wiki/Firewall]:

Eine Firewall (von englisch firewall ['faɪəwɔːl] ›Brandwand‹ oder ›Brandmauer‹) ist ein Sicherungssystem, das ein Rechnernetz oder einen einzelnen Computer vor unerwünschten Netzwerkzugriffen schützt [1] und ist weiter gefasst auch ein Teilaspekt [2] eines Sicherheitskonzepts.

Jedes Firewall-Sicherungssystem basiert auf einer Softwarekomponente. Die Firewall-Software dient dazu, den Netzwerkzugriff zu beschränken, basierend auf Absender- oder Zieladresse und genutzten Diensten. Sie überwacht den durch die Firewall laufenden Datenverkehr und entscheidet anhand festgelegter Regeln, ob bestimmte Netzwerkpakete durchgelassen werden oder nicht. Auf diese Weise versucht sie, unerlaubte Netzwerkzugriffe zu unterbinden. [...]

Da diese Beschreibung einer Firewall als bekannt vorausgesetzt werden darf, ist ein Umdenken notwendig. Die folgende Formulierung der Firewall enthält einige Textstellen aus Wikipedia, um das Wesen zu charakterisieren und nicht um die Funktionsweise der Firewall zu beschreiben.

Mögliche Formulierung als IT-Service »Firewall«:

Die Firewall/DMZ beschränkt den Netzwerkzugriff. Sie überwacht den durch die Firewall laufenden Datenverkehr und unterbindet unerlaubte Netzwerkzugriffe. Es ist eine den aktuellen Sicherheitsrichtlinien angemessene Konfiguration sicherzustellen, die mit dem zuständigen Security Officer abgestimmt ist. Dieser IT-Service beinhaltet:

- Design, Setup und Installation
- Betrieb der DMZ- und Firewall-Umgebung inklusive IPS
- Installation von Updates, Upgrades, Patches und Versionen
- Management der Netzzugriffe

Eine geeignete Beschreibung eines IT-Service adressiert folgende Punkte:

- **Wesen eines IT-Service**
  Zum Wesen des IT-Service zählt eine kurze allgemeine Darstellung, worum es sich bei dem IT-Service handelt.
- **Einsatzzweck**
  Bei dem Einsatzzweck steht das Objekt im Fokus, auf das der IT-Service eine Auswirkung hat, inklusive der Darstellung, um welche Auswirkung es sich handelt.
- **Einsatzort**
  Bei dem Einsatzort ist nicht der Kunde im Fokus. Das bedeutet, es geht nicht darum, für welche Kunden der IT-Service eingesetzt wird, denn dies ist ein Attribut des IT-Service (s. Abschnitt 5.1). Mit dem Einsatzort ist mehr der Ort des Wirkens gemeint oder anders ausgedrückt die Angabe, wo der IT-Service wirkt.
- **Nutzen**
  Mit dem Nutzen soll nicht ein vermeintlicher Mehrwert erstellt werden, um den IT-Service positiv darzustellen. Der Nutzen des IT-Service zeigt, was mit dem IT-Service erreicht werden soll.

Folgende Vorlage kann den Servicekatalog-Manager unterstützen, den IT-Service zu beschreiben:

1. Bei dem <IT-Service> geht es um <Wesen des IT-Service>.
2. Hiermit wird bezweckt, dass <Einsatzzweck>.
3. Dabei wird der IT-Service bei <Einsatzort> eingesetzt,
4. um den <Nutzen> zu erreichen.

Das obige Firewall-Beispiel würde sich durch ein konkretes Einsetzen der Beschreibungselemente wie folgt lesen:

1. Bei der **Firewall** geht es um **die Beschränkung des Netzwerkzugriffs.**
2. Hiermit wird bezweckt, dass **der durch die Firewall laufende Datenverkehr überwacht wird und unerlaubte Netzwerkzugriffe unterbunden werden.**
3. Dabei wird der IT-Service mit **dem zuständigen Security Officer abgestimmt,**
4. um mit **der Konfiguration die aktuellen Sicherheitsrichtlinien einzuhalten.**

Um die Servicebeschreibungen zu variieren, kann der Servicekatalog-Manager von der oben genannten Vorlage abweichen. Sie soll lediglich als Unterstützung für den Einstieg zu einer Beschreibung eines IT-Service verwendet werden.

Bei komplexeren IT-Services, die zusammengefasst werden, kommen die IT-Servicebundles zum Einsatz, die in der Kombination einen weiteren Mehrwert für den Anwender darstellen. Anhand von erläuternden Texten kann dies herausgestellt werden.

11.2.4 Vergabe von klaren Servicenamen

Bei der Vergabe eines Servicenamens ist der Servicekatalog-Manager gefragt. Er ist mit der Situation konfrontiert, ob er beim Servicenamen die Technologie oder den inhaltlichen IT-Service herausstellt. Der in allen Unternehmen zum Einsatz kommende IT-Service »E-Mail« dient hier als Beispiel für die Modellierung (s. Abb. 11–6):

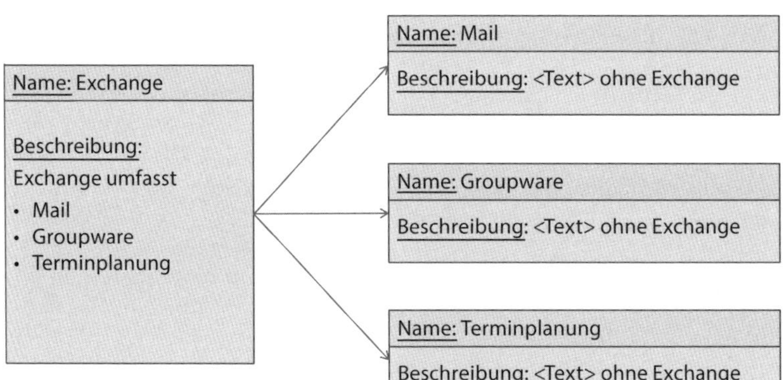

Abb. 11–6 *Servicenamen*

Das linke Beispiel ist meist nicht zu empfehlen, da es trotz Zusicherungen in IT-Unternehmen, dass die Mailtechnologie langfristig ausgewählt ist, dennoch zum Technologieaustausch kommen kann, was eine Neukonzeption des IT-Service erfordert. Für einen Servicenamen ist die inhaltliche Version aus diesem Grund praktikabler, da diese Entscheidung bei technischen Änderungen langfristig tragfähiger ist. Das Beispiel rechts enthält drei IT-Services. Es ist nicht alles zu einem IT-Service Exchange zusammengefasst. Der Servicekatalog-Manager hat hier die drei Funktionalitäten aus Exchange extrahiert und drei IT-Services konzipiert. Alternativ könnte die Entscheidung auf die Servicekollaboration, die Mail, Groupware und Terminplanung enthält, fallen.

Mit der Vergabe der Servicenamen wurde anhand der Beispiele gezeigt, wie sich die Namensvergabe verhält. Das genannte Beispiel lässt sich mit anderen Modellierungsmethoden kombinieren. Denkbar ist die Definition des IT-Service »E-Mail«, der in der Servicebeschreibung Mail als Standard enthält und Groupware und Terminplanung als Optionen aufführt (s. Abschnitt 11.2.10).

11.2.5 IT-Servicebundles

In einem IT-Servicekatalog liegen zwei Arten von IT-Services vor. Die kundenorientierten IT-Services und die atomaren IT-Services. Einige kundenorientierte IT-Services verwenden atomare IT-Services und fügen diesen einen Mehrwert hinzu, andere nehmen atomare IT-Services als Erweiterungen des eigenen Spektrums hinzu und wieder andere werden komplett aus atomaren IT-Services zusammengesetzt.

Die Methode, die dahinterliegt, wird IT-Servicebundles genannt. Ein IT-Servicebundle ist ein Paket aus zusammengefassten IT-Services. IT-Servicebundels sind keine Optionen von einem IT-Service. Das nachstehende Beispiel zeigt den Unterschied. Der stationäre Arbeitsplatz und der mobile Arbeitsplatz sind die zwei Optionen zu dem IT-Service »IT-Arbeitsplatz«. Das IT-Servicebundle entsteht durch die atomaren IT-Services (s. Tab. 11–4):

- Laptop/Computer-Datensicherung (Client-Backup),
- Internetzugang,
- Festplattenverschlüsselung,
- VPN-Connect-Vollzugriff und
- mobile Datenverbindung.

Service-komponenten	Stationärer Arbeitsplatz	Mobiler Arbeitsplatz	Beschreibung
Hardware und Zubehör	X	X	Der Kunde kreuzt an, ob er einen Desktop-PC oder Laptop bestellt.
Zusammen-gestellte Basis-services für dieses IT-Servicebundle	X	X	Zu diesem IT-Servicebundle wird die bereitgestellte Infrastruktur (z. B. Netzanschluss, vorinstallierte Programme, Anti-Virus-Schutz) genannt.
Applikationen (lizenzpflichtig)	X	X	Zu den vorinstallierten Programmen kann der Einkäufer weitere Applikationen auswählen. Diese werden angeboten, sind jedoch nicht Teil der Basisservices und somit müssen die Lizenzen dazu bestellt werden.

→

Service-komponenten	Stationärer Arbeitsplatz	Mobiler Arbeitsplatz	Beschreibung
Desktop-Backup/ Restore	X	X	Die zum Benutzer gehörenden Daten werden, wenn sie nicht in der Cloud abgespeichert sind sondern auf dem Desktop liegen, gesichert.
Internetzugang	X	X	Zugang zum Internet
Verschlüsselung der Festplatten		X	Bei mobilen Geräten ist Verlust oder Diebstahl möglich. Hierfür kann anders als beim stationären Arbeitsplatz eine Festplattenverschlüsselung ein wichtiger Dienst sein, um sensible Unternehmens-daten zu schützen.
VPN-Vollzugriff		X	Mobile Geräte ermöglichen das unabhängige Arbeiten. Für den Zugriff auf unternehmensinterne Ressourcen, wie Daten und Applikationen, dient der VPN-Vollzugriff.

Tab. 11–4 *Servicebundle*

Der Vorteil von IT-Servicebundles besteht in der weniger restriktiven Art, Abhängigkeiten zwischen IT-Services zu modellieren. Durch die Zuordnung von atomaren IT-Services zu einem IT-Servicebundle und damit zu einem IT-Service entsteht eine Form der Dekomposition. Sie ist auf die Kundensicht hin abgestimmt. Diese Form der Dekomposition wird aller Voraussicht nach unvollständig sein. Dies soll nicht als Nachteil verstanden werden. Denn die Modellierung von Abhängigkeiten ist aufwendig (s. Abschnitt 8.2.4, CECAR-Testfall 1–3). IT-Servicebundles sind ein probates Mittel, um die zentralen Zusammenhänge, die ein IT-Servicekatalog benötigt, herzustellen. Die zu einem IT-Service gehörenden atomaren IT-Services sollen über ein Servicebundle zusammengefasst werden. Somit entsteht eine hohe Flexibilität, da sich die Modellierung von Abhängigkeiten auf wesentliche IT-Services beschränkt.

Tipp: Wer sich bei der Dekomposition mit Technikern hinsichtlich eines CMDB-Graphen abstimmen muss, dem helfen die IT-Servicebundles. Sie sind ein probates Mittel, um in der Technik nachzufragen, ob diese Abhängigkeiten in der CMDB berücksichtigt sind. Ansonsten gilt für Servicekatalog-Manager, wer viele Abhängigkeiten explizit modelliert, benötigt zwingend ein Tool, um eine vollständige Dekomposition im IT-Servicekatalog aktuell halten zu können.

11.2.6 Dekomposition: Abhängigkeiten zwischen IT-Services

Die Alternative zu IT-Servicebundles stellt die Dekomposition dar. Sie ist restriktiver und verlangt nach einer größeren Genauigkeit bei der Modellierung von Abhängigkeiten, als es mit IT-Servicebundles erreichbar ist. Diese Methode zur Modellierung von Abhängigkeiten zwischen IT-Services lässt sich unterschiedlich gestalten. Jede dieser Varianten hat Vor- und Nachteile. Die folgenden drei Varianten werden im Anschluss erläutert und nach Pro und Contra aufgeschlüsselt:

1. Modellierung im IT-Service-Template
2. Modellierung in separaten Tabellen
3. Modellierung in Graphen

Variante 1: Modellierung im IT-Service-Template

Im Service-Template wird ein eigenes Attribut »Ist abhängig von« zur Modellierung von Abhängigkeiten vorgesehen. In diesem Attribut steht der Name des IT-Service. Es kann auch die Artikelnummer zur eindeutigen Identifikation genannt sein. Abbildung 11–7 zeigt, wie mit einem Attribut die Abhängigkeit zu anderen IT-Services modelliert wird.

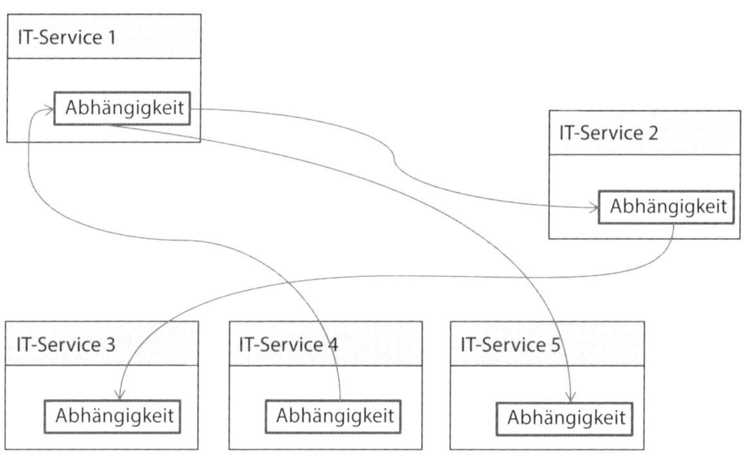

Abb. 11–7 *Abhängigkeiten via Service-Template*

Wenn ein Attribut nicht ausreicht, so liefert ITIL weitere Möglichkeiten, die Abhängigkeiten zu beschreiben. Wie in Abschnitt 2.2 genannt, sind folgende Abhängigkeiten laut ITIL denkbar:

- »Ist Komponente von«
- »Ist verbunden mit«
- »Verwendet«
- »Ist eine neue Version von«
- »Wird ersetzt durch«

Die Vor- und Nachteile dieses Vorgehens sind in Tabelle 11–5 genannt.

Vorteile	Nachteile
Die Abhängigkeiten des IT-Service sind direkt zu erkennen.	Mit diesen Abhängigkeiten gibt es für dieses Modell keinen Gesamtüberblick. Der Servicekatalog-Manager hat nur die nächsten IT-Services im Blick. Ein weiterer Nachteil ist das Entstehen von doppelten oder impliziten Abhängigkeiten. Doppelt bedeutet: Zu jedem IT-Service ist bei den abhängigen IT-Services diese Referenz einzutragen. Noch gravierender sind die impliziten Abhängigkeiten, wenn die Abhängigkeit ausschließlich bei einem IT-Service eingetragen wird. Ist dies der Fall, so muss der Servicekatalog-Manager die Abhängigkeiten des IT-Servicekatalogs im Überblick haben, um Änderungen an einem IT-Service konsistent zu halten.

Tab. 11–5 *Vor-und Nachteile mit Abhängigkeiten im IT-Service-Template*

Diese Art der Modellierung ist nicht besonders zu empfehlen, da ein Überblick weitestgehend nicht gewährleistet ist.

Variante 2: Modellierung in separaten Tabellen

Die Modellierung von Abhängigkeiten kann in ein oder mehreren separaten Tabellen mit m:n-Beziehungen erfolgen. Tabelle 11–6 gibt einen Eindruck, wie diese Abhängigkeiten zustande kommen.

IT-Service ist abhängig von ...	... IT-Service
SAP FI	Datenbank Prod
SAP FI	Datenbank Test
SAP FI	Datenbank Dev
SAP FI	Reisekostenanwendung
SAP FI	Lohnvorsystem
SAP FI	Externe Honorare
Management-Board	SAP FI
Benachrichtigungssystem	SAP FI

Tab. 11–6 *Abhängigkeitstabelle*

Wie aus Tabelle 11–6 zu sehen ist, befindet sich der IT-Service SAP FI auf beiden Seiten. Dadurch entsteht ein Graph, der vermascht ist, da der IT-Service SAP FI auf IT-Services aufsetzt und selbst wieder in der Kette hin zu den Geschäftsprozessen andere IT-Services unterstützt bzw. beliefert. Binnen kürzester Zeit entsteht eine große Tabelle, um komplexe Vorgänge abbilden zu können. Zusätzlich können weitere Spalten eingefügt werden, um die Art der Abhängigkeit zu beschreiben oder zu verschlagworten. Dieses Vorgehen bringt folgende Vor- und Nachteile mit sich (s. Tab. 11–7).

Vorteile	Nachteile
Es entsteht ein einheitliches Modell, das nach bestimmten Kriterien durchsucht werden kann.	Es bildet sich ein vermaschtes System, das in einer reinen Tabellenstruktur nur schwer wartbar ist, wenn es nicht automatisiert generierbar ist.

Tab. 11–7 *Vor-und Nachteile mit Abhängigkeiten in separaten Tabellen*

Wer die automatisierte Generierung erzwingen möchte, muss eine Kombination aus der Modellierung im Service-Template mit den separaten Tabellen wählen. In einem Tool können derartige Abhängigkeiten langfristig aktuell bleiben.

Variante 3: Modellierung in Graphen

Die Modellierung von Abhängigkeiten mittels eines visuell aufbereiteten Graphen kann analog zur Modellierung in separaten Tabellen angesehen werden. Das Grundprinzip ist identisch, wobei die visuelle Repräsentation anders ist. Abbildung 11–8 zeigt beispielhaft einen hierarchischen und einen vernetzten Servicegraphen.

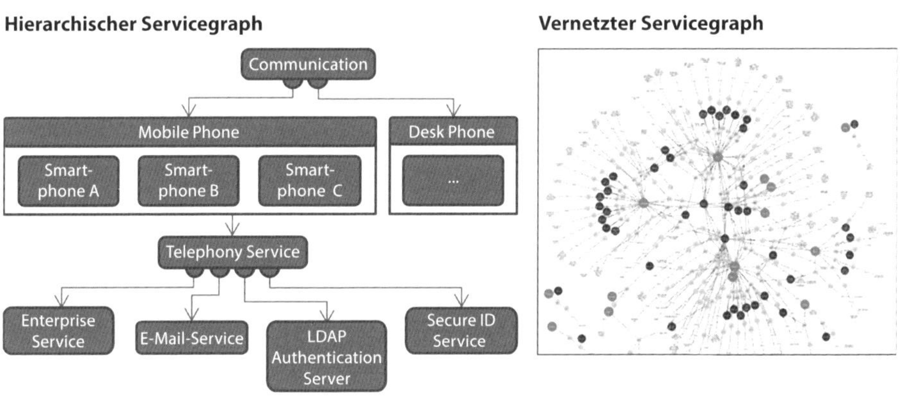

Abb. 11–8 *Abhängigkeiten via Graphen*

Mit einer grafischen Modellierung lässt sich viel erreichen. Damit sind jedoch Aufwände verbunden (s. Tab. 11–8).

Vorteile	Nachteile
Es lassen sich die Abhängigkeiten zwischen den IT-Services genau erkennen.	Ab einer gewissen Menge von IT-Services (ca. ab 100) ist ein vermaschter Graph schwer zu überblicken. Die Aktualität des Graphen ist nur über einen erhöhten Aufwand zu gewährleisten. Neuerungen und Änderungen an den Kanten bzw. Abhängigkeiten müssen weitestgehend manuell eingepflegt werden. Dazu **können automatisierte Graphen** erzeugt werden. Diese versuchen über eine gleichmäßige räumliche Verteilung die Knoten anzuordnen. Der Servicekatalog-Manager erhält keinen geeigneten Überblick. Automatisch erzeugte Knoten und Kanten folgen keinem geeigneten Format für einen IT-Servicekatalog.

Tab. 11–8 *Vor-und Nachteile mit Abhängigkeiten in Graphen*

Ein Aspekt wird bei den Abhängigkeiten nicht betrachtet: Auf der Abhängigkeit liegt eine Bedingung. Die Abhängigkeit gilt unter bestimmten Voraussetzungen, die beim Auflösen der Verbindung durch mehrere Aktionen (z.B. anpassen oder löschen anderer IT-Services) zu berücksichtigen sind. Der CECAR-Testfall: Löschen eines IT-Service (s. Abschnitt 8.2.4) veranschaulicht dies.

Servicegraphen sind ein Modell der realen Welt. Der Servicekatalog-Manager wird beim Versuch, die IT-Services hierarchisch in ihren Abhängigkeiten zu modellieren, zusätzlich vermaschte Servicegraphen erzeugen. Der Umstieg von einem Graphen auf eine Explorer-Ansicht ist möglich und wird häufig als Lösung von den Toolherstellern angeboten. Eine tatsächlich vermaschte Struktur zu modellieren, um den Überblick zu behalten, ist nicht vorgesehen, da eine hierarchische Basis bzw. Datenbankstruktur zur Modellierung in den Tools vorliegt.

Folgendes Fazit gilt

Die IT-Services sind über Abhängigkeiten miteinander verbunden. Die Abhängigkeiten zu kennen ist entscheidend. Dieses Wissen wird für die Fehleranalyse benötigt und nicht für die Beschreibung von IT-Services.

Tipp: Servicekatalog-Manager sollten diesen Empfehlungen folgen: Servicekataloge stellen keinen Ersatz für eine CMDB dar und erfordern damit keine ausgefeilten Serviceabhängigkeiten. Toolbasierte Systeme, die Servicekataloge im Portfolio haben, können dies mitverwalten. Die Verwaltung von Serviceabhängigkeiten ist zudem aufwendig.

11.2.7 Voraussetzungen

Parallel zu den IT-Servicebundles und der Dekomposition gibt es eine weitere Möglichkeit zur Modellierung von Abhängigkeiten. Die Methode bedient sich der Voraussetzungen, die gegeben sein müssen, um den IT-Service aktivieren bzw. buchen zu können. Die Voraussetzung zu einem IT-Service lässt sich in zwei unterschiedliche Kategorien einteilen:

Systemvoraussetzungen

Die klassischen Voraussetzungen auf der Systemebene sind Speicher, CPU, Betriebssystem, installierte Software, Einstellungen, Versionsnummer etc.

Mit ihnen lassen sich die relevanten Softwareanwendungen oder Systemgegebenheiten modellieren. Speziell die installierten Softwareanwendungen bieten die Möglichkeit, komplexere Zusammenhänge darzustellen, da das Betriebspersonal des IT-Unternehmens wissen muss, welche Anwendungen vorinstalliert sein müssen und somit zum IT-Service gehören.

Voraussetzungen für die Inbetriebnahme

Anders als die Systemvoraussetzungen sind die Voraussetzungen für die Inbetriebnahme zu sehen. Hier treten andere Aspekte in den Vordergrund, die im Folgenden beispielhaft aufgezeigt werden:

- Zu »diesem« Service muss vorher Service X, Y und Z aktiviert sein.
- Zugangsberechtigung mit Rechten 1, 2 und 3 zu Service Y muss vorhanden sein.
- Eingetragener Benutzer am Servicedesk zu »diesem« Service

Über diese Voraussetzungen lassen sich dedizierte Abhängigkeiten modellieren, die direkt einen Einfluss auf den IT-Service haben.

Diese Modellierungsmethode ist eine robuste Methode, um die IT-Services im IT-Servicekatalog kundengerecht einzuordnen. Bei ihr geht es nicht um die Vollständigkeit aller Abhängigkeiten und somit konkurriert sie nicht mit weiteren Abhängigkeitsgraphen. Durch diese Methode werden die Abhängigkeiten auf ein Minimum reduziert, da nur die Abhängigkeiten berücksichtigt werden, die für den Kunden und seine Buchung wichtig sind.

11.2.8 Leistungsabgrenzung zwischen Services

Ein IT-Service und dessen Umfang sind eindeutig zu beschreiben. Der Servicekatalog-Manager sollte von Leistungsabgrenzungen absehen. Das nachstehende Beispiel einer Abgrenzung, die einem IT-Service beigefügt war, zeigt dies genau auf.

> **Leistungsabgrenzung:** Die Druckaufbereitung ist nicht Bestandteil des IT-Service IT-ARBEITSPLATZ, sondern des IT-Service DRUCK. Ebenso ist im IT-ARBEITSPLATZ kein Support enthalten, sondern über den IT-Service IT-SUPPORT geregelt.

Dieser Passus, der im IT-Service IT-ARBEITSPLATZ eingefügt wurde, birgt einige Probleme in sich. Wenn alle IT-Services so beschrieben und voneinander abgegrenzt werden, so muss der Servicekatalog-Manager dieses System weiterführen, sofern neue IT-Services hinzukommen. Es zeigt sich, dass analog zu den Serviceabhängigkeiten durch die Leistungsabgrenzung zu anderen IT-Services etwas Ähnliches passiert. Es werden ebenfalls Abhängigkeiten modelliert. Dies erfordert einen großen Verwaltungsaufwand. Insbesondere sind die IT-Services und ihre Abgrenzung schwer überschaubar zu halten.

Tipp: Dem Servicekatalog-Manager ist zu empfehlen, die IT-Services und deren Umfang auf die in Abschnitt 11.2.1 erläuterte Art zu beschreiben, um alle enthaltenen Leistungen darin abzubilden. Alles, was nicht Bestandteil des IT-Service ist, wird nicht abgegrenzt. Andernfalls entsteht ein Graph, der aufzeigt, welche IT-Services nicht voneinander abhängig sind, ein sogenannter negativer Abhängigkeitsgraph.

Sonderfall: Ein IT-Servicekatalog kann Beschränkungen für die Aufnahme von IT-Services beinhalten. Dies ist erforderlich, wenn der IT-Servicekatalog ausgesuchte IT-Services umfasst, um kein undifferenziertes Spektrum zu erhalten.

Es können beispielsweise Beratungsleistungen ausgeschlossen werden. Würde der Servicekatalog-Manager um die Aufnahme des IT-Service EAI-Application-Development-Service gebeten, so kann er sich auf den Passus berufen: Beratungsservices sind nicht im IT-Servicekatalog enthalten. Dann wird dieser IT-Service rein formal nicht aufgenommen. Sollte der IT-Service jedoch aufgenommen werden, so ist die Abgrenzung aufzuheben (s. Abschnitt 8.2.4, CECAR-Testfall 1–3).

11.2.9 Servicekomposition und der Einsatz von Kennzahlen

Beim Servicedesign kann es aufgrund von Kennzahlen eines IT-Service zu einer Verzahnung mehrerer IT-Services in einem kommen, obwohl es sich eigentlich um mehrere IT-Services handelt. Das nachstehende Beispiel (s. Abb. 11–9) zeigt dies. Für den IT-Service »Server« wurden folgende Kennzahlen definiert:

Service: Server

Kennzahlen	Werte
Reaktionszeit	Prio 1: 15 min Prio 2: 1 Std Prio 3: 1 Tag
Entstörzeit	Prio 1: 4 Std Prio 2: 8 Std Prio 3: 3 Tage
Verfügbarkeit	98% pro Monat
Backupzeiten	Mo. 20:00–23:00
Rufbereitschaft	So. 00:00–24:00

Abb. 11–9 *Beispiel-Service*

Einzeln betrachtet gehören die Kennzahlen nicht zusammen. Eine Aufteilung von impliziten IT-Services hin zu expliziten IT-Services ist erforderlich. Damit werden aus dem hier dargestellten IT-Service »Server« im IT-Servicekatalog fünf einzelne IT-Services (s. Abb. 11–10).

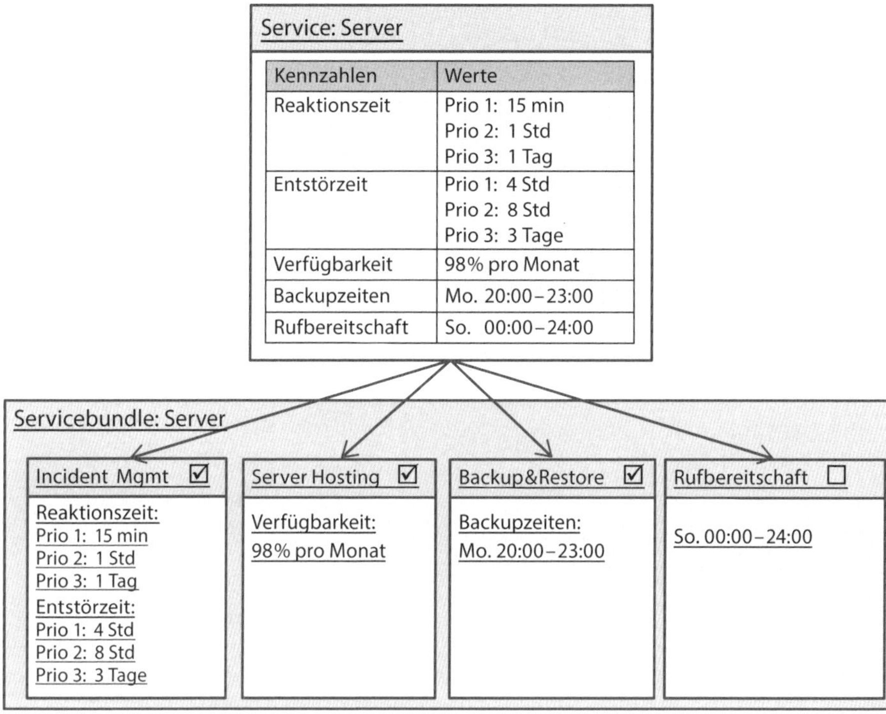

Abb. 11–10 *Neukomposition des IT-Service*

Im ersten Ansatz sind die KPIs direkt modelliert. Dies führt zu einem monolithischen IT-Service, der viele Leistungen in sich vereint. Folgt der Servicekatalog-Manager dem zweiten Ansatz, in dem eine modulare Sichtweise umgesetzt ist, so eröffnet ihm dies eine größere Flexibilität in der Modellierung. Es lassen sich die fünf expliziten IT-Services für das Serverhosting über ein IT-Servicebundle zusammenstellen. Diese IT-Services sind damit dynamisch hinzuschaltbar. Um bei dem Beispiel zu bleiben: Es benötigen ggf. nicht alle Server eine Rufbereitschaft. Ergo könnte dieser IT-Service dedizierten geschäftskritischen Servern vorbehalten sein.

Durch diese Modellierungsmethode entstehen mehrere IT-Services – dies sollte dem Servicekatalog-Manager bekannt sein.

11.2.10 Einsatz von Optionen: Umfang eines IT-Service modellieren

Die Servicemodellierung ist für das generelle Zuschneiden von IT-Services für den IT-Servicekatalog maßgebend. Anhand eines Beispiels soll aufgezeigt werden, wie konzeptionelle Fehler vermeidbar sind. Den Ausgangspunkt bilden folgende Netztechnologien:

- LAN-Verbindung
- WLAN-Zugang

Zu diesen Technologen sind z. B. Aspekte wie

- Einrichtung,
- Änderung und
- Löschung

zu leisten (s. Abb. 11–11).

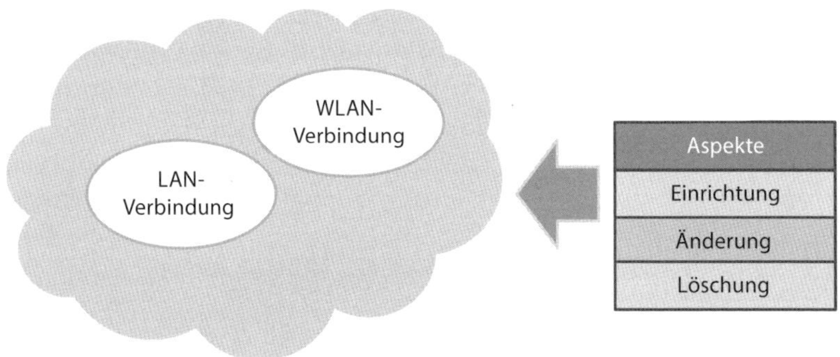

Abb. 11–11 *Beispiel eines IT-Service*

Um das Beispiel weiter zur präzisieren, wird die Kennzahl Bereitstellungszeit mit 3 Tagen definiert. Ein Servicekatalog-Manager hat sich bei der Erstellung seines IT-Service für folgendes System entschieden. Anhand des nachstehenden Beispiels wird dies für die IT-Services LAN und WLAN aufgezeigt (s. Abb. 11–12).

Abb. 11–12 *Erster Modellierungsansatz*

Die IT-Services LAN und WLAN werden mit den Aufgaben kombiniert. Dies ist ungünstig, da neben diesen Aufgaben weitere vorhanden sein können und es zu Diskussionen führen kann, welche Aufgaben zu IT-Services werden und welche nicht.

Die Servicedefinition ist über die Technologien LAN und WLAN optimierbar. Es lassen sich die Technologien LAN bzw. WLAN als Ausprägungen umsetzen. Die Aufgaben werden als Optionen dem IT-Service hinzugefügt. Der Servicekatalog-Manager kann auf folgendes System umschwenken, das analog zum oben gezeigten Beispiel eine andere Lösung darstellt (s. Abb. 11–13):

IT-Service	Netzwerk	
Optionen/Ausprägung	WLAN	LAN
Erstellung	Bereitstellungzeit: 3 Arbeitstage	
Änderung	Bereitstellungzeit: 3 Arbeitstage	
Löschung	Bereitstellungzeit: 3 Arbeitstage	

1 IT-Service mit 2 Optionen und 3 KPIs im IT-Servicekatalog

Abb. 11–13 *Zweiter Modellierungsansatz*

Hier wird die Kennzahl an die Aufgaben gebunden. Da es in diesem Beispiel jeweils nur eine Bereitstellungszeit pro Aufgabe gibt, kann diese Zeit variiert werden. Dies muss unternehmensspezifisch ausgelotet werden. Liegt immer die gleiche Bereitstellungszeit vor, so liefert der nächste Ansatz eine weitere Optimierung (s. Abb. 11–14).

IT-Service	Netzwerk	
Optionen/Ausprägung	WLAN	LAN
Bereitstellungzeit	3 Arbeitstage (für Einrichtung, Änderung und Löschung)	

1 IT-Service mit 2 Optionen und 1 KPI im IT-Servicekatalog

Abb. 11–14 *Dritter Modellierungsansatz*

Es werden Tätigkeiten an die Werte der Kennzahl angehängt, um die Modellierung des IT-Service zu verdichten.

Für Servicekatalog-Manager, die Optionen vermeiden wollen, bietet sich die Möglichkeit die Modellierung, weiter zu verdichten (s. Abb. 11–15).

IT-Service	Netzwerk In der Servicebeschreibung wird W-LAN und LAN genannt.	
Optionen/Ausprägung	WLAN	LAN
Bereitstellungzeit	3 Arbeitstage (für Einrichtung, Änderung und Löschung)	

Preisliste	Betrag in Euro
WLAN	xx,xx
VPN	xx,xx

1 IT-Service und 1 KPI mit 2 Einträgen in der Preisliste

Abb. 11–15 *Vierter Modellierungsansatz*

Bei dem letzten Ansatz werden die Optionen auf die Preisliste ausgelagert. Damit kann der Kunde, je nachdem, welche Anforderungen er hat, die relevante Leistung erhalten. Diese Information ist in der Preisliste enthalten. Dieses Vorgehen wird immer dann angewendet, wenn es mehr als 3 Optionen gibt. Somit ist der Weg in die Preisliste meist vorgezeichnet.

11.2.11 Artikelnummern

Der Einsatz von Artikelnummern verfolgt das Ziel, mehrere Merkmale eines IT-Service unter einem Identifikator zusammenzufassen, um ein mächtiges Modellierungswerkzeug zu erhalten. Zusätzlich zur Zusammenfassung lassen sich IT-Services mit Artikelnummern eindeutig identifizieren. Die Vorteile sind mannigfaltig. In der gemeinsamen Kommunikation wissen die Beteiligten, von welchem IT-Service sie gerade sprechen, und bei Abrechnungen kommt immer ein eindeutiger Identifizierungscode zur Anwendung. Mit Artikelnummern sind weitere Gestaltungsformen möglich. Zur Gestaltung können Nummernkreise eingesetzt werden. Diese bringen die Artikel in eine gewisse Reihenfolge. Nummernkreise bieten noch weitere Modellierungsmöglichkeiten. Sie sind hilfreich im IT-Controlling, um etwaige Abrechnungsposten zusammenfassen zu können. Über ein Reporting kann die Häufigkeit von gebuchten IT-Services aufgelistet werden.

Prinzipiell gilt es, ein stabiles Nummernsystem zu überlegen. Natürlich haben IT-Servicekatalog-Tools ein eigenes Identifikationsschema, wie die IT-Services in die Datenbank abgelegt werden. Dieses entspricht nicht der Artikelnummer. Die Artikelnummer ist auf der Ebene des Kunden von Bedeutung. Der Servicekatalog-Manager hat die Aufgabe, ein geeignetes Nummernsystem zu entwerfen, um mit Artikelnummern zu arbeiten. Tabelle 11–9 zeigt, welche Nummernsysteme verwendbar sind und wie sie im Kontext des IT-Servicekatalogs zu bewerten sind.

Nummernsystem für Artikelnummern	Beschreibung	Bewertung
Laufende Nummern	Die Nummern werden von 1 beginnend laufend nach oben gezählt. Mit jedem neuen IT-Service steigt die Zahl um eins.	Dieses System ist einfach gestaltet. Es bietet für zwei Aspekte jedoch wenige Lösungen. Wird ein IT-Service irgendwo in der Mitte gelöscht, so entstehen bei den laufenden Nummern Lücken. Das ist nicht problematisch, jedoch für den Kunden nicht nachvollziehbar, wenn z. B. ganze Bereiche fehlen. Mit diesem Nummernsystem entsteht bei der Modellierung von Optionen ein Problem. Hat der IT-Service die Nr. 5 bekommen und nach weiteren fünf anderen IT-Services wird beim IT-Service Nr. 5 zusätzlich eine Option eingebaut, so erhält er die Nr. 11. Eine Zuordnung ist dann nicht mehr logisch.
Nummernkreise	Nummernkreise arbeiten mit laufenden Nummern. Es sind Bereiche definiert, in die IT-Services einzuordnen sind.	Werden die IT-Services innerhalb des Nummernkreises eingetragen, so muss der Kreis groß genug sein, damit sich die Nummern nicht erschöpfen und eine Zuteilung immer gewährleistet ist.
Mehrstufige Artikelnummer	Mehrstufige Artikelnummern arbeiten nach einem Hierarchieprinzip. Ähnlich der Gliederung eines Buches wie diesem werden die Nummern pro Kapitel vergeben.	Durch die Ebenen entstehen mehrstufige Konzepte, die IT-Services logisch strukturieren.

Tab. 11–9 *Vergleich zwischen Nummernsystemen für Artikel*

Mehrstufige Nummernkreise sind empfehlenswert, da flexibel auf mehrere Anforderungen reagiert werden kann. Das folgende Beispiel (s. Tab. 11–10) zeigt, wie sich eine mehrstufige Artikelnummer zusammensetzt.

Kategorie	Laufende Nummer der Services	Tatsächliche Service-Option	Maximale Service-Optionen
Diese Nummer beschreibt, in welche Kategorie der IT-Service gehört.	Diese Zahl nummeriert die IT-Services mit einer fortlaufenden Zahl.	Einige IT-Services haben Optionen. Diese Zahl zeigt, welche Option tatsächlich gewählt wird.	Diese Zahl zeigt, wie viele Optionen dieser IT-Service hat.

Tab. 11–10 *Mehrstufiges Nummernsystem für Artikel*

Beispiel:

Servicekategorie: Workplace-Services **(01)**

- Arbeitsplatz (01)
- IT-Service Telefonie/Voice **(02)** setzt sich aus den vier Optionen zusammen
  - IP-Phone (01)
  - DECT-Phone **(02)**
  - Enterprise Digital Assistant (03)
  - Mobile **(04)**

Die Artikelnummer für ein DECT-Phone lautet: **01-02-02-04**

Wenn IT-Services mit Artikelnummern ausgestattet werden, sind die Veränderungen besonders zu beachten. Durch Veränderungen am IT-Service, wie das Hinzufügen von Leistungsmerkmalen, entstehen Herausforderungen, die vorher nicht berücksichtigt wurden (s. Abschnitt 8.2.1). Der IT-Service ist einem Lebenszyklus unterworfen und somit müssen die Artikel kontinuierlich aktualisiert werden.

Tipp: Der Servicekatalog-Manager sollte vor der Konzeption eines eigenen Artikelnummernsystems im IT-Controlling nachfragen und sich beraten lassen. Ziel ist ein abgestimmtes Nummernsystem, mit dem alle Unternehmenseinheiten umgehen können.

11.2.12 Definition von Serviceklasse

In Servicekatalogen wird die Differenzierung von Servicemerkmalen über Kategorien vorgenommen. Das häufigste Modell in der IT ist Gold, Silber, Bronze, das die Serviceklassen zu einem IT-Service definiert (s. Abb. 11–16).

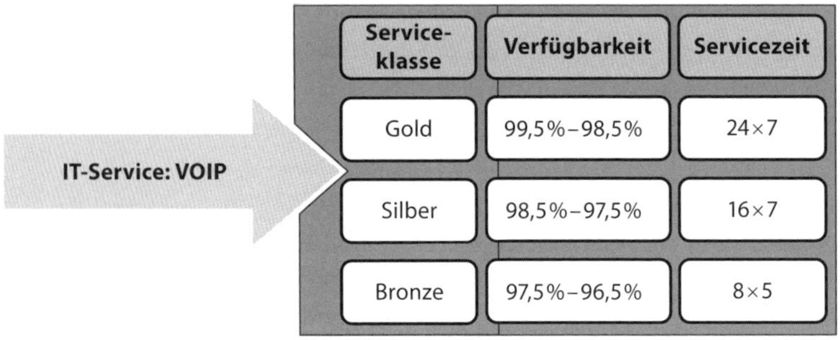

Abb. 11–16 *Einfügungsprobleme*

Derartige Modelle sind kritisch zu hinterfragen. Soll der Servicekatalog-Manager den IT-Service Voice-over-IP mit einer Verfügbarkeit von 99,0 % und einer Servicezeit Montag–Freitag von 00:00–24:00 Uhr einfügen, so steht er vor der Wahl, denn es ist unklar, welche Serviceklasse dafür vergeben wird. Der IT-Service lässt sich ohne Weiteres nicht eindeutig einordnen. Der Verantwortliche des Servicekatalogs könnte den IT-Service in der Klasse »Gold« aufnehmen und bei den servicespezifischen Parametern einen Vermerk bezüglich der Servicezeit vornehmen. Konzeptionell einwandfrei arbeitet der Servicekatalog-Manager, wenn er ein eindeutiges Serviceklassenmodell entwirft. Dies funktioniert, wenn die Serviceklassen immer an einem einzigen Service Level festgemacht werden. Im genannten Beispiel ist dies die Verfügbarkeit oder die Servicezeit. Somit ist eine eindeutige Zuordnung der IT-Services zu den Serviceklassen gewährleistet.

Tipp: Bevor ein Modell mit Gold, Silber, Bronze aufgesetzt wird, ist im IT-Unternehmen nachzufragen, ob es nicht einen nächsten Level wie Platin gibt, der **für höherwertige IT-Services** reserviert ist, und ob es nicht eine weitere Klasse unter Bronze gibt. Hier sollte sich der Servicekatalog-Manager sehr sicher sein. Lassen sich die möglichen Serviceklassen nicht abschätzen, kann das Modell mit Gold, Silber, Bronze nicht beibehalten werden und es entstehen Hilfskonstrukte wie Silver+ oder Gold++ etc. Da das Gold/Silber/Bronze-Modell eine Spezialform des Artikelansatzes ist (es arbeitet mit Begriffen und nicht mit Nummern), ist es mit einem Nummernansatz modellierbar.

Hinweis: Für den Imageansatz wird ein Vertriebsmitarbeiter wohl das Gold/Silber/Bronze-Modell wählen, da es sprechender ist als eine Zahlenfolge.

11.3 Repository für IT-Services aus der Praxis

11.3.1 Verzeichnis mit über 100 gängigen IT-Servicenamen

Kategorie	Name des IT-Service
MobileClients	1. IT-Smartphone(Blackberry/IPhone) 2. MobileEmailforBlackBerrys 3. MobilePhonesandDataConnections
Desktop-HW-Services	1. StandardSoftwarePackage 2. ThinClient,FatClient,Notebook,Maschinen-PC 3. VoiceTelephone 4. PC-Pools 5. IT-Zusatzgeräte/-systeme(Hardware) 6. Scannen 7. Multimedia-Pools 8. RoomVideoConferencing 9. ITWorkstation
Desktop-Ausstattung-Services	1. Druckservices 2. ComputerPick-upService 3. NetworkPrinterAccess 4. InternetAccessBasic 5. VPNConnectAccess 6. VoiceMailbox 7. FaxConnection 8. AudioConferencing 9. DesktopVideoConferencing 10. EmailCommunicationService 11. TelephonyatWorkstation 12. SecureDataConnections 13. ConferencingServices 14. TerminalServer(Citrix) 15. HarddriveProtection 16. Netzlaufwerke
Desktop-Zusatz-Services	1. ClientBackup 2. FirstInstallationService 3. ITEquipmentMovingService 4. On-SiteSupport 5. VoiceTelephone
Applikations-Services	1. Exchange(Mailkommunikation) 2. Citrix(Applikationsvirtualisierung) 3. Virtuelle Firewall 4. InternetzugangbeiTagungen 5. Email/NotesMail 6. Sometime/RealTimeCommunication 7. NotesApplications 8. Sharepoint 9. PC-Pool-Leitsystem 10. Web-Applikationen

→

Kategorie	Name des IT-Service
Applikations-Services (Fortsetzung)	11. WWW-Dienste(uni-trier.de) 12. Cloud 13. Kassensystem 14. Individual systemXY 15. SAP 16. SAPTravelManagement 17. SAPTimeManagement 18. UMS/CTI(Xpression) 19. OnlineLearningCenter
Infrastructure-Server-Services	1. Serverhosting 2. Rechenzentrumsinfrastruktur für Serverhousing 3. File-Services 4. Servervirtualisierung 5. Attended Housing physischer Cluster-Knoten 6. Hosting virtueller Server 7. Attended Housing physischer Server 8. Mailhosting 9. Webhosting 10. Applikationsbetrieb 11. ApplicationManagement 12. Softwareinstallationund-verteilung 13. SystemAdministration 14. Monitoring&Reporting 15. LifeCyclePlanung(Roadmap)
Infrastructure-Daten-Services	1. Datenbanken 2. Storage 3. Bereitstellung von Onlinespeicher 4. Archivierung von Daten 5. BackupSystemCheck 6. Datensicherung(Backup) 7. Backup&Restore 8. DisasterRecovery 9. Datensicherung(Backup/Recovery)
Infrastructure-Netz-Services	1. Netz 2. LAN 3. WAN 4. WLAN 5. GlobalNetwork 6. ActiveDirectory 7. Network-andTelecommunications 8. InternetAccess 9. Infrastructure(DHCP,DNS)
Infrastructure-Security-Services	1. ProxyundGateway 2. RemoteAccess/VPN/WAN 3. Firewall/DMZ 4. Netzwerk-Security 5. Virenschutz 6. Serverzertifizierung in der PKI

→

Kategorie	Name des IT-Service
Process-Services	1. Alle Prozesse aus den ITIL 4 Practises 2. Service-Punkt 3. Servicedesk 4. Identity&AccessManagement 5. Patchmanagement 6. EmergencySupport 7. CalloutService 8. EmergencyCallService 9. Störungstracking(e-Insight) 10. Ersatzteilberatung 11. On-SiteMaintenance 12. GlobalSupport 13. SAP-Support 14. Dienstleister-übergreifendeWartungskoordination 15. Berechtigungs-und Zutrittsbeantragung
Businessservices	1. 3D-Onsite-Printing 2. Kurse und Schulungen 3. Kursraumnutzung 4. Gerätereservierung 5. EDV-Broschürenverkauf 6. FragebogenScanning 7. RepairYourOwnDevice 8. Fragebogen-Scannen 9. IT Training 10. Registrierung von Domain-Namen 11. Softwareentwicklung

Tab. 11–11 *Verzeichnis mit über 100 gängigen IT-Servicenamen*

11.3.2 Verzeichnis mit 12 IT-Servicebeschreibungen

Zusätzlich zu den folgenden zwölf IT-Servicebeschreibungen befindet sich im Anhang ein erweitertes Repository mit 40 gängigen IT-Services inklusive Zuständigkeitsmatrizen und allen ITIL-Prozessen aus ITIL 4. Die folgenden 12 IT-Servicebeschreibungen enthalten u.a. Leistungen. Diese dienen zur Bewertung des Leistungsumfangs. An anderen Stellen sind Funktionen oder Module aufgelistet.

PC-User (Arbeitsplatz)
Betrieb eines standardisierten Arbeitsplatz-PC ▪ Bereitstellung des Applikationsportfolios ▪ Installation und Konfiguration der Software ▪ Einhaltung gültiger Policies ▪ Einrichten der nötigen Benutzerrechte ▪ Anbindung an das Netzwerk (für interne Arbeitsplätze) ▪ Versionsverwaltung und Sicherstellung einheitlicher Versionen einer Applikation ▪ Nutzung des Mailsystems sowie Zugriff auf Intranet/Internet ▪ Nutzung des Filesystems (150 MB)

Tab. 11–12 *IT-Service: PC-User (Arbeitsplatz)*

Drucker
Die Drucker kommen für die Produktion und die Verwaltung zum Einsatz. Die Drucker sind dediziert ansteuerbar. Weiterhin können nach der Follow-me-Printtechnologie an einem beliebigen Drucker durch Vorhalten einer Karte die Ausdrucke gestartet und abgeholt werden. Leistungen je nach Druckgerätetyp: ■ Druckermarke X • Tonerwechsel, äußerliche Reinigung, Papierstau, Tackerklammern, Monitoring ■ Druckermarke Y • Fullservice (Aufstellen, Anschließen, Konfiguration, Installation, Funktionstest, Wartung), Monitoring ■ Druckermarke Z • Fullservice (Aufstellen, Anschließen, Konfiguration, Installation, Funktionstest, Wartung), Monitoring ■ Nutzerverwaltung im Follow-me-Printsystem

Tab. 11–13 *IT-Service: Drucker*

SAP-FI
Die Finanzbuchhaltung (Modul SAP FI) in SAP dient zur externen Berichterstattung. Dabei sind lokale gesetzliche Anforderungen aus der SAP-Standardfunktionalität konfiguriert. Die jeweils kostenrelevanten Positionen werden in SAP FI strukturiert. Finanzielle Transaktionen werden in diesem Modul vorbereitet und der Integration entsprechend mit Einkauf und Materialwirtschaft etc. dahingehend umgesetzt, ob es sich um eine Buchung, Auftragsabwicklung oder Materialbewegung handelt. Das Modul dient für juristische Konsolidierungen, Verbindlichkeiten, Anlagevermögen sowie Banking-Funktionen. ■ Buchbarer Funktionsumfang ■ Kreditorenbuchhaltung (FI-AP) ■ Debitorenbuchhaltung (FI-AR) ■ Anlagenbuchhaltung (FI-AA) ■ Reisemanagement (FI-TV)

Tab. 11–14 *IT-Service: SAP-FI*

ERP: Microsoft Dynamics AX
Der IT-Service für Microsoft Dynamics AX beinhaltet die folgenden freigeschaltenen Funktionsbereiche: Finanzmanagement, Personalverwaltung, Fertigung, Supply Chain Management, Service- und Projektmanagement, Einzelhandel, Business Intelligence und Reporting. Der IT-Service erstreckt sich über die Entwicklungs-, Test- und Produktionsumgebung. Leistungen: ■ Betrieb der ERP-Lösung inklusive Koordination und Einspielen von Updates für das Dynamics-AX-Standardsystem ■ Durchführung von Modifikationen ■ Support im Fehlerfall (Modifikationsfehler, Fehler im Standard (via Microsoft) ■ Beratung bei der Umsetzung von Geschäftsprozessen

Tab. 11–15 *IT-Service ERP: Microsoft Dynamics AX*

Sharepoint (Teamsite)
Die Service-Teamsite beinhaltet die Planung von Projekten, die Zusammenarbeit mit Projektteammitgliedern und das Sammeln von Projektdateien und Dokumenten. Mit diesem Dienst kann ein Projekt geplant und verwaltet werden. Folgende Funktionen werden angeboten: ▪ Zuweisen von Teamaufgaben ▪ Hinzufügen von Teams ▪ Hinzufügen, Verändern und Löschen von Tasks ▪ Export von Task-Listen nach Microsoft Project oder Excel

Tab. 11–16 *IT-Service: Sharepoint (Teamsite)*

Serverhosting
Der Begriff »Serverhosting« bezeichnet den gehärteten Betrieb von Servern. Der Kunde erhält einen betriebsfertig installierten Server inklusive Betriebssystem und Softwarepaket mit systemnahen Tools sowie allen für den Betrieb im Kunden-Netzwerk notwendigen Einstellungen inklusive Security nach den Standards. Dieser IT-Service umfasst die Ausübung des gesamten produktiven Tagesbetriebes für die Produktions-,Test- und Entwicklungsumgebung, auf der die Anwendungen sowie deren spezifische Anpassungen des AG laufen. Leistungen: ▪ Gesamtkonzeptionierung der Produktions-,Test- und Entwicklungsumgebung ▪ Bereitstellung der AG-Applikationen ▪ Verifizierung und Berücksichtigung der gewonnenen Erkenntnisse bezüglich Infrastruktur ▪ Erstellung und Nachverfolgung von IT-Service-Requests für ThirdParty wie Hersteller, Lieferanten etc. ▪ Überprüfung der Vitalwerte der Systeme ▪ Server-Lifecycle-Management

Tab. 11–17 *IT-Service: Serverhosting*

Datenbank
Der Datenbank-IT-Service umfasst die Bereitstellung der Infrastruktur zum Test und zum Betrieb von Oracle-Datenbanken. Im Rahmen dieses IT-Service wird der Betrieb der Datenbank bzw. der Oracle-Umgebung angeboten. ▪ Einrichtung und Bereitstellung des DB-Basissystems ▪ Durchführung von Datensicherungen und Recovery (im Bedarfsfall) ▪ Erstellung von Datenbankkopien im Rahmen des vereinbarten Umfangs ▪ Monitoring der Datenbank bzw. der Umgebung ▪ Reporting von Performance und Verfügbarkeitsdaten. Die genaue Definition der Ausprägung wird im Rahmen des SLAs vorgenommen, ebenso die Bestimmung der Messpunkte und die Definition des Übergabepunktes der Leistung.

Tab. 11–18 *IT-Service: Datenbank*

Storage
Eine Überwachung des Storage wird durchgängig gewährleistet. Sollten bestimmte Schwellwerte (Gefahren-, Eskalationsschwellwerte) überschritten werden, sind die entsprechenden Maßnahmen einzuleiten. Darüber hinaus muss eine Trendanalyse durchgeführt werden, um strategisch auf Veränderungen reagieren zu können. Der Storage muss die notwendigen Voraussetzungen für die Verfügbarkeit und Performance der Server, Clients sowie Applikationen erfüllen. Leistungen: ▪ Verwaltung des Storage ▪ Schwellwertüberwachung ▪ Verwaltung von Storage-Lizenzen ▪ Infrastrukturbetreuung des Storage

Tab. 11–19 *IT-Service: Storage*

WAN
Dieser Dienst bietet nationale und internationale Netzwerkverbindung mit unterschiedlichen Bandbreiten und WAN-Backup-Szenarien in das Corporate WAN. Jeder Standort ist mit der Corporate Cloud über einen Router (Any-to-any-Konnektivität) mit einer zwischen den einzelnen Ländern festgelegten Bandbreite verbunden inklusive aktiver Netzwerküberwachung, Router-Management, Change Management, Service-Wiederherstellung und Ereignismanagement. Dieser IT-Service umfasst alle Phasen des Lebenszyklus, einschließlich Design, Bereitstellung, Unterstützung, Migration, Wartung, Desaster Recovery, Eskalation, Sanierung sowie Stilllegung und Entsorgung. Die IT verhandelt mit den Trägern und Kunden die Rahmenverträge.

Tab. 11–20 *IT-Service: WAN*

Security
Der IT-Betrieb bietet Kunden auf Aufwandbasis (Manntage) Dienstleistungen im Bereich IT-Security an. Der IuK-Betrieb berät und unterstützt Kunden hinsichtlich Security-Aspekten bei der Konzeption, dem Aufbau, der Implementierung und dem Betrieb von IT-Systemen (logischer Systemzugang, Benutzerverwaltung, technische Einbindung in Systemlandschaft, Backup und Recovery etc.). ▪ Beurteilung der Sicherheitslage und Etablierung adäquater interner Maßnahmen ▪ Empfehlung bzw. Entwicklung umsetzbarer Sicherheitsempfehlungen/-maßnahmen ▪ Management von Emergency-Situationen, Benachrichtigungswege, Eskalationspfade ▪ Situative Kommunikation im Sinne von Begründung, Kosten-/Nutzen-/Risiko-Betrachtungen und Sensibilisierung zu Projektleitern, Projektmitarbeitern, Sponsoren, Management, Benutzern (zielgruppenspezifisch) ▪ Praktikable Umsetzungsvorschläge, orientiert an »Best Practices« in Unternehmen

Tab. 11–21 *IT-Service: Security*

Identity Management
Der IT-Service umfasst Softwaresysteme zur Gewährleistung der Zugriffssicherheit auf Anwendungen und Daten. Das Identity Management beschreibt das Vorgehen im Zusammenhang mit der Vergabe/Änderung/Entziehung von Unternehmensrollen und -funktionen mit zugeordneten IT-Rechten. Das Access Management beschreibt das Vorgehen im Zusammenhang mit der Berechtigungsverwaltung für die IT-Infrastruktur inklusive der dazugehörigen IT-Systeme. Die Berechtigungsverwaltung beschäftigt sich mit dem Hinzufügen, Ändern und Entfernen von Berechtigungen für Rollen und Funktionen auf und innerhalb von IT-Ressourcen. Leistungen: - Einrichtung, Ändern oder Löschen von Benutzer-Accounts (Lifecycle-Management) - Zuordnung und Freigabe zu Ressourcen z. B. Rechte, Applikation, Gruppen - Plausibilitätsprüfung und Umsetzung der gestellten Beauftragungen - Überprüfung der Plausibilität von Rollen/Funktionen - Berechtigungsänderungen durchführen

Tab. 11–22 *IT-Service: Identity Management*

EAI-Development
Der EAI-Application-Development-Service unterstützt die Kunden bei der Planung und Implementierung von Prozessen und Datentransfers zwischen unterschiedlichen IT-Systemen. Der IT-Service umfasst sowohl den Transport der Daten als auch die Anpassung der Datenformate an das jeweilige Zielsystem. Mit diesem IT-Service wird der Datentransfer zwischen unterschiedlichen Systemen innerhalb des Standortes unterstützt und die Anbindung anderer Standorte sowie externer Partner. - Beratung bei der Gestaltung des Prozessablaufs - Beratung bei der Gestaltung von Nachrichtenstrukturen und Formaten - Umsetzung der Nachrichten zwischen unterschiedlichen Formaten (XML, EDIFACT, Inhouse etc.) - Implementierung der Prozesse im EAI-Tool

Tab. 11–23 *IT-Service: EAI-Development*

11.4 Modellierungsmethoden für IT-Self-Services

In der Praxis existieren viele IT-Self-Services, jedoch werden Konzepte für IT-Self-Services in der Literatur nahezu nicht behandelt. Eine Definition für den Begriff »IT-Self-Service« wird erforderlich, um die Wirkungsweise und den Umfang festzulegen. Da es diese Definition für den Begriff IT-Self-Service nicht gibt, wird in den folgenden Abschnitten über eine kurze Einführung zu einer Definition hingeleitet.

11.5 Einführung

Die Modellierung von IT-Self-Services ist eine Teilmenge aus der Modellierung von IT-Services, die aufgrund der Anforderung »Self« weiteren Bedingungen unterliegen. Dies hat Einfluss auf die Modellierung, da mehrere Aspekte, anders als bei IT-Services, beachtet werden müssen. Einer der zentralen Punkte ist, dass bei der Modellierung von IT-Self-Services die Verlagerung der Tätigkeit und ggf. je nach

IT-Self-Service auch die Verlagerung der Verantwortung der IT hin zum Kunden vorgenommen wird. Somit muss es eine lückenlose Kette geben, mit der man den IT-Self-Service beziehen kann. Der Kunde kann somit selbstständig IT-Ressourcen in einem vorher exakt abgesteckten Rahmen allokieren. Eine Anforderung, die einen großen Einfluss auf die Modellierung hat.

Folgende Beispiele dienen als Anschauung, welche IT-Self-Services es gibt. Die Liste ist ein Auszug und soll die Unterschiedlichkeit von IT-Self-Services aufzeigen:

- **Instandsetzung von IT-Systemen**
  Man kann selbst virtuelle Server mit einer speziellen Konfiguration verwenden. Dies ist derzeit in der Cloud einer der angestrebten Favoriten.
- **IT-Arbeitsplatz-Selbstverwaltung**
  Es wird ermöglicht, dass die Konfiguration eigener Applikationen vom Endanwender selbst vorgenommen wird.
- **Umzug**
  Umzug eines Mitarbeiters in eine andere Abteilung mit neuen Vorgesetzten, Telefonnummern, anderen Rechten etc.
- **Onboarding neuer Mitarbeiter**
  Sonderform des Umzugs, bei der es sich um eine Neueinstellung handelt.
- **Software-Evaluation**
  Die von Fachbereichen gewünschte schnelle Teststellung kann über Sandboxen abgebildet werden. Mit ihnen können Fachbereiche den Herstellern erlauben, in voneinander abgetrennten Umgebungen die jeweiligen Systeme aufzubauen.
- **Self-Service-BI**
  Der Aufbau von Business Intelligence, d.h. von Abfragen, die aus den Unternehmensdaten neues Wissen generieren, wird vom Fachbereich anhand von vordefinierten Logikelementen selbst generiert.

Die folgende Betrachtung umfasst vier Aspekte, die vorgeben, nach welchem Muster IT-Self-Services strukturiert werden können. Anschließend werden die konkreten Modellierungsmethoden aufgezeigt.

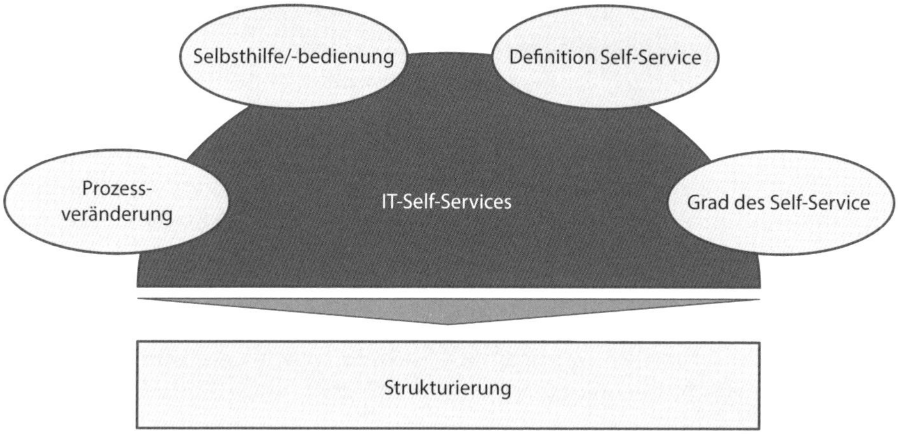

Abb. 11–17 *Strukturierung von IT-Self-Services*

Prozessveränderung

In der genaueren Betrachtung fällt auf, dass je nachdem, wie ein IT-Self-Service gestaltet ist, die dahinterliegenden Prozesse unterschiedlich beeinflusst werden. Über die Beeinflussung ergibt sich eine erste Struktur, auf der die Modellierung anschließend aufgebaut wird:

- **Komplexität**
  Die Komplexität des Prozesses wird durch das Ein-/Hinzuschalten des IT-Self-Service erhöht, da der Kunde zusätzliche Schritte durchführen muss, um eine IT-Ressource für sich zu beanspruchen.
- **Ergänzung**
  Anders verhält es sich, wenn durch den IT-Self-Service der bestehende Prozess einen alternativen Beschaffungspfad enthält. So bleibt der ursprüngliche Prozess unverändert.
- **Reduzierung**
  Eine Reduzierung des Prozesses bzw. der Prozessschritte existiert dann, wenn durch den IT-Self-Service ein oder mehrere Prozessschritte ersetzt werden.

Bei allen drei Punkten zeigt sich, dass die Prozesse eine Veränderung erfahren und somit einen Ausgangspunkt für die Planung einer IT-Self-Service-Modellierung darstellen. Die genaue Zielsetzung, was aus Prozesssicht mit dem IT-Self-Service erreicht werden soll, hilft in der späteren Modellierung.

Selbsthilfe/-bedienung

Ein zweites Kriterium, das in der Modellierung eine weitere Struktur liefert, ist eine grundsätzliche Unterscheidung der zwei Tätigkeitsfelder, die bei der Anwendung des Self Service entstehen. Im Wesentlichen sind es Tätigkeiten, bei denen man selbst ein Problem löst oder bei denen man IT-Ressourcen beschafft. In diesem Buch wird für die eigenständige Problemlösung der Begriff »Selbsthilfe« verwendet und für die eigenständige Beschaffung der Begriff »Selbstbedienung« gewählt. Für die Selbsthilfe gibt es in Form von FAQs o.Ä. bereits eine Vielzahl von Konzepten. Bei der Selbstbedienung sind in der IT zwar szenarienbasierte Konzepte erläutert, aber keine übergreifenden Konzepte beschrieben. Es zeigt sich, dass IT-Self-Services im Bereich der Selbsthilfe auch zu komplexeren Prozessen führen können, z.B. wenn sich Benutzer erst selbst helfen sollen, bevor der Servicedesk in Anspruch genommen wird. IT-Self-Services der Kategorie Selbstbedienung sind in den oben genannten drei Prozessveränderungen gleichgewichtet vorhanden. Die beiden Begriffe zu trennen, hilft in der Modellierung von IT-Self-Services, sie schließen sich jedoch nicht aus. An eine Selbstbedienung kann auch eine Selbsthilfe angeschlossen werden und umgekehrt. Wenn ein Service implementiert ist, so kann man eine Selbsthilfe konzipieren. Bei dem implementierten Service kann es sich um einen IT-Service oder auch um einen IT-Self-Service handeln. Für die Selbsthilfe ist keine weitere Unterscheidung erforderlich.

Ableitung für eine Definition für IT-Self-Service

Die Ableitung für eine Definition des Begriffs IT-Self-Service wird anhand der Betrachtung mit oder ohne IT-Self-Service vorgenommen. Die Endanwender und der IT-Betrieb befinden sich in einem Kreislauf, in dem sie wiederkehrend miteinander kommunizieren. Man kann dies wie eine unendliche Acht darstellen. Der IT-Betrieb bearbeitet die Endanwenderanfrage und liefert dann entsprechend die Lösung wieder zurück. Mit einem IT-Self-Service entkoppelt man das Handeln beider Parteien. Somit kann der Endanwender ohne die IT selbstständig arbeiten und die IT kann Anfragen unabhängig von der Nutzung durch den Endanwender erledigen. Abbildung 11–18 zeigt diesen Sachverhalt.

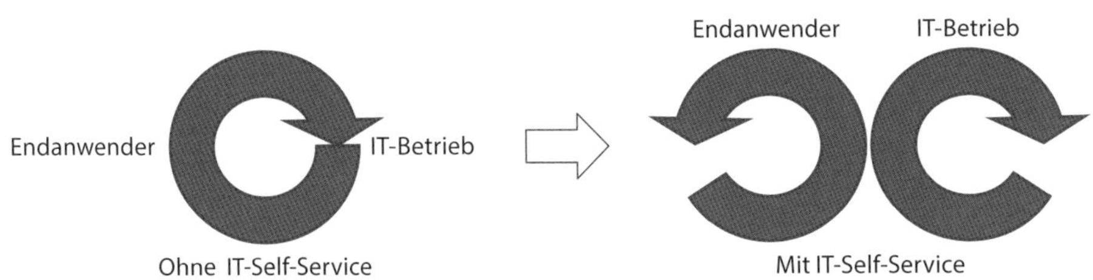

Abb. 11–18 *Betrachtung mit und ohne IT-Self-Services*

Eine Definition für einen IT-Self-Service muss die Entkopplung von Endanwender und IT-Abteilung einbeziehen sowie die Möglichkeit berücksichtigen, selbstständig IT-Ressourcen aktivieren zu können. Dabei ist zu beachten, dass die IT-Ressourcen so zielgerichtet eingesetzt werden, dass die IT-Abteilung die Kontrolle darüber behält (Stichwort: Schatten-IT).

Definition: IT-Self-Service
Ein IT-Self-Service liegt vor, wenn Endanwender mit Werkzeugen oder Hilfsmitteln selbstständig IT-Ressourcen aktivieren bzw. beziehen können, ohne die IT-Organisation hinzuziehen zu müssen.

Die angeforderten IT-Ressourcen müssen für den Endanwender zum Zeitpunkt seiner Anfrage vorrätig sein. Eine Beschaffung durch die IT zum Zeitpunkt der Anfrage entspricht nicht der Definition eines IT-Self-Service.

Grad des IT-Self-Service

Die Festlegung des Begriffs IT-Self-Service über die oben genannte Definition ermöglicht eine Einordnung. Hier wird über einen Reifegrad und die Ausprägung des jeweiligen Service die Einordnung geführt. Abbildung 11–19 zeigt, wie die beiden Dimensionen Reifegrad und Ausprägung eingesetzt werden.

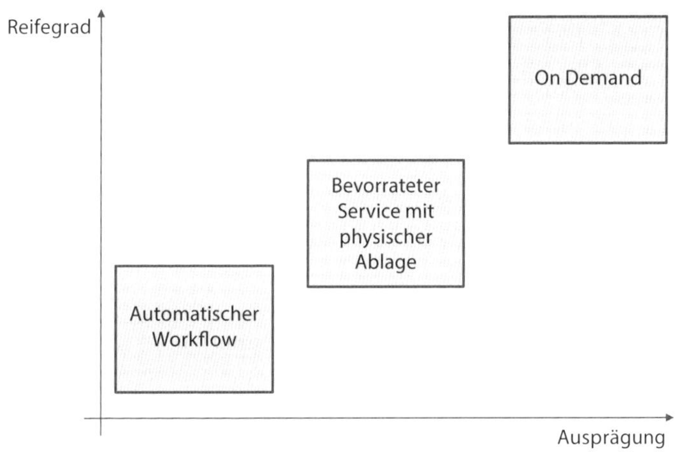

Abb. 11–19 *Einordnung von IT-Self-Service*

Ein On-Demand-Service kann als der höchste Reifegrad des IT-Self-Service bezeichnet werden. In Echtzeit kann der Endanwender auf die notwendigen IT-Ressourcen zugreifen. Der automatische Workflow ist laut Definition kein IT-Self-Service, wenn er ohne Vorrat arbeitet. Jedoch kann man den automatischen Workflow als den geringsten Reifegrad eines IT-Service betrachten. Bereits eine Bevorratung erreicht einen IT-Self-Service-Bezug. Mit Abbildung 11–19 wird dies grafisch aufbereitet.

Die folgenden Abschnitte zeigen, wie man IT-Self-Services geeignet für den Endanwender unter Berücksichtigung der oben genannten Definition modelliert.

11.6 Überblick über die Modellierungsmethoden

Wenn man einen IT-Self-Service gestalten möchte, sind die folgenden zwölf Aspekte zu beachten, die in Abbildung 11–20 verdeutlicht sind.

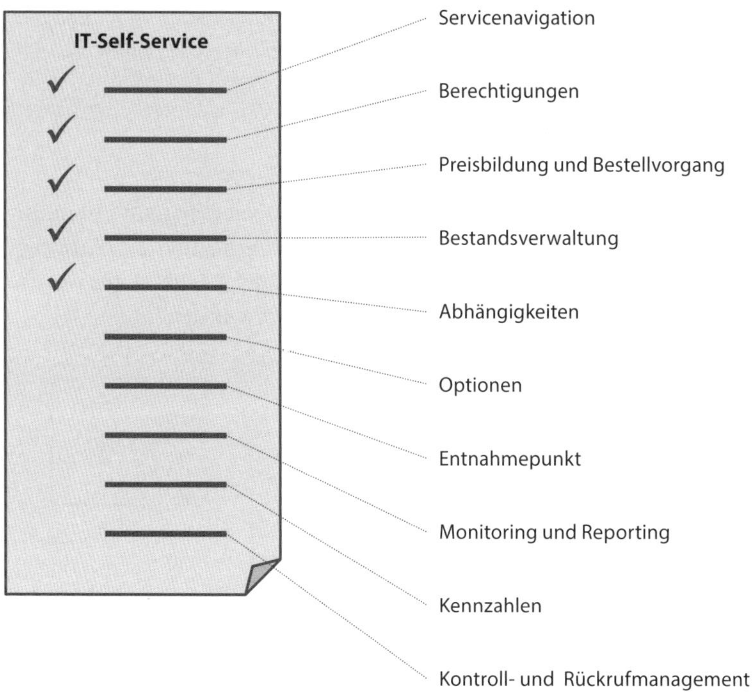

Abb. 11–20 *Design eines IT-Self-Service*

Die 12 Aspekte werden im Folgenden näher ausgearbeitet.

11.6.1 Servicenavigation

Endanwender, die einen IT-Self-Service nutzen möchten, müssen diesen auffinden und auch, sofern der IT-Self-Service mehrere Ausprägungen hat, die gewünschte Ausprägung wählen können. Diese Anforderung führt in der Modellierung dazu, dass man Benutzer führen muss. Die Modellierung, die zu diesem Zeitpunkt noch unabhängig davon ist, in welchem System der IT-Self-Service angeboten wird, sollte diesen Aspekt berücksichtigen. In der Modellierung kann die Servicebeschreibung um diesen Punkt ergänzt werden, indem anhand von Fragen die Benutzer in verständlicher Form gezielt geführt werden. Ein Beispiel soll dies verdeutlichen:

Was möchten Sie tun?

1. Eine Applikation konfigurieren
   - Welche Applikation soll konfiguriert werden?
     [Applikationsliste einblenden]
     - Welche Konfiguration soll umgestellt werden?
       [Passwort, Eigenschaften, Ports etc.]
2. Eine Bestellung aufgeben
   - Welche IT-Ressource soll bestellt werden?
     [Speicher, Cloud-Kapazitäten, virtueller Server etc.]
     - Welche Größe ist erforderlich?
       [GB bei Speicher, Modelle bei Notebook oder Server]

Je nach Zielgruppe kann die Navigation unterschiedlich in der Ansprache gestaltet werden. Insofern zählt auch hier analog zum IT-Service, dass die Zielgruppen genau bekannt sein sollten, um die richtige Ansprache zu wählen und damit die Akzeptanz zu steigern.

11.6.2 Berechtigungen

Um einen IT-Self-Service zu nutzen, sind – wie in vielen Fällen in der IT – zwingend Zugangsberechtigungen festzulegen. In der Modellierung gilt es in diesem Fall, zwischen Selbsthilfe und Selbstbedienung zu unterscheiden. Die meisten IT-Self-Services benötigen im Rahmen einer Selbsthilfe keine dedizierten Rechte, während bei der Bestellung von IT-Ressourcen zugleich auch Berechtigungen über das Verfügen von Budgets mit einzubeziehen sind. Beispielsweise ist es nicht jeder ausübenden Rolle im Unternehmen erlaubt, Cloud-Kapazitäten in einem größeren Umfang zu bestellen. Die Grafik in Abbildung 11–21 dient der Veranschaulichung.

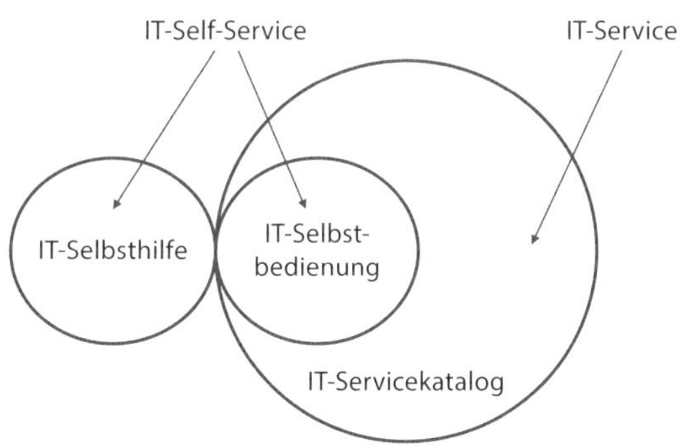

Abb. 11–21 *Einordnung IT-Selbsthilfe und IT-Selbstbedienung*

11.6.3 Preisbildung und Bestellvorgang

In der Regel ist im Fall der IT-Selbstbedienung ein offener Angebotsprozess nicht möglich. Für Benutzer muss der Preis zur Bestellung einer IT-Ressource transparent sein. Werden IT-Self-Services angeboten, so sind die gleichen Probleme der Preisfindung wie im IT-Service im Vorfeld zu lösen. Führt die Wahl eines IT-Self-Service dazu, dass der Preis nicht automatisch berechnet werden kann, so können Benutzer den Service nicht »selbst« buchen.

Eng mit der Preisbildung ist auch der Bestellvorgang verbunden. Erst wenn ein lückenloser Bestellvorgang erzeugt werden kann, lässt sich der IT-Self-Service vollautomatisiert mit allen Eventualitäten buchen. Zu den Eventualitäten zählt dann auch die Auslieferung, die damit einhergeht. Der IT-Self-Service kann dabei nur dann umgesetzt werden, wenn der Bestellvorgang nicht durch manuelle Eingriffe aus der IT-Abteilung wie z.B. Freigaben unterbrochen wird.

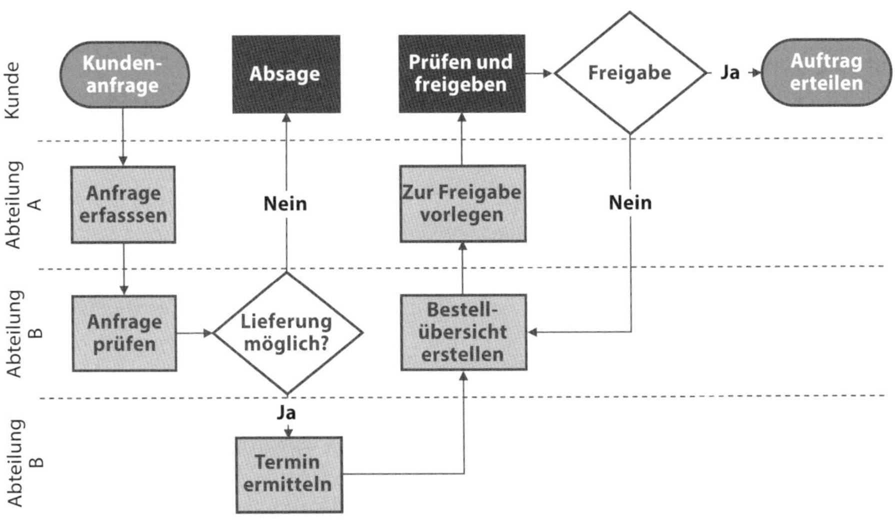

Abb. 11–22 *Automatischer Bestellvorgang*

Abbildung 11–22 zeigt einen Bestellvorgang, der die Punkte »Zur Freigabe vorlegen« und »Prüfen und freigeben« aufweist, wobei diese im IT-Self-Service-Fall auch übersprungen werden könnten.

11.6.4 Bestandsverwaltung

Da die Bevorratung ein Teil des IT-Self-Service ist, zählt die Bestandsverwaltung zu den zentralen Punkten. Hier muss in der Modellierung klar sein, welche IT-Ressourcen vorhanden sein müssen, um den IT-Self-Service zu nutzen. Die Art der IT-Ressourcen verändert sich, je nachdem, ob es sich um IT-Selbsthilfe oder Selbstbedienung handelt.

Bei der Selbsthilfe sind z.B. Tools oder Rechte, Lösungen, Informationen und Verfahren erforderlich. Diese werden z.B. via Intranet, Wikis, Fileserver, Knowledge Base, Downloadseiten oder Webshops bevorratet. Im IT-Selbstbedienungsbereich sind die IT-Ressourcen anders geartet. Da es sich weitestgehend um eine Beschaffung handelt, kommen z.B. Leihgeräte, Lizenzen etc. in den Fokus der Konzeption. Hier muss für die Modellierung von IT-Self-Services z.B. ein Lizenzstore oder ein physischer Ablageort zum Vorhalten von IT-Ressourcen bestimmt werden. Abbildung 11–23 zeigt die Unterscheidung auf.

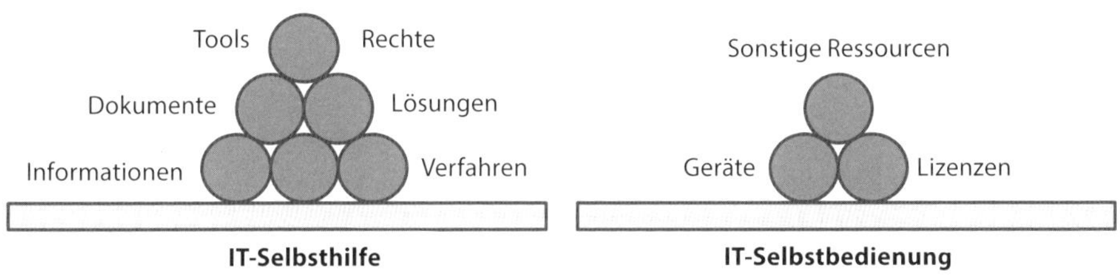

Abb. 11–23 *Vorratshaltungsplätze*

11.6.5 Abhängigkeiten

Nahezu jeder Service setzt sich aus mehreren Subservices oder IT-Komponenten zusammen. Für die Modellierung von IT-Self-Services gilt es daher, genau darauf zu achten, dass kein Element vergessen wird. Wählen Benutzer einen IT-Self-Service aus, so können bzw. sollen sie erwarten, dass der Service vollständig zur Verfügung steht. Eine Nach-, Zweit- oder Drittbuchung weiterer Teile ist hier nicht gewünscht und würde zu einer immensen Kommunikation hin zum Benutzer führen, um die Gesamtheit aller benötigten Elemente zu beschreiben. Ein Beispiel erläutert die Problematik. Ein Benutzer bucht ein Notebook. Er merkt, dass man explizit für den mobilen Einsatz einen LTE-Stick und eine Festplattenverschlüsselung für den Verlustfall bestellen muss. Dieses Beispiel zeigt, dass die Bündelung nicht erfolgt ist und man selbst den erwarteten kompletten IT-Self-Service aus einzelnen Bausteinen zusammensetzen muss.

In der Modellierung von IT-Self-Services werden nun folgende Anforderungen aufgestellt:

1. Der IT-Self-Service darf nur so modelliert werden, dass eine Umsetzung möglich und auch für Benutzer verständlich ist.
2. Über IT-Servicebundles werden relevante Subservices oder IT-Komponenten, die wiederum selbstständig buchbar sein müssen, zusammengefasst.

Mit diesen beiden Methoden kann ein IT-Self-Service vollständig für Benutzer zugänglich gemacht werden.

11.6.6 Optionen

Analog zum IT-Service gibt es bei IT-Self-Services auch Optionen, also mehrere Ausprägungen eines Service. Dabei wird der Begriff Optionen für die IT-Selbsthilfe und die IT-Selbstbedienung unterschiedlich ausgelegt. Für die IT-Selbsthilfe sind Optionen in z.B. einem FAQ-System die möglichen Fragebäume, um eine Fehlerbehebung zu erreichen. Benutzer durchlaufen für die Fehlerbehebung die als zielführend angegebenen Lösungspfade. In der IT-Selbstbedienung sind es, dem Prinzip der Beschaffung folgend, z.B. Kategorien wie Geräte, die sich wiederum verzweigen auf z.B. Gerätetypen und dann in Modellreihen aufgeführt werden (s. Abb. 11–24).

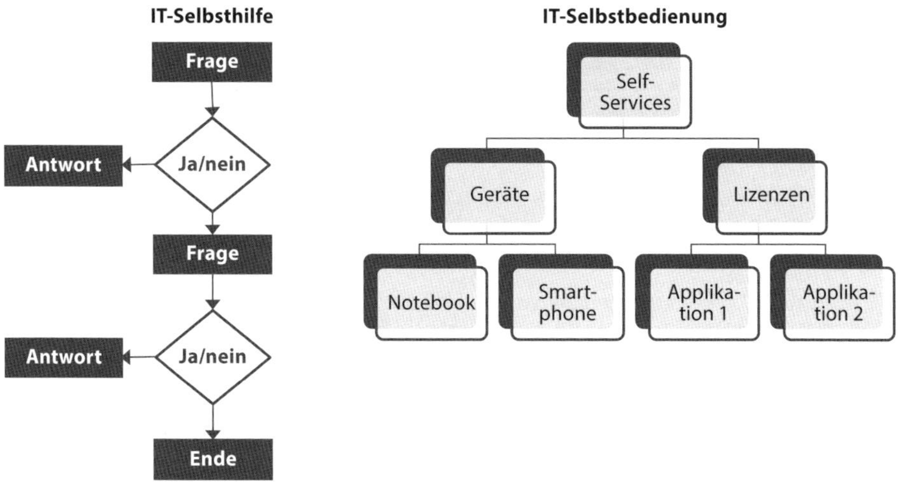

Abb. 11–24 *Unterschiede der Optionen*

Der Optionsbereich wird bei den jeweiligen IT-Self-Services entsprechend modelliert gestaltet. Zu beachten ist hierbei, dass die Optionen in Verbindung mit der vorher aufgezeigten Modellierungsmethode »Abhängigkeiten« auf Abhängigkeiten geprüft sind.

Ein weiteres Argument, das im Zusammenhang mit Optionen steht, ist die Reduktion der Vielfalt. Der Grund hierfür liegt in der Bestandsverwaltung, denn je mehr Optionen es gibt, umso mehr muss aktuell bevorratet werden.

11.6.7 Entnahmepunkt

Aus der Modellierung der Bestandsverwaltung ergibt sich, dass es einen Ablageort gibt. Dieser Ablageort kann, muss jedoch nicht zwangsläufig auch der Entnahmepunkt des IT-Self-Service sein. Bei Produkten wie Lizenzen, die keiner physischen Verschiebung bedürfen, wird der Ablageort (Lizenzstore) nicht unterschiedlich vom Entnahmepunkt (auch Lizenzstore) sein.

Tabelle 11–24 zeigt anhand zweier Beispiele, wie sich die Ablageorte, Entnahme- und Leistungsübergabepunkte gleichen oder unterscheiden.

Self-Service-Typ	Ablageort	Entnahmepunkt	Leistungsübergabepunkt
Selbsthilfe	Speichermedium	Downloadseiten	Downloadseiten
Selbstbedienung	Abgeschlossenes Notebook-Ablageregal	Sicherheitspersonal an der Pforte, das das Ablageregal nach Vorlage einer Bestellung aufschließen kann	WLAN-Accesspoint im Firmennetz, an dem das Notebook angeschlossen ist

Tab. 11–24 *Entnahmepunkt*

Die beiden IT-Self-Service-Typen zeigen, dass sich die Orte/Punkte unterscheiden oder auch identisch sein können. Dies in der Modellierung von IT-Self-Services zu differenzieren, schafft Klarheit und vermeidet Missverständnisse in der Umsetzung.

11.6.8 Monitoring und Reporting

Jeder IT-Self-Service muss seitens der IT-Abteilung überwacht werden, damit eine Steuerung und auch eine Weiterentwicklung möglich ist. Um einen geeigneten Überblick zu erhalten, wird hier eine Liste von wichtigen Messkriterien gegeben:

- **Bestands-Check**
  Es bedarf einer Messung, ob der IT-Self-Service noch genügend bevorratet ist, um zu wissen, ob er noch aktuell verfügbar ist. Ist dies nicht der Fall, so schaltet der IT-Self-Service z.B. in den Modus automatischer Workflow, bis der Bestand wieder aufgefüllt ist.
- **Prozesssicht**
  Der IT-Self-Service-Prozess muss messtechnisch erfasst werden können. Dabei werden die Messpunkte auf Anhaltspunkte für die Durchlaufzeit ausgerichtet. Der Endanwender sollte bei der Inanspruchnahme wissen, wie lange es dauert, bis ein IT-Self-Service von der Anforderung über die Bestellung bis zur tatsächlichen Auslieferung für ihn nutzbar ist. In der Modellierung von IT-Self-Services wird dabei die Nettozeit des Prozesses gemessen, während Wartezeiten (Bruttozeit) eines Benutzers, also wann dieser den ausgelieferten Service in Anspruch nimmt, unberücksichtigt bleiben.
- **Reservierungsfristen**
  Zu modellieren sind Reservierungsfristen, also wie lange die bestellten IT-Ressourcen vorgehalten werden. Wenn Benutzer einen IT-Self-Service bestellen, müssen die allokierten Ressourcen bei Nichtabholung wieder freigegeben werden können. Ist eine entsprechende Überwachung implementiert, so lassen sich Situationen unterbinden, bei denen viele Ressourcen lange blockiert sind, aber nicht genutzt werden.

- **Qualitätsmessung**
  Da die IT-Abteilung beim IT-Self-Service-Modus die Verantwortung verschiebt und ggf. nicht erfährt, welche Probleme mit dem IT-Self-Service auftreten, sind zwei Punkte Gegenstand der Modellierung, mit denen sich Verbesserungspotenziale genau lokalisieren lassen:
  - Wie oft wurde der IT-Self-Service defekt zurückgebracht oder als nicht funktionierend gemeldet (bei Lizenzen o. Ä.)?
  - Wie viele Störungsmeldungen gibt es zu einem IT-Self-Service?
- **Availability Management**
  Eine klassische Verfügbarkeitsmessung prüft, ob ein Service technisch funktioniert oder nicht. Bei IT-Self-Services, die abgeholt werden, wie das oben genannte Vertriebs-Notebook kann man die Verfügbarkeit nicht genau messen. Es zeigen sich hier wieder die Unterschiede zwischen IT-Self-Services und IT-Services. Denn die Verfügbarkeitsmessung ist am jeweiligen IT-Self-Service-Szenario auszurichten.
- **Akzeptanz-Check**
  Wie gut ein IT-Self-Service von Benutzern akzeptiert wird, lässt sich an unterschiedlichen Kriterien ablesen, beispielsweise wie oft der IT-Self-Service in Anspruch genommen wurde oder wie viele Downloads oder Besucher gezählt wurden. Hilfreich könnten auch Messungen sein, die Aussagen zur Nutzung etwa darüber erlauben, wie schnell und oft ein IT-Self-Service abgebrochen oder zurückgegeben wurde. Wichtig ist dabei: Der Akzeptanz-Check liefert beim Go-live eines IT-Self-Service zunächst noch keine belastbaren Aussagen. Erst im Nutzungsprofil über einen längeren Zeitraum lassen sich Rückschlüsse auf die Akzeptanz ziehen. Wichtig ist jedoch, entsprechende Rückmeldungen zu modellieren, da der IT-Self-Service sonst ohne Protokoll betrieben wird und keine wirtschaftlichen Aussagen abgeleitet werden können.

11.6.9 Kennzahlen

Die zentralen Kennzahlen für einen Leistungsüberblick zu IT-Self-Services konzentrieren sich auf Schnelligkeit, Verfügbarkeit, Nutzungshäufigkeit und Zufriedenheit:

- **Prozessdurchlaufzeit**
  Mit der Prozessdurchlaufzeit wird die Dauer der Bereitstellung eines IT-Self-Service-Prozesses vom Beginn der Buchung bis zum Erhalt gemessen. Eine Unterscheidung in IT-Selbsthilfe und IT-Selbstbedienung ist nicht erforderlich, die Kennzahl bleibt gleich, lediglich der Kontext verändert sich. Natürlich werden die Auswertungsergebnisse zwischen beiden Bereichen stark voneinander abweichen. Während die IT-Selbstbedienung stark normiert ist, zeigt sich, dass bei der IT-Selbsthilfe die jeweiligen Fähigkeiten des Anwenders das Ergebnis signifikant beeinflussen.

- **Verfügbarkeit/Antwortzeit**
  Neben der Durchlaufzeit, um einen IT-Self-Service zu beschaffen, ist es auch wichtig, den Betriebsbereich zu erfassen. Die Kennzahlen Verfügbarkeit/Antwortzeit sind analog zu anderen Services ebenfalls über einen längeren Zeitraum auszuwerten, um daraus Erkenntnisse zur Verbesserung des IT-Self-Service ableiten zu können.

Neben den technischen Kennzahlen zählen Bewertungskriterien zu den wichtigen Aspekten, um zu wissen, wie gut ein IT-Self-Service in Anspruch genommen wird. Die beiden folgenden Kennzahlen geben hier eine Auskunft darüber:

- **Nutzungshäufigkeit**
  Ziel dieser Kennzahl ist es, die Nutzung zu quantifizieren, indem die Häufigkeit der Inanspruchnahme des IT-Self-Service gezählt wird. Je höher die Nutzungshäufigkeit, desto eher kann von einer Akzeptanz des IT-Self-Service ausgegangen werden.
- **Kundenzufriedenheit**
  Ergänzend zur Nutzungshäufigkeit ist die Kundenzufriedenheit zu messen, um ein ganzheitliches Bild über Nutzung und Zufriedenheit zu erhalten. Die Kundenzufriedenheit erfolgt durch Befragungen, wobei sich die Arten unterscheiden. Über Interviews bis hin zu Fragen nach Bestellungs- oder Störungsvorgängen sind entsprechende Antworten mit in die Kennzahl zum IT-Self-Service einzubeziehen.

Die Ausgestaltung der Kennzahlen kann variieren, im Kern liegt hier der Fokus, denn wenn die Verantwortung von der IT-Abteilung hin zum Fachbereich vorgenommen wird, gibt es wenig Rückmeldungen über Qualitätsaussagen zum jeweiligen IT-Self-Service.

11.6.10 Kontroll- und Rückrufmanagement

In der Ausgestaltung von IT-Self-Services ist das Kontroll- und Rückrufmanagement explizit zu nennen, da sich die Abläufe der IT-Abteilung von den Anwendern entkoppeln. Für das Kontroll- und Rückrufmanagement benötigt die IT-Abteilung Mechanismen, um die Kontrolle über den IT-Self-Service beizubehalten. Immer wenn ein IT-Self-Service angeboten wird, muss eine ineffiziente Ressourcennutzung durch den Anwender konzeptionell einbezogen werden. Beispiele hierfür sind Ressourcen, die lange allokiert, aber nicht genutzt werden, oder Ressourcen, die häufig zurückgegeben werden und in einer neueren Form wieder beschafft werden (Situationen in der Praxis: Anwender bestellen alle 3 Monate das neueste Notebook). Für derartige Situationen bedarf es des Kontroll- und Rückrufmanagements, um Leerstände oder Vorteilsnahme zu vermeiden. Das Kontroll- und Rückrufmanagement löst dies durch z.B. Vieraugenprinzip, Rechteeinschränkung oder automatische Ressourcenfreigaben, wenn keine Nutzung ersichtlich ist. Abbildung 11–25 zeigt, welche Mechanismen zur Vermeidung von Ressourcenmissbrauch einzusetzen sind und welche im Nachgang helfen – einschließlich möglicher zu ergreifender Maßnahmen.

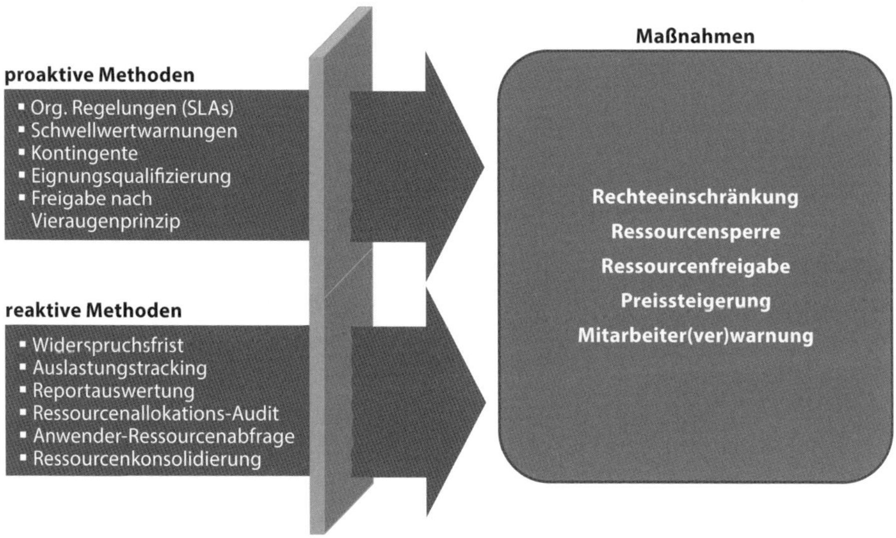

Abb. 11–25 *Vermeidungsmethoden und Maßnahmen*

11.7 Anwendung der Modellierungsmethoden

Um die oben vorgestellten Modellierungsmethoden geeignet anwenden zu können, werden in diesem Abschnitt einige Beispiele gezeigt, wie man einen IT-Self-Service konzipiert und worauf das Augenmerk außerhalb des reinen Designs eines IT-Self-Service liegen sollte. Dabei werden vier Aspekte behandelt:

- Schaffung von Voraussetzungen, dass IT-Self-Services implementierbar werden.
- Erkennung von Veränderungen in Prozessen, um einen kontrollierten Ablauf weiterhin zu gewährleisten.
- Einführung eines Testbetriebs mittels Prototypen unter Rückgriff auf eine Umnutzung von bestehenden IT-Ressourcen, bevor in den IT-Self-Service investiert wird.
- Schätzung von Kosten, die durch den Umstieg auf den IT-Self-Service entstehen werden.

Die Beachtung dieser Aspekte helfen bei der Modellierung, den Erfolg vor dem Start besser einschätzen zu können.

11.7.1 Voraussetzungen im Fachbereich schaffen

Mit IT-Self-Services können aufkommende Probleme in den Geschäftsprozessen direkt und ohne die IT-Abteilung behoben werden. Anfragen oder auch Incidents lassen sich direkt vom Anwender ohne den Umweg über die IT-Abteilung regeln. Damit dieses Ziel erreicht wird, bedarf es einiger Voraussetzungen, die im Fachbereich im Umgang mit IT-Self-Services einzuhalten sind. Die zu erfüllenden drei zentralen Voraussetzungen seitens der Fachbereiche sind das Anwendermanagement, das Unternehmensmanagement und das Beschwerdemanagement:

- **Anwendermanagement**
  Anhand von organisatorischen Regelungen werden allokierte, aber nicht benötigte Ressourcen im Vorfeld vermieden. Dies lässt sich z. B. über Service Level Agreements regeln, die z. B. eine definierte Bestandsverwaltung festlegen. Ebenso können weitere Regelungen unterstützen, damit die selbstständige Inanspruchnahme von IT-Ressourcen entsprechend den Vorgaben möglich ist.
- **Unternehmensmanagement**
  Trotz aller regulatorischen Vereinbarungen wird es bei der Inanspruchnahme Lücken geben. Hier muss der Fachbereich ein Bewusstsein schaffen, um einen sensitiven Umgang mit IT-Ressourcen immer wieder in Erinnerung zu rufen. Gegebenenfalls lässt sich über Informationsgespräche oder zyklische Abteilungstreffen auf einen Zeitraum zurückblicken, sodass Probleme und Verbesserungen detailliert besprochen werden können.
- **Beschwerdemanagement**
  Ähnlich wie die ersten beiden Voraussetzungen behandelt das Beschwerdemanagement ein weiteres Thema. Durch die Verschiebung der Autonomie kommen die Supportanfragen bzw. Beschwerden nicht mehr in der IT-Abteilung vor. Somit benötigt der Fachbereich ein eigenständiges Beschwerdemanagement, damit die Probleme zentral für die IT dokumentiert werden können. Sonst fehlt eine Rückmeldung der Anwender, was eine Weiterentwicklung von IT-Self-Services erschwert oder gar unmöglich macht. Hier ist es sinnvoll, die Servicedesk-Applikation der IT-Abteilung für den Fachbereich bereitzustellen.

11.7.2 Voraussetzungen in der IT schaffen

Zusätzlich zu den im Fachbereich zu schaffenden Voraussetzungen gilt es, die IT-Abteilung so vorzubereiten, dass ein Aufbau von IT-Self-Services gewährleistet werden kann. Anhand des Reifegrades der ITIL-Prozesse kann dies umgesetzt werden. Folgende ITIL-Prozesse benötigen einen sehr hohen Reifegrad:

- **Capacity Management**
  Das Capacity Management regelt, welche Ressourcen in welcher Form ausgelastet sind. Dies dient bei der Konzeption von IT-Self-Services dazu, schnell einen Überblick über die Ressourcensituation zu erhalten, und vermeidet umfassende Analysen.
- **Asset Management**
  Neben der Auslastung sind weitere Aspekte erforderlich, die im Asset Management geregelt werden. Dazu gehören die durch den Fachbereich genutzten Ressourcen im Hinblick darauf, welche Ressourcen zu welchem Zweck im Einsatz sind und wer diese Ressourcen einsetzt.
- **Identity Management**
  Eine weitere zentrale Voraussetzung muss für das Identity Management gelten. Werden Ressourcen eigenständig aktiviert, so muss dies über eine Berechtigungsvergabe gesteuert werden. Der Reifegrad hier ist die Vollautomatisierung, denn anders lassen sich viele IT-Self-Services nicht implementieren.
- **Servicedesk und Incident Management**
  Im Sinne eines kontinuierlichen Verbesserungsprozesses liefern der Servicedesk und das Incident-Management Hinweise auf mögliche IT-Self-Services. Die beiden ITIL-Disziplinen zeigen aufgrund wiederkehrender Themen auf, an welchen Stellen ein erhöhter Handlungsbedarf besteht, der mittels eines IT-Self-Service für alle Beteiligten gelöst werden kann.

Alle Managementbereiche sind in Tabelle 11–25 in konzentrierter Form aufgeführt:

Managementbereich	Zentrale Fragen
Capacity Management	Welche Ressourcen sind in welcher Form ausgelastet?
Asset Management	Welche Ressourcen sind wo im Einsatz? Wer hat die Ressourcen im Einsatz?
Identity Management	Welche Berechtigungen lassen sich automatisiert vergeben?
Servicedesk/ Incident Management	Welche Aspekte sind wiederkehrend und gut in IT-Self-Services abbildbar?

Tab. 11–25 *Managementbereiche*

11.7.3 Prozesse

Wie in der Einführung zu den IT-Self-Services genannt, kann man eine Kategorisierung über die Prozesse feststellen. In Tabelle 11–26 werden beispielhaft die unterschiedlichen Prozessverhalten für vier verschiedene IT-Self-Services aufgeführt.

Prozess	Prozessverhalten mit IT-Self-Service
Asset Management Onboarding neuer Mitarbeiter (von der Notebook-Beschaffung bis zum IT-Benutzerprofil)	Mit dem Zuschalten eines IT-Self-Service fallen in diesem Prozess einige Schritte (Benutzer oder Rechte beantragen) durch Templates weg.
Identity Management IT-Arbeitsplatz-Selbstverwaltung (Apps, Speicher, Smartphone, Konfiguration etc.)	Das Hinzuschalten von Merkmalen oder Geräten kann durch den Benutzer selbst vorgenommen werden. Der bestehende Prozess bleibt, wird jedoch um die Option eines automatisierten und optimierten Ablaufs ergänzt.
Servermanagement SW-Evaluation (vom virtuellen Server bis zur testfähigen/prototypisch nutzbaren Programmversion)	Umfangreiche Beschaffungsprozesse für Server etc. fallen weg, da Cloud-basierte Sandboxen zur Selbstverwaltung bereitgestellt werden. Dieser Vorgang spart mehrere Prozessschritte ein.
Incident Management Instandsetzung von IT-Systemen (von der Ersthilfe durch andere Rollen bis zum Restore)	Dieser Prozess wird durch den IT-Self-Service umfangreicher, da zu dem bestehenden Prozess (Griff zum Telefon) ein weiterer Ablauf (z.B. FAQ-Tool) hinzukommt, der ggf. schneller ist, jedoch den bestehenden Prozess nicht ersetzt.

Tab. 11–26 *Prozesse und deren Verhalten mit IT-Self-Services*

11.7.4 Prototypen

Die Modellierung und Konzeption eines IT-Self-Service sind aufwendig. Im Vorfeld kann bei Bedarf geprüft werden, ob Endanwender den IT-Self-Service akzeptieren würden. Hierzu lassen sich Prototypen einsetzen, die aus den bestehenden Möglichkeiten zusammengesetzt werden, ehe eine kostenintensive Variante implementiert wird. In diesem Abschnitt werden die oben genannten Beispiele aufgegriffen und es wird gezeigt, wie man vorhandene IT-Ressourcen zu IT-Self-Services umnutzen kann.

Heutige Gegebenheiten	Umnutzung
Incident Management In vielen Unternehmen existieren Knowledge Bases im Ticketsystem und Callcenter.	Ob ein virtueller Chat als Alternative zu einem Callcenter angenommen wird, lässt sich vorher ausprobieren. So werden Supportchats eingerichtet, bei denen Endanwender je nach Fähigkeit teilnehmen und jeder Endanwender Fragen stellen kann, wie bestimmte Funktionen zu nutzen sind oder wie Probleme gelöst werden können. Beispiel: Nutzung eines Chats in MS-Teams, der als Support-to-all aufgesetzt ist. So erreicht man, dass der Griff vom Telefon weggeleitet und später eine FAQ oder eine KI abhängig von den Fragen zugeschaltet wird.
Asset Management Die meisten Unternehmen haben Leih- und Reservegeräte. Diese werden in der IT vorgehalten und auch dort verwaltet.	Für den IT-Self-Service kann man die Rollen des Asset Management auf zentrale Unternehmenseinheiten (Security, Pforte) erweitern. Die nächsten Schritte sind Accounts einrichten, Rechte justieren und Endanwender für die Geräteausgabe schulen. Im letzten Schritt gilt es, einen IT-unabhängigen Gerätezugang zu schaffen und den Bestand ggf. aufstocken.
Identity Management Unternehmen vergeben temporäre Gast-Accounts. Diesem Gast-Account ist heute ein vordefiniertes Profil zugeordnet.	Für einen Prototyp zu einem IT-Self-Service sind die Gastbenutzerprinzipien auf alle internen Rollen zu übertragen. Als geeignete Rollen sind Praktikanten, externe Firmen und auch hinzukommende Rollen im Fokus. Alle Rollen erhalten ein vordefiniertes Profil und können sofort starten. Eine Profilerweiterung erfolgt dann später über IT-Self-Services und über eine Selbstverwaltung (gilt nur für interne Endanwender nach Ablauf der Probezeit).
Servermanagement Heute werden virtuelle Server bei der IT beantragt, die in einer VM-Umgebung oder Cloud erzeugt werden.	Durch Kaskadierung von Shell-Eingaben und die Regelung der Rechte für spezielle Key-User kann dies umgenutzt werden. Die Rechtevergabe erfolgt einmalig über die IT. Die Erstellung von neuen VMs übernimmt zukünftig ein Key-User eines Fachbereichs. Die Verwaltung der tatsächlich erstellten VMs erfolgt laufend über die IT oder direkt durch einen SaaS/PaaS/IaaS-Anbieter.

Tab. 11–27 *Prototypen*

Oft zeigt sich, dass ein Prototyp bei bestehenden IT-Gegebenheiten zu einem IT-Self-Service führen kann oder zumindest, und das ist wichtig zu betonen, zu einer Vorstufe wird, die zeigt, ob der Fachbereich einen IT-Self-Service akzeptiert. Manchmal ist die Vorstufe auch die Grundlage, um ein Umdenken im Fachbereich zu erreichen, bevor es zu hohen Investitionen kommt.

Bereiche wie Incident-, Asset-, Identity-, Server-, Storage- und Lizenzmanagement sind je nach Reifegrad so ausgeprägt, dass man einfache IT-Self-Services aufsetzen kann.

11.7.5 Kosten

Die Einführung von IT-Self-Services ist mit Investitionskosten verbunden. Tabelle 11–28 zeigt beispielhaft einige Posten auf, die anfallen können.

Umnutzungs-/ Umstellungskosten	Asset Management	Server-management	Identity Management	Incident Management
Konzeptions-, Test- und Implementierungs-arbeiten	▪ Konzepte ▪ SW-Betankung ▪ LAN-Anschlüsse	▪ Konzepte ▪ Schulung von Usern	▪ Konzepte ▪ Programmier-arbeiten für Rechteverwaltung	▪ Konzepte ▪ Redaktions-arbeiten
Beschaffung von Systemen	▪ Reservierungs-system ▪ Notebook-Ladeschrank			FAQ-Tool
Ressourcen-überwachungs-systeme	Org./Techn.	Org./Techn.	Org./Techn.	Org./Techn.

Tab. 11–28 *Kostenspiegel*

Tabelle 11–28 liefert trotz beispielhaft herausgegriffener Daten den Hinweis, dass Kosten für Konzepte und Ressourcenüberwachungssysteme einkalkuliert werden müssen. Diese einfache Betrachtung ermöglicht es, eine erste Kostenabschätzung für den Minimalwert an Investitionen abgeben zu können. Alle weiteren Aufwände, die in der Tabelle gelistet sind, werden zu diesem Minimalwert hinzuaddiert.

Je besser der IT-Self-Service angenommen wird und funktioniert, desto geringer wird der damit verbundene personelle Aufwand ausfallen. Die freigewordenen Ressourcen sollten erkannt und anderen Tätigkeitsbereichen zugeführt werden.

11.7.6 Abschließende Betrachtung

Bei Ansätzen, die ein einheitliches IT-Self-Service-Portal anstreben, zeigt sich, dass es schwierig ist, alle IT-Self-Services darin unterzubringen. Der Grad, mit dem ein IT-Self-Service umgesetzt wird, gibt Auskunft darüber, ob manuelle Schritte vom Endanwender und auch die Organisation von dahinterliegenden Prozessen angepasst werden müssen. Je nach Grad der Automatisierung und des Aspektes »on demand« fallen die Implementierungen z.B. von Bestellvorgängen unterschiedlich aus.

Die Einführung eines IT-Self-Service-Portals muss die unterschiedlichen Integrationen von IT-Self-Services einbeziehen und zusätzlich die Kostenbetrachtung mitberücksichtigen. Ein IT-Self-Service sollte zyklisch auf seine Prozesskosten hin überprüft werden, denn je nach Inanspruchnahme des IT-Self-Service verändern sich die Prozesskosten.

12 KPI/Service Levels für Qualitätsaspekte von IT-Services

Die Qualität von IT-Services wird über Kennzahlen (engl. Key Performance Indicator – KPI) bzw. Service Levels ausgedrückt. Aus diesem Sachverhalt heraus wird im CECAR-Modell der Punkt KPI/Service Levels thematisch dem Kernbereich IT-Service zugeordnet (s. Abb. 12–1).

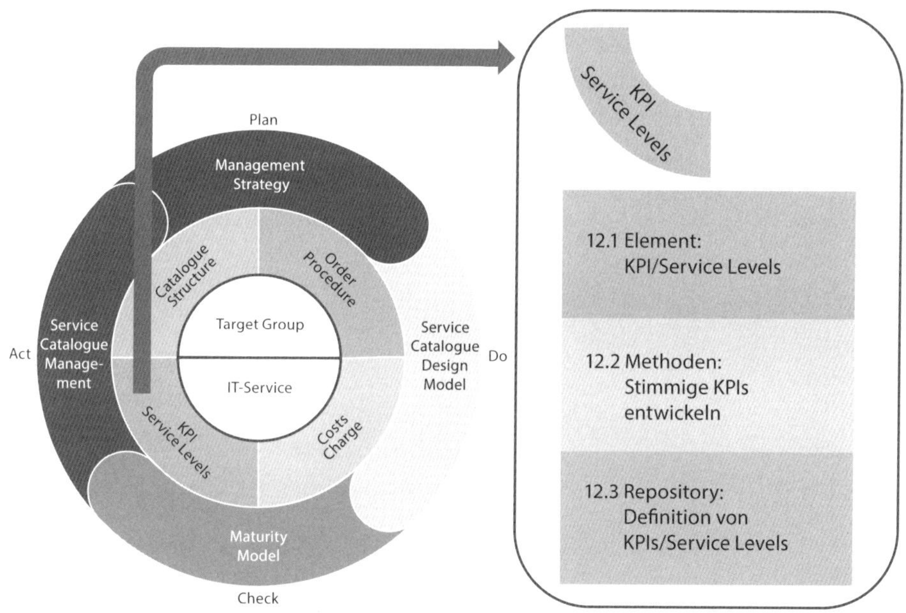

Abb. 12–1 *CECAR-Modell: KPI/Service Levels*

Das CECAR-Modell nimmt hier eine eingehende Betrachtung vor, denn die Konzeption von Kennzahlen/Service Levels beschränkt sich nicht auf eine Formel. Vielmehr ist eine Menge von Aspekten zu berücksichtigen, die umfassend in den Methoden behandelt werden. Im Repository werden häufig in der Praxis eingesetzte Definitionen zu den Kennzahlen und Service Levels ausgeführt.

12.1 Element: KPI/Service Levels

Den KPIs/Service Levels kommt im IT-Servicekatalog eine hohe Bedeutung zu, denn deren Definitionen sind meist für viele IT-Services gültig. Hat ein Service-Level-Manager eine Definition ungünstig in einem Service Level Agreement formuliert, so bleibt das Problem auf ein SLA bzw. einen Kunden eingegrenzt. Beim IT-Servicekatalog ist die Dimension deutlich größer, denn bei einer ungünstigen oder falschen Definition sind viele IT-Services und Kunden davon betroffen. Kommt es zu Interpretationen einzelner Begriffe, so kann der IT-Servicekatalog sein Ziel nach Einheitlichkeit nicht erreichen, denn wenn jeder die IT-Services und deren Kennzahlen anders auslegt, so entsteht kein normiertes Vorgehen. Deshalb sollten Servicekatalog-Manager dieses Thema mit viel Umsicht angehen. Für diesen umfassenden Blick liefert CECAR ein Set an Methoden, die zur Definition von KPIs/Service Levels alle zentralen Aspekte abdecken [Jäckel und Scholderer 2005a-b].

In der Praxis werden die Begriffe KPIs und Service Levels nicht besonders unterschieden [Berger 2005]. Sie werden sogar, wenn es eine Unterscheidung gibt, wechselseitig verwendet. Hier soll eine Unterscheidung durchgeführt werden, die mit der Anwendung aus Service Level Agreements am häufigsten korrespondiert. Mit Service Levels wird ein Korridor vorgegeben, innerhalb dessen das IT-Unternehmen den IT-Service erbringt. Und hierin liegt die prinzipielle Unterscheidung zu den Key-Performance-Indikatoren. KPIs und Service Levels stehen in einem Teilmengenverhältnis zueinander. KPIs zeichnen sich durch ihre Messbarkeit aus. Abbildung 12–2 zeigt dies visuell auf.

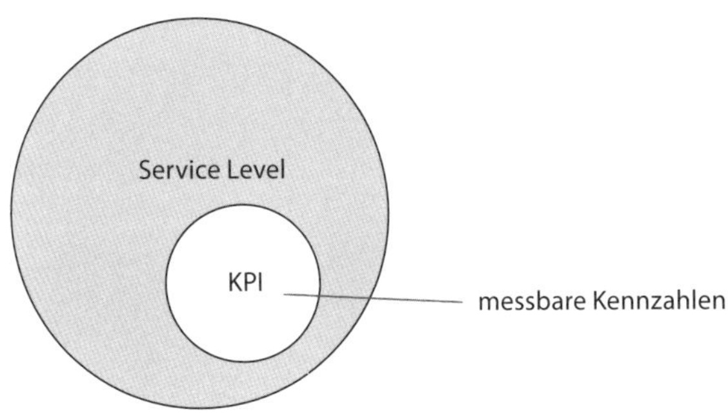

Abb. 12–2 *Teilmengenbeziehung*

Damit ergibt sich folgendes Verständnis. Nicht gemessene Service Levels definieren einen Korridor, in dem der IT-Service angeboten wird. KPIs hingegen liefern Aussagen zur Qualität, mit der ein IT-Service ausgeliefert wurde. Da die KPIs deutlich schwieriger zu konzipieren sind als Service Levels, sind die Methoden weitestgehend auf KPIs ausgerichtet. Die KPIs zu definieren ist vom Schwierigkeitsgrad vergleichbar mit der Modellierung von IT-Services. Die Aspekte, worauf bei Kennzahlen zu achten ist, sind jedoch signifikant andere und werden in Abschnitt 12.2 vorgestellt.

In vielen IT-Standards werden KPIs/Service Levels als Stichpunkt kurz erläutert. Das Beispiel aus ITIL 4 aus Abschnitt 2.2 soll dies in Tabelle 12–1 verdeutlichen.

KPI	Beschreibung
Serviceverfügbarkeit	Verfügbarkeit von IT-Services in Bezug auf die Verfügbarkeit in SLAs und OLAs vereinbart
Anzahl der Service-Unterbrechungen	Anzahl der Service-Unterbrechungen
Dauer der Service-Unterbrechungen	Durchschnittliche Dauer der Betriebsunterbrechungen

Tab. 12–1 *Stichpunktartige KPIs*

Der Servicekatalog-Manager steht vor der Aufgabe, diese KPIs auszuformulieren, sodass sie umgangssprachlich ausgedrückt »wasserdicht« sind. Jedoch sind bei der Definition von Kennzahlen mehrere Aspekte zu beachten, die einen direkten Einfluss auf die Korrektheit haben.

Abbildung 12–3 zeigt die vielen Aspekte, die mit den Kennzahlen verbunden sind. Für den Servicekatalog-Manager werden diese in Methoden überführt, um sie konkret anwenden zu können.

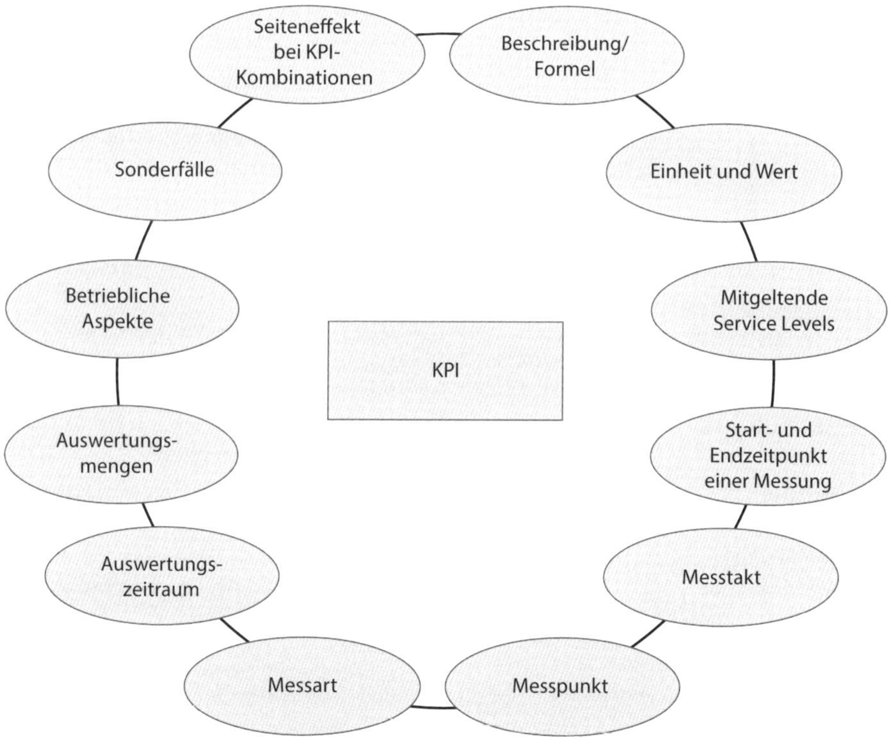

Abb. 12–3 *Einflussfaktoren auf KPIs*

Die Vielfalt der Einflussfaktoren erstreckt sich über ein breites Spektrum. Aus diesen Bereichen sind immer wieder Störungen zu erwarten, auf die der Servicekatalog-Manager, um eine Kennzahl stabil zu halten, von der Modellierungsseite her reagieren muss. CECAR unterstützt ihn dabei mit zwölf Methoden.

12.2 Methoden: stimmige KPIs entwickeln

Mit Tabelle 12–2 liegt eine Zusammenstellung aus Methoden und Auswirkungen vor. Sie dient als Überblick und zugleich als Einstieg für den Servicekatalog-Manager, um festzulegen, auf welchen Punkten er den Schwerpunkt legen möchte [Scholderer 2003a-c].

Methode	Auswirkung
Beschreibung/Formel	Werden die Kennzahlen informell beschrieben, so wird es immer wieder Interpretationen von Textstellen geben.
Einheit und Wert	Es gibt implizite Annahmen, wenn die Einheit fehlt oder nur Teile der Bewertung abdeckt.
Mitgeltende Service Levels	Die Kennzahlen ohne den Kontext, wie z.B. in welcher Betriebszeit, sind ohne Aussagekraft.
Start- und Endzeitpunkt der Messung	Bei fehlenden Start- und Endzeitpunkten ist eine Manipulation des Kennzahlenergebnisses leicht zu bewerkstelligen.
Messtakt	Ohne den Messtakt hat die Kennzahl keine Aussagekraft. Wer z.B. zweimal im Jahr misst und ein positives Ergebnis hat, der hat 100% Verfügbarkeit erreicht.
Messpunkt	Das Objekt der Messung nicht zu nennen führt möglicherweise zur Zuteilung eines falschen Objekts bzw. IT-Systems, das nicht repräsentativ für die Kennzahl bzw. für einen IT-Service steht.
Messart	Wird die Art der Messung nicht genannt, so lässt sich eine beliebige auswählen, die ggf. immer ein positives Ergebnis bringt.
Auswertungszeitraum	Die Auswertung einer Kennzahl pro Tag oder pro Jahr führt zu großen Unterschieden im Ergebnis.
Auswertungsmengen	Es liegen nicht immer eindeutige Messdaten vor. Welche Mengen werden gewählt, entweder die, die immer ein positives Ergebnis erzielen, oder die, die den IT-Service repräsentieren.
Betriebliche Aspekte	Wie wird z.B. die Wartung gewertet? Fehlt die Nennung in der Kennzahlenformel, so bleibt dies ergebnisoffen stehen.
Sonderfälle	Nicht jede Kennzahl kann dauerhaft aussagekräftig sein. Sonderfälle wie Katastrophenfälle etc. sind bei der Kennzahl unverzichtbar.
Seiteneffekte bei KPI-Kombinationen	Wirken Kennzahlen untereinander, so sind die Seiteneffekte (z.B. Widerspruch zu einer anderen Kennzahl) zu beachten, um sie auszuschalten.

Tab. 12–2 *KPI-Modellierungsmethoden und deren Anwendung*

Die in den nächsten Abschnitten beschriebenen Methoden werden anhand von Beispielen ausgeführt. Ziel ist es, die Einhaltung der zugesicherten Kennzahlen zu den IT-Services nachzuweisen.

12.2.1 Beschreibung/Formel

Die Definition von Kennzahlen beinhaltet die Beschreibung, um die Kennzahl erfassbar zu machen. Als Methode lässt sich dies über eine informelle oder eine formale Beschreibung bewerkstelligen. Tabelle 12–3 zeigt ein Beispiel, wie dies in dem einen oder anderen Fall aussieht. Die im informellen Text vorhandenen Fakten sind markiert und wurden auf die rechte Seite (formale Beschreibung) mit den gleichen Markierungen übertragen. Dies soll den Vergleich der beiden Möglichkeiten unterstützen, um beurteilen zu können, welche der beiden Kennzahlenbeschreibungen der jeweilige Servicekatalog-Manager bzw. dessen Kunde besser erfassen und verstehen kann.

Informelle Beschreibung	**Formale Beschreibung**
Die »*Erstlösungsquote*« wird berechnet als die [#1] **Anzahl der am Servicedesk eingegangenen und als Ticket formulierten Störungsmeldungen, die innerhalb eines Kalendermonats #2** beim ersten diesbezüglichen Kontakt eines berechtigten Benutzers mit dem Servicedesk [#8] **innerhalb des jeweils maßgeblichen Zeitraums gelöst werden,** [#7] **geteilt** durch die [#3] **Gesamtzahl aller im Servicedesk eingegangenen Störungsmeldungen** im Laufe dieses Kalendermonats; das Ergebnis wird als Prozentanteil ausgedrückt. Der Auftragnehmer erstellt während der Transition-Phase eine Supportmatrix, die die Leistungstiefe des Servicedesks zum Stichtag definiert, und stimmt diese mit dem Auftraggeber ab. Erhöht sich die Anzahl Calls/Arbeitsplatz über ein Quartal oder einen längeren Zeitraum in einem erheblichen Umfang, weil der Auftragnehmer nachweislich eine höhere Leistungstiefe abbildet (z.B. in Form von Geschäftsprozess-Support) als zum Stichtag, ist der Auftraggeber bereit, mit dem Auftragnehmer über das vertragliche Änderungsverfahren eine Anpassung des Service Level »Erstlösungsquote« vorzunehmen. Eine Störung gilt während des Erstkontakts eines berechtigten Benutzers durch den Servicedesk [#4] **als gelöst**, wenn a) die Person des Servicedesks, die die Störungsmeldung als Erste entgegennimmt, die Störung beseitigt; [#5] **hingegen nicht, wenn die Person, die die Störungsmeldung als Erste entgegennimmt, den berechtigten Benutzer zu einer weiteren Person durchstellt, die die Störung beseitigt, und** b) der berechtigte Benutzer, der die Störung am Servicedesk gemeldet hat, die Beseitigung der Störung freigegeben hat. **Konkrete Werte der Service Levels** 75% in [#6] **15 Min**	**Kennzahlenberechnung** Erstlösungsquote = (i=1...m (Störungsmeldungen) [#7]/n) × 100 i: [#2] **Anzahl der Störungsmeldungen pro Monat** ([#6] < **15 Minuten** und nicht weitergeleitet [#5] **mit Status: geschlossenen**) n: Berechnungsgrundlage definieren: [#3] **Anzahl aller Störungsmeldungen pro Monat** **Ticketmenge** a) [#1] **Alle Anrufe, die am Servicedesk ankommen** b) [#8] **Alle gelösten Tickets des Monats** **Messpunkte** ***Startzeitpunkt*** = Zeitstempel, [#1] **nachdem eine Störung am Servicedesk gemeldet wurde und als Ticket formuliert ist** ***Endzeitpunkt*** = Zeitstempel des Tickets mit [#4] **Status gelöst**

Tab. 12–3 *KPI-Beschreibung*

Der Servicekatalog-Manager wird sich meistens für die formale Beschreibung entscheiden. Sie ist leichter wartbar und kann geeigneter verständlich gemacht werden.

12.2.2 Einheit und Wert

Zu den unterschiedlichen Kennzahlen, die in einem IT-Servicekatalog für die IT-Services verwendet werden, gibt es ebenso eine Vielzahl von Einheiten und Werte, die angefügt werden. Beispiele sind:

- 99 % Verfügbarkeit
- 2 ms durchschnittliche Antwortzeit
- 4 Std. Wiederherstellzeit

Bei der Analyse fällt auf, dass die Einheiten sich unterschiedlich verhalten.

Es ist folgende Frage als Prüfmethode zu verwenden, um die Einheiten auf deren Umfang zu prüfen.

Prüfmethode

Wie verhält sich diese Kennzahl in 100 % der Fälle?

Die Anwendung der Prüfmethode wird in Tabelle 12–4 beispielhaft für die genannten drei Kennzahlen verwendet.

Kennzahl	Anwendung der 100 %-Prüfmethode
99 % Verfügbarkeit	In 99 % von 100 % der Fälle bzw. Messungen soll die Verfügbarkeit gewährleistet werden.
2 ms durchschnittliche Antwortzeit	In 100 % der Fälle wird theoretisch die Kennzahl gehalten. Da es hier Schwankungen gibt, funktioniert diese Kennzahl in weniger als 100 % der Fälle, wenn es zu den zu hohen Antwortzeiten genügend geringere Antwortzeiten gibt.
4 Std. Wiederherstellzeit	Diese Kennzahl besagt: In 100 % der Fälle muss die Wiederherstellzeit von 4 Std. gewährleistet sein. In der Praxis funktioniert diese implizite Annahme zu den 100 % nicht, da es immer wieder Ausnahmen gibt, die über 4 Std. liegen. Eine Lösung wäre z. B. die Modellierung: Für 80 % der Fälle gilt die Wiederherstellzeit von 4 Std.

Tab. 12–4 *Anwendung der 100 %-Prüfmethode*

Der größte Unterschied zwischen diesen Kennzahlen liegt in der Verwendung der ersten beiden Kennzahlen mit einem Durchschnitt bzw. mit einer Rate. Die 100 %-Prüfmethode ist somit anwendbar, da es keine impliziten Aussagen gibt. Die letzte Kennzahl arbeitet dagegen von Störungsfall zu Störungsfall mit dem gleichen Wert, sodass Toleranzen unterhalb des Schwellwertes von 4 Std. liegen können. Werte, die darüber liegen, können nicht ausgeglichen werden. Es kann zu einer häufigeren Verletzung des festgelegten Schwellwertes dieser Kennzahl kommen.

Mit dieser Prüfmethode werden implizite Annahmen herausgefiltert. Die Lösungen erfolgen meistens über die Umstellung auf eine Rate oder erfordern eine Reduzierung des 100 %-Wertes.

Tipp: Servicekatalog-Manager sollten implizite Annahmen bei den Kennzahlen vermeiden oder zumindest prüfen und gewollt zulassen.

12.2.3 Mitgeltende Service Levels

Eine Kennzahl ohne einen Kontext ist meistens nicht möglich. Die Angabe, in welchem Korridor eine Kennzahl angewendet wird, erfordert weitere Service Levels, sogenannte mitgeltende Service Levels. Häufig zum Einsatz kommende Service Levels sind z.B. die Betriebszeiten. Sie geben den Zeitraum der Gültigkeit der Messung vor, in der eine Kennzahl eingehalten wird.

Beispiel: Betriebszeit (bedienter Betrieb)

Die Betriebszeit bestimmt die Zeit, in der das Bedienpersonal des IT-Unternehmens in der geregelten Arbeitszeit bereitsteht.

Mo.–Fr. 07:00–19:00 Uhr

Der Servicekatalog-Manager muss den zeitlichen Bezug zur Kennzahl herstellen.

12.2.4 Start- und Endzeitpunkt der Messung

Diese Methode enthält die zwei Aspekte

a) wo wird gemessen und
b) die Kopplung von Kennzahlen.

Beides wird über die Bestimmung des Start- und Endzeitpunkts der Messung vorgenommen. In Tabelle 11–11 (S. 235) sind zwei Kennzahlen aufgeführt. Bei beiden ist der Startzeitpunkt (SZP) und der Endzeitpunkt (EZP) integriert.

Reaktionszeit	Die Reaktionszeit zur Störungsbearbeitung wird wie folgt definiert: $RZ = EZP_{Reaktion} - SZP_{Reaktion}$ **RZ:** Reaktionszeit $SZP_{Reaktion}$: Der Startzeitpunkt referenziert auf den Zeitstempel im Trouble-Ticket-System, nachdem eine Störung am Servicedesk gemeldet wurde und als Ticket formuliert ist. $EZP_{Reaktion}$: Der Endzeitpunkt ist durch den Zeitstempel im Trouble-Ticket-System gekennzeichnet, nachdem ein Problembearbeiter festgelegt wurde.
Entstörzeit	Die Entstörzeit ist die Zeit, die für die reine Entstörung veranschlagt wird. $EZ = EZP_{Entstörzeit} - SZP_{Entstörzeit}$ **EZ:** Entstörzeit $SZP_{Entstörzeit}$: Der Startzeitpunkt referenziert auf den Zeitstempel im Trouble-Ticket-System, nachdem ein Problembearbeiter festgelegt wurde. $EZP_{Entstörzeit}$: Der Endzeitpunkt ist durch den Zeitstempel »gelöst« im Trouble-Ticket-System gekennzeichnet.

Tab. 12–5 *KPI-Kopplung*

Der erste Vorteil ist eine genaue Bestimmung, an welchen Zeitstempeln sich die Messungen orientieren. Dies ist hilfreich für das operative Personal, das die Messungen einrichten muss. Anhand des Start- und Endzeitpunkts der Messung erhalten sie eine Spezifikation für die Umsetzung [Scholderer 2005].

Der zweite Vorteil besteht darin, dass die beiden Kennzahlen zusammengenommen die Wiederherstellzeit ergeben.

Wiederherstellungszeit ist die Summe aus der Reaktions- und der Entstörzeit.

$WHZ = RZ + EZ$

WHZ: Wiederherstellungszeit

RZ: Reaktionszeit

EZ: Entstörzeit

Diese Summenbildung basiert vor allem auf dem Start- und Endzeitpunkt. Nur wenn der Endzeitpunkt der Reaktionszeit identisch ist mit dem Startzeitpunkt der Entstörzeit, sind diese beiden Kennzahlen addierfähig. Andernfalls würden zwei nicht aufeinander abgestimmte Zeiten aufsummiert. Diese Methode eignet sich für das lückenlose Kombinieren von Kennzahlen.

12.2.5 Messtakt

Der Messtakt bestimmt, wie häufig eine Messung ausgeführt wird, und diese Häufigkeit hat eine enorme Auswirkung auf die Qualität der Kennzahl. Ein extremes Beispiel soll dies überspitzt darstellen.

Beispiel

Für einen IT-Service soll die Verfügbarkeit bestimmt werden. Für diesen täglich in Anspruch genommenen IT-Service werden zwei Messungen im Jahr vorgenommen.

- Im ersten Jahr laufen beide Messung gut und es werden 100% Verfügbarkeit ausgewiesen.
- Im zweiten Jahr läuft eine Messung gut und eine schlecht. Das Ergebnis ist 50% Verfügbarkeit.

In beiden Fällen repräsentiert das Endergebnis nicht die tatsächliche Verfügbarkeit, da der Messtakt zu weit auseinanderliegt. Dieser Effekt lässt sich vermeiden, wenn der Messtakt methodisch angewendet und der Kennzahl hinzufügt wird. Dann ist ersichtlich, mit welcher Qualität das Ergebnis vorliegt.

Bei dem oben genannten Beispiel wurde implizit von einer aktiven Messung ausgegangen, die kontinuierlich prüft, ob der IT-Service verfügbar ist. Die Aussagekraft war hier nicht besonders repräsentativ.

Dieser Sachverhalt verändert sich, wenn als Messmethode das Trouble-Ticket-System zur Anwendung kommt. Annahme: Zweimal im Jahr werden Störungen von Benutzern gemeldet. Die beiden Zeiträume sind auszuwerten und auf den gesamten Zeitstrahl zu übertragen. Im Ergebnis kommt es zu einer Verfügbarkeit <100%, was korrekt wäre. Bei dieser Messmethode ist kein Messtakt erforderlich.

Das bedeutet, wer aktiv misst, der sollte den Messtakt der Kennzahl hinzufügen.

Tipp: In restriktiven Umgebungen, in denen Ausfälle von Sekunden (z.B. Hochregallager, Börsen etc.) einen hohen monetären Schaden nach sich ziehen, werden die Richtwerte für Messtoleranzen eingefügt (s. nachstehendes Beispiel).

Richtwerte für Messtoleranzen

- Erfassung eines Ausfallbeginns: <2 Sekunden
- Erfassung eines Ausfallendes: <2 Sekunden

12.2.6 Messpunkt

Der Messpunkt, auch als Leistungsübergabepunkt bezeichnet, sollte bei einer Kennzahl genannt werden. Es gilt zu verdeutlichen, an welchen Stellen die Messung stattfinden soll. Hierzu sind in Tabelle 12–6 einige Messpunkte beispielhaft aufgeführt.

Leistungsübergabepunkt
Der Leistungsübergabepunkt ist der jeweilige Port an einem Patchpanel bzw. der Ein- und Ausgang an einem Power Patch Panel.
Als Leistungsübergabepunkt 1 gilt das Loopback-Interface des regionalen Sammelrouters bzw. Backup-Routers, als Leistungsübergabepunkt 2 ist der LAN-Port des zentralen Koppelrouters definiert.
Der Leistungsübergabepunkt für eine funktionstüchtige Plattform zum Betrieb der Applikation(en) am Internetzugang ist der Boarder-Gateway-Protocol-Router.
Alle Daten werden auf dem Dokumentenserver des Kunden abgelegt. Nach diesem Leistungsübergabepunkt werden die Daten innerhalb des Kunden verarbeitet. Der Dokumentenserver stellt den Leistungsübergabepunkt dar.
Leistungsübergabepunkt Calls: Kopfnummer des Kunden am Erfüllungsstandort

Tab. 12–6 *Beispiele von Leistungsübergabepunkten*

Bei dieser Methode lassen sich in einigen wenigen Szenarien tatsächliche Systeme mit IP-Adressen nennen. Meistens werden aber wie in Tabelle 12–6 die Systemtypen genannt. Erst wenn der Kunde den IT-Service bezieht, werden im IT-Unternehmen die beschriebenen relevanten IT-Systeme aufgestellt und dem Kunden zugeteilt. Je nachdem, ob der erste oder zweite Fall vorliegt, ist der Messpunkt eine wichtige Methode, denn jetzt weiß das operative Personal hier ähnlich wie bei den Start- und Endzeitpunkten der Messung, was zu tun ist [Scholderer 2004].

12.2.7 Messart

Die Serviceüberwachung ist ein zentraler Bestandteil des IT-Service. Wenn der Servicekatalog-Manager klären kann, mit welcher Messart bzw. Messmethode die Überwachung des IT-Service vorzunehmen ist, wird dies bei der Buchung des IT-Service durch den Kunden als Standard aufgezeigt. Weitere gemeinsame Überlegungen mit dem Kunden entfallen. Des Weiteren gilt, wenn die Messmethode festgelegt ist, können im Falle einer Buchung die Administratoren fachgerecht agieren. Ist die Überwachung nicht Bestandteil des IT-Service, erfolgt mit der Buchung die Diskussion, wie die Überwachung vorzunehmen ist. Im ungünstigsten Fall bekommt jeder Kunde seine eigene Messmethode und der IT-Servicekatalog verliert an Aussagekraft, da eine Diskussion zwischen der Buchung und der Lieferung geschaltet ist. Die Standardisierung des IT-Unternehmens an dieser Stelle fehlt.

Für IT-Unternehmen, die ihren IT-Service transparent nachweisen wollen, stehen mehrere Möglichkeiten offen, dies umzusetzen. Die Analyse der Ausgangssituation ist erforderlich, um das Thema Messung und die zu erreichende Messqualität bewerten zu können. Die Analyse, aus der das IT-Mess- und Reporting-Konzept abzuleiten ist, startet beim Ausfall von IT-Services. Die (Nicht-)Verfügbarkeit, die aus Ausfällen resultiert, ist die wichtigste Kennzahl, die in Rechenzentren zum Einsatz kommt. Die Schwierigkeit, Messungen exakt zu implementieren, ergibt sich aus zwei Aspekten: Zum einen ist es der fehlende Messpunkt, d.h., die Frage, an welcher Stelle die Messung erfolgt und wie genau die Messung ausgeführt werden kann. Zum anderen ist die Präzision der Messergebnisse entscheidend. Abbildung 12–4 zeigt sowohl tatsächliche Ausfälle als auch verschiedene Möglichkeiten, wie Ausfälle durch Messungen erfasst werden [Kemnitz 2007].

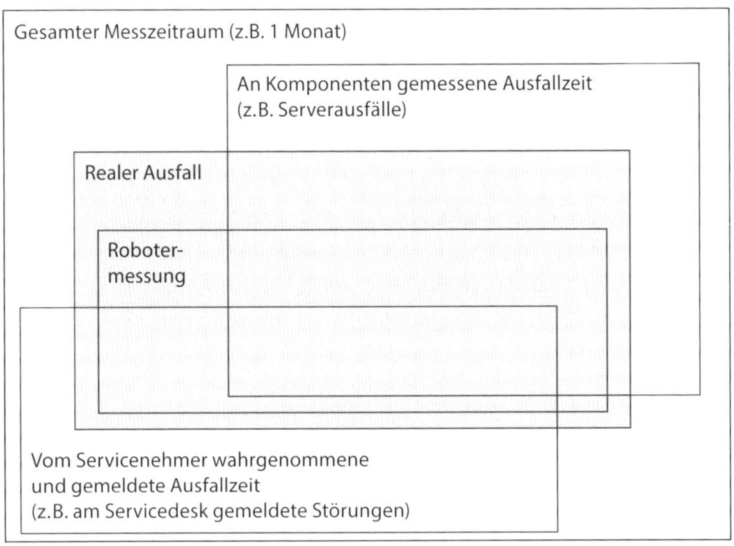

Abb. 12–4 *Analyse der IT-Betriebssituation*

Vom Servicenehmer wahrgenommene und gemeldete Ausfallzeit

Ausgehend von der realen Ausfallzeit nimmt der Kunde nicht alle Ausfälle exakt wahr. Der Kunde nimmt Ausfälle nur dann wahr, wenn er den IT-Service in Anspruch nimmt und ggf. nicht auf eine andere Komponente kurzfristig ausweichen kann. Damit wird die tatsächlich wahrgenommene Ausfallzeit auf die Inanspruchnahme aufseiten des Kunden reduziert. Hinzu kommen weitere Ausfälle, die der Kunde wahrnimmt, die jedoch keine Ausfälle sind. Dies gilt vor allem, wenn der Kunde aus vielen einzelnen Benutzern besteht, die unterschiedlich geschult sind. Beispielsweise sollten Benutzer wissen, dass längere Antwortzeiten bei der Generierung von umfassenden Reports systembedingt sind und keinen Ausfall des IT-Service darstellen. Ferner ist die Verantwortung für einen Ausfall oft unklar. Der

Kunde nimmt subjektiv einen Ausfall wahr. Trotz der Tatsache, dass der vom Dienstleister zu erbringende IT-Service im vereinbarten Umfang bereitgestellt wurde, können vom Kunden potenziell Ausfälle geltend gemacht werden.

An Komponenten gemessene Ausfallzeit

Basierend auf der realen Ausfallzeit registriert das IT-Unternehmen einerseits nicht alle Ausfälle, da eine Messung ein Modell der realen Welt ist, und andererseits zusätzlich Ausfälle, die den IT-Service auf der Kundenseite nicht betreffen. In vernetzten Systemen ist ein bestimmter Teil der vielen Komponenten bzw. IT-Systeme an der Erbringung eines IT-Service beteiligt. Dies führt in IT-Unternehmen zur Bildung von Gruppen für die Messung von IT-Systemen (mehrere Router werden zum IT-Service Netzwerk zusammengefasst und deren Verfügbarkeit oder Antwortzeit gemessen). Damit enthält die Statistik IT-Systeme, die nicht an der Erbringung des IT-Service beteiligt waren, und verändert dadurch das tatsächliche Ergebnis der Verfügbarkeit negativ, da z.B. mehr Ausfälle mit in die Statistik eingehen können. Die Messungen des IT-Unternehmens können aufgrund von z.B. Messtakt und -standort nicht alle Ausfälle erfassen. Somit misst das IT-Unternehmen weniger Ausfälle, als tatsächlich stattfinden. Diese unklare Situation wird u.a. durch Ausfälle verstärkt, die registriert und in das Reporting übernommen werden, obwohl es keinen Ausfall für einen Servicenehmer gab. Ein Beispiel soll dies verdeutlichen: In einem Serververbund fällt ein Server aus. Die anderen Server übernehmen die Last. Im Idealfall beschränkt sich die Verschlechterung auf die Antwortzeit. Treten beim Umschalten der Server Probleme auf, die einigen Benutzern keine Rechte mehr erteilen, so kommt es für eine Teilmenge von Benutzern zum Ausfall. Noch deutlicher wird dies, wenn das IT-Inventar nicht aktuell gehalten ist. Dann sind z.B. Server real umgezogen und nicht mehr Teil eines IT-Service. Bei einem Ausfall des Servers zählt dieser laut Inventar aber noch zu einem anderen IT-Service und der Ausfall wird im Reporting gewertet, obwohl die Benutzer arbeiten konnten.

Robotermessung

Die Messung mittels nachgestellter Benutzerschritte über sogenannte Roboter, die softwarebasiert alle im realen Betrieb notwendigen Maus- und Tastaturbefehle emulieren, zeigt, wie sich die Ausfälle annähernd genau erfassen lassen. In Abhängigkeit vom Messtakt bestimmt sich die Genauigkeit des Ausfalls. Im Idealfall bekommt der Roboter die Ausfälle aus der Perspektive eines Benutzers exakt mit und kann die Ausfälle geeignet messen. Die Messung muss aus einem neuen Blickwinkel betrachtet werden, damit Kunden und das IT-Unternehmen sich auf die Messungen verlassen können. Dabei sind hier Einschränkungen zu beachten. Die Robotermessung überwacht einen Teil des Gesamtumfangs des IT-Service und kann auftretende Probleme ausschließlich dort erkennen, wo der Roboter definiert ist [Stricker 2006].

Tipp: Der Servicekatalog-Manager sollte sich für eine führende Messmethode aussprechen bzw. recherchieren, welche seitens des Kunden anerkannt oder im Betrieb verlässlich implementiert ist.

12.2.8 Auswertungszeitraum

Für jede Kennzahl sollte der Auswertungszeitraum direkt mit angegeben werden. Der Zusatz pro Monat, pro Jahr oder Ähnlichem ist ausschlaggebend, inwieweit die Aussagekraft der Kennzahl interpretierbar ist. Beispielsweise ist eine Verfügbarkeit pro Monat oder pro Jahr jeweils mit anderen Ausfallzeiten zu lesen. Die Verfügbarkeit weicht für einen zusammenhängenden Ausfall stark ab und es muss transparent sein, ob dies von Kundenseite akzeptabel ist. Einige Beispiele, die diese Methode unterstreichen, sind in Tabelle 12–7 genannt.

Vorgabe für Ereignisse und Messdaten mit Intervallen für die Reporting-Aufbereitung Legende: E = Jedes Ereignis/zu jeder Zeit; S = Stunde; T = Tag; M = Monat; Leer = nicht relevant	
Ereignisse und Daten	**Häufigkeit/Zeit/Zeitintervall**
Aufbereitetes Gesamtreporting jeweils zum 5. Arbeitstag des Folgemonats (Soll/Ist)	M
Änderungen an Hardwarekomponenten in der Systemlandschaft des Servicenehmers ?	E
Service-Level-Verletzungen in Minuten	T, M
Anzahl der implementierten Änderungen über Changes (Periode/total/Service)	M
Anzahl Emergency Changes	M
Anzahl und % erfolgreiche Änderungen durch Changes	M
Anzahl und % nicht durchgeführter/abgebrochener Änderungen durch Changes (inklusive Grund)	M
Anzahl unautorisierter Changes	M
Anzahl Incidents resultierend aus durchgeführten Changes (inklusive Grund)	M
Datenbankauslastung nach Dialog	S, T
Zusatzaufwand außerhalb des überwachten Betriebs	M
Anzahl der Incidents nach Kategorien	M
Dauer der Incidents	M
Anzahl der Incidents nach Komponenten	M
Anzahl der Incidents nach Umgebungen	M
Störungsursachen	M
Maßnahmen	M

→

Vorgabe für Ereignisse und Messdaten mit Intervallen für die Reporting-Aufbereitung Legende: E = Jedes Ereignis/zu jeder Zeit; S = Stunde; T = Tag; M = Monat; Leer = nicht relevant	
Ereignisse und Daten	**Häufigkeit/Zeit/Zeitintervall**
Anzahl Incidents resultierend aus Maßnahmen zur Incident-Behebung (inklusive Grund)	M
Anzahl wiederverwendbarer Lösungen zur Behebung von Incidents	M
Varianz der durchschnittlichen Störungsbehebungszeit	M
Gesamtzahl der Probleme im Betrachtungszeitraum	M
Anzahl erneut aufgetretener Probleme nach einem durchgeführten Change	M
Verhältnis der Gesamtzahl Probleme zu Known Errors	M
Erneute Bearbeitung bei der Ursachenanalyse oder Nachanalyse	M
Problemhäufigkeit pro Klassifizierung (Klassifizierung wird durch die Problemmanager des AN und AG geliefert)	M
Benötigte Zeit zur Ursachenanalyse	M

Tab. 12–7 *Auswertungszeiträume von Messergebnissen*

Ein Servicekatalog-Manager, der Diskussionen zu den Kennzahlen vermeiden möchte, sollte diese Information auf jeden Fall mitführen.

12.2.9 Auswertungsmengen (Ticket-Aufgabe)

Bei dieser Methode geht es darum, die richtigen Messdaten zu selektieren. Messdaten mit unterschiedlichen Semantiken werden in einem zentralen Datenspeicher (z.B. Trouble-Ticket-System) vorgehalten. Es wäre fahrlässig, diese Messdaten ohne weitere Spezifikation zu verwenden. Deshalb werden bei den Kennzahlen die Messdaten genannt, die entweder ausgeschlossen sind oder die explizit in Betracht kommen.

Diese Methode findet häufig Anwendung bei der Auswertung von Ticketsystemen. In diesen befinden sich unterschiedliche Tickets und über eine Zuordnung wird festgelegt, welche Tickets für welche Kennzahl zu verwenden sind. Abbildung 12–5 zeigt diesen Vorgang auf. Dabei wird im mittleren Bereich eine Menge selektiert, die zur weiteren Auswertung verwendet wird.

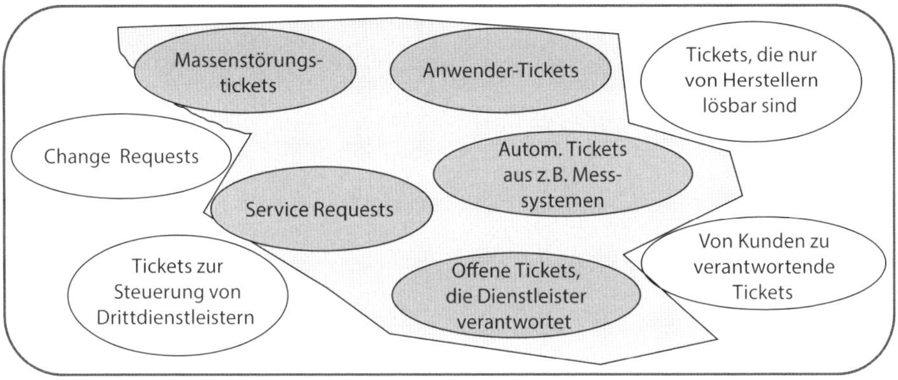

Abb. 12–5 *Auswertungsmengen*

Bei den Kennzahlen ist diese Methode hilfreich, damit keine Messdaten verwechselt werden. Ebenso würde bei zu vielen oder zu wenigen Messdaten die Aussagekraft der Kennzahl leiden.

12.2.10 Betriebliche Aspekte

Bei dieser Methode geht es darum, die betrieblichen Situationen in die Kennzahl zu integrieren. Diese Situationen können entweder in der Beschreibung erfolgen oder direkt in der Formel. Ziel sind besondere Vorkommnisse, für die es z.B. ein Trouble-Ticket gibt und die anders gewertet werden. Dies ist z.B. bei der Berechnung der Verfügbarkeit für das Wartungsfenster der Fall. Hier wird immer wieder diskutiert, wie dieses gewertet wird. Anhand eines Beispiels soll diese Methode gezeigt werden.

Beispiel

Folgende Messintervalle liegen vor:

- Up-/Downtime: gemessene Verfügbarkeit eines Messintervalls
- Unmonitored: Das Monitoring-System ist ausgefallen.
- Maintenance: das geplante Wartungsfenster

In der folgenden Formel werden die Messintervalle mit dem Summenzeichen ∑ zusammengefasst:

$$\text{Availability} = \frac{\sum(\text{Uptime}) + \sum(\text{Unmonitored}) + \sum(\text{Maintenance})}{\sum(\text{Downtime}) + \sum(\text{Uptime}) + \sum(\text{Unknown}) + \sum(\text{Unmonitored}) + \sum(\text{Maintenance})}$$

Sind diese betrieblichen Aspekte, wie Wartungsfenster oder das Monitoring, eingebaut, ergeben sich daraus Auswirkungen auf die Formel und damit auf das Ergebnis der Kennzahl.

Deshalb ist es zielführend, sich die Frage zu stellen, ob diese Formel den Kunden oder das IT-Unternehmen begünstigt. Der Servicekatalog-Manager wird das für diesen IT-Service gewünschte Ergebnis bewerten müssen. Im oben genannten Beispiel begünstigt die Formel das IT-Unternehmen, da Maintenance und Unmonitored wie Uptime bei der Verfügbarkeitskalkulation gewertet werden. Den Kunden zu begünstigen würde bedeuten, Unmonitored und Maintenance zu exkludieren bzw. von der Wertung auszunehmen.

Bei der Anwendung dieser Methode muss der Servicekatalog-Manager seine Formel genau prüfen, damit diese Kennzahl sich verhält, wie sie geplant ist.

12.2.11 Sonderfälle

Die Ausnahmen und somit die Sonderfälle werden mit dieser Methode geregelt. Hier werden an unterschiedlichen Stellen besondere Merkmale an die Kennzahl angefügt. Mit diesen Sonderfällen kann ein Servicekatalog-Manager unvorhergesehenen Erwartungen vorbeugen. Anhand von zwei Beispielen ist hier erläutert, wo Sonderfälle einzufügen sind.

Beispiel 1: Mitgeltende Service Levels

Beispiel: Betriebszeit (bedienter Betrieb)

Die Betriebszeit bestimmt die Zeit, in der das Bedienpersonal des IT-Unternehmens in der geregelten Arbeitszeit bereitsteht.

Mo.–Fr. 07:00–19:00 Uhr

Sonderfall: Bundeseinheitliche Feiertage sind exkludiert.

Beispiel 2: Fußnote

Beispiel: Verfügbarkeit (Formel s. oben)

Sonderfall: Folgende Ausfallzeiten sind nicht Gegenstand der Betrachtung: Wenn es sich um Ausfallzeiten aufgrund höherer Gewalt oder um nicht durch den Provider zu vertretende Ausfallzeiten handelt, die von Fremdapplikationen, Firmware oder Hardware verursacht sind. Das Rechenzentrum muss das Ausbleiben einer Alternativmöglichkeit (Workaround) nachweisen.

Beide Beispiele zeigen, wie an unterschiedlichen Stellen angesetzt wird. Ebenso können Bedingungen gelten (z.B. alle Anrufe länger als 5 Sekunden werden gewertet), die die Kennzahl stärken. Hier ist viel Fingerspitzengefühl und unternehmensspezifisches Wissen gefragt.

12.2.12 Seiteneffekte bei KPI-Kombinationen

Eine weitere Methode besteht darin, die Kennzahlen nicht isoliert zu sehen, sondern diese im Zusammenhang mit anderen Kennzahlen zu modellieren. Eine umfassende fallbasierte Sichtweise ist erforderlich, um zu erkennen, welche Seiteneffekte entstehen können.

Auch hier soll ein Beispiel zu Veranschaulichung dienen, in dem die Methode zur Anwendung kommt.

Beispiel

Es wird für einen Servicedesk mit den dahinterliegenden Supportgruppen ein Kennzahlensystem modelliert, das aus drei Kennzahlen besteht. Die Erstlösungsrate erfasst alle direkt gelösten Fälle. Die First-Level-Lösungsquote verarbeitet die etwas schwierigeren Fälle in einem bestimmten Zeitraum. Die Lösungsquote Gesamt soll eine Grenze setzen, damit alle Störungen final fertig bearbeitet sind. Die Kennzahlen Erstlösungsquote, First-Level-Lösungsquote und Lösungsquote Gesamt sind aufbauend konzipiert. Dabei ist die Erstlösungsquote eine Teilmenge von der First-Level-Lösungsquote und diese ist wiederum eine Teilmenge der Lösungsquote Gesamt (s. Abb. 12–6).

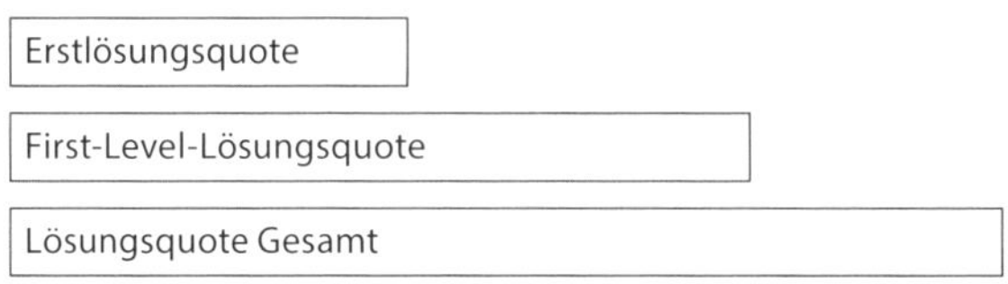

Abb. 12–6 *Stabiles Kennzahlensystem*

Die Entscheidung für diese Anordnung führt zu einer maximalen Stabilität. Die Kennzahlen sind Teilmengen voneinander und können aufbauend verwendet werden. Das Ziel, die Prozentzahlen der Quoten einzuhaltenden, wird dadurch besser erreicht.

Eine Gegenprobe mit einer anderen Anordnung soll dies beweisen. Annahme: Die Lösungsquoten sind an die Abteilungen gekoppelt. Ein derartiges Vorgehen würde wie folgt aussehen (s. Abb. 12–7):

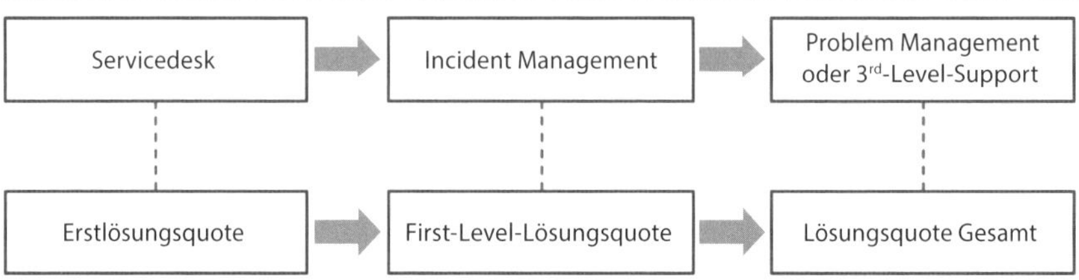

Abb. 12–7 *Instabiles Kennzahlensystem*

→

Faktisch gesehen, werden die Kennzahlen in Reihe geschaltet. Um die Seiteneffekte deutlich erkennen zu können, ist dies beispielhaft durchzurechnen.

- **Annahme 1**
  Viele Tickets werden exzellent innerhalb der Erstlösungszeit gelöst. Die Erstlösungsquote wird eingehalten. Die wenigen restlichen Tickets werden auf die anderen beiden aufgeteilt. Bei 100 Tickets, von denen 98 auf die Erstlösungsquote entfallen könnten, verbleiben 2 Tickets, die dann die Einhaltung der anderen beiden Kennzahlen bzw. deren Quoten immer schwerer machen. Da bei einer einmaligen Nichteinhaltung einer Lösungszeit 100% als nicht bearbeitet ausgelistet werden würde.
- **Annahme 2**
  Der Servicedesk ist unqualifiziert und schiebt viele Tickets sofort weiter. Eine schlechtere Erstlösungsquote entsteht, dafür würden die anderen beiden Kennzahlen gestützt werden. Dies ist insofern ungünstig, als hochqualifiziertes Personal einfachere Arbeiten erledigt.

Der Servicekatalog-Manager muss bei solchen Kombinationen aus mehreren Kennzahlen den IT-Betrieb und die unterliegenden mathematischen Stellschrauben verstehen.

12.3 Repository: Definition von KPIs/Service Levels

In diesem Repository befinden sich drei Arten von Definitionen. Es werden für die Service Levels einige Textbausteine geliefert. Außerdem gibt es eine Liste von Service Levels und KPIs, die mit verschiedenen Werten bestückt sind, um für ein mittelständisches IT-Unternehmen eine Vergleichbarkeit zu schaffen. Und der dritte Block enthält mehrere Definitionen zu KPIs (s. Tab. 12–8).

KPI	Einsatzbereich	Bemerkung
Annahmequote Telefonie	Servicedesk	Diese fünf Kennzahlen können in Kombination verwendet werden, um einen Servicedesk für alle IT-Services anzubieten. Die Kennzahlen sind umfangreich aufgebaut und sind auf der Ebene der Konzerne angesiedelt.
Annahmequote Webportal und E-Mail	Servicedesk	
Erstlösungsquote	Servicedesk, Incident Management	
First-Level-Lösungsquote	Servicedesk, Incident Management	
Lösungsquote Gesamt	Servicedesk, Incident Management, Problem Management	

→

KPI	Einsatzbereich	Bemerkung
Verfügbarkeit	IT-Services allgemein	Diese vier Kennzahlen werden für IT-Services allgemein angewendet. Auch wenn die Antwortzeit in diesem Repository auf SAP zugeschnitten ist, so ist eine Anpassung an andere Anwendungen leicht möglich.
Durchschnittliche CCMS-Dialogantwortzeit	IT-Services allgemein	
Durchschnittliche GUI-Time	IT-Services allgemein	
Durchschnittliche End2End-Dialogantwortzeit	IT-Services allgemein	
Reaktionszeit	Servicedesk, Incident Management	Diese drei Kennzahlen treten ebenfalls in Kombination auf und sind aufeinander abgestimmt. Dies ist ein System, in dem 100% der Fälle zutreffen. Eine Abstufung auf z.B. 80% lässt sich vornehmen.
Entstörzeit	Servicedesk, Incident Management	
Wiederherstellzeit	Servicedesk, Incident Management	
Falsch zugeordnete Störungen	Servicedesk, Incident Management	Diese Kennzahl ist losgelöst und kann dafür verwendet werden, um die Qualität des Servicedesk-Personals zu prüfen.
Anwenderzufriedenheit	IT-Services allgemein	Die Anwenderzufriedenheit ist multifunktional einsetzbar.
Change-Vorlaufzeit	Change Management	Sollten keine Kennzahlen im IT-Servicekatalog definierbar sein, so ist es möglich, auf diese drei Kennzahlen auszuweichen. Diese Kennzahlen sind betrieblich leicht ein- und umsetzbar.
Change-Umsetzungszeit	Change Management	
Change-Ausführungszeit	Change Management	
Termintreue Changes und Regelaufgaben	Alle ITIL-Prozesse	Wer im operativen Betrieb weitere Kennzahlen benötigt, diese drei bieten sich u.a. an.
Wiederaufbereitung	IT-Operation	
Inventarisierungszeit	IT-Operation	

Tab. 12–8 *Anwendung des KPI-Repositories*

12.3.1 Liste mit 20 KPIs

12.3.1.1 Annahmequote Telefonie

Die »Annahmequote Telefonie« misst die Zeit in Sekunden zwischen dem Zeitpunkt, zu dem ein Anruf in die Warteschlange geleitet wird, und dem Zeitpunkt, zu dem ein Servicedesk-Mitarbeiter den Anruf annimmt. Anrufe, die innerhalb von 5 Sekunden nach Eintritt in die Warteschlange vom Anrufer abgebrochen wurden, gelten nicht als gültige Anrufversuche und werden aus der Berechnung ausgeschlossen.

Berechnung

$$\text{Annahmequote Telefonie} = \frac{i = 1 \ldots m \text{ (angenommene Anrufe)}}{n} \times 100$$

i: Anzahl der angenommenen Anrufe pro Monat

n: Anzahl aller gültigen Anrufversuche in der Servicezeit (>5 Sekunden nach Eintritt in die Warteschlange) pro Monat

Messpunkt

ACD-Anlage: Wartezeit nach Verlassen der AG-Telefonanlage bis der Anruf persönlich angenommen wird inklusive der Ringtime (Zeit, die der Anruf bei einem Agenten am Telefon klingelt) oder bis der Anrufer aufgelegt hat.

12.3.1.2 Annahmequote Webportal und E-Mail

Die »Annahmequote Webportal und E-Mail« misst die Zeit innerhalb der Servicezeit, in Minuten, zwischen dem Zeitpunkt, zu dem eine Störung via Webportal und E-Mail den Servicedesk erreicht, und dem Zeitpunkt, zu dem der Anfragende, der diese Störung gemeldet hat, von einem Servicedesk-Mitarbeiter kontaktiert wird.

Berechnung

$$\text{Annahmequote Webportal} = \frac{i = 1 \ldots m \text{ (Non-Call-Störungsmeldungen)}}{n} \times 100$$

i: Anzahl der Non-Call-Störungsmeldungen pro Monat in der vereinbarten Zeit

n: Anzahl aller Non-Call-Störungsmeldungen pro Monat

Messpunkte

Startzeitpunkt: Zeitstempel der Ankunft im Trouble-Ticket-System

Endzeitpunkt: Zeitstempel im Trouble-Ticket-System, der den Erstkontakt zum Anwender dokumentiert

12.3.1.3 Erstlösungsquote

Eine Störung/Anfrage gilt während des Erstkontakts eines berechtigten Benutzers durch den Servicedesk als gelöst, wenn

a) die Person des Servicedesks, die die Störungs-/Anfragemeldung als Erste entgegennimmt, die Störung/Anfrage beseitigt; hingegen nicht, wenn die Person, die die Störungs-/Anfragemeldung als Erste entgegennimmt, den berechtigten Benutzer zu einer weiteren Person durchstellt, die die Störung/Anfrage beseitigt, und

b) der berechtigte Benutzer, der die Störung/Anfrage am Servicedesk gemeldet hat, die Beseitigung der Störung/Anfrage freigegeben hat.

Berechnung

$$\text{Erstlösungsquote} = \frac{\text{i} = 1 \ldots \text{m (Störungs-/Anfragemeldungen} < \text{x Minuten)}}{\text{n}} \times 100$$

i: Anzahl der Störungs-/Anfragemeldungen pro Monat (<x Minuten und nicht weitergeleitet mit Status: gelöst)

n: Anzahl aller Störungs-/Anfragemeldungen pro Monat mit dem Status »gelöst«

Messpunkte

Startzeitpunkt: Annahme des Anrufes

Endzeitpunkt: Zeitstempel des Trouble-Tickets mit Status »gelöst«

12.3.1.4 First-Level-Lösungsquote

Zur First-Level-Lösungsquote zählen

a) Vorgänge, die durch den Servicedesk beseitigt wurden und bei denen
b) der Status auf »gelöst« gesetzt wurde.

Zu Vorgängen zählen keine Changes, aber mindestens Störungsmeldungen, Anfragen und automatisch generierte Tickets aus dem Event Management.

Berechnung

$$\text{First-Level-Lösungsquote} = \frac{\text{i} = 1 \ldots \text{m (Vorgänge} < \text{x Stunden)}}{\text{n}} \times 100$$

i: Anzahl der Vorgänge pro Monat (<x Stunden mit Status: s. Endzeitpunkt)

n: Anzahl aller Vorgänge pro Monat mit dem Status: s. Endzeitpunkt

Messpunkte

Startzeitpunkt: Der Startzeitpunkt ist durch den Zeitstempel im Trouble-Ticket-System gekennzeichnet, nachdem ein Vorgangsbearbeiter festgelegt wurde und der Vorgangsbearbeiter das Trouble-Ticket für die Aufnahme der Bearbeitung bestätigt.

Endzeitpunkt: Der Endzeitpunkt ist durch den vom Vorgangsbearbeiter gesetzten Zeitstempel »gelöst« im Trouble-Ticket-System gekennzeichnet, der gültig wird, wenn der AG explizit (ausgeschlossen sind Prio-3-Incidents) zustimmt.

12.3.1.5 Lösungsquote gesamt

Die »Lösungsquote Gesamt« wird berechnet als die Anzahl der eingegangenen Störungsmeldungen, die innerhalb eines Kalendermonats im Servicedesk oder einer nachgelagerten Lösungsinstanz innerhalb des jeweils maßgeblichen Zeitraums gelöst werden, geteilt durch die Gesamtzahl aller im Servicedesk eingegangenen Störungsmeldungen im Laufe dieses Kalendermonats; das Ergebnis wird als Prozentanteil ausgedrückt.

Eine Störung gilt als gelöst, wenn der berechtigte Benutzer, der die Störung am Servicedesk gemeldet hat, die Beseitigung der Störung freigegeben hat.

Definition: Next Business Day (NBD)

NBD = Zeit des ankommenden Tickets + Restzeit bis Servicezeitende + nächster Arbeitstag

NBD gilt ausschließlich für bundeseinheitliche Feiertage.

Berechnung

$$\text{Lösungsquote Gesamt} = \frac{i = 1 \ldots m \text{ (Störungsmeldungen)}}{n} \times 100$$

i: Anzahl der Störungsmeldungen pro Monat (< NBD+2 Tage mit Status: gelöst)

n: Anzahl aller Störungsmeldungen pro Monat

Messpunkte

Startzeitpunkt: Der Startzeitpunkt ist durch den Zeitstempel im Trouble-Ticket-System gekennzeichnet, nachdem ein Vorgangsbearbeiter festgelegt wurde und der Vorgangsbearbeiter das Trouble-Ticket für die Aufnahme der Bearbeitung bestätigt.

Endzeitpunkt: Der Endzeitpunkt ist durch den vom Vorgangsbearbeiter gesetzten Zeitstempel »gelöst« im Trouble-Ticket-System gekennzeichnet, der gültig wird, wenn der AG explizit zustimmt.

12.3.1.6 Verfügbarkeit

Die Verfügbarkeit der vereinbarten Servicequalität wird am Übergabepunkt gemessen. Die Verfügbarkeit bezieht sich auf die Nutzbarkeit der Systeme bei Zugrundelegung einer individuell vereinbarten Servicezeit. Soweit bei Ausfall einzelner Systeme durch systemtechnische Maßnahmen die Funktionalität des Gesamtsystems gegeben ist, läuft die Ausfallzeit bis zum Abschluss dieser Maßnahmen.

Berechnung

$$VF = \left(1 - \frac{(AZ-(aAZ))}{(BZ)}\right) \times 100\%$$

VF: durchschnittliche Verfügbarkeit in Prozent

AZ: Summe aller ungeplanten Ausfallzeiten des Bezugszeitraums in Stunden

aAZ: Summe abgestimmter und geplanter Ausfallzeiten des Bezugs-zeitraums in Stunden (Wartung, Downtime, z.B. wegen Releasewechsel o.Ä.)

BZ: definierte Servicezeit des betrachteten Bezugszeitraums in Stunden exklusive der Zeiten, in denen nicht gemessen wurde

Messpunkte

An den definierten Übergabepunkten der Zentralsysteme und Services

12.3.1.7 Durchschnittliche CCMS-Dialogantwortzeit

Die durchschnittliche CCMS-Dialogantwortzeit ist die Summe der Dialogantwortzeiten aller Transaktionen geteilt durch die Summe aller aufgerufenen Transaktionen.

Berechnung

$$\text{Durchschnittliche CCMS-Dialogantwortzeit} = \frac{\text{i} = 1 \ldots \text{m (Dialogantwortzeiten)}}{\text{n}} \times 100$$

i: Summe der Dialogantwortzeiten aller Transaktionen

n: Anzahl aller aufgerufenen Transaktionen

Messpunkt

CCMS

12.3.1.8 Durchschnittliche GUI-Time

Antwortzeit zwischen dem Dispatcher und der grafischen Oberfläche (GUI) während der Roundtrips. Roundtrips sind Kommunikationsschritte zwischen SAP-System und dem Frontend während eines Transaktionsschritts.

12.3.1.9 Durchschnittliche End2End-Dialogantwortzeit

Die durchschnittliche End2End-Dialogantwortzeit ist die Summe der Dialogantwortzeiten synthetischer Transaktionen geteilt durch die Summe aller aufgerufenen Transaktionen.

Berechnung

$$\text{Durchschnittliche End2End-Dialogantwortzeit} = \frac{i = 1 \ldots m \text{ (Dialogantwortzeiten)}}{n} \times 100$$

i: Summe der Dialogantwortzeiten aller Transaktionen

n: Anzahl aller aufgerufenen Transaktionen

Messpunkt

Mess-PC am Leistungsübergabepunkt

12.3.1.10 Reaktionszeit

Die Reaktionszeit zur Störungsbearbeitung wird wie folgt definiert:

Berechnung

$$RZ = EZP_{Reaktion} - SZP_{Reaktion}$$

RZ [Minuten]: Reaktionszeit

$SZP_{Reaktion}$ [Minuten]: Der Startzeitpunkt referenziert auf den Zeitstempel im Trouble-Ticket-System, nachdem eine Störung am Servicedesk gemeldet wurde und als Ticket formuliert ist.

$EZP_{Reaktion}$ [Minuten]: Der Endzeitpunkt ist durch den Zeitstempel im Trouble-Ticket-System gekennzeichnet, nachdem ein Problembearbeiter festgelegt wurde und der Problembearbeiter das Trouble-Ticket für die Aufnahme der Bearbeitung bestätigt. Die Subticketnummer ist, sofern definiert, Teil dieses Zeitstempels.

12.3.1.11 Entstörzeit

Die Entstörzeit ist die Zeit, die für die reine Entstörung veranschlagt wird.

Berechnung

$$EZ = EZP_{Entstörzeit} - SZP_{Entstörzeit}$$

EZ [Minuten]: Entstörzeit

$SZP_{Entstörzeit}$ [Minuten]: Der Startzeitpunkt ist durch den Zeitstempel im Trouble-Ticket-System gekennzeichnet, nachdem ein Problembearbeiter festgelegt wurde und der Problembearbeiter das Trouble-Ticket für die Aufnahme der Bearbeitung bestätigt. Die Subticketnummer ist, sofern definiert, Teil dieses Zeitstempels.

$EZP_{Entstörzeit}$ [Minuten]: Der Endzeitpunkt ist durch den vom Problembearbeiter gesetzten Zeitstempel »gelöst« im Trouble-Ticket-System gekennzeichnet, der gültig wird, wenn der AG explizit zustimmt (Pflicht bei Prio-1- und Prio-2-Störungen), oder wenn die Reopenzeit von 5 Arbeitstagen überschritten wird.

SLA ausgesetzt

SLA HOLD: Anhalten des SLAs, wenn wegen Anwenderverschuldens der Vorgang nicht weitergeführt werden kann. Der AN hat das Setzen von SLA HOLD in den Berichten zu begründen und die Nachhaltigkeit (z.B. Wiedervorlage für erneuten Kontaktversuch) auszuweisen.

Für den AN zählt die Nettozeit:

Bruttozeit = Bearbeitungszeit AN + Bearbeitungszeit AG + Pending-Zeit AN

Nettozeit = Bearbeitungszeit AN

12.3.1.12 Wiederherstellungszeit

Wiederherstellungszeit ist die Summe aus der Reaktions- und der Entstörzeit.

Berechnung

$$WHZ = RZ + EZ$$

WHZ [Minuten]: Wiederherstellungszeit

RZ [Minuten]: Reaktionszeit

EZ [Minuten]: Entstörzeit

12.3.1.13 Falsch zugeordnete Störungen

Falsch zugeordnete Störungen sind definiert als die Anzahl aller Störungen, die vom AN an eine Lösungsinstanz fälschlicherweise weitergeleitet wurden, insbesondere wenn in der Wissensdatenbank ein Lösungsverfahren hinterlegt ist.

Der Service-Level-Parameter »Falsch zugeordnete Störungen« wird berechnet aus der Anzahl aller falsch zugeordneten Störungen in einem Kalendermonat, geteilt durch die Gesamtanzahl der Störungen, die im jeweiligen Kalendermonat an eine Lösungsinstanz weitergeleitet wurden, wobei das Ergebnis als Prozentwert ausgedrückt wird.

Kennzahlenberechnung

$$\text{Falsch zugeordnete Störungen} = \frac{i = 1 \ldots m \text{ (Störungsmeldungen)}}{n} \times 100$$

i: Anzahl der Störungsmeldungen
(mit Status: wrong.assignment = true und Status: geschlossen) pro Monat

n: Berechnungsgrundlage definieren:

a) Alle Anrufe, die am Servicedesk ankommen
b) Alle geschlossenen Tickets des Monats

Messpunkt

Datenfeld: wrong.assignment

12.3.1.14 Anwenderzufriedenheit

Der Service-Level-Parameter »*Anwenderzufriedenheit*« misst die Zufriedenheit der Anwender. Dies erfolgt in jeder Abschlussmeldung eines Tickets. Gezählt werden die Rückläufer. Zusätzlich wird einmal im Jahr eine Zufriedenheitsumfrage auf einer mit dem AG abgestimmten Fragebasis durchgeführt.

Konkrete Werte der Service Levels

Wertebereich: 1,0 – 5,0 (1 schlecht, 5 sehr gut)

- im 1. Jahr Punktzahl besser als 4,0
- im 2. Jahr Punktzahl besser als 4,1
- im 3. Jahr Punktzahl besser als 4,2

Kennzahlenberechnung

Abstimmung über die zu stellenden Anwenderfragen

Messpunkt

Abfrage und Auswertungstool

12.3.1.15 Change-Vorlaufzeit

Die Change-Vorlaufzeit wird wie folgt definiert:

Berechnung

$$CVZ = EZP_{Change} - SZP_{Change}$$

CVZ [Minuten]: Change-Vorlaufzeit

SZP_{Change} [Minuten]: Der Startzeitpunkt referenziert auf den Zeitstempel im Change-System, nachdem ein Change Request beim Change Management eingegangen ist.

EZP_{Change} [Minuten]: Der Endzeitpunkt ist durch den Zeitstempel im Change-System gekennzeichnet, nachdem ein Change-Koordinator festgelegt wurde und dieser den Change für die Aufnahme der Bearbeitung bestätigt.

12.3.1.16 Change-Umsetzungszeit

Die Change-Umsetzungszeit ist die Zeit, die für die reine Umsetzung veranschlagt wird.

Berechnung

$$CUZ = EZP_{Change} - SZP_{Change}$$

CUZ [Minuten]: Change-Umsetzungszeit

SZP_{Change} [Minuten]: Der Startzeitpunkt ist durch den Zeitstempel im Change-System gekennzeichnet, nachdem ein Change-Koordinator festgelegt wurde und dieser den Change für die Aufnahme der Bearbeitung bestätigt.

EZP_{Change} [Minuten]: Der Endzeitpunkt ist durch den vom Change-Koordinator gesetzten Zeitstempel »ausgeführt« im Change-System gekennzeichnet, der gültig wird, wenn der AG explizit den Change abgenommen hat.

SLA ausgesetzt

SLA HOLD: Anhalten des SLAs, wenn wegen AG-Verschuldens der Vorgang nicht weitergeführt werden kann. Der AN hat das Setzen von SLA HOLD in den Berichten zu begründen und die Nachhaltigkeit (z.B. Wiedervorlage für erneuten Kontaktversuch) auszuweisen.

Für den AN zählt die Nettozeit:

Bruttozeit = Bearbeitungszeit AN + Bearbeitungszeit AG + Pending-Zeit AN

Nettozeit = Bearbeitungszeit AN

12.3.1.17 Change-Ausführungszeit

Change-Ausführungszeit ist die Summe aus der Change-Vorlauf- und der Change-Umsetzungszeit.

Berechnung

$$CAZ = CVZ + CUZ$$

CAZ [Minuten]: Change-Ausführungszeit
CVZ [Minuten]: Change-Vorlaufzeit
CUZ [Minuten]: Change-Umsetzungszeit

12.3.1.18 Termintreue Changes und Regelaufgaben

Die »Termintreue Changes und Regelaufgaben« umfasst Fixtermine oder definierte Zeiträume (Emergency Changes sind exkludiert). Bei der Fertigstellung von Changes und Regelaufgaben, die keinen Fixtermin haben und innerhalb der angegebenen definierten Zeiträume zu erledigen sind, wird durch den AN mit dem AG ein Termin (Tag und Uhrzeit) zur Auftragsdurchführung vereinbart.

Die »Termintreue Changes und Regelaufgaben« wird berechnet als die Anzahl der vom AN zu einem vereinbarten Termin mit dem Anwender abgeschlossenen Changes und Regelaufgaben, geteilt durch die Gesamtzahl aller abgeschlossenen Changes und Regelaufgaben; das Ergebnis wird als Prozentanteil ausgedrückt. Messzeitraum ist ein Kalendermonat.

Definition: Fixtermin/vereinbarter Termin
Lieferdatum mit Uhrzeit

Kennzahlenberechnung

$$\text{Termintreue Changes und Regelaufgaben} = \frac{i = 1 \ldots m \text{ (Auslieferungstermin)}}{n} \times 100$$

i: Anzahl der gehaltenen Auslieferungstermine pro Monat
n: Anzahl aller vereinbarten Auftragsdurchführungstermine

Messpunkt

- Vereinbarter Fixtermin
- Tatsächlicher Auslieferungstermin

12.3.1.19 Wiederaufbereitung

Der Service-Level-Parameter »Wiederaufbereitung« misst die Zeit zwischen dem Zeitpunkt der Annahme einer abgebauten oder zurückgeführten IT-Komponente (Clients, Zubehör etc.) und dem Zeitpunkt der Rückführung der aufbereiteten und funktionsgeprüften IT-Komponente in das Lager (Leih-, Strategie-, Störungslager).

Messpunkte
Startzeitpunkt: Eingang der IT-Komponente im Sperrlager
Endzeitpunkt: Eingang der IT-Komponente im Lager

12.3.1.20 Inventarisierungszeit

Der Service-Level-Parameter »Inventarisierungszeit« misst die Zeit zwischen dem Zeitpunkt der Annahme einer Lieferung und dem Zuführen der Produkte vom Sperrlager in die anderen Lager.

Messpunkte
Startzeitpunkt: Eingang der IT-Komponente im Sperrlager
Endzeitpunkt: Eingang der IT-Komponente im Lager

12.3.2 Liste mit 25 Werten zu KPIs/Service Levels

Service Level	Werte
Betriebszeit	Mo.–So. 00:00–24:00 Uhr
Servicezeiten Einfach (5×12) Standard (6×18) Erweitert (7×24)	 Mo.–Fr. 07:00–19:00 Uhr (*) Mo.–Sa. 06:00–24:00 Uhr (*) Mo.–So. 00:00–24:00 Uhr
Servicezeit Servicedesk (7×24)	Hauptzeit: Mo.–Fr. 07:00–19:00 Uhr (*) Nebenzeit: außerhalb der Hauptzeit
Field Service Management (Vor-Ort-Büro)	Mo.–Fr. 07:00–19:00 Uhr (*) Einsätze außerhalb der vereinbarten Zeit nach Absprache
Erreichbarkeit Telefonie	60% der ACD-Anrufe innerhalb von 10 Sek. 80% der ACD-Anrufe innerhalb von 20 Sek.
Erreichbarkeit Webportal und E-Mail	80% der Tickets innerhalb von 20 Minuten
Erstlösungsrate (direkt)	≥80% der Vorgänge innerhalb von 20 Minuten gelöst.
First-Level-Lösungsquote	80% in 5 Stunden
Sprachen im Servicedesk	Deutsch, Englisch

→

Service Level	Werte		
Incident-Prioritäten und Problem-Prioritäten ohne Workaround	Reaktionszeit		Wiederherstellzeit**
Prio 1 Prio 2 Prio 3 in der Hauptzeit	0,5 Std 2,0 Std 4,0 Std		6,0 Std 8,0 Std 3 WT
Problem-Prioritäten mit Workaround	Reaktionszeit		Wiederherstellzeit**
Prio 1 in der Hauptzeit Prio 2 in der Hauptzeit Prio 3 in der Hauptzeit	0,5 Std 2,0 Std 4,0 Std		2 WT 5 WT 12 WT
Incident-Abschluss des AG nach Lösung durch AN	nach 5 Tagen in der Servicedesk-Hauptzeit		
Change-Zeiten	Change-Vorlaufzeit		Change-Ausführzeit od. lt. CR
Emergency Change Standard-Change in der Hauptzeit Non-Standard-Change in d. Hauptzeit	0,5 Std. 8 Std. 2 WT		4 Std 2 WT 5 WT
Maximale Anzahl Eskalationen pro Monat	Eskalationsstufe 1 max. 5 % (ca. 20 Calls)		Eskalationsstufe 2 max. 1 Call
Eskalationszeiten	Regel-Info-zyklus	Eskalations-stufe 1	Eskalationsstufe 2
Prio-1-Incident	direkt, dann 2 Std.	4 Std.	1 Tag
Prio-2-Incident	direkt, dann 4 Std.	6 Std.	2 Arbeitstage
Prio-3-Incident (in der Hauptzeit)	entfällt	4 WT	entfällt
Standard-Change (in der Hauptzeit)	2 WT	3 WT	entfällt
Emergency Change	entfällt	6 Std	8 Std
Verfügbarkeit pro Monat	99,95 % N3-Plattform RAS/VPN Firewall/DMZ Proxy MS File Cluster Storage	99,9 % LAN TK-Anlage Datenbanken	99,5 % Applik. via Citrix Exchange Server und alle weiteren Services, sofern nichts Weiteres vereinbart ist
Wartungsfenster	Standard: So. 14:30–21:30 Uhr Alternativ: nach Absprache		
Upgrades/Versionssprünge/Releases	1 × jährlich für letztgültige Auslieferung		
Reporting	ad hoc (bei besonderen Ereignissen) monatlich (allgemeingültig) quartalsweise (Trends)		
Reporting-Übergabe	1. des Folgemonats		
Aktualisierung IT-Dokumentation	innerhalb von 10 Tagen nach jeder Änderung in der Hauptzeit		
Notfallübung	1 × alle 12 Monate, Termin nach Absprache		
Mean Time Between Incident (Clients)	3 Incidents mit Downtime innerhalb von 3 Monaten		

→

Service Level	Werte
Falsch zugeordnete Störungen	< 2%
Termintreue Changes und Regelaufgaben	95%
Wiederaufbereitung	3 Stunden für Leihlager in der Hauptzeit 2 Arbeitstage für Störungslager in der Hauptzeit 5 Arbeitstage für Strategielager in der Hauptzeit
Inventarisierungszeit	3 Tage für alle Lager in der Hauptzeit

Tab. 12–9 *Liste mit KPI-Werten*

12.3.3 Liste mit 10 Textvorschlägen zu Service Levels

In Tabelle 12–10 werden die Akronyme AG und AN verwendet. Diese bedeuten: AG = Auftraggeber und AN = Auftragnehmer.

Service Level	Textvorschlag für eine Definition
Backup-Zeiten	Die Backup-Zeiten definieren die Zeiten, in denen Backups aller vereinbarten Daten durchgeführt werden.
Wartungsankündigung	Die Wartungsankündigung definiert die Zeit vor der tatsächlich stattfindenden Wartung.
Wartungsfenster	Innerhalb der Wartungsfenster können Wartungsarbeiten durchgeführt werden. Dabei wird unterschieden, ob SAP-Batches ausgeplant werden müssen oder nicht. Beim Auftraggeber ist ein Wartungsfenster jeweils am Montag von 20:00 bis 22:00 Uhr (ohne Batch-Ausplanung) und von Montag 22:00 bis Dienstag 04:00 Uhr (mit Batch-Ausplanung) etabliert. Auf diese Wartungsfenster sind eine Vielzahl von internen Prozessen und Arbeitsabläufen abgestimmt. Eine Änderung dieses Wartungsfensters ist nicht vorgesehen. Alle Wartungen werden als Change gehandhabt.
Servicemeetingzyklus	Die Servicemeetings dienen dazu, den geordneten Betrieb zyklisch gemeinsam abzustimmen.
Anzahl Releasetermine	Die Anzahl der Releasetermine definiert, mit welcher Häufigkeit Releases innerhalb einer vorgegebenen Zeit erfolgen.
Supportsprache	Der AG erwartet die vereinbarte Supportsprache.
Reportübergabe	Der AN erstellt Reports und übergibt diese zyklisch in der vereinbarten Zeit.
Aktualität des Betriebs-handbuchs	Der AN führt ein Betriebshandbuch. Die darin enthaltenen Inhalte werden zyklisch überprüft und aktualisiert.
Notfallübungszyklus	Die Notfallübung dient zur Sicherstellung durch den AG, ob im Notfall die vom AN bereitgestellten Sicherheitsmechanismen umfassend sind.
Systembetriebszeit	Die Systembetriebszeit bestimmt die Zeit, in der die SAP-Systeme funktionsfähig bereitgestellt sind.

Tab. 12–10 *Liste mit Service Levels*

13 Costs/Charge zur Bestimmung von Servicepreisen und -modellen

Das CECAR-Modell behandelt alle zentralen Punkte zur Bestimmung der Kosten, um einen Servicepreis mit einem geeigneten Preismodell festzulegen. Hierzu wird der Punkt Costs/Charge analog zu den KPI/Service Levels dem IT-Service zugeordnet (s. Abb. 13–1). Im CECAR-Modell wird geklärt, ob und wie IT-Unternehmen einen IT-Service verrechnen. Auf der Entscheidung zur Verrechnung setzen anschließend die Methoden auf. Für etwaige Preisgestaltungen liefert CECAR ein Repository mit entsprechenden Praxisvorlagen.

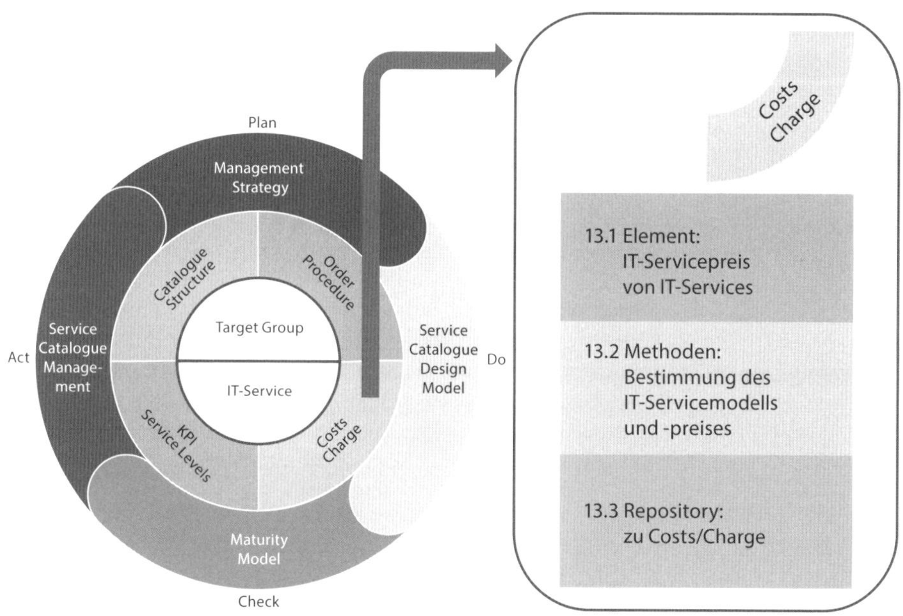

Abb. 13–1 *CECAR-Modell: Costs/Charge*

13.1 Element: Costs/Charge

Das Hauptelement IT-Servicepreis kann einfach mit Tabelle 13–1 dargestellt werden.

IT-Service	Kostenstelle	Mindestabnahme	Einheit pro Stück	Preis p.a.
Client-Services				
Standard-IT-Arbeitsplatz	11000	1	CPU	5.000 €
Scanner	12000	0	GB	1.500 €
Arbeitsplatzdrucker	13000	0	CPU	500 €

Tab. 13–1 *Servicepreis-Tabelle*

Die Herausforderung für dieses Hauptelement liegt an den zwei Sichtweisen in IT-Unternehmen. Die eine impliziert: Ohne einen Servicepreis bringt der IT-Servicekatalog nicht viel bzw. er bleibt auf dem Niveau einer Inventarliste. Die zweite ergibt sich aus der Schlussfolgerung: Wenn die IT bisher keine explizite interne Verrechnung hatte, so wird kein IT-Servicepreis gewünscht. In diesem Fall liegt wenig Erfahrung vor, wie IT-Services zu bepreisen sind, und es muss ein Wandel dahingehend im IT-Unternehmen stattfinden, dass die genutzten IT-Services einzeln abgerechnet werden [Scholderer 2009].

Für beide Sichtweisen gibt es gute Gründe (s. Tab. 13–2).

Argument	Argumente, die für einen IT-Servicepreis sprechen	Argumente, die gegen einen IT-Servicepreis sprechen
Transparente Verrechnung	Kunden benötigen einen IT-Servicepreis, da die Kunden den eigenen Geschäftsprozess kalkulieren und somit die eigene Wirtschaftlichkeit ihrer Prozesse erkennen.	Die Kunden sind nicht auf Preise vorbereitet. Bisher konnte der Kunde seinen individuellen Bedürfnissen entsprechend die IT in Anspruch nehmen. Über den IT-Servicekatalog werden die Kosten, insbesondere die Kostenverursacher, transparent.
Kundenwünsche	Die Kundenwünsche werden zielgerichtet geleitet. Es werden nicht mehr Komfortservices bestellt, sondern die IT-Services, die den Geschäftsprozess unterstützen.	Mit dem Servicepreis werden die Fachbereiche unter Druck gesetzt und können ggf. das eigene Geschäft nicht mehr aufrechterhalten. In der Praxis gibt es Fälle, bei denen der von der hauseigenen IT angebotene IT-Service nicht von den internen Kunden finanziert werden kann und diese von externen Dienstleistern die IT-Services beziehen müssen.
Wirtschaftlichkeit der IT	Alle IT-Service werden transparent verrechnet, sodass das IT-Controlling eine Kostenbasis hat, über die eine monetäre Steuerung möglich ist.	Die interne IT bekommt vom Konzern ein Gesamtbudget über das sie selbst bestimmt. Eine zusätzliche Verrechnung wäre ein Overhead.

Tab. 13–2 *Servicepreis-Entscheidung*

Wer einen IT-Servicekatalog entwirft, sollte diese beiden Sichtweisen berücksichtigen, um einen erfolgreichen Weg zu beschreiten. Die Diskussionen, die in den beiden geführt werden, sind in der Praxis oft emotional geprägt. Hier sollte der Servicekatalog-Manager auf die Instruktionen von CECAR aus der Managementstrategie (s. Kap. 4) zurückgreifen, um nicht zwischen den beiden Sichtweisen zu stehen, sondern mit einer klaren Ausrichtung den IT-Servicekatalog voranzutreiben [Scholderer 2006a-c].

13.2 Methoden: Bestimmung des IT-Servicemodells und -preises

Für diesen Abschnitt muss eine Differenzierung vorgenommen werden. Zur Leistungsverrechnung oder Total Cost of Ownership von IT-Services gibt es eine Vielzahl von Publikationen. Diese Publikationen sind darauf ausgelegt, wie die Begriffe für bestimmte Kosten zu definieren und wie bestimmte Kosten untereinander verrechenbar sind.

Ziel der folgenden Abschnitte ist es, Strategien aufzuzeigen, wie ein IT-Servicepreis bestimmt wird, der bestimmte Zustände (z.B. Preissprünge) in der IT berücksichtigt. Hierzu zählen u.a. Konzepte, wie sich das Preismodell zu einem IT-Service bestimmen lässt. Die Unterscheidung zur Leistungsverrechnung liegt darin, nicht die verschiedenen Kosten aus der Sicht des IT-Controlling aufzulisten (Ist-Kosten), sondern für IT-Services einen Preis anzubieten, den Kunden, Servicekatalog-Manager und IT-Controller zur Verrechnung verwenden.

Die Bestimmung des IT-Servicemodells und des -preises unterliegt den unternehmensspezifischen Gegebenheiten. Die Erfahrung zeigt: Der Endpreis korrespondiert nicht immer mit den tatsächlichen Kosten und Gewinnen. Vom Endpreis lassen sich die anfallenden Kosten nicht ableiten. Auf jeden Fall ist zu Beginn eines IT-Servicekatalog-Projekts die Analyse über die Kostenträger und -arten erforderlich.

Was darüber hinaus entsteht, unterliegt weiterem unternehmerischem Wirtschaften, das in den folgenden Abschnitten als Strategie zur Preisbestimmung eingeht. Die Strategien zur Bestimmung des IT-Servicepreises sind breit gefächert. Wichtig ist es, die Methoden zu kennen, um sich ein Bild zu machen, was genau für den IT-Servicepreis als adäquat angesehen wird. Es gibt noch einen weiteren Blick auf den IT-Servicepreis. Ziel ist es, bei bestehenden IT-Servicepreisen die Methoden zu erkennen, um einen Überblick über die eingerechneten Kosten zu bekommen.

Parallel zur Bestimmung des Preises läuft der Prozess »Bestimmung des Preismodells«. Hier sind Konzepte gefragt, die sowohl zu einem Konsens zwischen allen Beteiligten führen als auch je nach Sichtweise die Kosten- oder die Preistreiber hervorbringen können. Die beiden Aspekte Bestimmung des Preises und Wahl des Preismodells sind miteinander verwoben. Zum besseren Verständnis werden sie hier getrennt voneinander beleuchtet. Ziel ist die klare Anwendung der Methoden und Konzepte, um so den IT-Service attraktiv bepreisen zu können.

Tipp: Bei Verbrauchsmengen ist es wichtig, zu wissen, ob es zu dem ausgewählten IT-Service eine Verbrauchsmessung gibt. Falls nicht, ist die Wahl eines anderen Preismodells erforderlich, das z.B. die Kosten auf die Anwender gleich verteilt oder für das eine Messung zum Verbrauch existiert.

13.2.1 Schritt 1: Kostenartengruppe und -arten eines IT-Service bestimmen

Bei der Bestimmung der Vollkosten für einen IT-Service steht der Servicekatalog-Manager einem abgegrenzten Set an Kostenartengruppen gegenüber, die auf den IT-Service einen Einfluss haben. Abbildung 13–2 zeigt, welche Kostenartengruppen auftreten.

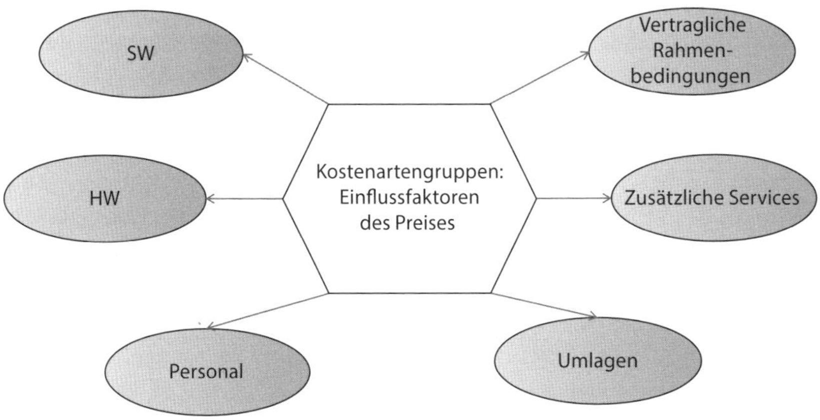

Abb. 13–2 *Einflussfaktoren auf den Preis*

Die Einflussfaktoren können zusammenhängen bzw. miteinander verwoben sein. So gibt es im Bereich HW/SW bei den Herstellern fortwährende Verschmelzungen. Ebenso können die zusätzlichen Services ebenfalls wieder aus HW/SW und Personal bestehen. Diese Aspekte sind in Tabelle 13–3 und 13–4 berücksichtigt.

Nach der Übersicht über die Kostenartengruppen sind die zugehörigen Kostenarten zu identifizieren. Bei diesen Kostenarten zeigt sich die Komplexität. Es ist nicht die einzelne Kostenart, die eine Preisbestimmung erschwert, sondern es sind die vielen Ausprägungen der Kostenarten, die zu einem spezifischen IT-Service erhoben und bekannt sein müssen. Die Zusammensetzung, was zu den Kosten zählt, macht die Bestimmung der Vollkosten zu einem schwierigen Unterfangen, wenn es nicht bei groben Schätzungen bleiben soll. Tabelle 13–3 zeigt, welche typischen Kostenarten hinter den Kostenträgern stecken.

Kostenartengruppe	Kostenarten
SW	▪ Lizenzen für Betriebssysteme, ▪ Standardsoftware ▪ etc.
HW	▪ Server, ▪ Clients, ▪ Router, ▪ Personal Devices ▪ etc.
Personal	▪ Gehälter, Personalnebenkosten etc. für • Beratung • Entwicklung • ITIL-Prozesse • Schulung • Installation
Umlagen	▪ Management-Overhead ▪ Raum- und Betriebsausstattung ▪ Marketing ▪ Mieten ▪ Energiekosten ▪ Querfinanzierung zur Subventionierung oder Sanktionierung eines IT-Service
Fremdleistungen oder zusätzliche Services	▪ Leistungen Dritter wie Cloud Storage, WAN-Leitungen, Consulting, Schulungen etc. ▪ Dekomposition: Kosten durch abhängige Services ▪ Externe Dienstleisterkosten
Vertragliche Rahmenbedingungen	▪ Kündigungsfristen
Sonstige Kosten	▪ Versicherungen, Porto etc.

Tab. 13–3 *Kostenartengruppen und Kostenarten*

Nachdem die Kostenarten bekannt sind, lassen sich die Ist-Kosten nach einem hier vorgeschlagenen Verfahren angehen. Das Verfahren nimmt die einzelnen Kostenarten und weist auf die zentralen Fragen hin, die sich zu jeder Kostenart stellen (s. Beispiele in Tab. 13–4).

Kostenarten	Fragen zur Kostenart
Lizenzen	▪ Handelt es sich um Einzel- oder Sammellizenzen? ▪ Welche Staffelungsmodelle liegen vor? ▪ Woran wird die Staffelung festgemacht (Anzahl Benutzer, CPU etc.)
Server	▪ Liegt ein Ein- oder Mehrprozessorserver vor? ▪ Wie setzt sich ein Server zusammen (z.B. Gerät und Betriebssystem)? ▪ Wie alt ist der Server (Abschreibung)? ▪ Wird der Server exklusiv genutzt oder als Shared Platform? ▪ Ist der Server in ein Cluster eingebunden? ▪ Gibt es Beschaffungskosten (z.B. Vergleichsangebote einholen)?

→

Kostenarten	Fragen zur Kostenart
Storage	▪ Wie dynamisch ist das Storage-System erweiterbar? ▪ Ab welchem Füllstand müssen neue Racks angeschafft werden? ▪ Welche RAID-Systeme sind im Einsatz?
Clients	▪ Wie viele Clients liegen vor? ▪ Analog zum Server – wie setzt sich ein Client zusammen (Gerät und Betriebssystem)? ▪ Welche Modellreihe liegt vor (Notebook, stationärer Arbeitsplatz, Tablet)? ▪ Gibt es Beschaffungskosten (z. B. Vergleichsangebote einholen)?
Phones	▪ Welche Modellreihe liegt vor? ▪ Welche Beschaffungswege sind zu beachten? ▪ Welche Rückgabefristen gibt es?
Beratung	▪ Welche Tagessätze werden angesetzt (Junior, Senior)?
Entwicklung	▪ Was zählt alles zur Entwicklung (Projektmanagement, Entwicklung, Testing, Erstellung von Testfällen)?
ITIL-Prozesse	▪ Welche ITIL-Prozesse sind im IT-Unternehmen etabliert? ▪ Welche ITIL-Prozesse sind für die IT-Serviceerbringung erforderlich? ▪ Welche personellen Aufwände werden verrechnet bzw. mitprotokolliert?
Schulung	▪ Wie viele Teilnehmer werden geschult? ▪ Wie viele Schulungstage werden veranschlagt?
Installation	▪ Welche Tagessätze werden angesetzt (Junior, Senior)? ▪ Gibt es einen Pauschalaufwand, der einmalig angesetzt wird?
Management-Overhead	▪ Wie groß ist der Managementapparat (Manager, Assistenz etc.)? ▪ Welche IT-Ausstattung liegt vor (Videokonferenzräume, Tablets etc.)? ▪ Welche Mietkosten von Verwaltungsräumen müssen einbezogen werden?
Mieten	▪ Welche Rechenzentrumsstellflächen sind allokiert? ▪ Welche sonstigen Räume (Büros, Ausweichstellflächen) zählen mit zum IT-Service?
Energiekosten	▪ Welche Energiekosten werden hinzugerechnet (Strom, Heizung, Kühlung von Mieträumen)?
Querfinanzierung	▪ Wird der IT-Service durch andere finanzielle Zuschüsse subventioniert, damit er z. B. häufiger verwendet wird? ▪ Wird der IT-Service durch andere finanzielle Aufschläge sanktioniert, damit er z. B. seltener verwendet wird? ▪ Gibt es weitere Umlagen, die mit aufgeführt werden?
Dekomposition	▪ Welche weiteren IT-Services werden zu einem IT-Service benötigt und welche Kosten entstehen dadurch?
Externe Dienstleisterkosten	▪ Welche externen Dienstleister sind zur Erbringung von IT-Services beteiligt und welche Kosten entstehen dort gemittelt über ein Jahr?
Kündigungsfristen	▪ Welche Kündigungsfristen von Lizenzen oder Wartungen etc. sind einzuhalten?

Tab. 13–4 *Erhebung von Kostenarten*

Die Kosten können nach Anwendung der genannten Checkliste aufgestellt werden. Oft bietet sich eine Differenzierung nach Kosten pro Monat und Kosten pro Jahr an. Nachdem die Kosten für den IT-Service bekannt sind, geht es zu Schritt 2 (Preisbestimmung) oder Schritt 3 (Preismodell). Die Entscheidung, ob Schritt 2 oder 3 durchgeführt wird, obliegt dem IT-Unternehmen. Der folgende Schritt 2 ist diesem Prinzip folgend frei gewählt.

13.2.2 Schritt 2: Strategien zur Preisbestimmung anwenden

Innerhalb dieses Schritts werden die Strategien zur Preisbestimmung angewendet. Unabhängig vom Preismodell sind Strategien zu überlegen, wie sich die Kosten aus Schritt 1 an die Kunden weiterverrechnen lassen.

Dabei gibt es einen Sonderfall zu beachten. Im Inhouse-Verhältnis, wenn der Kunde und das IT-Unternehmen zu einer Firma bzw. einem Konzern zählen, sind Preise manchmal nicht opportun, da die IT beim Costcenter-Ansatz ein Gesamtbudget bekommt, das die Löhne der Mitarbeiter und Investitionen abdeckt. Folgende Entscheidungskriterien können in diesem Fall aufgestellt werden:

Verrechenbare IT-Services

- Alle IT-Services, die mit Kosten durch externe Dienstleister verbunden sind, wie z.B. Wartung einer fachbereichsspezifischen Applikation
- Alle IT-Services, die eine Beschaffung inkludieren, wie neues Notebook, Mobilfunkgeräte etc.

Nicht verrechenbare IT-Services

- Alle IT-Services, die von internen Mitarbeitern erbracht werden
- IT-Services, die von anderen IT-Services im Eigeninteresse der IT subventioniert sind

Den letzten Aspekt der nicht verrechenbaren IT-Services gibt es ebenfalls für IT-Unternehmen, die auf dem freien Markt agieren. Hier werden gegenüber Kunden einige IT-Services kostenlos ausgewiesen, um z.B. einen Marktvorteil bei der Kundengewinnung zu erreichen (s. Abschnitt 9.2.3).

Nachdem die prinzipielle Entscheidung getroffen wurde, ob ein IT-Service verrechnet wird oder nicht, werden die einzelnen Methoden zur Festsetzung des Preises ausgewählt. Zur Orientierung in der Praxis sind in Tabelle 13–5 die Methoden zur Preisbestimmung und deren Einsatzmöglichkeiten im Überblick zusammengestellt und werden anschließend erläutert.

Methode	Kommt zum Einsatz, …
Festpreise	… wenn Kunden eine gesicherte Kostenplanung benötigen
Flexibles Preisgefüge	… wenn die gewünschte Qualität oder die Quantität zu einem IT-Service den Rahmen sprengt
Jahrespreise	… wenn Preissprünge mit einzubeziehen sind, z.B. wenn eine Plattform für 500 Kunden eingeführt wird, der Start mit 250 Kunden erfolgt, jedoch im Folgejahr 700 Kunden die Plattform nutzen. Der Preissprung entsteht durch den Ausbau der Plattform.
Subventionierung	… wenn ein IT-Service flächendeckend mit einer hohen Akzeptanz eingeführt wird
Sanktionierung	… um die Nutzung eines IT-Service zu reduzieren bzw. zu unterbinden
Interne/externe Stundensätze	… bei Beratungsservices oder modellierten IT-Services, die Beratungsanteile in sich tragen
IT-Umlage	… wenn IT-Kosten zu verteilen sind, die allen IT-Services zugeordnet werden müssen

Tab. 13–5 *Preismodellierungsmethoden und deren Einsatz*

Nachdem die Methoden und deren Einsatzzweck zur Bestimmung des IT-Servicepreises kurz aufgeführt wurden, sei hier zusätzlich ein anderer Aspekt beleuchtet, nämlich das, was es im IT-Servicekatalog nicht bzw. selten gibt. IT-Servicekataloge sind keine Produktportale, wie sie Unternehmen haben, die für ein breites Publikum Webplätze, Mailserver, Webserver etc. anbieten. IT-Servicekataloge kommen im Business-to-Business-Segment vor. Hier arbeiten Profis mit Profis. Deshalb kann der Servicekatalog-Manager trotz der darin enthaltenen Empirik zeigen, wie einige Preiselemente weitestgehend zum bzw. nicht zum Einsatz kommen. In der Preispolitik werden hier Rabatte weder als verkaufspreispolitisches Mittel noch als einkaufspreispolitisches Mittel eingesetzt. Die Preisverhandlung findet entweder beim IT-Outsourcing-Deal oder im Inhouse-Verhältnis auf der Managementebene statt, um eine »echte« Preissenkung zu erreichen. Diese Methode für den Endbenutzer im IT-Servicekatalog einzusetzen findet heute nicht statt. Die Mengenrabatte, Treuerabatte, Boni und Leistungsrabatte sind heute weitestgehend außen vor. Ebenso sind Skonti kein preispolitisches Instrument für einen IT-Servicekatalog.

Tipp: Der Servicekatalog-Manager sollte von Überlegungen zu einer psychotaktischen und psychostrategischen Preispolitik, wie z.B. Preisoptik, Dauerniedrigpreis oder Garantiepreis, Abstand nehmen. Der IT-Servicekatalog ist in der Praxis auf Transparenz und Klarheit ausgelegt.

13.2.2.1 Festpreise

Für einen IT-Service einen Festpreis festzulegen erfordert die Existenz von Preisen z.B. pro VPN-Verbindung, pro LAN-Port, pro CPU, pro GB oder pro Benutzer. Derjenige, der aus dem IT-Servicekatalog einen IT-Service mit einem Festpreis bezieht, zahlt diesen Preis, in dem alle Kosten inkludiert sind und keine weiteren versteckten Kosten hinzukommen. Der Festpreis bleibt immer erhalten. Die Kostenentwicklung steigt linear zu den bestellten Mengen. Der Kunde erhält mit dem Festpreis eine Planungsgrundlage für sein Handeln, da er die Kosten genau abschätzen kann. Für den Servicekatalog-Manager ist ein Festpreis eine Herausforderung, denn einen Festpreis für einen IT-Service zu definieren ist nur unter bestimmten Bedingungen eindeutig möglich. Dies ist nicht Gegenstand dieses Abschnitts, sondern wird im Abschnitt 13.2.3.4 (S. 314) behandelt.

In diesem Abschnitt wird untersucht, unter welchen Bedingungen ein Festpreis eindeutig ableitbar ist. Ein IT-Service ist eindeutig bepreisbar, wenn die Preisbildung transparent nachvollzogen werden kann. Folgende Beispiele (s. Tab. 13–6) zeigen dies auf.

Festpreis	Ableitung
pro Benutzer	über die Ableitung eingekaufter Lizenzen
als Pauschale	durch die anteilige Verrechnung von Wartungskosten
für Rufbereitschaft	durch eine Rufbereitschaftspauschale
pro Stück (z.B. pro LAN-Port)	durch dedizierte Kosten auf Basis von Verträgen mit externen Dienstleistern oder Herstellern
pro GB	aus der Cloud durch einen Anbieter

Tab. 13–6 *Fest bepreisbare Elemente*

Wenn diese Konstellation eindeutig vorliegt, kann der Servicekatalog-Manager den Festpreis angeben. Als Faustformel gilt: Bei Mietmodellen mit externen Dienstleistern ist der Festpreis ablesbar. Durch Cloud-Anbieter findet eine Vereinfachung für das einkaufende IT-Unternehmen sukzessive statt.

Meistens unterliegen Festpreise weniger der laufenden Kalkulation der IT. Sie sind eine Festlegung aus dem Management (s. Abschnitt 13.2.3.4, S. 314).

13.2.2.2 Flexibles Preisegefüge

Bei einer Vielzahl von IT-Services ist die Preisbestimmung nur mit einem größeren Aufwand zu erreichen. Der Grund liegt darin, dass zunächst festgestellt werden muss, welche Aspekte oder andere IT-Services einem IT-Service zugerechnet werden. Jeder einzelne Baustein, aus dem sich der Endpreis zusammensetzt, ist zwar überschaubar. Aber die Summe und die Evaluation, welche Aspekte alle dazugehören, erzeugen am Schluss ein komplexes Gebilde, mit dem sich ein fester Preis schwer ableiten lässt. Damit der Servicekatalog-Manager eine geeignete Handhabung dafür hat, wird in diesem Abschnitt eine Checkliste in Tabelle 13–7 vorgestellt, die häufig wiederkehrende Aspekte beinhaltet. Mit dieser Checkliste kann er alle Aspekte zusammenführen und die variablen Kosten, die in ITIL als Variable Cost Dynamics (VCD) geführt werden, herausfiltern. Nach der Checkliste wird ein Beispiel eines IT-Service aufgezeigt und der Umgang damit erläutert (s. Tab. 13–8).

Kostenpunkte	Beschreibung mit Verrechnungsmodellen aus der Praxis
Softwarelizenzen der Applikation	Welches Lizenzmodell (z. B. pro User, pro Client, pro Instanz) wird angesetzt?
Softwarewartung der Applikation	Wie hoch sind die Wartungspauschalen angesetzt?
Serverhardware	Wird eine bestimmte Serverhardware benötigt, wenn ja, welche Verrechnung z. B. nach CPU wird erforderlich?
Basisinfrastruktur	Werden neue Systeme verbaut, wenn ja, wie viele Höheneinheiten sind erforderlich?
Servermanagement (Win/Unix)	Wie viel Personentage werden für das Servermanagement veranschlagt?
Systemmanagement	Werden die Systeme, die den IT-Service erbringen, überwacht und welche Verrechnung z. B. pro eingerichtetem Agenten erfolgt?
Netz-Services	Wie stark wird das Netz in Anspruch genommen zur Ermittlung der Umlage?
Storage & Backup-Services	Wie wird Backup/Storage verrechnet – per GB? Oder gibt es ein umfassendes Startkontingent?
Datenbank	Welche Datenbank (Oracle, MS-SQL etc.) kommt mit welcher Verrechnung (z. B. pro DB-Instanz) zum Einsatz?
Database-Services	Wie viele Personentage werden für den Datenbankbetrieb veranschlagt?
EAI	Sind in dem IT-Service EAI-Dienste enthalten und wie viele Personentage entfallen darauf?
Servicedesk	Wie viele Calls werden erwartet und was kosten ein eingehender und ein ausgehender Anruf?
Incident Management	Wie werden die Incidents verrechnet (pro Stück, pro Zeiteinheit)?
Problem Management	Wie werden die Probleme verrechnet (pro Stück, pro Zeiteinheit)?
Change Management	Wie werden die Changes verrechnet (pro StandardChange, pro Personentag)?
Releasemanagement	Wie werden die Releases verrechnet (pro Release, pro Personentag oder sind die Releases kostenfrei)?
Druckermanagement	Sind Druckerkosten (z. B. Wartungsverträge mit externen Druckerherstellern) Bestandteil des IT-Service?

→

Kostenpunkte	Beschreibung mit Verrechnungsmodellen aus der Praxis
Service Level Management **Vertragsmanagement** **IT-Procurement** **Systemplanung** **IT-Management**	Welche Prozesse sind indirekt an dem IT-Service beteiligt und wie werden diese verrechnet (pro Personentag oder per Umlage)?
Zugekaufte Plattform	Kommen Kosten aus zugekauften Plattformen hinzu und wie werden diese verrechnet (z. B. via Applikationspauschale)? + Betrieb Datenbank + Lokaler Storage + SAN Storage + Separate Entwicklungs- und Testumgebung + Dedizierte Hardware
Outsourcing – Dienstleisterkosten	Sind weitere externe Dienstleisterkosten zu erwarten, um z. B. den Betrieb sicherzustellen (z. B. via Personentage oder als Pauschale für Gesamtbetrieb)?
Kennzahlen	Welche Kennzahlen haben einen monetären Einfluss auf den IT-Service (z. B. höhere Verfügbarkeit, geringere Antwortzeit), da die Architektur, Technologien oder IT-Systeme zu wechseln oder auszubauen sind?
Menge	In welcher Dimension kann der IT-Service angefordert werden (z. B. auszuliefernde Menge von Benutzer-Accounts, pro Standort, bis 1000 IT-Arbeitsplätze)?

Tab. 13–7 *Flexibles Preisgefüge*

Diese Checkliste liefert einen Ausschnitt und zeigt, welche Fragen zu stellen sind und welche Gedankengänge prinzipiell verfolgt werden. Die konkreten Punkte sind in der Praxis direkt zu erheben. Nachdem die zusammengetragenen Kosten mit der genannten Checkliste vorliegen, besteht der nächste Schritt darin, aus diesen Kosten einen Preis abzuleiten. Damit dieser Schritt ebenfalls in der Praxis anwendbar ist, wird dafür ein Szenario gewählt, das eine große Spannbreite an Herausforderungen abdeckt.

Das folgende Beispiel (s. Tab. 13–8) zeigt den Umgang mit der Komplexität, denn sobald diese Einflussfaktoren wirksam werden, lassen sich keine definierten Preise angeben.

IT-Service setzt sich zusammen aus	Wird so für den IT-Servicekatalog überlegt	Kann so vom Kunden gefordert werden	Reaktionen, auf einen Kundenwunsch hin
Applikation	Verfügbarkeit: 99,5% Antwortzeit: 2 ms Preismodell: pro User Preis: 200,00 Euro	Verfügbarkeit: 99,5% **Neu**: Antwortzeit: 1 ms Preismodell: pro User Preis: unklar	Hier wird für die geringere Antwortzeit ein Ansprechpartner benötigt, der ein neues Angebot entwirft.
Netz	Verfügbarkeit: 99,9% Preismodell: Umlagen Preis: 25,00 Euro	Verfügbarkeit: 99,9% Preismodell: Umlagen Preis: 25,00 Euro	Keine Veränderung möglich, da der Netzvertrag fest geschlossen ist.
Host	Verfügbarkeit: 99,7% Preismodell: [Kosten per 0,1% - zu je ± »10 Euro«] Preis: 600,00 Euro	**Neu**: Verfügbarkeit: 95,7% Preismodell: [Kosten per 0,1% - zu je ± »10 Euro«] Preis: 200,00 Euro	Der Preis wird auf Basis der Rechenformel reduziert.
Rufbereitschaft	aktiviert Preismodell: Pauschale Preis: 25,00 Euro	**Neu**: deaktiviert Preismodell: Pauschale Preis: 0,00 Euro	Die Pauschale wird nicht mehr hinzugerechnet und fällt weg.
Weiterentwicklung	1 Personentag Preismodell: Personentage Preis: 1000,00 Euro	**Neu**: Allgemein aufstocken Preismodell: Personentage Preis: 1000,00 Euro	Es werden mehr Personentage zum PT-Satz verrechnet.
Summe	**1.850,00 Euro**	**1.225,00 Euro plus rechte Spalte**	**unbekannte Preishöhe**

Tab. 13–8 *Beispiel eines flexiblen Preisgefüges*

Auf dieses Szenario muss der Servicekatalog-Manager reagieren und einen angemessenen Preis finden. Er kann anhand der möglichen Fälle, die auftreten können, die Unwägbarkeiten analysieren und daraus seinen Preis ableiten. Hierfür bieten sich für Servicekatalog-Manager folgende zwei Strategien für die Preisbestimmung an.

Preisuntergrenze

Aus der Analyse des genannten Beispiels lässt sich ein unterer Preis ableiten. Entlang von Netz, Host und Rufbereitschaft ist eine Preisuntergrenze definierbar. Entlang der Spalte, wie der IT-Service für den IT-Servicekatalog gedacht war, plus der Reduzierung bei Host und Rufbereitschaft auf Basis des Kundenwunsches entsteht eine Preisuntergrenze von 1.225 Euro. Der Servicekatalog-Manager kann diesen Preis im IT-Servicekatalog nennen und sollte eine weitere Ergänzung vornehmen:

> *»Dieser IT-Service ist auf Basis von Standardkomponenten kalkuliert. Bei Veränderungen wird ein Projektmanagement erforderlich. Der Preis für einen modifizierten IT-Service wird auf Anfrage kalkuliert und vorgelegt.«*

Mit dieser Formulierung können bei komplexen IT-Services die preislichen Unterschiede ausgeglichen werden. Insbesondere ist ein Preis für den IT-Service gefunden, der eine Einschätzung der Kosten ermöglicht.

Faustformel: Nicht kalkulierbare IT-Services benötigen mindestens einen Ansprechpartner, der ein Angebot erstellen kann.

Dieser Weg ist eine Option, die der Servicekatalog-Manager anwenden kann. Da sich der IT-Service aus anderen IT-Services zusammensetzt, kann er auch einen anderen Ansatz wählen und mit einem Servicebundle (s. Abschnitt 11.2.5) der Problematik entgegentreten.

Zerlegung des IT-Service und Zusammensetzung via Servicebundle

Die zweite Möglichkeit, die ein Servicekatalog-Manager hat, ist die Überlegung, ob der IT-Service nicht zu umfassend angesetzt wurde und eine Zerlegung zu einem stabileren Preis führt. Die »Unterservices«

- Applikation
- Netz
- Host
- Rufbereitschaft
- Weiterentwicklung

würden als einzelne atomare IT-Services angesehen und anschließend in einem Servicebundle wieder zusammengefügt werden. Die Preise pro atomaren IT-Service sind dem gewünschten IT-Service zugeordnet. Die tatsächliche Inanspruchnahme bleibt jedoch bis zur Wahl des Kunden außen vor und erst nach seiner Wahl entsteht der Preis. Bei diesem Vorgehen bleibt ein Wert als Problemfaktor zurück, und zwar die Veränderung der Antwortzeit, die z.B. einen Architekturwechsel erfordert. Hier erfolgt das Vorgehen analog zur oben genannten Preisuntergrenze. Zur Anwendung kommt die Formulierung aus Standardkomponenten und Projektmanagement.

Auf diesem Weg kann der Servicekatalog-Manager komplexe IT-Services in den IT-Servicekatalog bringen und dennoch einen Preis anbieten.

13.2.2.3 Jahrespreise

Der Preis wird einmal für ein Jahr festgelegt. Am Jahresende erfolgt eine Auswertung, inwieweit kostendeckend gewirtschaftet wurde. Bei Defiziten gilt es, den Preis für das Folgejahr nach oben zu korrigieren, und bei Überschüssen kommt es zu einer Korrektur nach unten. Ein derartiges Vorgehen liegt häufig im Inhouse-Verhältnis vor, da der IT-Betrieb keinen Gewinn oder Verlust produzieren soll.

Die Anwendung von Jahrespreisen findet meistens bei IT-Services statt, die einer größeren Fluktuation unterliegen. Werden z.B. unterjährig Lizenzen zu jeweils anderen Kosten aufgrund der Mengen hinzugekauft oder abgekündigt, da die Anzahl der Anwender sich ständig verändert, existiert kein fester Preis.

Eine Umgehung dieser Situation besteht darin, mit einer Schätzung in das Jahr zu starten und am Ende des Jahres die Korrekturen durchzuführen. Gestartet wird initial mit einer Vorschau und nach einem Jahr gibt es in jedem laufenden Jahr den korrigierten Preis vom Vorjahr.

Bei dieser Strategie bewegen sich die Preise von Jahr zu Jahr nach oben oder unten. Auch wenn keiner eine Korrektur nach oben positiv aufnimmt, ist dieses Vorgehen in der Praxis akzeptiert. Das IT-Unternehmen kann somit komplexe Vorgänge auf einen Preis abbilden und nach einem Jahr einmalig eine Neukalkulation vornehmen. Dies ist effizient, da im laufenden Alltagsgeschäft nicht wiederholt neukalkuliert werden muss.

Die Strategie des Jahrespreises gleicht Preissprünge zwischen den Jahren aus. Derartige Preissprünge kommen zustande, wenn z.B. die Plattform erweitert werden muss oder eine neue Lizenz zu kaufen ist oder auch wenn Leerstände durch nicht genutzten Speicher oder Lizenzen entstehen.

Tipp: Der Servicekatalog-Manager sollte im Inhouse-Verhältnis eher den Jahrespreis anwenden, als dass er die Kosten für Leerstände bei anderen Punkten, wie Wartung oder Betrieb, aufschlägt und es damit zu einer Verzerrung der Preise für die IT-Services bekommt.

13.2.2.4 Subventionierung/Sanktionierung

Eine Subventionierung von IT-Services findet immer dann statt, wenn sich einerseits IT-Services als besonders effizient und kosteneinsparend erweisen und andererseits die Anwender diesen IT-Service nicht so umfassend nutzen, wie geplant. Dies ist vor allem der Fall, wenn die Anwender weitere Lösungswege über andere IT-Services haben.

Dies lässt sich am Beispiel des Servicedesks verdeutlichen. Anwender haben die Möglichkeit, am Servicedesk anzurufen, um das Anliegen vorzubringen, oder anstelle des Telefons über ein Webfrontend des Servicedesks das Anliegen aufzuschreiben.

Im ersten Fall wird ein Mitarbeiter des Servicedesks exklusiv beansprucht. Dies bindet teure Kapazitäten. Um die Mitarbeiteranzahl im Servicedesk geringzuhalten, gilt es, den Anruf des Anwenders zu vermeiden. Subventioniert werden z.B. alle Tickets, die über das Webfrontend ankommen, indem sie günstiger angeboten werden als der Anruf am Servicedesk. Diese Strategie funktioniert in der Praxis gegenüber den Anwendern, wenn diese preissensibel sind. Andernfalls geht diese Strategie nicht auf. Der Vorgang der Subventionierung funktioniert natürlich auch umgekehrt und nennt sich Sanktionierung.

Diese Strategie hat weitreichende Konsequenzen. Werden IT-Services subventioniert, müssen die Kosten bei anderen IT-Services aufgeschlagen werden. Es kommt zu einer Verzerrung der Preise bei den IT-Services. In der Praxis ist im Inhouse-Verhältnis zu beobachten, dass häufig die fehlenden Kosten einem gemeinschaftlich genutzten IT-Service zugeordnet werden. Meistens sind dies IT-Services aus dem Netzbereich wie VPN-Verbindungen oder Netzgrundlast. Als Folge davon entsteht ein Netzpreis pro Anwender, der nicht mehr den üblichen Marktpreisen entspricht. Das IT-Management fordert in diesen Fällen meist eine Ausschreibung für das Netzwerk, da das IT-Unternehmen es mit dem vorhandenen Betriebspersonal scheinbar nicht mehr marktgerecht erbringen kann. Eine andere Problematik sind zu hohe Inhouse-Preise für IT-Services von z. B. VPN-Verbindungen. Diese Preise entstehen meist durch eine Preisverzerrung, indem andere IT-Services oder auch IT-Projekte damit finanziert werden. In der Folge können sich die Fachbereiche die Inhouse-IT-Services nicht mehr leisten. Im internationalen Konzerngeschäft ist dies häufig vorzufinden. Den IT-Unternehmen wird vorgeworfen, dass sie die IT-Services an der Konzerngruppe vorbei produzieren. Das IT-Management duldet dies nicht und widersetzt sich der Preisverzerrung, da der Gegenwert nicht stimmt. Meistens führen die IT-Unternehmen dann Preise für andere IT-Services ein, die bisher nicht verrechnet wurden, um die Kosten wieder zu decken.

Natürlich ist es zielführend, eine Preisverzerrung im Sinne der Transparenz zu zerschlagen, und genauso wichtig ist es, keine neuen Verzerrungen durch diese Subventionierungs-/Sanktionierungsstrategie entstehen zu lassen.

Tipp: Die Anwendung dieser Strategie empfiehlt sich, wenn es innerhalb eines IT-Service mindestens zwei Optionen gibt, bei dem eine durch die andere subventioniert bzw. sanktioniert wird. Somit bleibt die Preisverzerrung innerhalb eines IT-Service.

13.2.2.5 Interne/externe Stundensätze

Bei einigen IT-Services, die auf Beratung ausgelegt sind, lassen sich keine Festpreise verwenden. Oder es entstehen zusätzliche Aufwände, um einen IT-Service zu implementieren, da die Gegebenheiten des Kunden dies erfordern.

Für diese Fälle sind interne/externe Stundensätze das Mittel der Wahl. Der Servicekatalog-Manager sollte aber nicht einen eigenen internen Stundensatz ermitteln. Meistens existiert in IT-Unternehmen bereits ein Stundensatz, der vom IT-Controlling ermittelt wurde. Wer dennoch einen Stundensatz ermitteln muss, der kann sich über eine Internetrecherche entsprechende Kalkulatoren vorschlagen lassen.

Das Besondere am Stundensatz für den IT-Servicekatalog ist die flexible Planbarkeit für den Kunden. Es gibt einen festen Preis für den Stundensatz und somit erhält der Kunde eine stabile Plangröße, mit der er und das IT-Unternehmen arbeiten können.

Der Stundensatz sollte im IT-Servicekatalog in die Preisliste aufgenommen werden, um Sicherheit für alle Beteiligten zu schaffen.

13.2.2.6 IT-Umlagen

Die Ermittlung der IT-Umlage erfolgt im IT-Controlling. Die wichtigsten Träger darin sind:

- Wartung und Support durch Hersteller und Dienstleister
- Abschreibungen für Hardware und Lizenzen
- Umlage des Rechenzentrums
- Personalaufwände (intern/ggf. extern)

Abbildung 13–3 zeigt eine Aufbereitung, wie sie in ca. 40 % der IT-Unternehmen vorkommt. Je nach Ausrichtung des IT-Unternehmens verschieben sich die Blöcke.

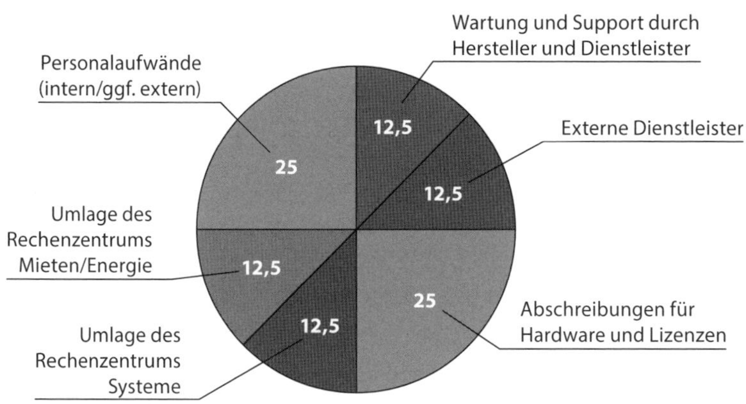

Abb. 13–3 *IT-Umlage*

Für den Servicekatalog-Manager ist es wichtig, zu wissen, welche Faktoren in der Umlage enthalten sind. Mit diesem Wissen kann er die ersten Vorschläge dazu erarbeiten, wie diese Kosten auf bestimmte IT-Services angerechnet werden. Ziel ist es, festzulegen, zu welchem IT-Service die IT-Umlage hinzukommt. Dies ist nicht eindeutig zu beantworten. Die folgenden zwei Möglichkeiten zeigen, wie sich die IT-Umlage platzieren lässt. Hierfür werden die Vor- und Nachteile, die daraus resultieren, dargestellt.

IT-Arbeitsplatz (Brutto-IT-Servicekatalog)

Pro IT-Arbeitsplatz wird ein Betrag anteilig aufgeschlagen, um die in einer IT-Umlage zusammengeführten Kosten zu decken (s. Tab. 13–9).

Vorteile	Nachteile
Die IT-Umlage wird nahe an die Verursacher herangeführt. Eine verursachergerechte Verrechnung wird auf der Geräteebene erreicht.	Viel- und Wenig-Benutzer werden nicht berücksichtigt. Insofern ist das Endgerät nicht das ausschlaggebende Element für die Kostenverursachung. Wenig-Benutzer werden benachteiligt, da sie die Kosten der Viel-Benutzer anteilig mittragen.

Tab. 13–9 *Umlagen: Brutto-IT-Servicekatalog*

Mit diesem Ansatz werden alle Kosten aus der IT-Umlage direkt auf einen IT-Service, nämlich den IT-Arbeitsplatz, gerechnet. Es entsteht eine Art »Brutto«-Preis, der im IT-Servicekatalog in der Preisliste ausgewiesen wird. Der Servicekatalog-Manager benötigt für diesen Ansatz die Rückendeckung aus dem IT-Management bis auf CIO-Ebene.

Verbrauchskosten (Netto-IT-Servicekatalog)

Im Inhouse-Verhältnis können die Kosten aus der IT-Umlage über einen Schlüssel an den Verbrauchskosten der Gesellschaften festgemacht werden. Am z.B. Monatsende werden die bezogenen IT-Services zu 100 % aufsummiert. Anschließend gilt es, die prozentualen Bezüge je Gesellschaft zu ermitteln und die IT-Umlage prozentual entlang der Verbrauchskosten zu verteilen (s. Tab. 13–10).

Vorteile	Nachteile
Das IT-Unternehmen erhält einen einfachen Schlüssel, den es direkt aus dem IT-Controlling heraus anwenden kann. Vom pragmatischen Standpunkt aus ist dies eine unbürokratische Verteilung.	Es gibt wie bei anderen Umlagemodellen Seiteneffekte. Wer hardwareintensive Programme einsetzt, der ist hier im Vorteil. Nutzer, die effiziente und ressourcenschonende Programme einsetzen, werden benachteiligt.

Tab. 13–10 *Umlagen: Netto-IT-Servicekatalog*

Der Servicekatalog-Manager sollte eine genaue Kenntnis davon haben, wie die IT-Umlage verrechnet wird. Der IT-Servicekatalog wird aus diesem IT-Umlageprinzip die Preise ohne die IT-Umlage ausweisen. Es entsteht eine Art »Netto«-Preis pro IT-Service im IT-Servicekatalog. Die Deckung aller Kosten erfolgt erst mit dem Aufschlag der IT-Umlage zum Monatsende.

Der Servicekatalog-Manager kann anhand des vorliegenden Szenarios entscheiden, welchen Ansatz er wählt. Der Brutto-IT-Servicekatalog-Ansatz funktioniert mit externen Kunden genauso wie im Inhouse-Verhältnis. Der Netto-IT-Servicekatalog-Ansatz beschränkt sich fast ausschließlich auf Inhouse-Verhältnisse.

Unabhängig davon, welchen Ansatz der Servicekatalog-Manager wählt, er muss bei der IT-Umlage die Betriebskosten der IT einrechnen und nicht die Projektkosten. Das interne Personal kontiert seine Stunden meistens in Zeiterfassungssysteme. Hier ist es wichtig, die Projektkosten, die dediziert Kunden zugeteilt werden, von den Aufwänden des Betriebs zu trennen.

13.2.3 Schritt 3: Auswahl eines Konzepts, um das Preismodell festzulegen

In diesem Schritt werden mehrere Vorgehensweisen aufgezeigt, um das Preismodell z. B. per CPU oder per GB festzulegen. In der Praxis gibt es nahezu jedes Preismodell zu den IT-Services. Bei der Analyse der Kostenstruktur von IT-Unternehmen fallen die eigens entwickelten Preismodelle auf. Dies macht IT-Unternehmen schwer vergleichbar. Eine De-facto-Zuordnung zwischen IT-Services und Preismodellen gibt es in der Praxis nicht. Deshalb werden im Folgenden valide Vorgehensweisen, die sich in der Praxis bewährt haben, aufgezeigt, um zu einem unternehmensspezifischen tragfähigen Preismodell zu kommen.

13.2.3.1 Empirisches Vorgehen

Das erste Vorgehen ist empirisch geprägt und basiert auf dem Konsolidieren des bestehenden Know-hows im IT-Unternehmen. Dies bereitet der Servicekatalog-Manager vor, indem er die Auflistung der IT-Services auf der einen Seite und verschiedene Preismodelle auf der anderen Seite aufzeigt. Tabelle 13–11 zeigt die beiden Seiten bislang ohne Zuordnung.

IT-Services	Preismodelle
1. Remote Access/VPN	a) Nach PT-Aufwand
2. Firewall	b) Festpreis pro System für Neu/Umzug/Abbau
3. Desktop-Arbeitsplatz	c) Festpreis pro Port
4. Notebook	d) Festpreis pro GB
5. LAN	e) Pauschal
6. Voice	
7. Exchange (Mailkommunikation)	
8. MS-Windows Filecluster	
9. Druckservices	
10. Rechenzentrumsinfrastruktur	
11. Storage	

Tab. 13–11 *Empirische Vorgehen 1*

In einem Workshop wird die Zuordnung zwischen IT-Services und den Preismodellen vorgenommen. Am effizientesten ist es, die IT-Services aufzulisten und daneben die Spalten mit den Teilnehmern (TN) aufzuführen. Jeder kann in Form des Buchstabens seine Vorstellung eintragen, welches Preismodell das »Richtige« aus seiner Sicht ist. Das Ergebnis wird ähnlich wie in der folgenden Liste aussehen (s. Tab. 13–12).

IT-Services	TN1	TN2	TN3	TN4	TN5	Auswertung
Remote Access/VPN	A	A	A	A	A	O.K.
Firewall	A	A	A	B	A	4:1
Desktop-Arbeitsplatz	A	B	B	B	B	4:1
Notebook	B	B	B	B	B	O.K.
LAN	C	E	C	E	C	3:2
Voice	E	E	E	E	E	O.K.
Exchange (Mailkommunikation)	E	D	D	E	E	3:2
MS-Windows Filecluster	E	E	E	E	E	O.K.
Druckservices	B	B	B	B	B	O.K.
Rechenzentrumsinfrastruktur	A	B	C	D	E	0:6
Storage	D	D	D	D	D	O.K.

Tab. 13–12 *Empirische Vorgehen 2*

Häufig bestehen zwischen den Teilnehmern unterschiedliche Meinungen. Bei der Auswertung der Zuordnung ist Folgendes zu erkennen. Wie in dem obigen Beispiel gezeigt, existiert bei 6 der 11 IT-Services das gleiche Verständnis (O.K.) und bei 2 weiteren IT-Services liegt eine 4:1-Übereinstimmung vor. Für diese 8 IT-Services kann das Preismodell als bekannt festgelegt werden. Nachdem die Preismodelle herausgearbeitet sind, kann eine Einigung bei den restlichen 3 IT-Services erfolgen.

Tipp: Immer wieder kommt es zu Unstimmigkeiten beim Preismodell der IT-Services, die nicht notwendig wären. Das Gesamtbild, das durch das empirische Vorgehen entsteht, vermeidet meistens derartige Diskussionen um das richtige Preismodell.

13.2.3.2 Ableitung des Preismodells entlang der Kostentreiber

Ein anderes Vorgehen ist die Ableitung des Preismodells entlang der Entitäten, um diese als Kostentreiber oder -minimierer herauszufiltern. Es empfiehlt sich dabei, folgende fünf Schritte anzuwenden. Zur besseren Veranschaulichung wird neben der Beschreibung der Schritte ein Beispiel aus dem Bereich Netzwerk verwendet. Gesucht ist für ein Unternehmen mit mehreren Standorten das beste Preismodell zum Betrieb eines Netzwerks.

Schritt 1: Auflistung möglicher Preismodelle

In diesem Schritt werden mehrere Aspekte gleichzeitig eingefügt. Zum einen gibt es die Entitäten, an denen sich das Preismodell festmachen lässt. Diese werden mit einer Wachstumsrate auf deren zukünftige Entwicklung hin abgeschätzt. Für das erste Jahr werden die Stückzahlen angelegt, mit denen zu starten ist. Aus der

Wachstumsrate werden die Folgejahre ermittelt. In Tabelle 13–13 sind die Werte hinter den Kommastellen gerundet.

Wachstumsrate	Entität für das zukünftige Preismodell	1. Jahr in Euro	2. Jahr in Euro	3. Jahr in Euro	n. Jahr in Euro
10	Mitarbeiter	5000	5500	6050	6655
18	Netzwerkendgeräte	6000	7080	8354	9858
-1	»managed endnodes« für Standorte	80	79	78	77
12	Aktive Nodes je Standort	1000	1120	1254	1404
13	Accesspoints	1000	1130	1276	1442
-5	LAN-Ports gesamt Kunde	6000	5700	5415	5144
2	Bandbreitendurchschnitt	20000	20400	20808	21224

Tab. 13–13 *Ableitung der Preismodelle*

Dieser erste Schritt zeigt in der Visualisierung, wie sich die einzelnen Mengen verhalten. Über die Abbildung 13–4 kann der Servicekatalog-Manager zu diesem Zeitpunkt die Mengen einschätzen, jedoch nicht die Kostentreiber analysieren.

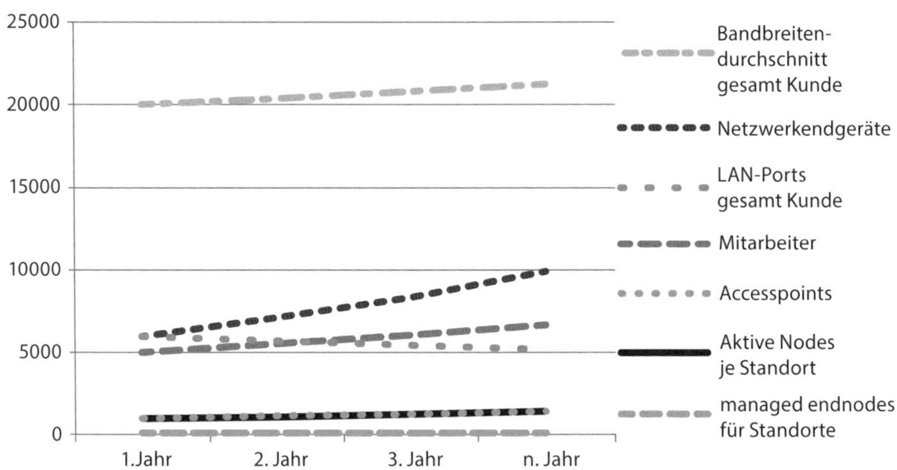

Abb. 13–4 *Verhalten der Mengen*

Der Servicekatalog-Manager sollte sich von diesen Mengen nicht beeinflussen lassen. Hier in der Grafik ist mit der untersten Kurve, die fast auf der Nulllinie liegt, die Entwicklung der Menge der »managed endnodes« für Standorte dargestellt. Diese Menge verhält sich in den nächsten Abschnitten anders als erwartet.

Schritt 2: Abschätzung der Aufwände in Euro pro Service

Dieser Schritt besteht aus den jeweiligen Jahreskosten, die für die einzelnen Entitäten angesetzt werden. Bei längeren Verträgen verändern sich diese Zahlen, meistens korrigieren sich die Zahlen nach unten. In diesem Beispiel wurden 5 % Nachlass auf die Kosten pro Jahr eingepreist (s. Tab. 13–14).

	1. Jahr	2. Jahr	3. Jahr	n. Jahr
Mitarbeiter	24	22,8	21,6	20,4
Netzwerkendgeräte	48	45,6	43,2	40,8
»managed endnodes« für Standorte	6200	5890	5580	5270
Aktive Nodes je Standort	200	190	180	170
Accesspoints	96	91,2	86,4	81,6
LAN-Ports gesamt Kunde	12	11,4	10,8	10,2
Bandbreitendurchschnitt gesamt Kunde	18	17,1	16,2	15,3

Tab. 13–14 *Aufwandsabschätzung*

Schritt 3: Abschätzung der Wachstumsraten der Faktoren des Preismodells

Anschließend an Schritt 2 erfolgt das Produkt aus Menge * Preis. Tabelle 13–15 zeigt die Preise. Dieser Schritt ist eine Zwischenstufe.

	1. Jahr	2. Jahr	3. Jahr	n. Jahr
Mitarbeiter	120.000,00	125.400,00	130.680,00	135.762,00
Netzwerkendgeräte	288.000,00	322.848,00	360.910,08	402.214,23
»managed endnodes« für Standorte	496.000,00	466.488,00	437.516,64	409.078,06
Aktive Nodes je Standort	200.000,00	212.800,00	225.792,00	238.837,76
Accesspoints	96.000,00	103.056,00	110.324,16	117.740,40
LAN-Ports gesamt Kunde	72.000,00	64.980,00	58.482,00	52.471,35
Bandbreitendurchschnitt gesamt Kunde	360.000,00	348.840,00	337.089,60	324.729,65

Tab. 13–15 *Ableitung der Preismodelle: Zwischenergebnis*

Die Zwischenstufe an diesem Schritt lässt sich am geeignetsten über die Visualisierung (s. Abb. 13–5) erkennen.

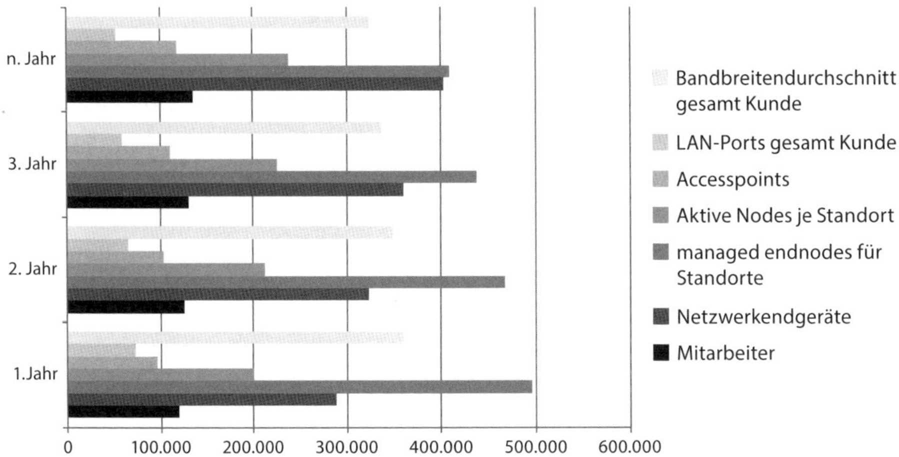

Abb. 13–5 *Einzelbetrachtung der Kosten*

Die Entität, die sich als Kostentreiber oder -minimierer herausstellen soll, ist daraus nicht erkennbar.

Schritt 4: Berechnung der Kostentreiber

Im vorletzten Schritt erfolgt ein Gesamtblick über alle Jahre, um festzustellen, welche Entität für das Preismodell tragfähig ist. Aus dem Beispiel, das hier durchgerechnet wurde, zeigt sich folgendes Ergebnis. Die Entität »managed endnodes für Standorte« hat die geringsten Stückzahlen, jedoch die zweitgrößten Umsatzerlöse über dieses Preismodell, während die LAN-Ports kaum nennenswerte Erlöse erzielen (s. Abb. 13–6).

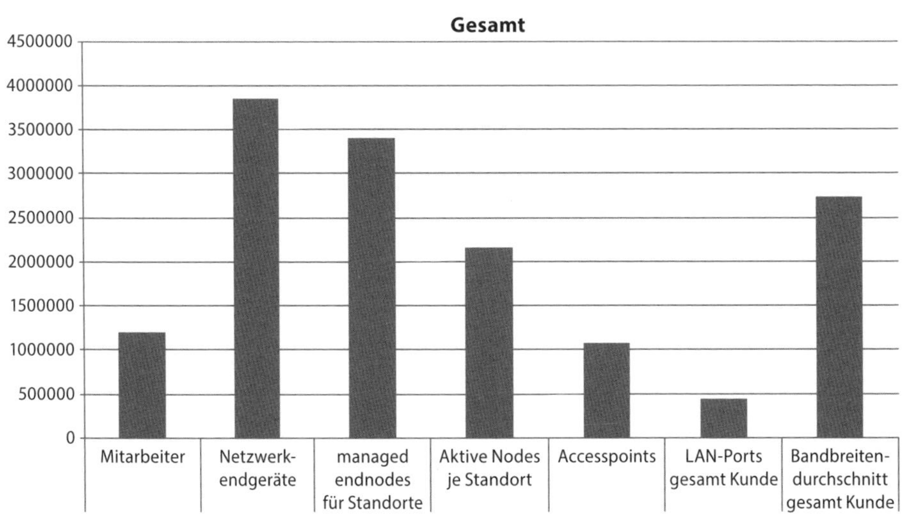

Abb. 13–6 *Gesamtbetrachtung der Kosten*

Schritt 5: Festlegung des Preismodells

Nach dem Schritt 4 stehen die Entitäten fest. Die Entscheidung für eine Entität als Preismodell wird je nach Szenario unterschiedlich gefällt. Folgende Überlegungen werden hierfür angestellt:

- Sind die Werte für das Preismodell automatisiert zu erheben und wenn nein, wie viel Aufwand bedeutet es, die Monatsabrechnung vorzubereiten.
- Liegt ein Inhouse-Verhältnis vor, wird der interne Dienstleister vermutlich die aktiven Nodes je Standort vorschlagen, damit er mit einem Mittelwert einen Jahresdurchschnitt erreichen kann.
- Für IT-Unternehmen, die auf dem freien Markt agieren, liegt die Präferenz auf den Netzwerkendgeräten.
- Aus Kundensicht ist die Entität »LAN-Ports gesamt Kunde« das Mittel der Wahl.

Dieses Vorgehen führt zu einer hohen Sicherheit, um zu wissen, welche Entitäten welche Auswirkungen haben. Die tatsächliche Entscheidung wird in der Praxis nach den oben genannten Überlegungen gefällt.

13.2.3.3 Effektbasierte Preisfestlegung

Das richtige Preismodell für einen IT-Service zu finden erfordert einen Blick auf mehrere Gegebenheiten. Wer die Rahmenbedingungen für einen IT-Service kennt, der kann abschätzen, ob sich das Preismodell stabil verhält oder nicht. Dies ist insbesondere dann der Fall, wenn ein IT-Service eine stark personelle Komponente enthält.

Am Beispiel des IT-Servicedesks, Incident und Problem Management wird aufgezeigt, mit welchen Auswirkungen zu rechnen ist.

Preismodell 1

Die Servicedesk-Mitarbeiter werden als FTE (Fulltime Employee) verrechnet. Jeder Einsatz der Servicedesk-Mitarbeiter wird im Ticket minutengenau vermerkt und über einen Stundensatz verrechnet.

Effekt: Ob der Servicedesk-Mitarbeiter schnell oder langsam arbeitet, macht in dem Preismodell 1 keinen Unterschied für den Servicedesk-Mitarbeiter. Es gibt keine Motivation und so erfolgt die Arbeit nach dem Prinzip: Dienst nach Vorschrift.

Preismodell 2

Die Anzahl der Tickets wird gezählt und jedes Ticket wird mit einem festen Durchschnittspreis belegt.

Effekt: Die Anzahl der Tickets wird erhöht, indem z.B. Tickets schnell geschlossen werden und bei wiederholten Anfragen neue Tickets eröffnet werden. Ebenso werden z.B. automatisch generierte Tickets mit aufgenommen.

Preismodell 3

Zusätzlich zum Preismodell 1 gibt es eine Bonuszahlung an die Servicedesk-Mitarbeiter. Die Bonuszahlung selbst basiert auf der Einhaltung von Service Levels. Meist sind dies Reaktions- oder Wiederherstellungszeiten.

Effekt: Die Verrechnung ist transparent auf Basis von Minuten, und die Motivation, das Ticket zügig zu bearbeiten, ist durch die Bonuszahlung gegeben.

Der Servicekatalog-Manager muss die Preismodelle genau prüfen, da es deutliche Qualitätsunterschiede gibt. Je nachdem, wie der IT-Service geschnitten ist, finden sich immer wieder personelle Komponenten darin. So z.B. bei der Lieferung von IT-Arbeitsplätzen. Hier ist ein Festpreis pro IT-Arbeitsplatz und ein Service Level »Lieferzeit« notwendig, um den IT-Service qualitativ hochwertig an Kunden auszuliefern.

13.2.3.4 Festlegung eines politischen Preises durch das Management

Einige IT-Preise werden aus unternehmenspolitischen Gründen festgelegt. Auf dem freien Markt liegt der Geschäftserfolg in einer sensiblen Preispolitik. Im Inhouse-Verhältnis ist dies bedingt übertragbar. Während auf dem freien Markt die Differenzierung gegenüber Mitbewerbern über den Preis erfolgt, ist dieses Merkmal im Inhouse-Verhältnis nicht gegeben. Hier zählen beim Preis andere Aspekte, die herangezogen werden.

Das Hauptargument für einen politischen Preis für einen IT-Service im Inhouse-Verhältnis ist ein Preis, den sich alle Fachbereiche innerhalb eines Konzerns oder einer Gruppe leisten können. Der Servicekatalog-Manager sollte mehrere Preismodelle simulieren, um zu erkennen, wie sich diese Modelle verhalten. Letztlich wird er in der Praxis vom Management überstimmt, damit alle Fachbereiche an allen IT-Services partizipieren können.

Das Problem, das daraus entsteht, ist folgendes: Es kann zu einer Unterdeckung der Vollkosten kommen, d.h., die Inhouse-Kunden zahlen unter den Gestellungskosten, die die IT aufwenden muss, um den IT-Service herzustellen bzw. auszuliefern. Der politische Preis ist für den Servicekatalog-Manager abzuwägen. Bewegt sich der politische Preis unter oder über den Gestellungskosten, so greifen die im Abschnitt 13.2.2.4 (S. 304) genannten Effekte.

13.2.4 Zusammenfassung zur Preispolitik

Alle Servicekatalog-Manager, die in allen drei Schritten zur Bestimmung des IT-Servicemodells und -preises den optimalen Weg suchen, sollten von einer 100% genauen Lösung zum Start des IT-Servicekatalogs Abstand nehmen. Eine Preispolitik kann zu Beginn des IT-Servicekatalogs mit mehreren Ungenauigkeiten starten. Wichtig ist es, eine kontinuierliche Präzisierung der Preise anzustreben. Dieser Weg zur Präzisierung ist gegeben durch den Ausgleich z.B. der Jahrespreise von Jahr zu Jahr. Die Schätzung ist ggf. im ersten Jahr ungenau. Beim flexiblen Preisgefüge gilt es, die unterschiedlichen Kundenanforderungen besser einzuschätzen und aus diesem Fakt heraus den IT-Service anders zu strukturieren bzw. dessen flexible Anteile zu reduzieren.

Ziel der Preispolitik ist die Entstehung eines Preisbewusstseins sowohl im IT-Unternehmen als auch beim Kunden. Im Inhouse-Verhältnis ist das Preisbewusstsein etwas anders zu betrachten. Wenn der Konzern ein IT-Budget freigibt, der interne IT-Betreiber seine IT-Services verrechnet und am Jahresende eine Unterdeckung besteht, sollte der IT-Leiter folgenden Fakt erkennen: Es gibt eine existierende Unterdeckung. Parallel dazu gilt es, die Gesamtkosten anzusehen. Hat ein Konzern im Gesamten eine Einsparung durch ein besseres Preisbewusstsein erzielt und einen ressourcenschonenden Umgang seitens der Anwender erreicht, ist der IT-Servicekatalog ein Erfolg. Die Unterdeckung ist damit nicht entscheidend, da das IT-Budget ebenfalls unter bestimmten Rahmenbedingungen geschätzt wird.

Tipp: Vorsicht ist geboten, wenn das Ziel eine genaue Preispolitik ist und Verrechnungsschlüssel miteinander verkettet sind, um zu erkennen, wie sich die Preise aus den untersten Ebenen, wie Server, Speicher, Software, zusammensetzen. Diese Verkettung bringt die Dekomposition (welche IT-Services hängen wie zusammen) in den IT-Servicekatalog. Bei diesem Schritt wird eine genaue Abstimmung mit den Dekompositionen aus der CMDB benötigt oder falls vorhanden aus dem IT-Servicekatalog.

Tipp: Oft dauert die Preisbestimmung länger als die Serviceerstellung. Die Preisliste getrennt vom IT-Servicekatalog zu halten, führt in der Erstellungsphase zu einer inhaltlichen Freigabe der IT-Services im IT-Servicekatalog. Der Fokus kann nach dieser Freigabe ausschließlich auf die Preisbestimmung gelegt werden.

13.3 Repository zu Costs/Charge von IT-Services

13.3.1 Liste mit 14 Preismodellen

Bereiche	Quantifizierbare Leistung
Servicedesk	Anzahl IT-Service-Calls; Zeiteinheit der Calls
Incident und Problem Management	Anzahl der Incidents
Change Management	Anzahl der Changes (Change Requests)
Releasemanagement	Mitarbeiterkosten über eine Zeiterfassung
Systemmanagement	Anzahl eingerichteter Messsonden
Basisinfrastruktur-Management	Anzahl Server
Servermanagement (Win, Unix)	Anzahl Serverinstanzen
Netz-IT-Service (LAN/WAN)	Anzahl Ports
Storage & Backup	Anzahl verwalteter Giga-/Terabyte
Desktop-Services	Mitarbeiterkosten über eine Zeiterfassung
Database-Services	Anzahl der Benutzer
EAI-Services	Anzahl der Changes an diesen Applikationen
Middleware-Services	Anzahl der Benutzer
App- & Webservice	Anzahl der Benutzer

Tab. 13–16 *Liste mit 14 Preismodellen*

13.3.2 Kostenverteilung: Arbeitsplatz-PC

Die Verrechnung des Arbeitsplatz-PC wird von Unternehmen zu Unternehmen anders vorgenommen. Die folgenden drei Berechnungen zeigen, welche Aspekte berücksichtigt wurden. Jeder muss seine eigenen Kostenträger und -arten identifizieren. Die nächsten Beispiele helfen, den ersten Anlauf zu nehmen. Damit der Servicekatalog-Manager sich direkt in der richtigen Sparte wiederfindet, sind die drei Verrechnungen an der Unternehmensgröße (KMU, Konzern) ausgerichtet.

IT-Service: Arbeitsplatz-PC (kleineres KMU)

In einem kleinen mittelständischen Unternehmen wurden die Kostenträger und -arten auf folgende Weise zusammengefasst (s. Tabelle 13–17):

Kostenträger	Kostenarten
Endanwender-Support	▪ Callmanagement ▪ First-Level-Support ▪ Second-Level-Support
Anwendungsentwicklung	▪ Entwicklertage
Applikationsentwicklungssoftware	▪ Lizenzen
Applikationsserver	▪ Lizenzen ▪ Anschaffung
Professional-Services	▪ Prozesse
Ausbildung IT-MA	▪ Umlage
DB/Systemmanagement	▪ Administration
Netzwerk	▪ Aktive und passive LAN-Komponenten ▪ Netzwerkmanagement
Enterprise Server	▪ Lizenzen ▪ Anschaffung
Group Server	▪ Lizenzen ▪ Anschaffung
Client-HW/SW	▪ Monitor ▪ PC ▪ Office SW ▪ Mail-Client (externe Kosten, z.B. RZ und Leitungsanbindung) ▪ Betriebssystem

Tab. 13–17 *Kostenträger und -arten für Arbeitsplatz-PC (kleineres KMU)*

Die Kosten teilten sich im Wesentlichen auf 4 Blöcke auf (s. Abb. 13–7).

- Endanwender-Support
- Anwendungsentwicklung
- Applikationsserver
- Vielzahl einzelner Kostenarten

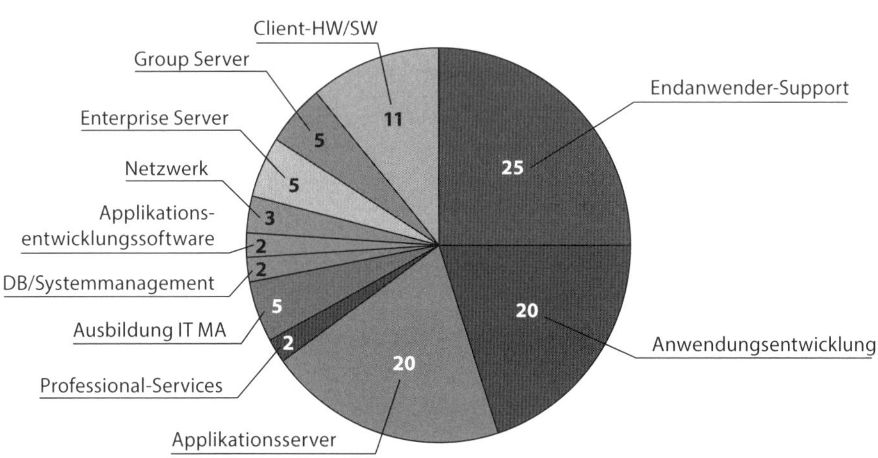

Abb. 13–7 *Kostenverteilung Arbeitsplatz-PC (kleines KMU)*

IT-Service: Arbeitsplatz-PC (größeres KMU)

In einem größeren mittelständischen Unternehmen im öffentlichen Verkehrswesen wurden für den Arbeitsplatz-PC folgende Positionen zur Verrechnung aufgeführt und deren Kostenarten aufgezeigt (s. Tab. 13–18).

Kostenträger	Kostenarten
LAN-Port	▪ Aktive und passive LAN-Komponenten ▪ Netzwerkmanagement
Hardware-Client	▪ Monitor ▪ PC
Betriebssystem/ Standardsoftware	▪ Office SW ▪ Mail-Client (externe Kosten, z.B. RZ und Leitungsanbindung) ▪ Betriebssystem
Systemadministration/ Server	▪ Systemadministration (Active Directory, Admintools) ▪ Serveranteile
Verwaltungstools	▪ Ticketsystem ▪ Projektportal ▪ CMDB und IT-Dokumentationssysteme ▪ Serveranteile
Customer Help Desk	▪ Callmanagement ▪ First-Level-Support ▪ Second-Level-Support ▪ Serveranteile

Tab. 13–18 *Kostenträger und -arten für Arbeitsplatz-PC (größeres KMU)*

Dabei verteilten sich die Kosten wie folgt auf die Kostenträger (s. Abb. 13–8).

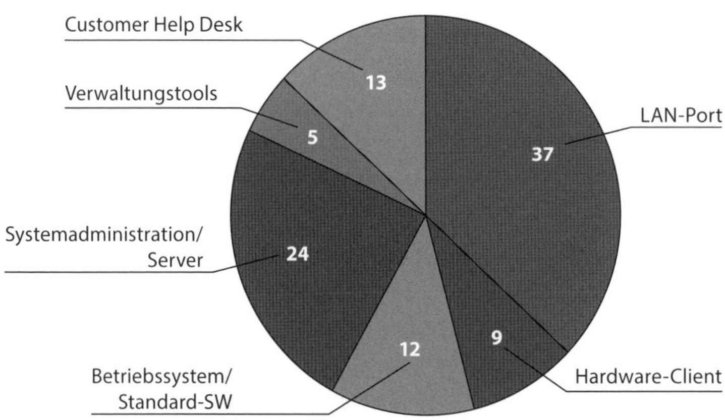

Abb. 13–8 *Kostenverteilung Arbeitsplatz-PC (großes KMU)*

IT-Service: Arbeitsplatz-PC (Konzern)

Die Kostenträger und -arten wurden für einen Konzern wie folgt zusammengesetzt (s. Tabelle 13–19).

Kostenträger	Kostenarten
PC HW-Bereitstellung & Support	Monitor PC Betriebssystem
Standardsoftware inklusive Rollout	Office SW
E-Mail-Service	Mail-Client (externe Kosten, z.B. RZ und Leitungsanbindung)
File- und Verzeichnisdienst	Betriebskosten
Client-LAN	Aktive und passive LAN-Komponenten Netzwerkmanagement
Internet	Anschlüsse
Servicedesk	Callmanagement First-Level-Support Second-Level-Support

Tab. 13–19 *Kostenträger und -arten für Arbeitsplatz-PC (Konzern)*

Abbildung 13–9 zeigt, dass hier ein genaues Schulungskonzept der Anwender vorgesehen ist, da die Kosten für den Servicedesk mit 1 % veranschlagt sind.

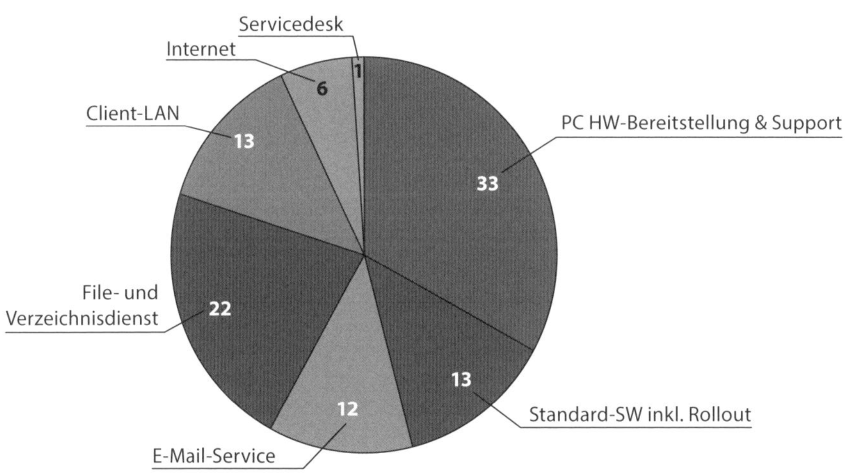

Abb. 13–9 *Kostenverteilung Arbeitsplatz-PC (Konzerne)*

13.3.3 Kostenverteilung: Rechenzentrum

Hier werden zwei Modelle der Kostenzusammenstellung für die Rechenzentrumspauschale aufgezeigt.

IT-Service: Rechenzentrumspauschale (Serverfarm)

In dieser praxisnahen Vorlage sind für ein IT-Unternehmen, das eine umfangreiche Serverfarm betreibt, alle Kostenträger und -arten aufgezeigt, um die Rechenzentrumskosten zu erheben (s. Tab. 13–20).

Kostenträger	Kostenarten
Server	■ Physische und virtuelle Server ■ Server-Steuerungssysteme (Loadbalancer etc.)
Netzwerk	■ RZ-LAN ■ WAN-Anbindungen
Energieverteilung & Klimaanlage	■ Server-on-Board-Kühlungssysteme ■ Klimaanlage
Energie	■ Serverstromverbrauch ■ Sonstiger Stromverbrauch
Sonstige Infrastruktur	■ Einzelsysteme außerhalb der Serverfarm ■ Rangierräume für Testsysteme

Tab. 13–20 *Kostenträger und -arten für RZ-Pauschale (Serverfarm)*

Die Verteilung zeigt eine enorme Kostenbindung durch viele physische Server. Die Verteilung wird sich nach einer stärkeren Virtualisierung deutlich verändern (s. Abb. 13–10).

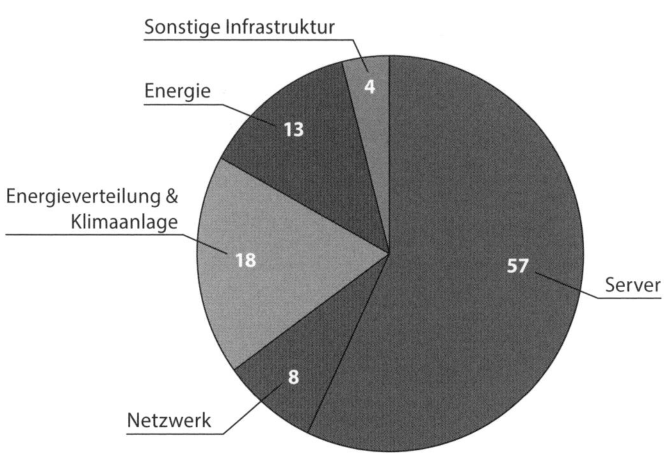

Abb. 13–10 *Kostenverteilung RZ-Pauschale (Serverfarm)*

IT-Service: Rechenzentrumspauschale (Serverhosting/-housing)

Bei diesem IT-Unternehmen wird zum Serverhosting ein komplettes Kundenpaket mit Serverhousing angeboten. Hierfür werden mehrere Leerflächen bereitgestellt, um ad hoc eine Vielzahl von Servern aufnehmen zu können (s. Tab. 13–21).

Kostenträger	Kostenarten
Server	▪ Physische und virtuelle Server ▪ Server-Steuerungssysteme (Loadbalancer etc.)
Netzwerk	▪ RZ-LAN ▪ WAN-Anbindungen
Energie	▪ Server-on-Board-Kühlungssysteme ▪ Serverstromverbrauch ▪ Klimaanlage ▪ Sonstiger Stromverbrauch
Support	▪ Kundensupport für den Aufbau von neuen Servern
IT-Leitung	▪ Organisatorische Management des Rechenzentrums
RZ-Infrastruktur	▪ Leerstehende Serverhousing-Räume ▪ Rangierräume für Testsysteme

Tab. 13–21 *Kostenträger und -arten für RZ-Pauschale (Serverhosting/-housing)*

Die leerstehenden Räume (RZ-Infrastruktur), die erst im Bedarfsfall zu Nutzung kommen, nehmen einen großen Anteil ein (s. Abb. 13–11).

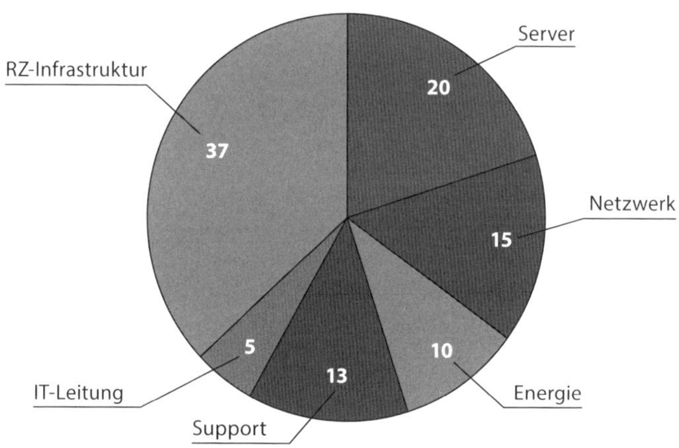

Abb. 13–11 *Kostenverteilung RZ-Pauschale (Serverhosting/-housing)*

Teil III

Tools für Servicekatalog-Management und Praxistipps

14 Tooleinführung des IT-Servicekatalogs in den Betrieb

14.1 Anforderungen an ein IT-Servicekatalog-Tool

Bei der Auswahl von IT-Servicekatalog-Tools sind mehrere Aspekte zu beachten. Der Schwerpunkt liegt dabei auf der Modellierung von IT-Services und der Gestaltung von IT-Servicekatalogen (s. Tab. 14–1).

Modellierung von IT-Services	
1.	Lässt sich ein IT-Servicenamen doppelt vergeben?
2.	Lässt sich ein Service Level oder eine Kennzahl zu einem IT-Service mehrfach mit unterschiedlichen Sollwerten vergeben?
3.	Lassen sich mehrere IT-Service-Templates mit unterschiedlichen Attributen parallel nebeneinander betreiben?
4.	Können Attribute je nach sich einwählendem Benutzer ein- und ausgeblendet werden?
5.	Lassen sich IT-Servicebundels zusammenstellen?
6.	Sind Artikelnummern und -nummernkreise frei wählbar?
7.	Lassen sich Abhängigkeiten zwischen den IT-Services modellieren?
8.	Sind die Abhängigkeiten mit Konditionen ausgestattet? (Wenn IT-Service 1 wegfällt, wird der zugehörige IT-Service 200 aus dem IT-Servicekatalog genommen?)
9.	Wie kann ein Genehmigungsfluss von der Buchung eines IT-Service im IT-Servicekatalog-Tool modelliert werden?
10.	Kann ein Servicepreis pro IT-Service, der mit mehreren Optionen und mehreren Service Levels arbeitet, modelliert werden?
11.	Wird die Modellierung von IT-Services durch Drag & Drop unterstützt für die Gestaltung von Benutzeroberflächen, Attributen von IT-Services und Abhängigkeiten zwischen IT-Services?
Gestaltung von IT-Servicekatalogen	
1.	Lassen sich die IT-Services über mehrere Sichten für mehrere Benutzergruppen zusammenstellen?
2.	Lassen sich die Zustände von IT-Services wie »in Betrieb«, »außer Betrieb«, »ist archiviert« etc. abbilden?
3.	Gibt es Musskriterien für die Oberfläche (Vergabe von Icons, Erstellung von Teaser-Texten)?
4.	Lassen sich im Hintergrund IT-Servicekataloge vorbereiten, bevor sie veröffentlicht werden?
5.	Werden mehrere Sprachen unterstützt?
6.	Lassen sich mehrere IT-Servicekataloge mit unterschiedlichem Design aufbauen?
7.	Lassen sich mehrere Service-Templates in einem Katalog parallel implementieren?
8.	Gibt es für verschiedene Benutzerrechte eine gesteuerte Anzeige des IT-Servicekatalogs?

→

Reporting
1. Gibt es ein Reporting, welche IT-Services am häufigsten nachgefragt werden? 2. Welche Reporting-Arten gibt es (Kosten, Nutzung etc.)?
Schnittstellen
1. Gibt es vorbereitete bzw. unterstützte Schnittstellen, um externe Systeme (u.a. Rollout) anzubinden? 2. Welche Schnittstellensprache wird verwendet?

Tab. 14–1 *Toolauswahl-Frageliste*

14.2 Hürden bei der Tooleinführung

Der Markt der IT-Servicekatalog-Tools ist begrenzt und der Reifegrad der Tools ist nicht auf der höchsten Stufe angelangt. Deshalb ist es wichtig, die Fallen zu kennen, bevor ein Tool ausgewählt wird. Wichtig ist die Regel für den Servicekatalog: Erst sollte das Konzept durchgängig sein, dann kann die Implementierung erfolgen [Bellwood u.a. 2005].

In den folgenden Abbildungen wird der Verlauf eines Projekts zur Einführung eines IT-Servicekatalog-Tools schematisch dargestellt. Zu diesem Zeitpunkt sollte das Konzept für den IT-Servicekatalog bereits vorliegen und ausgearbeitet sein.

Das Vorgehen zur Einführung wird entlang von vier Schritten aufgezeigt. Abbildung 14–1 gibt einen Überblick über die vier Schritte inklusive der Aspekte, die zu jedem Schritt bearbeitet wurden.

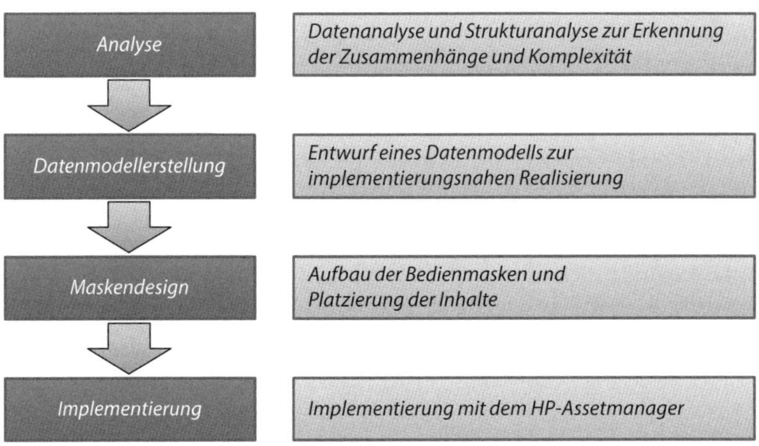

Abb. 14–1 *Projektvorgehen*

Schritt 1: Analyse

In der Analyse werden mehrere Dokumente und Datenbasen ausgewertet. Abbildung 14–2 zeigt, welche Daten hierfür zur Auswertung kommen können.

Abb. 14–2 *Datenanalyse*

Unter den IT-Daten werden die vorliegenden IT-Systeme, die den IT-Services zugeordnet werden, untersucht. Hier liegen vermutlich bereits Abhängigkeitsgraphen dazu vor, wie diese zusammenhängen. Unter den Zusatzdaten finden sich Informationen aus angrenzenden Bereichen, z.B. Kostenstellen, die bestimmten Rollen zugeordnet werden sollen. Bei den Servicedaten gilt es abzuwägen, wie groß die Menge der im IT-Unternehmen gesetzten Servicebegriffe ist und wo diese vorliegen, damit sie über einen Namensabgleich zusammengeführt werden können. Das Ziel ist, zum IT-Service die unterliegenden Messdaten zuzuordnen. Zur Berechtigung gibt es ebenfalls dedizierte Benutzergruppen die berechtigt sind, am IT-Servicekatalog zu arbeiten. Diese sind in den Rollendaten untergebracht.

Schritt 2: Datenmodellerstellung

Auf den ersten Schritt folgt die Datenmodellerstellung. Das nachstehende Beispiel zeigt, in welcher Form die Daten in dem IT-Servicekatalog-Tool implementiert sein sollten, damit die Datenbankabfragen und -methoden auf einem geeigneten Datenmodell aufsetzen können (s. Abb. 14–3).

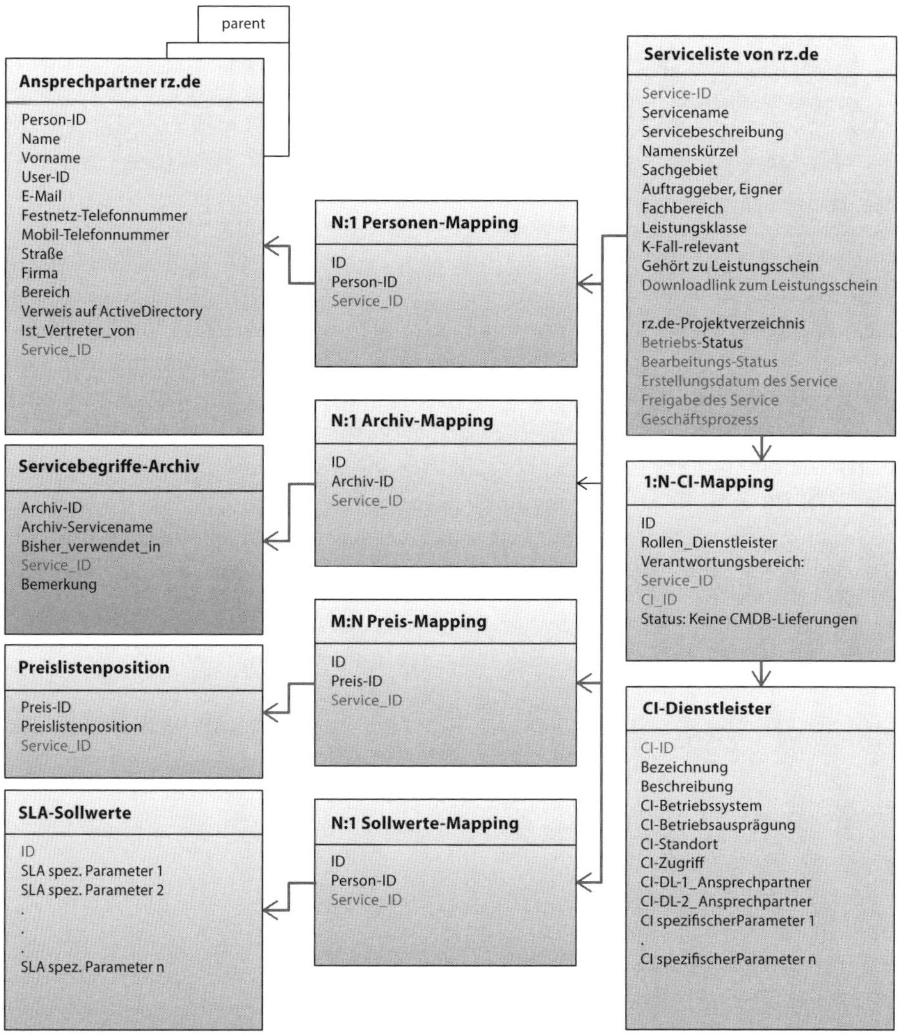

Abb. 14–3 *Datenmodell*

Schritt 3: Maskendesign

Der dritte Schritt greift auf der Ebene der Zielgruppe an. Wie muss der IT-Servicekatalog gestaltet sein, damit er von der Zielgruppe akzeptiert und bedient werden kann. Abbildung 14–4 zeigt, wie vor der Implementierung die Oberflächen mit einem Zeichenprogramm modelliert wurden. Die Frage nach der Bedienbarkeit wird hier sozusagen vorgezeichnet, damit darauf die Implementierung erfolgen kann (s. Abb. 14–4).

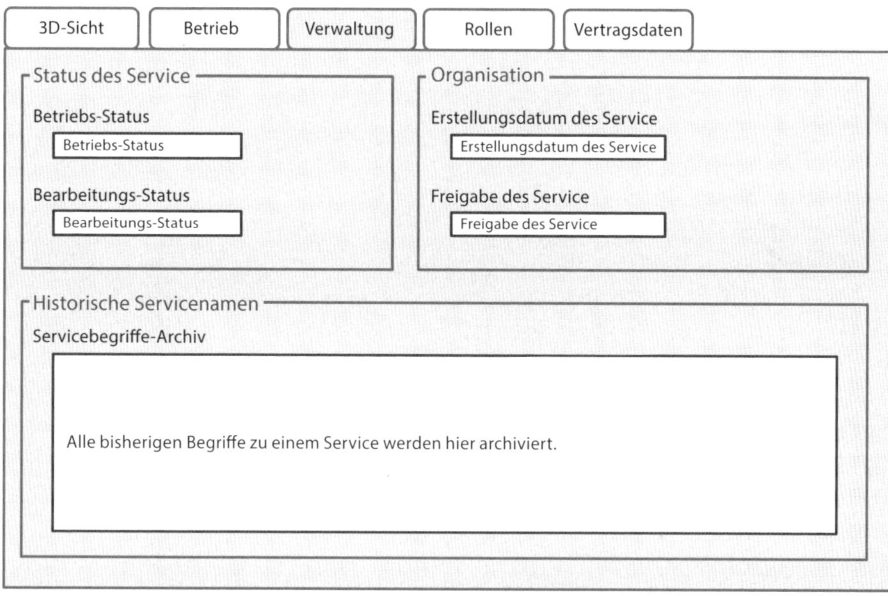

Abb. 14–4 *Nutzeroberflächen-Skizzen*

Schritt 4: Implementierung

Bei der Implementierung empfiehlt es sich, ähnlich wie in Abschnitt 5.1.1, Schritt 1 vorzugehen. Es sollten bis zu fünf IT-Services implementiert werden, mit denen die Bedienbarkeit ausprobiert wird, und bei einer entsprechenden Akzeptanz werden die restlichen IT-Services hinzufügt.

14.3 Herstellerliste mit IT-Servicekatalog-Tools

Der Markt mit den IT-Servicekatalog-Tools ist zum Zeitpunkt des Buches von einer Pioniergruppe geprägt. Natürlich sind die großen Namen mit ihren umfassenden Toolsets mit am Start. Aber auch kleinere Hersteller haben sich einen Namen gemacht und zugeschnittene Lösungen bzw. Werkzeugrahmenwerke erschaffen. Folgende Hersteller lassen sich derzeit auf das Thema IT-Servicekatalog ein:

- AWS
- Axio-Systems
- BMC
- CA
- Cisco
- comarch
- freshservice
- FrontRange
- gravitant
- heatsoftware
- HP
- infotech
- itomig
- ITSMO
- kineticdata
- ManagementEngine
- Matrix42
- samanage
- savvysuite
- ServiceNow
- usu-valuemation
- wendia

Die hier genannten Unternehmen sind nach dem Alphabet gelistet. Eine Bewertung zu den Tools kann es aktuell noch nicht geben. Nach 7 Jahren als Trainer zu IT-Servicekatalogen gab es von den vielen Teilnehmern unterschiedliche Aussagen zu den Herstellern. Von sehr gut – wir haben den richtigen Hersteller erwischt – bis zu nein – mit dem Hersteller sind wir nicht erfolgreich gewesen – gingen die Meinungen weit auseinander. Bei den SLM-Tools waren es bis zu 85 Hersteller, die im Markt agierten. Der IT-Servicekatalog ist ein Nischenmarkt, der jedoch das Potenzial zu mehr hat. Die Ankopplung von Buchungsprozessen wird diesen Markt deutlich stärker in die Richtung der IT-Selfservice-Portale drängen. Die Fusion aus IT-Servicekatalog und IT-Selfservice-Portal wird den Weg für die Toolauswahl massiv beeinflussen.

15 Interviews mit IT-Servicekatalog-Managern

15.1 Aviation: N3 Joint Venture von Rolls Royce und Lufthansa

Hendrik Arnold
IT-Services Manager

Das Unternehmen N3 Engine Overhaul Services GmbH & Co. KG mit Sitz in Arnstadt, Deutschland, ist ein Joint Venture von Rolls Royce und Lufthansa und übernimmt die Wartung bzw. Überholung von Flugzeugtriebwerken.

Welchen Umfang hat Ihr IT-Servicekatalog?

Es sind 120 IT-Services definiert. Diese sind aufgeteilt in zwei IT-Servicekataloge. Alle atomaren IT-Services (z.B. Firewall, Datenbank) sind in einem IT-internen IT-Servicekatalog zusammengeführt. Der benutzer- bzw. kundenorientierte IT-Servicekatalog ist fokussiert auf alle End2End-IT-Services, das sind im Wesentlichen Applikationen wie SAP oder interne Geschäftsprozessanwendungen. Diese 40 IT-Services beziehen die Werte ein, die mit Drittdienstleistern vereinbart wurden. Alle in SLAs vereinbarten Werte haben wir den Benutzern transparent gemacht und so sind Service Levels wie Störungsprioritäten und Servicezeiten der Drittdienstleister aufgeführt. Da unsere interne IT den IT-Service der Drittdienstleister durchreicht, mussten wir das machen. Hier ging es darum, die Transparenz zu schaffen und die Erwartungshaltung der Benutzer abzugleichen. Es wurde nah zum IT-Servicekatalog im Intranet ein Kalender platziert, der auch zeigte, zu welchen Zeiten ein IT-Service eingekauft wurde. Das ermöglicht uns, rund um die Uhr aus dem IT-Servicekatalog zu buchen und das Buchungsgesuch direkt an die Drittdienstleister zu geben.

Was hat Sie zur Einführung eines IT-Servicekatalogs gebracht?

Vor der Einführung des IT-Servicekatalogs mussten wir Fachbereichsanfragen ohne ein einheitliches und solides Fundament bearbeiten. Somit fielen die Ergebnisse unterschiedlich aus, da uns die Dienstleister entweder Lösungen vorschlugen, die zu abstrakt (»high level«) waren oder, wenn wir bestehende Leistungsverträge hatten, waren die Details so umfassend, mit denen ein Buchender nicht zurechtkam. Die Situation verschärfte sich obendrein, denn es müssen zu den technischen Lösungen die Zuständigkeiten geregelt werden. Die Summe aus allen genannten Problemen hat uns dazu gebracht, den IT-Servicekatalog einzuführen.

Welche Hürden mussten Sie bei der Einführung nehmen?

Zuerst dachten wir, die Geschäftsleitung könnte uns vielleicht ausbremsen. Das war jedoch nicht der Fall, denn wir fanden Gehör und Unterstützung für unser Vorhaben.

Die große Hürde war, gemeinsam festzulegen, was der IT-Servicekatalog können soll. Nach der hürdenfreien Einführung des internen IT-Servicekatalogs, welcher positiv von der Geschäftsleitung bewertet wurde, kam die Variante eines für jedermann in unserem Unternehmen verständlichen IT-Servicekatalogs in den Fokus. Somit wurde klar, die Hürde war der Abgleich mit den Bereichsleitern des Business. Mit ihnen legten wir Schritt für Schritt fest: Was benötigen wir und was können unsere Drittdienstleister bzw. was kann die interne IT liefern. Wir mussten dabei das Problem umgehen, die Diskussion zu technisch zu führen. Mit der Idee des benutzer- bzw. kundenorientierten IT-Servicekatalogs konnten wir aus unserem internen IT-Servicekatalog-Denken ausbrechen und hatten doch die Rahmenbedingungen, was die Technik hergibt, im Blick. Dies war insbesondere wichtig, da von den Bereichsleitern meist schärfere Service Levels gefordert wurden. Um die Erwartungshaltung und die tatsächliche Leistungsmöglichkeit nicht auseinanderklaffen zu lassen, waren wir die Übersetzer der IT.

Was hat sich durch den IT-Servicekatalog im Unternehmen verändert?

Heute verstehen die Benutzer die IT-Services besser. Außerdem gab es einen interessanten Kulturwandel. Aus dem Gegeneinander zwischen Fachbereich und IT, ähnlich dem Kellner-gegen-Koch-Prinzip, wurde mehr ein Miteinander. Ein Beispiel soll das verdeutlichen. Der Benutzer kann am und sogar für das Wochenende ein Angebot mit der gewünschten Wochenendleistung über den IT-Servicekatalog buchen, doch diese wochenendbezogenen IT-Services sind teuer. Hätten wir früher den teuren Kostenpunkt als interne IT angesprochen, so wäre dies nicht bei den Benutzern angekommen. Der IT-Servicekatalog hat uns diese Diskussion abgenommen. Da die Benutzer den IT-Service besser verstehen, sind die Eskalationen auf fast null zurückgegangen.

Unser Supportteam haben wir reduziert, da wir über den Selfservice zur Buchung von IT-Services Notfallmöglichkeiten anbieten. Den IT-Servicekatalog kennt jeder Mitarbeiter im Haus und nutzt die Zusatzfunktionen, um sich Support zu holen.

Wie aufwendig ist es, den IT-Servicekatalog zu pflegen?

Unser Aufwand beziffert sich auf einen Tag pro Monat für einen Mitarbeiter. Meistens bündeln wir die Aktualisierung auf einmal im Quartal. Zu den Tätigkeiten zählen die Versionierung, die Prüfung der Zuständigkeitsmatrizen, welche Kapitel werden überarbeitet, muss ein IT-Service ein- und ausgecheckt werden. Neue IT-Services kommen nicht unvorbereitet, da sie eine Business-Case-Berechnung durchlaufen und wir dies im Aktualisierungszyklus einplanen können.

Ist Ihr IT-Servicekatalog toolgestützt, auf Papier oder beides und welche Effekte ergeben sich daraus?

Der benutzer- bzw. kundenorientierte IT-Servicekatalog ist heute mit Typo3 realisiert. Wir wussten, dass dies eine Übergangslösung darstellt. Nach der einfachen und kostengünstigen Implementierung haben wir uns auf dem Toolmarkt umgesehen. Da wir von den implementierten Funktionen wussten, was wir als Standard forderten, mussten wir uns nur auf die zusätzlichen Funktionen konzentrieren. Die Benutzer sollen mehr Informationen zu ihren bereits gebuchten und den zusätzlich zu buchenden IT-Services abrufen können. Unsere Wahl fiel auf Matrix 42, das wir derzeit einführen.

Der IT-interne IT-Servicekatalog ist nach wie vor in Word und PDF. Hier sind keine weiteren Schritte geplant.

15.2 Education: Universität Trier

Dr. Alexander Lürken-Uhl
Leiter des Rechenzentrums

Zwar ist das Jahr 1473 das Gründungsjahr der Universität Trier, doch sie wurde am 15. Oktober 1970 nach 172-jähriger Unterbrechung neu gegründet. Heute studieren hier knapp 15.000 Studierende in sechs Fachbereichen. Die Universität verfügt neben einer Bibliothek über ein Rechenzentrum als zentrale Einheit. Dr. Alexander Lürken-Uhl leitet das Rechenzentrum seit 2011.

Welchen Umfang hat Ihr Servicekatalog?

Es werden derzeit 46 IT-Services angeboten. Diese sind in folgenden Kategorien organisiert:

a) Beratungs- und Support-Services
b) Anwender-Services
c) Speicher und Server
d) Allgemeine Infrastruktur
e) Zentrale Anwendungen und Software
f) Netzwerk
g) Dienstleistungen für den spezifischen Bedarf

Mit dieser Struktur haben wir die IT-Services aus der Sicht unserer Kunden aufgebaut. Alle IT-Services werden über ein gemeinsames Template gepflegt.

Was hat Sie zur Einführung eines Servicekatalogs gebracht?

In unserem Bereich werden die Budgets für die IT restriktiv vorgegeben, d.h., die IT könnte damit nur eine eingeschränkte Palette an IT-Services einkaufen und betreiben. Unabhängig vom Budget gibt es eine Vielzahl von Anforderungen aus den Fakultäten. Wird das überspitzt, wäre die Situation die, dass der erste Buchende, der am Jahresanfang kommt, alle IT-Ressourcen für seine Anforderungen allokieren könnte. Das ist in der Praxis natürlich nicht der Fall, dennoch gibt es durchaus eine Anforderungsverlagerung hin zu einigen Bereichen, die mehr IT-Services beziehen als andere, vor allem als sie benötigen würden und was sie virtuell bezahlen. Eine interne Leistungsverrechnung wie in der freien Wirtschaft wird an der Universität nicht gepflegt. Und doch sind einige Parallelen zu erkennen. In der freien Wirtschaft gibt es das feste IT-Infrastruktur-Budget und das IT-Projekt-Budget. Beide sind getrennt, wobei die Projekte die flexibleren Kosten darstellen. An der Universität gibt es die Grundversorgung (analog zum IT-Infrastruktur-Budget) und die Forschungsprojekte (analog zum IT-Projekt-Budget). Doch nicht alle Forschungen werden von Dritten bezahlt, sondern müssen aus der Universität heraus bezahlt werden. Dieser Sachverhalt hat uns zur Einführung des IT-Servicekatalogs geführt. Wir mussten zeigen, was in der Grundversorgung enthalten ist, welche IT-Ressourcen limitiert sind und was darüber hinausgeht und über andere Mittel finanziert werden muss. Um diese Analyse machen zu können, wurde ein IT-Servicekatalog erstellt.

Welche Hürden mussten Sie bei der Einführung nehmen?

Es gab drei Bereiche, die für uns Hürden darstellten:

- **Analyse**
  Wir mussten in mehreren Bereichen unsere IT durchforsten. Es lagen einige verwertbare Beschreibungen vor. Das Gesamtbild, das sich zum Schluss ergab, war viel größer, als wir dachten. Diese Analyse dauerte länger, als wir es geplant hatten.
- **Mitarbeiter**
  Die internen Mitarbeiter zerfielen in zwei Lager. Die einen fanden den IT-Servicekatalog überfällig und die andere Partei tat das Vorhaben als nutzlos ab. Deren Argumentation war: Der IT-Betrieb muss alles für die Fakultäten bereitstellen und eine Differenzierung macht keinen Sinn. Beide Lager verhärteten die Fronten und es bedurfte einiges an Gesprächen, um den IT-Servicekatalog doch gemeinsam zu erstellen. Unser Ziel war es, dass der IT-Servicekatalog schließlich von allen Mitarbeitern getragen werden sollte. Nach dem anfäng-

lichen Widerstand, der sich hartnäckig bis zum fertigen IT-Servicekatalog hielt, wurden die Vorteile von den Mitarbeitern erkannt. Sie mussten den oder die zugeteilten IT-Services am Laufen halten und dies brachte mehr Ruhe auf der Arbeitsebene als das »Was muss ich noch alles machen«-Gefühl, welches vorher vordergründig war.

- **Kunden**
  Die Kundenseite war vor allem mit den Servicepreisen nicht konform. Plötzlich kosteten, wenn auch virtuell, die IT-Services Geld. Es wurde u.a. überlegt, ob durch den IT-Betrieb Gewinne erwirtschaftet werden könnte und ob dies überhaupt mit der Universitätskultur konform ist. Die Argumente waren vielfältig, denn von der IT konnte nicht mehr jede Anforderung »einfach so mal schnell« realisiert werden. Hier hat sich letztlich das Blatt gewendet, da allen ein stabiler IT-Betrieb wichtiger ist, als dass jede Anforderung sofort umgesetzt wird.

Was hat sich durch den IT-Servicekatalog im Unternehmen verändert?

Die Mitteldiskussion wird heute viel präziser geführt als früher. Neue Anforderungen werden nicht mehr nach dem Zufallsprinzip bei uns eingesteuert, sondern über Koordinatoren, die wie Anforderungsmanager agieren. Dies entlastet unsere IT-Betriebsmannschaft, da wir nicht mehr prüfen müssen, wie diese Anforderungen aus unserem Rechenzentrum heraus zu verrechnen sind. Diese aufwendige Abstimmung erfolgt über unsere Koordinatoren, die den IT-Servicekatalog kennen und mit unseren Kunden die Anforderungen präzisieren.

Wie aufwendig ist es, den IT-Servicekatalog zu pflegen?

Wir versuchen die Pflege in die Verantwortung den einzelnen Mitarbeiter, die ähnlich wie ein Serviceverantwortlicher den IT-Services zugeordnet sind, zu geben. Einmal im Quartal erfolgt im turnusüblichen Mitarbeitergespräch die Abfrage der Aktualität des IT-Servicekatalogs und was sich geändert hat oder noch ändern wird. Die Pflege liegt hier pro Mitarbeiter unter drei Stunden im Quartal.

Ist Ihr IT-Servicekatalog toolgestützt, auf Papier oder beides und welche Effekte ergeben sich daraus?

Unser IT-Servicekatalog unterstützt beide Varianten. Er wird über das webbasierte Content-Management-System Typo3 online gepflegt und direkt im Internet auf der zimk.uni-trier.de veröffentlicht. Parallel dazu gibt es ein PDF, das zum Download und Ausdruck angeboten wird. Somit werden beide Systeme unterstützt. Die ausgedruckte Variante ist hilfreich, wenn interne Besprechungen zu den IT-Services anstehen. Dann können alle direkt nachschlagen und sich darüber austauschen.

15.3 Finanzierung: Deutsche Leasing AG

Thomas Remmel
Bereichsleiter Organisation/Informationstechnologie

Welchen Umfang hat Ihr Servicekatalog?

Unser IT-Servicekatalog ist stark vom IT-Controlling geprägt und enthält ca. 250 Verrechnungspositionen zu den IT-Services. Die IT-Services sind nach den Kategorien Hardware, Software, Leistungen des Datacenters, Applikationen und Zusatzleistungen strukturiert. Dabei sind IT-Services unter den Kategorien Hardware, Software und Leistungen aus dem Datacenter vollständig integriert und automatisiert buchbar. Für applikationsnahe IT-Services wurde ein eigener Rahmen geschaffen. Hier arbeiten wir uns an diese Kategorie mittels COBIT heran. Zukünftig entstehen hier neue IT-Services, die den Umfang unseres IT-Servicekatalogs erweitern werden. Bei einigen Zusatzleistungen, wie z.B. SaaS, deren Buchungsprozess nicht am IT-Servicekatalog angebunden ist, übernimmt unsere IT die Übersetzung hin zu Dienstleistern und löst die Buchung aus.

Was hat Sie zur Einführung eines Servicekatalogs gebracht?

Die Einführung unseres IT-Servicekatalogs liegt ca. 4 Jahre zurück. Damals haben wir uns als Ziel eine strukturierte Verrechnung von IT-Services zwischen unseren Gesellschaften vorgenommen. Damit stießen wir die Diskussion an und erarbeiteten neue Servicekonzepte. Parallel dazu gab es einen Katalysator, der unsere Arbeiten massiv beschleunigte. Wir waren involviert in eine Ausschreibung von ca. 90 % aller IT-Services, die wir auf einen externen Anbieter bzw. Dienstleister übertragen wollten. Mit dieser Ausschreibung kamen zu den reinen Verrechnungsthemen die Aspekte von ITIL hinzu. Somit entstand der IT-Servicekatalog nicht auf dem Reißbrett, sondern wurde in aktiver Diskussion mit dem neuen Anbieter und späterem Dienstleister erarbeitet. Der Vertrag war u.a. ausschlaggebend für die Benennung der IT-Services.

Welche Hürden mussten Sie bei der Einführung nehmen?

Eine der Hürden war die Veränderung unserer Denkweise. Wir mussten neue Strukturen erarbeiten und diese sowohl an die Mitarbeiter als auch an die Kunden kommunizieren. Dieser Vorgang war mühsam und hätte bestimmt länger als geplant gedauert. Wir verknüpften jedoch die große Ausschreibung inklusive deren Beginn mit dem IT-Servicekatalog und somit waren alle gezwungen, neu zu denken, und das hat den Prozess abgekürzt.

Ein anderes Hindernis war die Anwendung des IT-Servicekatalogs durch die Benutzer. Über den IT-Servicekatalog hatten wir einen Orientierungsrahmen geschaffen, aber die flächendeckende Anwendung blieb aus. Hier wurden mehrere

Offerten gemacht, die mal mehr und mal weniger griffen. Auch wenn der Scheitel dieser Hürde weit hinter uns liegt, so bleibt die Anwendung des IT-Servicekatalogs bzw. das Buchen von IT-Services nach wie vor schwierig. Da dieser Prozess so nicht terminiert, haben wir uns darauf eingestellt, dass es ein lebenslanger Prozess ist (Stichwort: Mitarbeiterfluktuation), und informieren unsere Benutzer wiederholt.

Auf der technischen Seite war die Übernahme unserer Konzepte in ein Tool ein weiterer Stolperstein. Wir verwendeten ein in den Gesellschaften vorhandenes Tool, das zur Abbildung eines IT-Servicekatalogs diente. Die Implementierung war aufwendiger als gedacht.

Was hat sich durch den IT-Servicekatalog im Unternehmen verändert?

Wir haben unser Ziel, das wir mit dem IT-Servicekatalog anstrebten, erreicht. Der Schwerpunkt lag auf der Transparenz. Heute haben wir eine transparentere Sicht darauf, welche IT-Services verrechnet werden und vor allem wie sie verrechnet werden. Dabei ist die Transparenz bei der Verrechnung zu unterscheiden. Alle Positionen die verbrauchsabhängig gemessen und verrechnet werden, sind eindeutig dem Verursacherkreis zugeteilt. Es sind jedoch nicht alle Positionen verbrauchsabhängig zu erheben. Hier bedienen wir uns der Verrechnungsschlüssel, die eine Auf- bzw. Zuteilung der Kosten vornehmen. Insofern leben wir hier eine Transparenz, indem wir die Verrechnungsschlüssel offenlegen, damit jeder sieht, welche Positionen »hinzugeschlüsselt« werden.

Zu den großen Erfolgen bei der Einführung des IT-Servicekatalogs innerhalb unseres Hauses zählt, dass heute die IT-Services viel genauer hinterfragt werden, ob sie überhaupt zielführend sind und wenn ja, ob sie in der angebotenen Form effektiv sind. Über diesen Erkenntnisgewinn haben wir mehrere IT-Services verändert. So wurden IT-Services vom z.B. Gold- auf den Bronzestatus degradiert, weil sich die Rahmenbedingungen verändert hatten.

Ebenso haben wir ca. 60 IT-Services gegenüber unseren Kunden explizit propagiert. Unser Ziel war die Sichtbarkeit von IT-Services, die von den meisten Kunden benötigt werden. Damit erreichten wir eine verstärkte Buchung der IT-Services über den IT-Servicekatalog. Da diese IT-Services vorher nicht ersichtlich waren, gab es hier einen positiven Effekt, denn die Anzahl der Buchungen ist signifikant angestiegen. Insbesondere deshalb, weil die Kunden jetzt eine Transparenz zu den Kosten und den darin enthaltenen Leistungen haben.

Als letzte Veränderung können wir ein normiertes Vorgehen bei den Kunden feststellen. Auch wenn es Einzelfälle waren, so kam es manchmal vor, dass in der Vergangenheit Lösungen nicht im Unternehmen unter einem einheitlichen IT-Servicenamen bekannt waren und deshalb mehrfach entwickelt wurden. Durch die Buchungen über den IT-Servicekatalog tritt dies nicht mehr auf.

Wie aufwendig ist es, den IT-Servicekatalog zu pflegen?

Die Pflege des IT-Servicekatalogs ist zu vernachlässigen. Es kommen immer mal wieder neue IT-Services dazu. Generell verzeichnen wir im IT-Servicekatalog wenig Dynamik. Wobei wir heute eine Einschränkung haben. Die dynamischen IT-Services wie mobile Anwendungen oder Zusatzservices wie »bring your own device« sind heute nicht vollumfänglich in unserem IT-Servicekatalog vertreten. Durch diese neuen IT-Services könnte eine Dynamik entstehen. Der Hauptaufwand liegt bei uns in den Vertragsverhandlungen, in denen wir die IT-Services mit Dienstleistern definieren. Insofern wird der IT-Servicekatalog neu bestückt, aber wir halten durch diese Verschiebung die Dynamik im IT-Servicekatalog weiterhin gering.

Ist Ihr IT-Servicekatalog toolgestützt, auf Papier oder beides und welche Effekte ergeben sich daraus?

Unser IT-Servicekatalog ist von Anfang an toolgestützt gewesen. Es gab einige Papierkonzepte, doch wir stellten auf ein Tool um. Dieses Tool ist heute das zentrale Einfallstor, über das unsere Kunden die IT-Services buchen. Wir haben einige IT-Services hin zu den jeweiligen Dienstleistern verlinkt. Dies ist aus Toolsicht ein Bruch. Unsere Kunden sind damit vertraut und es hat sich als sehr effizient herausgestellt. Einen besonders positiven Effekt möchte ich hervorheben. In dem Tool lassen sich die von Kunden gebuchten IT-Services nach Kostenstellen und anderen Gruppierungen ablesen. Diese Daten holen wir von Dienstleistern ein und übernehmen sie in das Tool. Diese Verrechnungsdaten werden zyklisch nach SAP übertragen und den verbrauchenden Gesellschaften belastet. Diese Automatik ist auf der personellen Seite ressourcenschonend und trägt zur gesicherten Verrechnung bei.

15.4 Governance: öffentlich-rechtliche Einrichtungen

Jörg Richert
IT-Berater und Servicekatalog-Manager

Jörg Richert arbeitet als Berater in öffentlich-rechtlichen Einrichtungen. Das folgende Interview liefert eine Einschätzung dieser Branche.

Welchen Umfang haben die Servicekataloge?

In öffentlich-rechtlichen Unternehmen treffen wir auf IT-Servicekataloge mit bis zu 100 IT-Services. In der Regel handelt es sich um anwendernahe Services wie z.B. neuen IT-Arbeitsplatz bestellen, Remotezugang beantragen, Benutzerkennung erstellen, Handybeschaffung. Verallgemeinert ist festzustellen, dass die IT-Servicekataloge alles vom Bereich Peripherie bis zu Berechtigungen abdecken. Ein Teil der IT-Services wird über Selfservices angeboten. Sie sind sozusagen der vollautomatisierte Teil des IT-Servicekatalogs.

Bei unseren Kunden werden die IT-Servicekataloge in der Zukunft durch interne Fusionen von IT-Abteilungen einem starken Wandel unterliegen bzw. um eine Vielzahl von IT-Services erweitert. Zu dem Anwenderspektrum kommen neu die technischen IT-Services wie Anwendungen, Serverbeschaffung oder Datenbanken etc. hinzu. Zurzeit werden viele Anwendungen als standardisierte IT-Service definiert. Dabei sind die Anwendungen nicht ausschließlich von einer technischen Warte aus zu betrachten. Vielmehr geht es um die Geschäftsprozesse. Ein Beispiel soll die IT-Services, die über den reinen technischen Anwendungsteil hinausgehen, verdeutlichen. Die geschäftsprozessbezogenen IT-Services betreffen ganze Benutzergruppen wie z.B. Redakteure. Wollen diese z.B. ein Zeitplanungssystem einsetzen, so erhalten sie folgenden IT-Service:

- **Beratung**
  Es gibt eine Vielzahl von Anwendungen, deren Funktionsspektrum sich teilweise überdeckt. Die internen IT-Abteilungen beraten, welche Funktionen vorhanden sind und wie sich mit einem bestehenden IT-Service die Benutzergruppen versorgen lassen.
- **Integration**
  Ist der beratende Anteil erfolgt, so unterstützen interne IT-Abteilungen bei der Beschaffung inklusive Integration.
- **Betrieb**
  Der Betrieb, den früher Benutzergruppen zu Teilen selbst bewerkstelligten, wird zukünftig aus einer Hand erbracht.

Dieser geschäftsprozessbezogene IT-Service setzt auf den technischen IT-Services auf und dient dazu, der steigenden Anzahl neuer Anwendungen mit Inhouse vorhandenen Funktionen entgegenzuwirken.

Was bringt diese Einrichtungen zur Einführung eines Servicekatalogs?

Die bei Kunden bestehenden IT-Services werden über mehrere Wege durch die Fachbereiche angefordert. Es gibt meist für ein und denselben IT-Service ein Word-Formular zur Beauftragung, eine einfache Bestelldatenbank mit einem Workflow oder es wird über den Servicedesk die Buchung angestoßen. Dieser Umstand bringt die Einrichtungen dazu, den Zugang zu IT-Services zu vereinheitlichen.

Weiterhin liegt ein anderer Umstand vor, der die Einführung eines IT-Servicekatalogs erfordert. Seitens der Fachbereiche und deren Anwender häufen sich die Rückfragen, welchen Status ein angeforderter IT-Service hat. In Analogie dazu sei die Paketverfolgung der Post genannt. Es geht darum, den Anwendern zu zeigen, wo der IT-Service im Workflow aktuell ist. Der IT-Servicekatalog ist hier das probate Mittel der Wahl, um über den Servicedesk den Fachbereichen aufzuzeigen, wo der IT-Service sich gerade befindet. Dies ist aufwendig und allokiert wichtige Ressourcen, die im Servicedesk für andere Tätigkeiten benötigt werden. Viele Einrichtungen wollen diese Schnittstelle hin zum Fachbereich entlasten, um den internen Kunden schneller eine Auskunft erteilen zu können.

Welche Hürden müssen bei der Einführung genommen werden?

Die Hürden liegen in der Ausrichtung der bestehenden IT-Services. Den Einrichtungen geht es darum, die bestehenden IT-Services in ihrer Definition zu hinterfragen. Die Diskussionen sind meist länger anhaltend als geplant. Trotz dieser Hürde lohnt sich die intensive Zeit, denn so werden bei der Neudefinition die IT-Services präzise überdacht und daraus entstehen wertvolle Effekte. Die Ausrichtung der IT-Services führt zu Antworten auf die Fragen, wer ist für den IT-Service verantwortlich, welche Sicherheitsrichtlinien werden eingehalten, wie umfassend ist der IT-Service überhaupt und wie häufig wird der IT-Service überhaupt erbracht.

Nachdem das Bestehende hinterfragt ist, kommt die nächste Hürde. Wie sollen die internen IT-Abteilungen alle IT-Services in eine vereinheitlichte Standardisierung bringen, die alles Relevante für alle IT-Services gleichermaßen regelt. Da zu diesem Zeitpunkt für die Ausrichtung der IT-Services keine Best Practices in der Literatur vorliegen, müssen die meisten dies mit viel Aufwand selbst bewerkstelligen. Alle Konzepte werden selbst entworfen.

Der technische Weg geht bei einigen Kunden über ein Trouble-Ticket-System und die waren bereits in der Entwicklung des IT-Servicekatalogs eine große Herausforderung. Die Steuerung der IT-Services, speziell deren Workflows, ist aufwendig. Somit kommt es zu einem holprigen Systemstart, da die Tools und die Organisation nicht aufeinander abgestimmt sind.

Was verändert sich durch den IT-Servicekatalog in den Einrichtungen?

Wir möchten hierzu eine Analogie anführen. Man spricht in der IT oft über eine Schatten-IT, wenn außerhalb der bestehenden und geplanten Prozesse IT-Systeme im Hintergrund betrieben werden. In der Folge kommt es zu latenten Kosten. In der Welt der IT-Services gibt es diese Schattenwelt ebenfalls, wenn auch in einer anderen Weise. In der IT-Servicewelt entstehen die latenten Kosten durch Unsicherheiten seitens der Fachbereiche und Mitarbeiter, die in Kommunikation, aufwendigen internen Recherchen oder Rechtfertigungen gipfeln. Hier liegt der größte Mehrwert in der Nachvollziehbarkeit des gesamten Servicevorgangs inklusive der Regelung: Wo ist die Verantwortung der Buchungsberechtigten und wo ist der Verantwortungsübergang an den IT-Mitarbeiter in seiner Rolle als Beschaffer. Bei den Einrichtungen verändert sich das gesamte Serviceverständnis und die IT-Mitarbeiter wissen genauer, was sie tun dürfen und was nicht.

Die einheitliche Handhabung der IT-Services, die vorher über verschiedene Wege bestellt und abgewickelt wurden, führt zu einer anderen Diskussion. Heute denken die meisten immer mehr über Selfservices nach. Ziel ist es, Kunden direkter den IT-Service zu geben bzw. die Serviceinanspruchnahme zu vereinfachen.

Wie aufwendig ist es, den IT-Servicekatalog zu pflegen?

Bei den meisten unserer Kunden sind die laufenden Aufwände überwiegend gering, da die Aktualisierungen eher gering sind. Die größten Aufwände entstehen, wenn neue Technologien oder veränderte Sicherheitsrichtlinien wie bei z.B. VPN, FTP eingeführt werden. Auch der Umbau von IT-Services als Selfservice bietet heute eine Herausforderung in der Aktualisierung des IT-Servicekatalogs. Wird z.B. der IT-Service Gast-WLAN als Selfservice eingerichtet, so müssen mehrere Stellen informiert und aktualisiert werden. Der Aufwand verteilt sich auf das IT-Team. Wenn ich dies pauschal auf einen einzelnen Servicekatalog-Manager aufrechnen müsste, kommen ca. 20–25 Stunden pro Woche durchschnittlich im Jahr zusammen. Mit diesem Aufwand müssen öffentlich-rechtliche Einrichtungen rechnen.

Sind IT-Servicekataloge toolgestützt, auf Papier oder beides und welche Effekte ergeben sich daraus?

Der IT-Servicekatalog ist meist ein Konzept ähnlich der CMDB in ITIL. Es gibt bei den meisten unserer Kunden nicht die eine zentrale Datenquelle in der Implementierung. Ein Anteil findet sich in den Trouble-Ticket-Systemen wieder. In Kollaborationssystemen gibt es meist eine Schaltfläche mit IT-Services. Der papierbasierte IT-Servicekatalog enthält überwiegend 2/3 der IT-Services, wovon viele zusätzlich im Intranet auf den Serviceseiten beschrieben sind. Die nächste Konsolidierungswelle wird diese Vielfalt eindämmen und stark in Richtung Selfservice-Portal treiben.

15.5 Handel: produzierendes Gewerbe

Mathias Balkow
IT-Berater und Servicekatalog-Manager

Mathias Balkow arbeitet als Berater in Unternehmen, die dem Handelssegment zugeordnet werden. Das folgende Interview liefert eine Einschätzung dieser Branche.

Welchen Umfang haben die Servicekataloge?

Meistens werden ca. 30–50 IT-Services inklusive einheitlicher Preise beschrieben. In den IT-Servicekatalog werden u.a. Requests als IT-Services aufgenommen, die in ITIL als Incident, Service bzw. Change Request bekannt sind. Diese komplexen Leistungen sind als IT-Services formuliert und können als Standardleistung aus dem IT-Servicekatalog bezogen werden. Die IT-Services umfassen das Enduser-Computing, die geschäftskritischen Applikationen, klassische Rechenzentrumsdienste und zusätzliche IT-Services vom Projektmanagement bis zum Reporting.

Was bringt diese Unternehmen zur Einführung eines Servicekatalogs?

Die Unternehmen wollen standardisierte Leistungen als IT-Services anbieten. Die individuelle Erbringung von IT-Services nahm in der Vergangenheit stark überhand. Dieses Szenario führte zu unterschiedlichen Preisen zwischen den Produktionsstandorten. Die Kalkulation, was ein IT-Service kostet, wurde dadurch erheblich erschwert und bedurfte eines erhöhten Aufwandes beim Zuschnitt eines angeforderten IT-Service.

Deren Ziel ist es, durch Vereinfachung, d.h. durch normierte Produkte, die sie IT-Services nennen, zu mehr Transparenz zu kommen. Deren Aufwand zur Steuerung von IT-Services musste deutlich reduziert werden.

Welche Hürden müssen bei der Einführung genommen werden?

Die zentrale Hürde ist das Mind-Change-Management. Der bisherigen Kultur von Fachbereichen, sich die benötigten Ressourcen ohne größere Ankündigung aus der IT zu nehmen, wirkte dem IT-Servicekatalog entgegen. Die Fachbereiche sagten, wenn wir nicht mehr nehmen können, was wir wollen, so lässt sich unser Geschäft nicht mehr erbringen. Oft müssen die IT-Abteilungen deutlich machen, dass neben den standardisierten IT-Services weiterhin »alles« aus der IT bestellt werden kann. Durch den Preis wird der Unterschied ausgedrückt. Über den IT-Servicekatalog Buchende erhalten den IT-Service zu attraktiveren Konditionen, als wenn etwas Ähnliches individuell als IT-Projekt zur Implementierung aufgesetzt wird. Dieses Konzept wird zu Beginn nicht erfasst, da die meisten mit einer Liste von IT-Services inklusive der Preise starten. Diese Liste wird häufig nicht als IT-Servicekatalog angesehen.

Bis diese Hürde flächendeckend genommen ist, vergeht ca. ein Jahr. Ab dann sind die Fachbereiche konstruktiv und helfen sukzessive, die Texte der IT-Services zu verbessern. Diese Rückmeldungen seitens der Kunden stellen die Basis für die Servicebeschreibungen dar. Insbesondere wird damit eine eigene Tragfähigkeit geschaffen. Die Mitwirkung der Kunden am IT-Servicekatalog führt zu mehr Buchungen. Mit den Servicebeschreibungen wird es zu »ihrem« IT-Servicekatalog.

Was verändert sich durch den IT-Servicekatalog in den Unternehmen?

Die übergreifenden Teams, wie Fachbereiche und IT, arbeiten deutlich besser zusammen. Das Gegeneinander verschwindet weitestgehend aus der Unternehmenskultur. Die Ausnahmen bei IT-Services werden viel genauer diskutiert und es existieren Überlegungen, ob es sich um eine Option eines IT-Service handelt oder um ein eigenes Projekt.

Auch die IT-Mitarbeiter hantieren aktiv mit dem IT-Servicekatalog, um die Kompetenzgrenzen zu verdeutlichen. Hier werden Eskalationen, die früher mit dem IT-Mitarbeiter geführt wurden, die zu Frustration auf beiden Seiten führten, umgeleitet. Mit der Einführung des IT-Servicekatalogs werden die Eskalationen über den Servicekatalog-Manager geleitet und dort wird nach Lösungen für unsere Fachbereiche gesucht.

Wie aufwendig ist es, den IT-Servicekatalog zu pflegen?

Zu Beginn läuft der IT-Servicekatalog nebenher. Die Unternehmen pflegen unsere IT-Services in einem Word-Dokument und der Aufwand ist zu vernachlässigen. Der Aufwand wird sich zukünftig deutlich verändern, wenn ein Tool zur Pflege hinzukommt. Zu jedem IT-Service werden sogenannte Serviceverantwortliche, Kostenstellen und Freigaben hinterlegt. Ebenso werden organisatorische Abhängigkeiten modelliert. Die Pflege dieser Daten wird den Aufwand von heute erhöhen und die Akzeptanz anheben. Zu den technischen Abhängigkeiten kann heute nicht so viel gesagt werden, die sind in der Diskussion.

Sind IT-Servicekataloge toolgestützt, auf Papier oder beides und welche Effekte ergeben sich daraus?

Viele Unternehmen haben den IT-Servicekatalog heute auf Papier. Mittelfristig streben diese eine komplette Ablösung der Papiervariante an. Es ist zu Beginn des Projekts IT-Servicekatalog gut, eine Papiervariante zu haben, damit das selbst aufgebaute Konzept besser verstanden wird. Die Kriterien, welches Tool in die engere Auswahl kommt, lassen sich viel genauer spezifizieren. Mit einem Tool wird die Ablösung der Papiervariante vorgenommen. Die parallele Haltung von Papierversion und Tool ist nur schwer möglich, meist weichen beide zu stark voneinander ab.

15.6 Logistik: KNAPP AG

Nataly Wogatai MBA
Director of Procurement & Operations
Director of Customer Service

Die KNAPP Systemintegration GmbH mit Sitz in Leoben, Österreich, ist ein international tätiges Unternehmen auf dem Gebiet der Lagerautomation und Lagerlogistik.

Welchen Umfang hat Ihr IT-Servicekatalog?

Unser IT-Servicekatalog bietet einen Überblick über alle Dienstleistungen inklusive der Bausteine, in die wir unsere IT-Services untergliedert haben. Wir benötigten eine transparente Kalkulation der Dienstleistungen (über mehrere Niederlassungen in verschiedenen Ländern), um per »Knopfdruck« ein Angebot bzw. dem Kunden Preise zu nennen. Direkt verknüpft mit den Dienstleistungen und der Kalkulation sind die Vertragsinhalte zur Erstellung eines Service-Agreements (unter Berücksichtigung der länderspezifischen Regelungen). Zusätzlich gibt es

IT-Service-Pakete für unsere Kunden/Branchen. Es gibt z.B. für unsere E-Commerce-Kunden ein »Premium«-Paket.

Was hat Sie zur Einführung eines IT-Servicekatalogs gebracht?

Das Wissen über die (KNAPP-)IT-Service Produkte gewinnt immer weiter an Bedeutung. Gerade Produktwissen ist heute unzureichend erfasst und häufig in den Köpfen der Mitarbeiter zu finden. Hierdurch wird die Einführung neuer Produkte erheblich erschwert. Zudem besteht die Gefahr, dass sich Fehler einschleichen. Die Idee besteht darin, das WISSEN zu externalisieren. Das Wissen soll aus den Köpfen in einen zentralen Wissensspeicher und es soll formalisiert werden und trotzdem »simple« für Anwender in der gesamten KNAPP-Gruppe (zu bedienen) sein! Das Konzept des IT-Servicekatalogs erfüllt genau diese Anforderungen.

- Einheitliche Serviceleistungen und Angebote in der (KNAPP-Gruppe (unter Berücksichtigung lokaler »Besonderheiten«)) und in allen (KNAPP-)Sprachen ...
- Einheitliche Verträge, wo Bedingungen & Vorgaben im Konfigurator verknüpft sind (»nicht mehr so leicht, dass Punkte vergessen/übersehen werden bzw. Fehler sich einschleichen«)
- Modularer Aufbau der Serviceleistungen sowie geschnürte Service-Packages
- Einheitliche Kalkulationen der Leistungen
- Eingabe und Ausdruck direkt beim Kunden → Preise werden direkt berechnet
- Einfache/simple Bedienung – mit wenigen Klicks einen IT-Service konfigurieren
- Einheitliches Bild nach außen
- Zeiteinsparung → Effizienz
- Ein Tool – als Basis dienen die IT-Service-Bausteine
- Alle Verträge sind für die AG mit Versionierung »per Knopfdruck« ersichtlich
- Mobile Nutzung 24/7

Die Kunden von »morgen« sollen über unsere IT-Service-App »selbstständig« die IT-Service-Pakete zusammenstellen und bezogen auf deren Auslastung die IT-Services bzw. den Servicegrad bestimmen und ihre IT-Services abrufen können.

Welche Hürden mussten Sie bei der Einführung nehmen?

Die größte Hürde war das Aufteilen der Serviceleistungen in einzelne Bausteine, um die IT-Services einheitlich und durchgehend zu definieren, denn an den Bausteinen wurden mehrere Verknüpfungen festgemacht. Wir arbeiteten Vertragsbausteine im Falle einer Buchung aus und verknüpften diese mit den IT-Services. Mit zu verknüpfen waren die vorhandenen Stammdaten, die mit einem hohen Aufwand ebenfalls zum Erfolg des IT-Servicekatalogs beigetragen haben.

Der Vorgang des Zuordnens von Vertragsbausteinen und Stammdaten führte zu einer neuen Transparenz. Erstmalig konnten wir sehen, wie die Bereiche wirtschaften bzw. mit welchen Aufschlägen gearbeitet wird. Sehr viele Kosten als auch Aufschläge wurden nachvollziehbar. Bei den Kosten war dies kein Problem, aber bei den Aufschlägen gab es zu Beginn Befindlichkeiten. Diese wurden in Form von Workshops aufgenommen und sukzessive mit viel Fingerspitzengefühl ausgeräumt. Der Weg, die Transparenz zu akzeptieren, war deutlich aufwendiger als gedacht.

Eine weitere Hürde lag in der Ersetzung von historischen IT-Services durch »neue«, d.h. anders zugeschnittene IT-Services. Die historischen IT-Services zu eliminieren bedeutete eine weitere Hürde, denn jetzt mussten sich die neuen IT-Services bewähren und es sollte keinen Rückgriff auf die historischen IT-Services mehr geben.

Was hat sich durch den IT-Servicekatalog im Unternehmen verändert?

Der größte Mehrwert, den wir intern haben, ist, dass alles »easy« zu bedienen ist und der Buchende kein Akademiker bzw. Rechtsgelehrter sein muss, um die IT-Services zusammenzustellen. Das ehemalige Spezialisten-Know-how ist aus den Köpfen in unseren IT-Servicekatalog gewandert. Damit hat sich das Wissen zentralisiert und wir können die Archivierung als auch die Versionierung an einem Ort verwalten.

Die vielen kleinen Zwischen-Tür-und-Angel-Absprachen und verteilten Wissensträger sind verschwunden. Es gibt jetzt ein Tool für alle IT-Serviceleistungen in der KNAPP-Gruppe. Und damit haben wir unternehmensweit und damit weltweit eine einheitliche Preisgestaltung und können die Preisvorteile bei den Service-Packages anderer Abteilungen nutzen, um unseren Kunden ein optimales Angebot zuzuschneiden.

Es gibt keine De-facto-Standards mehr. Wir arbeiten ausschließlich mit geprüften und freigegebenen Textbausteinen bei den IT-Services mit dem gleichen modularen Aufbau der Serviceleistungen sowie den zugehörigen Service-Packages. Ebenso werden die Basisdaten zentral aktualisiert und jeder arbeitet mit einheitlichen Dokumenten. Das Tool ermöglicht eine mobile Nutzung auf Basis von 24/7, was von den Anwendern sehr gut aufgenommen wurde.

Eine Besonderheit sei hier erwähnt. Wir haben den gesamten Prozess vom Kundenwunsch bis zu dem, was er tatsächlich mit uns abgestimmt hat, protokolliert. Wir haben fünf Arbeitsschritte implementiert:

- **Kalkulation**
  Der Kunde wünscht eine Kalkulation für bestimmte IT-Bereiche. Dies dauert heute ca. 3 Stunden.
- **Budgetangebot**
  Auf Basis von umfangreichen Kalkulationen entsteht das Budgetangebot binnen 3–5 Stunden.
- **Angebot**
  Das abgestimmte Angebot dauert ca. 3 Stunden, wobei die Zusätze für Sublieferanten nicht enthalten sind.

- **Standardvertrag**
  Der Standardvertrag kommt in 5–8 Stunden zustande. Verträge, die neue Verträge bei den Sublieferanten erfordern, verzögern sich um diesen Verhandlungszeitraum.
- **Freigabeprozess**
  Mit allen notwendigen Anpassungen dauert die Freigabe 2–3 Tage.

Dies ist in unserem Markt revolutionär, da früher Angebote bis zu 6 Monaten dauerten, bis alle Informationen und Anfragen eingeholt waren. Hierfür benötigten wir hochspezialisierte Kräfte. Heute kann sich der Kunde oder der Verantwortliche auf unser Wissen im IT-Servicekatalog verlassen und valide Angebote erstellen.

Wie aufwendig ist es, den IT-Servicekatalog zu pflegen?

Wir benötigen ca. 20 Stunden pro Woche für die Pflege und laufende Betreuung. Die Pflege ist aufgrund der vielen Details hin zu den Sublieferanten aufwendig. Da hier früher der größte Zeitverlust beim Abfragen von Werten aus den Verträgen mit Sublieferanten lag, intensivierten wir die Pflege unserer IT-Services vor allem in diese Richtung.

Ist Ihr IT-Servicekatalog toolgestützt, auf Papier oder beides und welche Effekte ergeben sich daraus?

Unser IT-Servicekatalog ist auf einem webbasierendem Tool aufgebaut und steht den Anwendern 24/7 zur Verfügung. Es gibt eine Tablet-Variante, die offline funktionsfähig ist. Nachdem die Serviceleistungen zusammengestellt sind, generieren wir die Verträge als PDFs, die gedruckt an Kunden versendet werden.

15.7 Versicherung: DEVK Versicherungen

Ingo Gentzsch
Fachgebietsleiter Service Level Management, Stand 2016

Die DEVK Versicherungen hat ca. 4 Millionen Kunden mit 13,5 Millionen Risiken in allen Versicherungssparten. Die Zentrale hat ihren Sitz in Köln. Die ca. 1.250 Geschäftsstellen sind deutschlandweit verteilt.

Welchen Umfang hat Ihr Servicekatalog?

Unser IT-Servicekatalog hat derzeit fünf großzügig zugeschnittene IT-Services. Wir bieten unseren internen Kunden Leistungen für Beratung/Entwicklung, Servicedesk, Anwendungen, IT-Arbeitsplätze und Druck. Die spezifischen Ausprägungen sind pro IT-Service überschaubar, deshalb haben wir auf eine umfassende Detaillierung verzichtet. Unsere neue Version des IT-Servicekatalogs wird jedoch neue IT-Services beinhalten, die unser Spektrum erweitern werden. Als neuer IT-Service ist z.B. das Aufsetzen von Linux/Windows-Servern mit Anleitung ähnlich wie in einem Selfservice-Portal im Fokus. Ebenso werden die Anwendungen stärker unterteilt, als dies heute der Fall ist. Zukünftig werden die IT-Services auf die einzelnen Competence Center übertragen, die ihre eigenen IT-Servicekataloge entwerfen und verwalten.

Was hat Sie zur Einführung eines Servicekatalogs gebracht?

Es gab aus den Fachabteilungen wiederkehrende Bedarfsanfragen. Diese haben wir strukturiert und in die fünf IT-Services aufgeteilt. Diese fünf IT-Services hatten über mehrere Jahre hinaus Bestand gehabt.

Ebenso haben wir die Einführung eines IT-Servicekatalogs erwogen, da die meisten Fragen zu den Buchungsabläufen entstanden. Wir haben darauf reagiert und die Abläufe über die fünf IT-Services normiert.

Welche Hürden mussten Sie bei der Einführung nehmen?

Eine der zentralen Hürden waren die Service Levels. Viele unserer internen Kunden fühlten sich durch z.B. Betriebszeiten, in denen die IT-Services mit einer bestimmten Qualität erbracht werden, eingeengt. Sie wollten bei den Betriebszeiten einen flexibleren Umgang. Hier wurden mehrere Einwände bei uns verzeichnet. Das Verständnis, der IT-Servicekatalog ist ein Abbild der standardisierten IT-Services und deckt nicht das ganze Spektrum ab, mussten wir mit den Fachabteilungen erarbeiten.

Als weitere Hürde identifizierten wir Kritiker, die uns einen großen Verwaltungs- und Änderungsaufwand vorhersagten. Diese Prognose hat sich nicht erfüllt.

Was hat sich durch den IT-Servicekatalog im Unternehmen verändert?

In den Fachbereichen wurde er bis auf Einzelstimmen sehr gut aufgenommen, da eine echte Transparenz entsteht. Die Veränderung ist im Wesentlichen bei der Diskussion um Service Levels ablesbar. Die Fachbereiche möchten öfter bessere Service Levels erhalten und über diese Diskussion, wie diese Steigerung zu erreichen ist, entsteht ein Gespräch über neue und tatsächliche IT-Services. Dies schärft den Blick für beide Seiten und so wird das Angebot an IT-Services vielfältiger und präziser.

Die nachhaltigste Veränderung fand bei der Meinung zur IT statt. Ein undifferenziertes Bemängeln der IT generell und der IT-Services im Speziellen hat aufgehört. Durch die neu gewonnene fokussierte Kommunikation gab es große Vorteile und wir haben eine neue Güte in den Servicegesprächen erreicht. Im Besonderen vor dem Hintergrund, wie wir fachbereichsbezogene SLAs und die dazugehörigen OLAs in den IT-Abteilungen seit einiger Zeit aufbauen.

Wie aufwendig ist es, den IT-Servicekatalog zu pflegen?

Die fünf hauptsächlichen IT-Services wurden einmal konzipiert. Dieser Erstaufwand war groß. Der heutige Pflegeaufwand ist nicht nennenswert, da die IT-Services groß genug konzipiert wurden und wir damit den Verwaltungsaufwand gering gehalten haben.

Ist Ihr IT-Servicekatalog toolgestützt, auf Papier oder beides und welche Effekte ergeben sich daraus?

Die fünf IT-Services sind einerseits in einem PDF-Dokument aufbereitet, um in Servicegesprächen eine gemeinsame Grundlage zu haben. Wir sind aber über die Papierversion hinausgegangen und haben uns für das Ticketsystem ARS von Remedy bzw. BMC entschieden. Über ARS wird ein IT-Service beantragt. Ein automatischer Workflow zur Servicebereitstellung ist nicht möglich. Es ist heute ein toolgestütztes Auftragssystem zur Formulierung der Serviceanforderungen. Hier gehen wir den nächsten Schritt, wie oben genannt, mit den neuen IT-Services. Heute sind die fünf IT-Services großzügig geschnitten, sodass sich keine Workflows ankoppeln lassen. Dies wird sich mit den neuen buchungsnahen IT-Services ändern.

16 Zehn wichtige Fragen und Antworten für IT-Servicekatalog-Manager

Da ein IT-Unternehmen mit einem IT-Servicekatalog meistens ein Projekt hat, bei dem sich die Erfolge erst nach ein oder zwei Jahren einstellen, tauchen auf dem Weg dorthin einige Fragen auf. Diese Fragen an Servicekatalog-Manager sind wiederkehrend. Zur Vorbereitung auf diesen mehrfachen Prozess des Anfragens dient dieses Kapitel. Hier sind die Antworten, die in vielen Projekten die Fragenden aus dem Management oder Projektleiter zufriedenstellten.

Frage 1: Was ist ein IT-Service und woraus besteht er?

Diese Frage kommt in verschiedensten Zusammenhängen auf. Insbesondere, wenn mehrere Kollegen mitarbeiten und deren IT-Services beschreiben sollen. Um hier keine philosophischen Dispute loszutreten, lässt sich die Formulierung in ITIL 4 anwenden [ITIL 4 2019].

Antwort: Ein Service ist eine Möglichkeit, einen Mehrwert für Kunden zu erbringen, indem das Erreichen der von den Kunden angestrebten Ergebnisse erleichtert oder gefördert wird.

Etwaigen Rückfragen, wie »das kann alles sein«, sollte der Servicekatalog-Manager entgegnen – ja stimmt. Wir beschreiben, was wir anbieten (s. Abschnitt 5.1.1, Schritt 1). Hilfreich ist es, wenn ein paar IT-Services beschrieben sind und diese als Vorlagen an die Kollegen weitergegeben werden, um ein ähnliches Verständnis aufzubauen. Die philosophischen Dispute entstehen meist, weil die Kollegen sich kein Bild machen konnten, was unter einem IT-Service genau zu verstehen ist. Deshalb sind Vorlagen mit IT-Services zu dieser Antwort eine zusätzliche Unterstützung, um ein gemeinsames Verständnis darüber aufzubauen.

Frage 2: Wozu dient ein IT-Service und warum benötigen wir ihn?

Am Anfang eines Projektverlaufs kommen zentrale Themen auf, warum IT-Services zu definieren sind. Die Argumentation, das IT-Unternehmen hätte jetzt bereits die ITIL-Prozesse eingeführt, um den IT-Betrieb strukturiert zu leisten, wird dabei immer wieder angeführt.

Antwort: Der IT-Service dient dazu, den Kunden noch genauer zu verstehen und dass wir uns am Bedarf des Business entsprechend ausrichten. Wir benötigen den IT-Service, damit Serviceerbringer und Servicenehmer ein gemeinsames Verständnis von Begriffen, Leistungen und Prozessen haben.

Um aufkeimende Diskussionen vorzeitig zu unterbinden, empfiehlt es sich, darauf hinzuweisen, dass den Kunden die ITIL-Prozesse nicht unbedingt interessieren. Ein passendes Generalargument, das schwer auszuhebeln ist: Der Kunde will IT-Services beziehen und kein ITIL-Profi werden, da ihm Letzteres nichts bringt (s. Abschnitt 4.2).

Frage 3: Wozu dient ein IT-Servicekatalog?

Das IT-Management hat Bedenken, mit dem IT-Servicekatalog einen neuen Papiertiger entstehen zu lassen, der in der Schublade verschwindet. Diese Bedenken sind begründet, denn nach Projekten wie IT-Dokumentationen, Betriebshandbüchern, Prozessbeschreibungen oder anderen bürokratischen Objekten, die den IT-Betrieb beschreiben, ist bekannt, dass diese Dokumente im Alltagsgeschäft nicht gelebt bzw. nicht aktuell gehalten werden.

Antwort: Die Kundenanfragen werden zukünftig über den IT-Servicekatalog koordiniert. Dabei findet eine Überprüfung statt, ob der Kunde einen im IT-Servicekatalog definierten IT-Service benötigt oder etwas individuell Zugeschnittenes. Dieser Mechanismus vermeidet das Entstehen von Ad-hoc-Lösungen auf eine Kundenanfrage hin.

Kunden treten an verschiedenen Stellen an den IT-Betrieb heran und fordern Leistungen an. Je größer das IT-Unternehmen, umso häufiger finden sich kundenindividuelle Lösungen, die als Standard-IT-Services im IT-Servicekatalog zentral angeboten werden sollten. Die Gründe hierfür sind mannigfaltig, meistens passiert es aus der Unkenntnis heraus, welche IT-Services in anderen IT-Abteilungen definiert wurden (s. Kap. 15).

Frage 4: Warum benötigen wir den IT-Servicekatalog?

Es gibt immer Vertreter der Sichtweise, bei uns ist alles super. Warum sollten wir einen IT-Servicekatalog benötigen. Der Kunde sei zufrieden, hört man. Diesen K.-O.-Fragen sollte der Servicekatalog-Manager direkt begegnen und die Beantwortung nicht hinauszögern.

Antwort: Das interne Ziel des IT-Servicekatalogs ist die Ausrichtung des Leistungsspektrums, das der IT-Betrieb anbietet, und der Prozesse darauf auf die Ziele des Managements (Stichwort: Wertbeitrag) [ITIL 4 2019]. Die Professionalisierung von Abläufen hinter IT-Services, die nicht auf der strategischen Ausrichtung des IT-Betriebs liegen, ist teuer und nicht gewünschte Implementierungen können damit vermieden werden.

Das IT-Unternehmen muss beim IT-Servicekatalog nicht vollständig alle IT-Services erheben. Wer sich auf den Korridor, in dem das IT-Unternehmen die meisten IT-Services produziert, beschränkt, der kann seinen IT-Betrieb auf einen Fließbandbetrieb umstellen, vorwiegend an den Stellen, an denen der Kunde die meisten IT-Services bezieht.

Frage 5: Welche Ziele und Nutzen haben wir mit dem IT-Servicekatalog?

Jede Projektbeschreibung muss das Ziel und den Nutzen definieren, so auch der IT-Servicekatalog. Die Antwort hierauf umfasst mehrere Aspekte, die in Betracht gezogen werden sollten.

Antwort: Ziel des IT-Servicekatalogs ist die Inventur der bestehenden IT-Services, wobei nach der 80:20-Regel der Großteil der IT-Services erfasst wird. Mit dieser Transparenz auf den IT-Betrieb werden Abläufe, Redundanzen, Schwachstellen und Lücken in der Verarbeitung intern und hin zum Kunden aufgedeckt. Mit dem IT-Servicekatalog wird das zukünftige Optimierungspotenzial identifiziert, um eine Entscheidungsgrundlage zu erhalten über a) wo werden Innovationen eingesetzt z.B. bei der Digitalisierung von Businessprozessen und b) welche nicht oder wenig effizienten IT-Services können abgeschaltet werden.

Manchmal gibt es andere Ziele, die im Hintergrund verfolgt werden. Im Inhouse-Verhältnis steht die IT als Kostenpunkt auf der Liste. Das Management erhöht einerseits immer mehr die Anforderungen und auf der anderen Seite werden die IT-Budgets gekürzt. Eine schwierige Situation für die IT. Deshalb wählen einige den Weg des IT-Servicekatalogs, der 100 % aller IT-Services und z.B. alle ITIL-Prozesse enthält, da ein IT-Unternehmen zeigen möchte, wie viel es leistet und dass es mehr IT-Budget benötigt, um den Anforderungen gerecht zu werden. Mit dem IT-Servicekatalog hat die IT neben der gezeigten Menge an IT-Services ein

Druckmittel in der Hinterhand. Wenn das Management mal wieder die IT-Budgets streicht und neue Anforderungen stellt, kann der Servicekatalog-Manager die neuen Anforderungen als neuen IT-Service ansehen und gleichzeitig ankündigen, wie einige IT-Services aus dem IT-Servicekatalog herausgenommen werden müssen, damit dieser neue IT-Service mit dem vorhandenen Budget umgesetzt werden kann. Diese Argumentation führt dazu, keinen IT-Service zu streichen und das IT-Budget anzuheben, damit der neue IT-Service umgesetzt wird. Eigentlich müsste aufgrund dieser Erfahrung jeder Rechenzentrumsleiter auf einen IT-Servicekatalog drängen (s. Kap. 15).

Frage 6: Welche Risiken existieren ohne IT-Servicekatalog?

Diese Frage zielt darauf ab, welche Situationen IT-Unternehmen für den IT-Betrieb vermeiden sollten. Zur Sprache kommen die sogenannten Vermeidungsziele.

Antwort: Ohne einen IT-Servicekatalog bleibt die Schatten-IT weiterhin bestehen und vergrößert sich dauerhaft. An die IT herangetragene Anforderungen von Kunden werden individuell gelöst z.T. ohne Abstimmung mit der IT-Strategie und ggf. entstehen doppelte Implementierungen, da andere Lösungen im IT-Unternehmen nicht kommuniziert wurden. Außerdem fehlt ohne den IT-Servicekatalog die Grundlage für die Zuweisung von IT-Kosten (s. Kap. 13).

Ein IT-Betrieb ohne einen IT-Servicekatalog ist übertragbar auf das Bild einer »Uhr ohne Zifferblatt«. Zu sehen ist das Uhrwerk (der IT-Betrieb), aber der Kunde kann damit nur mühsam die Leistung in Anspruch nehmen. Das Risiko besteht darin, dass die Kunden die IT nicht als Enabler für den Geschäftsbetrieb ihrer Fachbereiche ansehen, sondern als Ausgabe, die den EBIT reduziert und Investitionen scheut. Der Fokus liegt auf der Reduzierung der Kosten (s. Kap. 15).

Frage 7: Wer sind die Stakeholder?

Beim Aufsetzen des IT-Servicekatalogs stellt sich die Frage, wer ist denn alles involviert. Aus einer Strategie von CECAR wurde deutlich, wie sehr es der Prokura für einen IT-Servicekatalog aus dem Management bedarf.

Antwort: Als Stakeholder rücken drei Gruppen in den Fokus:

a) CIO, CEO
b) Head of Business Processes der Geschäftsbereiche
c) Hauptanwendergruppen aus den Fachbereichen

Wer an die Kategorie a) herantritt, sollte bei der Argumentation die richtige Ebene wählen. Hier ein paar Beispiele aus der Praxis: Der IT-Servicekatalog wirkt mit bei der Steigerung des EBIT. Ferner trägt er zur Agilität des IT-Betriebs bei und reduziert bürokratische Vorgänge wie z.B. die papierbasierte interne Leistungsverrechnung oder die langwierigen SLA-Verhandlungen (s. Kap. 15).

Frage 8: Wer ist nach Einführung des IT-Servicekatalogs für die IT-Services verantwortlich?

Die Frage zielt sehr auf den IT-Service und nicht auf den IT-Servicekatalog ab. Nach der Einführung des IT-Servicekatalogs verändert sich das Verantwortlichkeitsgefüge. Während bisher die Verantwortlichen für die IT-Systeme galten, muss jetzt ein neues Verantwortlichkeitsschema angewendet werden. Da die meisten IT-Services systemübergreifend wirken, muss ein IT-Unternehmen sich abteilungsübergreifend organisieren.

Antwort: Als IT-Serviceverantwortlicher werden Mitarbeiter aus der IT eingesetzt. Diese werden auf der Ebene »Leiter IT-Abteilung«, »Leiter IT-Fachabteilung« oder »Leiter IT-System XYZ« akquiriert.

Die Verantwortung des IT-Serviceverantwortlichen ist IT-Abteilungs-übergreifend ausgelegt. Er wirkt zwischen dem Kunden (Head of Business Processes) und den IT-Systemverantwortlichen.

Der IT-Serviceverantwortliche ist für das IT-Unternehmen ein großer Gewinn. In der Vergangenheit haben die IT-Systemverantwortlichen die Funktionsfähigkeit ihrer IT-Systeme aufgezeigt. Der IT-Service, der End-to-End gegenüber dem Kunden erbracht wurde, lief nicht immer. Im Eskalationsfall zeigte jeder IT-Systemverantwortliche auf den anderen. Der IT-Serviceverantwortliche ist die Lösung für dieses Problem. Ist er einmal bestimmt, so verändert dies nichts an dem genannten Sachverhalt, aber es ist ein wichtiger Schritt, dies zu beenden. Hat das IT-Unternehmen die IT-Serviceverantwortlichen bestellt, kann es in den Mitarbeitergesprächen die Ziele mit auf die Agenda der persönlichen Zielerreichung einzelner Mitarbeiter setzen. Als Ziel kann die Verbesserung des IT-Service XYZ aufgenommen werden. Der IT-Serviceverantwortliche kann und muss abteilungsübergreifend agieren, damit der genannte IT-Service sich nach der Maßgabe (z.B. höhere Verfügbarkeit, bessere Antwortzeit) verbessert [ITIL 4 2019].

Frage 9: Wie sieht die Einbindung des IT-Servicekatalogs in das IT-Marketing aus?

Nur die reine Erstellung eines IT-Servicekatalogs hat nicht zur Folge, dass alle Betroffenen davon Kenntnis haben. Der Servicekatalog-Manager muss den IT-Servicekatalog Hierarchiestufen-gerecht aufbereiten und gegenüber der Kundenseite kommunizieren.

Antwort: Es bietet sich an, dies über zwei Veranstaltungstypen zu realisieren.

a) Awareness-Veranstaltung: Mit einer zweistündigen Awareness-Veranstaltung werden die Inhalte und Vorzüge des IT-Servicekatalogs vorgestellt und beispielhaft daraus IT-Services gebucht. Die Vortragsausrichtung ist, sich am Business des Kunden zu orientieren – IT ist ein Business Enabler. Diese Awareness-Veranstaltung sollte mehrmals im IT-Unternehmen angeboten werden. Die Zielgruppe sind weitestgehend Fachabteilungsleiter oder Kunden.

b) Managementmeeting: Obwohl der Servicekatalog-Manager vom Management den Auftrag für einen IT-Servicekatalog bekommen hat, bedarf es hier eines IT-Marketings, um den konkreten IT-Servicekatalog vorzubereiten und das Feedback aus dem Business einzuholen. Dabei gilt es, die Handhabbarkeit, Verständlichkeit und die Verrechnung von IT-Services herauszustellen.

Das für den Servicekatalog-Manager Besondere an der Awareness-Veranstaltung ist nicht die Durchführung der Veranstaltung, sondern die Vorbereitung. In der Vorbereitung hat der Servicekatalog-Manager die Teilnehmer vor Augen und kann sich in deren Situation hineinversetzen. Sobald die Teilnehmer den einen oder anderen IT-Service inklusive dessen Buchung vorgestellt bekommen sollen, sieht der Servicekatalog-Manager, ob das funktioniert und ob die Teilnehmer das verstehen. Ergo sollte er die Awareness-Veranstaltung als Korrektiv für sich selbst nutzen, um festzustellen, ob Teilnehmer die IT-Services so buchen können, wie der eingeladene Kreis es gedenkt zu tun (s. Kap. 15).

Auch bei dem Managementmeeting gibt es einen entscheidenden Punkt, den Servicekatalog-Manager nicht gleich zu Beginn sehen. Ein inhaltlich korrekter IT-Servicekatalog ist wichtig. Den Reifegrad eines IT-Servicekatalogs liest das Management aber an einem anderen Punkt ab, nämlich am Corporate Design. Die Empfehlung ist, den IT-Servicekatalog wie einen »Hochglanz-Servicekatalog« aufzubauen, um das Signal zu setzen, das Ergebnis ist reif für das IT-Unternehmen. Dieser Umstand klingt trivial, hat aber bei Nichteinhaltung eine fatale Wirkung – bis hin zur Beendigung des IT-Servicekatalog-Projekts, da das Management den Inhalt nicht beurteilen konnte und über die Form entschieden hat.

Frage 10: Wie wird erreicht, dass die Buchungen über den IT-Servicekatalog erfolgen?

Die Meinungen im IT-Unternehmen, die einen fehlenden Erfolg durch fehlende Buchungen im IT-Servicekatalog prognostizieren, gibt es immer. Eine Bestätigung dieser Vermutung holen sich die Kritiker bei Zielgruppen ein, die mit der IT nicht vertraut sind.

Antwort: Jeder wird über den IT-Servicekatalog bedient, auch wenn es derjenige nicht selbst kann. Das Vorgehen ist dabei folgendes. Sobald eine Zielgruppe identifiziert wurde, die am IT-Servicekatalog vorbei handelt, erfolgt eine Unterstützung.

In der Analogie lässt sich die Unterstützung so vorstellen. Der Versicherungsvertreter kennt sich im Dschungel der Versicherungspolicen aus. Den eigenen Anforderungen entsprechend wählt er idealerweise eine richtige Police aus, konfiguriert sie und der Kunde kann sie unterschreiben. Genau die gleiche Vorgehensweise erfolgt bei Zielgruppen, die sich mit der IT schwertun. Sie werden sozusagen an die Hand genommen. Warum ist das so wichtig? Es ist unrealistisch, einen IT-Servicekatalog zu bauen, den »alle Zielgruppen« verstehen, und eine »negative Presse« wäre schädlich vor allem in Form von Aussagen, dass kein Kunde den IT-Servicekatalog versteht (s. Kap. 15). Ergo sollte der Servicekatalog-Manager darauf achten, einen IT-Servicekatalog zu erstellen, aus dem die Mehrzahl der Betroffenen buchen kann, und für den Rest gibt es die persönliche Unterstützung.

17 Schlussbemerkungen

Im Rückblick auf die vorangegangenen Kapitel ist festzustellen: Statische Definitionen für IT-Services, Kennzahlen und einen IT-Servicekatalog sind nicht zielführend. Vielmehr ist es entscheidend, auf die immer neuen Situationen, die bei der Beschreibung von IT-Services entstehen, professionell reagieren zu können. Deshalb befinden sich in diesem Buch konstruktive Ansätze, die dem Servicekatalog-Manager im Alltag eine Vielzahl von Methoden und deren Konsequenzen im Einsatz aufzeigen sollen. Wer seinen IT-Service z.B. mit einem Festpreis versehen hat und im laufenden Betrieb damit konfrontiert wird, mehrere Optionen anzubieten, die komplett andere Preise erfordern, der kann auf Definitionen pochen, eine Hilfe für den Alltag stellt dies jedoch nicht dar. Genau hierfür wurde das CECAR-Modell entworfen, um sich flexibel in der IT bewegen und den Kollegen versierte Konzepte, Lösungen oder Vorgehensmodelle anbieten zu können.

Vor diesem Hintergrund wird deutlich: Den besten IT-Servicekatalog gibt es nicht. Ein IT-Unternehmen befindet sich mit dem IT-Servicekatalog immer in einem Prozess, der nach einer Anpassung und einer Verbesserung sucht. Mit jeder Automatisierung hin zum IT-Selfservice steigt die Akzeptanz des Buchenden, da er sofort bedient wird und seine Geschäftsprozesse ohne größere Unterbrechung fortführen kann. Die Anpassung hingegen ist ein Vorgang, der vielen Unwägbarkeiten unterliegt. Der Servicekatalog-Manager muss auf neue Situationen reagieren wie:

- Welche Systemänderungen haben eine Auswirkung auf den IT-Service?
- Welche Kennzahlen haben sich nicht bewährt?
- Welche Anfragen kann der IT-Servicekatalog bislang nicht bearbeiten, sollte sie aber verarbeiten können?

Für all diese jederzeit eintretenden Ereignisse benötigt der Servicekatalog-Manager einen Werkzeugkasten, der ihm bei der ständigen Anpassung zur Seite steht.

Genau hier liefert CECAR mit seiner Customer Embedded Catalogue Architecture einen umfassenden Beitrag. Alle Aspekte aus dem Plan-Do-Check-Act-Zyklus sind auf Effizienz ausgelegt, sodass der Servicekatalog-Manager seine tägliche Arbeit erbringen kann. Und es gibt zusätzlich einen entscheidenden Beitrag, den CECAR liefert. Dieser Beitrag liegt in der Reduzierung der Komplexität. Alle Handlungsfelder des IT-Servicekatalogs werden in genaue Teile überführt, sodass sich der Servicekatalog-Manager immer genau einen Aspekt herausnehmen und bearbeiten kann.

Letztlich ist bei der Erstellung eines IT-Servicekatalogs die Sichtweise eines entstehenden Uhrwerks für den IT-Betrieb berechtigt. Der Servicekatalog-Manager sollte dabei darauf achten, keinen Versprechungen aufzuliegen. Die Versprechungen, die von der CMDB erhofft wurden – alle Zahnräder des Uhrwerks zu implementieren –, haben sich nicht erfüllt und das in ITIL 4 definierte CMS, das den IT-Servicekatalog und die CMDB zusammenführt, sind Konzepte, die in der Praxis schwer vollständig zu verwirklichen sind. Sich auf den Weg zu machen, um zumindest einen IT-Servicekatalog zu haben, der einen wesentlichen Baustein zum CMS darstellt, ist im wahrsten Sinne des Wortes wegweisend für die Zukunfts- und Wettbewerbsfähigkeit von IT-Unternehmen.

Anhang

A Repository zu IT-Services

A.1 Client-Services

A.1.1 Workplace

In dem IT-Service »Desktop/Arbeitsplatz« finden Anwender alle IT-Leistungen, um Ihren Arbeitsplatz mit einem Computer oder Laptop auszurüsten.

IT-Service	Arbeitsplatz-PC	Laptop
Artikelnummer	**123456**	**78910**
Status	Ist produktiv	
Beschreibung	Bereitstellung eines PC, inklusive Maus, Tastatur und Bildschirm	Bereitstellung eines Laptops inklusive Zubehör
Standard-IT-Service-Features	- Ausstatten eines PC mit dem Standard-IT-Build (PC) - Lieferung des PC	- Ausstatten eines Laptops mit dem Standard-IT-Build (Laptop) - Lieferung des PC ins Haus (bei erfahrenen Benutzern) Kurze Einführung und Einweisung bei Selbstabholung
Optionale IT-Service-Features	Zusätzliche Software siehe Software-Warenkorb	
Kundensegment	Fachbereiche	
Servicezeiten	Mo.–Fr. 07:00–19:00 Uhr	
Voraussetzungen	Um diesen IT-Service nutzen zu können, benötigt der Kunde die Genehmigung (und Kostenübernahme) des Kostenstellenverantwortlichen.	
Mitwirkungspflichten des Kunden	Keine	- Der Benutzer quittiert den Erhalt des Laptops und die Nutzungsbestimmungen. - Der Benutzer muss nach Beendigung des Arbeitsverhältnisses oder bei Funktionswechsel das Gerät inklusive Zubehör bei der Personalverwaltung zurückgeben.

→

IT-Service	Arbeitsplatz-PC	Laptop
Artikelnummer	**123456**	**78910**
Abgrenzung	■ Aufstellen und Anschluss des PC wird i.d.R. vom technischen Dienst durchgeführt.	Keine
Service-anforderung	Der IT-Service wird am Servicedesk via Telefon angefordert.	
Servicesupport	Hilfe bei der Problemlösung erfolgt über den Servicedesk.	
Standardkosten	Siehe Preisliste	
Optionale Kosten	Unter Umständen werden zusätzliche Kosten für lizenzpflichtige Software fällig.	
Lieferzeiten	Wird innerhalb 3 Werktagen ausgeliefert.	

A.1.2 Telefonie/Voice

IT stellt verschiedene Arten von Telefonen am Büroarbeitsplatz zur Verfügung. Der Standardserviceumfang lässt sich nach Wunsch individuell erweitern.

IT-Service	IP-Phone	DECT-Phone	EDA	Mobile
Artikelnummer	**123456**	**123457**	**123458**	**123459**
Status	Produktion			
Beschreibung	■ Beschaffung Neu bzw. Ersatz für defekte IP-Phones (Tischtelefone) ■ Beschaffung und Lieferung von Ersatzteilen z.B. Hörer, Kabel		Beschaffung Neu bzw. Ersatz für defekte EDAs	Geschäftliche SIM-Karte für Smartphone bereitstellen gemäß aktuell gültigem Mobil-Vertrag
Standard-IT-Service-Features	■ Konfiguration eines Geräts/Ersatzgeräts für den Kunden ■ Lieferung des Geräts/Ersatzgeräts zum Haus ■ Postversand			■ Bereitstellen der SIM-Karte ■ Zustellen der monatlichen Kosten

→

IT-Service	IP-Phone	DECT-Phone	EDA	Mobile
Artikelnummer	**123456**	**123457**	**123458**	**123459**
Optionale IT-Service-Features	Keine			
Kundensegment	Fachbereiche			
Servicezeiten	Mo.–So. 00:00–24:00 Uhr			
Voraussetzungen	Für diesen IT-Service braucht der Kunde eine Kostenstellenverantwortung.			
Mitwirkungspflichten des Kunden	▪ Rücksendung des defekten Geräts			▪ Details über den MA liefern, pers. Daten, Aufgaben, Rollen, Funktionen ▪ Angaben müssen 1 Woche vor dem ersten Arbeitstag vorliegen.
Abgrenzung	Aufstellen und Anschluss des Telefons wird in der Regel vom technischen Dienst durchgeführt.		N/A	N/A
Serviceanforderung	Der IT-Service wird am Servicedesk via Telefon angefordert.			
Servicesupport	Hilfe bei der Problemlösung erfolgt am Servicedesk.			
Standardkosten	▪ Kosten werden im Einzelfall abgeklärt, siehe auch Preisliste.			
Optionale Kosten	Keine			
Lieferzeiten	▪ Gerät/Ersatzteil ist innerhalb 2 Werktagen beim Kunden.			Benutzernummer ist innerhalb 5 Werktagen eingerichtet.

A.1.3 Peripheriegeräte

Folgende Peripheriegeräte sind buchbar:

<table>
<tr><th>IT-Service</th><th>Printing</th><th>MDE</th><th>Zeiterfassungsterminals</th></tr>
<tr><th>Artikelnummer</th><th>123456</th><th>123457</th><th>123458</th></tr>
<tr><td>Status</td><td colspan="3">Produktion</td></tr>
<tr><td>Beschreibung</td><td>▪ Beschaffung Neu bzw. Ersatz für defekte Drucker
▪ Netzwerk-Office-Drucker, Pago-Drucker (Häuser), Boca-Drucker Ticket-Corner</td><td>Beschaffung Neu bzw. Ersatz für defekte MDEs</td><td>Beschaffung Neu bzw. Ersatz für defekte Zeiterfassungsterminals</td></tr>
<tr><td>Standard-IT-Service-Features</td><td colspan="3">▪ Konfiguration eines Geräts/Ersatzgeräts für das Haus
▪ Lieferung des Geräts/Ersatzgeräts zum Haus – Postversand</td></tr>
<tr><td>Optionale IT-Service-Features</td><td>Reparatur von Boca-Drucker und Pago-Drucker aus den Häusern</td><td>Keine</td><td>Keine</td></tr>
<tr><td>Kundensegment</td><td colspan="2">▪ Der IT-Service wird für die IT bereitgestellt.</td><td>▪ Der IT-Service wird für die IT bereitgestellt.</td></tr>
<tr><td>Servicezeiten</td><td colspan="3">▪ Der IT-Service kann 7 × 24 Std. angefordert werden.</td></tr>
<tr><td>Voraussetzungen</td><td colspan="3">Um diesen IT-Service nutzen zu können, braucht der Kunde Kostenstellenverantwortung.</td></tr>
<tr><td>Mitwirkungspflichten des Kunden</td><td colspan="2">Folgende Aufgaben muss der Kunde erledigen:
▪ Rücksendung des defekten Geräts</td><td>Folgende Aufgaben muss der Kunde erledigen:
▪ Rücksendung des defekten Geräts
▪ Kümmert sich lokal um die Installation des Neu-/Ersatzgeräts</td></tr>
<tr><td>Abgrenzung</td><td>Aufstellen und Anschluss des Druckers wird i. d. R. vom technischen Dienst durchgeführt.</td><td>N/A</td><td>▪ Kein Ausbau des Altgeräts
▪ Keine Installation des Neugeräts</td></tr>
<tr><td>Serviceanforderung</td><td colspan="3">Der IT-Service wird am Servicedesk via Telefon angefordert.</td></tr>
<tr><td>Servicesupport</td><td colspan="3">Hilfe bei der Problemlösung erfolgt am Servicedesk.</td></tr>
<tr><td>Standardkosten</td><td colspan="3">Siehe Preisliste</td></tr>
<tr><td>Optionale Kosten</td><td>Keine</td><td>Keine</td><td>Keine</td></tr>
<tr><td>Lieferzeiten</td><td>▪ Gerät/Ersatzteil ist innerhalb 2 Werktagen beim Kunden.
▪ Reparatur je nach Aufwand und Ersatzteilverfügbarkeit</td><td colspan="2">▪ Gerät ist innerhalb 2 Werktagen beim Kunden.</td></tr>
</table>

A.1.4 Client-Basis-Services

IT-Service	Software	Mitarbeiter-Check-in	Mitarbeiterzugang
Artikelnummer	**123456**	**123457**	**123458**
Status	Produktion		Vorgeschlagen
Beschreibung	Softwarebereitstellung lokal	▪ Eintritt neuer MA (intern, extern), Workflow Anlegen des MA im SAP inklusive Funktionen, Rollen, Gruppen ▪ Bereitstellen der IT-Mittel, wie Desktop, Laptop etc. ▪ Mutation von MA	Bereitstellung des Zugangs über das Internet auf Firmen-Mail, -Kalender, -Kontakte, -Notizen und »Company Apps« für das private Smartphone und/oder Tablet des Mitarbeiters
Standard-IT-Service-Features	▪ Installation vorhandener, genehmigter, lizenzierter Software auf lokalen IT-Clients, Desktops, Laptops ▪ Update der installierten Software	Eröffnen des MA, zuweisen von Berechtigungen aufgrund der Rolle und Funktion, IT-Mittel konfigurieren und zur Verfügung stellen	▪ Freischaltung des IT-Service für den einzelnen Mitarbeiter ▪ Beratung bei der Installation der benötigten Software auf dem Smartphone und/oder Tablet des Mitarbeiters
Optionale IT-Service-Features	Keine		
Kundensegment	IT		Interne und externe Mitarbeiter der IT
Servicezeiten	▪ Der IT-Service kann zu den Öffnungszeiten des Servicedesks angefordert werden. ▪ Der IT-Service kann 7 × 24 Std. über das Intranet-Portal »Workplace« angefordert werden.	Der IT-Service kann 7 × 24 Std. angefordert werden.	

→

IT-Service	Software	Mitarbeiter-Check-in	Mitarbeiterzugang
Artikelnummer	**123456**	**123457**	**123458**
Voraussetzungen	Um diesen IT-Service nutzen zu können, benötigt der Kunde: ▪ Die Bewilligung (und Kostenübernahme) des Kostenstellenverantwortlichen bei kostenpflichtigen Applikationen	Um diesen IT-Service nutzen zu können, braucht der Kunde: ▪ Mitarbeiterverantwortung	Um diesen IT-Service nutzen zu können benötigt, der Kunde: ▪ Die Bewilligung (und Kostenübernahme) des Kostenstellenverantwortlichen ▪ Ein Smartphone/Tablet gemäß der aktuell gültigen Liste freigegebener Geräte und Betriebssysteme
Mitwirkungspflichten des Kunden	Der Desktop/Laptop muss angeschaltet sein und sich im IT-Netzwerk befinden	▪ Details über den MA liefern, pers. Daten, Aufgaben, Rollen, Funktionen ▪ Angaben müssen 1 Woche vor dem ersten Arbeitstag vorliegen.	▪ Prüfung, ob sein Smartphone/Tablet gemäß der aktuell gültigen Liste freigegebener Geräte und Betriebssysteme unterstützt ist ▪ Installation der notwendigen Software auf dem Smartphone/Tablet
Abgrenzung	Keine Installationen auf privat Geräten, Smartphones/Tablets	Nicht alle Berechtigungen werden über das SAP gesteuert, diverse Dinge müssen individuell über das Helpdesk angefragt werden.	▪ Keine Unterstützung bei der Beschaffung privater Smartphones/Tablets ▪ Kein Reparaturservice, keine Ersatzbeschaffung
Serviceanforderung	Der IT-Service wird am Servicedesk via Telefon angefordert.		

→

IT-Service	Software	Mitarbeiter-Check-in	Mitarbeiterzugang
Artikelnummer	**123456**	**123457**	**123458**
Servicesupport	Hilfe bei der Problemlösung mit diesem Service erfolgt am Servicedesk.		- Annahme von Störungsmeldungen - Überprüfung der korrekten Funktion des IT-Service (generell) - Überprüfung der technischen Zugangsberechtigung und ggf. Freischaltung des IT-Service für den Mitarbeiter - Beratung bei der Installation der benötigten Software auf dem Smartphone und/oder Tablet des Mitarbeiters
Standardkosten	- Keine für die Installation - Evtl. werden Kosten für die Lizenzen fällig.	- Keine - Für Hard- und Software können zus. Kosten entstehen.	Kosten pro Endgerät und Monat siehe Preisliste
Optionale Kosten	Keine		
Lieferzeiten	Die Software ist innerhalb von 2 Werktagen auf dem Gerät installiert.	- Benutzer ist innerhalb 5 Werktagen zugelassen.	Der IT-Service ist innerhalb von 2 Werktagen nach Eingang der Anforderung beim Servicedesk für den Kunden verfügbar.

A.2 Geschäftsprozess- und Management-Services

A.2.1 ERP

IT-Service: ERP-Prozessautomatisierung und -steuerung

Dieser IT-Service umfasst die Auftragsarbeiten für alle OpenVMS und Windows-Umgebungen. Die für das ERP-System anzupassenden ERP-Jobs oder auch die neu zu erstellenden ERP-Jobs für Warenwirtschaft und zusätzliche Businessinformationen werden programmiertechnisch umgesetzt.

Nach erfolgter Programmierung wird der ERP-Job für das Ablaufsystem mit allen ERP-Jobs vorbereitet und in den Regelablauf eingeordnet.

Unabhängig von den Auftragsarbeiten werden der Ablauf der ERP-Jobs und deren Reihenfolge ständig überwacht (Wartung der Job-Automation). Bei Problemen wird in Absprache mit den Fachbereichen die auftretende Situation abgestimmt und der geordnete Regelablauf wiederhergestellt.

Zum IT-Service zählt auch, dass bestimmte ERP-Jobs ad hoc ausgewählt werden können, um diesen für besondere Geschäftssituationen eine erhöhte Überwachungsintensität in den Bereitstellungszeiten zukommen zu lassen.

Spezielle Service Levels

- 3 Tage Vorlaufzeit: Es muss der Auftrag für einen Job 3 Tage vorher eingegangen sein, wenn dieser ERP-Job in 3 Tagen in Produktion gehen soll (vorbehaltlich, dass der Umfang des ERP-Jobs innerhalb von 2 Tagen programmierbar ist).
- 6 Stunden ab Auftragseingang in der Arbeitszeit wird zurückgemeldet, wenn der Umfang des ERP-Jobs das Maß bis zur Produktivnahme übersteigt.

Zuständigkeitsmatrix

Legende: V = Verantwortung D = Durchführung M = Mitwirkung I = Information Leer = nicht relevant	**AG**	**AN**
Auftrag beschreiben und erteilen	V/D	
Programmierung von ERP-Jobs		V/D
Technische Tests		V/D
Fachliche Tests und Abnahme	V/D	
Überwachung der Job-Automation	I	V/D

A.2.2 EAI

IT-Service: EAI-Schnittstellen-Management

Im IT-Service EAI-Management werden alle Datenaustauschschnittstellen in einem EAI-Tool (zurzeit: Tradeexpress) gewartet, überwacht und betrieben.

Dies beinhaltet das Konvertieren von Daten sowie die Anbindung von Daten zwischen Applikationen. Der Datenaustausch findet zwischen IT und Herstellern, Kunden und Drittdienstleistern statt.

Beispiele für den Datenaustausch sind Artikelstammdaten, E-Commerce-Bilder, Abverkaufdaten, Umsatzdaten, Daten von Kassenservern in Richtung Warenwirtschaftssysteme; Finanzdaten, Kassenbelege in Richtung ERP.

Im Fokus des EAI-Managements sind:

- alle Applikationen, die mit FTO zusammenarbeiten
- FTP
- SFTP
- Mail
- AS2
- EDI-Buchungen

Die EAI-Schnittstellen-Programmierung wird per Antragsformular mit der dazugehörigen Schnittstellendefinition geordert.

Spezielle Service Levels

- 2 Tage zum Einrichten von Schnittstellen

Zuständigkeitsmatrix

Legende: V = Verantwortung D = Durchführung M = Mitwirkung I = Information Leer = nicht relevant	**AG**	**AN**
Auftrag beschreiben und erteilen	V/D	
Programmierung von Schnittstellen		V/D
Überwachung und Betrieb der Schnittstellen	I	V/D

A.2.3 Logistik

IT-Service: Logistik Print-Service

Das Ausdrucken von Lieferscheinen, mit denen die Logistik bestückt wird und z.B. Auslieferer die Endkunden anfahren, wird mit diesem IT-Service bereitgestellt.

Der Schwerpunkt liegt auf dem Printing der Systeme LAS (non food) und WAMAS (food).

Zuständigkeitsmatrix

Legende: V = Verantwortung D – Durchführung M = Mitwirkung I = Information Leer = nicht relevant	**AG**	**AN**
Druckaufträge erzeugen	V/D	
Verwaltung der Printer		V/D
Einrichtung von Printqueues in SAP		V/D

A.2.4 Facility

IT-Service: Facility- und Security-Alarming

Das Alarming-System stellt eine zentrale Informationsdrehscheibe dar, die flexibel sämtliche Alarme aus dem Facility- und Security-Bereich über einen zentrale Infrastruktur aufnimmt und gemäß einem Alarmierungsplan interne und externe Dienstleister informiert und ggf. eskaliert.

Es ist die Funktionalität und Erreichbarkeit des Alarming-Systems durch die Koordination mit dem hierfür vertragsgebundenen Drittdienstleister sicherzustellen. Der AN ist verantwortlich für die Einstellungen des Alarmservers.

Der AG ist verantwortlich für die Bereitstellung und Konfiguration der alarmgebenden Systeme und des Alarmierungsplans.

Ausfälle dieses IT-Service sind besonders kritisch für:

- Betrieb der Alarmserver
- Monitoring

Zuständigkeitsmatrix

Legende: V = Verantwortung D = Durchführung M = Mitwirkung I = Information Leer = nicht relevant	**AG**	**AN**
Aufstellen/Umzug/Rückbau Alarmserver	I	V/D
Konfigurationsanpassungen Alarmserver	I	V/D
Aufschalten neuer Standorte und Alarme	M	V/D
Verwaltung des Alarmierungsplans	V/D	I
Wartung und Instandsetzung	I	V/D

A.2.5 Compliance

IT-Service: Compliance-Unterstützung

Im Rahmen der unternehmensinternen Compliance-Anfragen bietet dieser IT-Service eine Unterstützung zur Nachvollziehung von Zugriffen auf die Datenbanken an.

Diese Form der Dokumentation wird für alle Datenbankbereiche mitgeführt und kann bei Bedarf abgefragt werden.

Zuständigkeitsmatrix

Legende: V = Verantwortung D = Durchführung M = Mitwirkung I = Information Leer = nicht relevant	**AG**	**AN**
Dokumentation der DB-Zugriffe		V/D
Compliance-gerechte Aufbereitung der DB-Zugriffe	I	V/D

A.3 Basis-Applikations-Services

A.3.1 Logon

IT-Service: Logon-App

Mit der Logon-App wird das Konfigurieren von Clients durchgeführt. Alle relevanten Benutzereinstellungen werden hier gespeichert und bei der Anmeldung an den Client übermittelt, damit Benutzer ihren Arbeitsplatz geräteunabhängig mit den gleichen Einstellungen vorfinden. Dies umfasst z. B. Iconplatzierung, dynamische Laufwerksverbindung sowie zugewiesene Drucker.

Zuständigkeitsmatrix

Legende: V = Verantwortung D = Durchführung M = Mitwirkung I = Information Leer = nicht relevant	**AG**	**AN**
Individuelle Benutzereinstellungen	V/D	
Betrieb der Logon-App		V/D
Rechteverwaltung von Zugriffen		V/D

A.3.2 Application Publishing

IT-Service: Application Publishing via Citrix XenApp

Die Citrix XenApp wird bei den Clients immer mit ausgeliefert (Standard-Build), um veröffentlichte Applikationen nutzen zu können. Dieser IT-Service ist darauf ausgerichtet, neue Applikationen auf Citrix zu veröffentlichen (Application Publishing). Um eine neue Applikation veröffentlichen zu können, werden Tests durchgeführt, ob die Applikation citrixfähig ist und welchen Ressourcenbedarf man einplanen muss.

Für zusätzliche Maßnahmen, um die Applikation citrixfähig zu machen, ist in diesem IT-Service eine Beratung inbegriffen.

Zuständigkeitsmatrix

Legende: V = Verantwortung D = Durchführung M = Mitwirkung I = Information Leer = nicht relevant	**AG**	**AN**
Test, ob die Applikation citrixfähig ist	I	V/D
Ressourcenbedarf	M	V/D
Beratung		V/D

A.3.3 Messaging-Fax

IT-Service: Messaging-Fax

Das Versenden von Faxen via E-Mail wird mit dem IT-Service Messaging-Fax vorgenommen. Er wandelt E-Mails als Fax um und versendet diese. Zum IT-Service zählt auch das dezentrale Faxen mittels lokaler Multifunktionsgeräte (Drucker).

Zuständigkeitsmatrix

Legende: V = Verantwortung D = Durchführung M = Mitwirkung I = Information Leer = nicht relevant	**AG**	**AN**
Betrieb und Management von Messaging-Fax		V/D
Überwachung von Fax-Warteschlangen		V/D

A.3.4 E-Mail

IT-Service: E-Mail

Der IT-Service umfasst den Betrieb und die Administration von Softwareprodukten zum Betrieb der Mailkommunikation. Folgende Softwarekategorien sind enthalten:

- Mailclient
- Mailboxen
- Mailserver
- Schnittstellen

Zuständigkeitsmatrix

Legende: V = Verantwortung D = Durchführung M = Mitwirkung I = Information Leer = nicht relevant	**AG**	**AN**
Betrieb der erforderlichen technischen Ressourcen einschließlich Infrastruktur		V/D
Anlegen von Mail-Accounts		V/D
Konzeption, Konfiguration, Koordination der Infrastruktur und Komponenten	M	V/D
Administration, Wartung und Pflege der Mailsysteme		V/D

A.3.5 Dokumente

IT-Service: Dokumenten-Preload

Innerhalb dieses IT-Service werden Dokumente für z.B. Kostenstellenreports, Mitarbeiterreports oder SAP-Reports auf einen Webserver hochgeladen. Nach erfolgtem Ladevorgang werden die entsprechenden Benutzer benachrichtigt, dass die generierten Dokumente bereitgestellt sind und diese verteilt bzw. abgespeichert werden können.

Spezielle Service Levels

- 3 Monate Aufbewahrung von Daten: Die Daten werden temporär vorgehalten danach gelöscht.

Zuständigkeitsmatrix

Legende: V = Verantwortung D = Durchführung M = Mitwirkung I = Information Leer = nicht relevant	**AG**	**AN**
Bereitstellung von Dokumenten	I	V/D
Verteilung von Dokumenten	V/D	
Löschen von Dokumenten		V/D

A.3.6 SAP

IT-Service: SAP (Basis/Solman)

Ziel des Basisbetriebs ist das Sicherstellen der Betriebsstabilität der SAP-Basis. Hierfür werden laufend im Tagesbetrieb die Betriebszustände verfolgt und den Erfordernissen entsprechend reagiert. Gegenstand dieses IT-Service sind:

- Plattformbetrieb
- Hosting
- Datenbankbetrieb
- Early Watch
- Solman für Changes

Zuständigkeitsmatrix

Legende: V = Verantwortung D = Durchführung M = Mitwirkung I = Information Leer = nicht relevant	**AG**	**AN**
Systemüberwachung: Betriebssystem, Datenbank, SAP-Anwendung – Design und Aufbau einer Monitoring-Architektur		V/D
Analyse des bestehenden Betriebsmodells sowie Aufdecken möglicher Optimierungspotenziale im SAP-Betrieb		V/D
Rollout von Sicherheitspatches und Support-Packages		V/D
Startup und Shutdown von Systemen	V	D
Planung von Downtime für Wartungsarbeiten		V/D
Koordination von applikationsbedingter Downtime	M	V/D
Implementierung von Verbesserungen bei technischen Problemen		V/D
Systempflege (Systemeinträge und Parameter)		V/D
Lastverteilungskonzepte und Einrichten der Lastverteilung		V/D
Filesystemmounts einrichten, z.B. NFS-Mounts		V/D
Festlegen systemweiter Namenskonventionen		V/D
Festlegen der AG-spezifischen Konventionen	M	V/D
Bereitstellung SAP- und Third-Level-Support	M	V/D
Dokumentation der Benutzerverwaltung (anlegen, ändern, löschen)	V/D	
Erstellung und Pflege des Betriebshandbuchs		V/D
Planen von Ressourcen, z.B. Bandkapazitäten, Festplatten, Memory		V/D
Beratung des AG bei Konzeption und Realisierung von Anwendungssystemen im Hinblick auf die anwendungsrelevanten Einflüsse von Systemhardware, Systemsoftware und systemnaher Software		V/D
Festlegung der optimalen Systemstruktur (Rechner, Plattengrößen, ...) aufgrund der erhaltenen Informationen	I	V/D
Anbindung und Funktionstest der Peripherie	M	V/D

→

IT-Service: SAP (Basis/Solman) (Fortsetzung)

Legende: V = Verantwortung D = Durchführung M = Mitwirkung I = Information Leer = nicht relevant	**AG**	**AN**
Spool-System verwalten (Printqueues einrichten, Fehlerbehebung)		V/D
Planung von Upgrades, Releasewechsel und Support-Packages	M	V/D
Durchführung von Upgrades, Releasewechsel und Support-Packages	M	V/D
Nachweis der korrekten Installation	I	V/D
Dokumentation der Installation	I	V/D
Berechtigungskonzept Systemadministratoren	V/D	I
Kein anonymes Login mit administrativem Account (keine Gruppenkennung)	V/D	I
Einrichten der Benutzer-Accounts für Mitarbeiter des AG (keine hochprivilegierte Administratoren) verwalten inklusive Profile	V/D	
Gruppe, Profile verwalten/anlegen	V/D	
Festlegung von Sicherheitsstandards (Passwortlänge, Änderungen)	V/D	
Rücksetzen von Passwörtern	V/D	
Erkennen von Verstößen gegen die Sicherheit auf Betriebsebene		V/D
Erkennen von Verstößen gegen die Sicherheit auf Applikationsebene	V/D	
Kontrolle des Logs auf unbefugte Zugriffsversuche		V/D
Einsatz geeigneter Zugriffsschutzverfahren		V/D
Zugriffsberechtigungen auf Daten des AG werden vom AG vergeben und verwaltet	V/D	

A.3.7 Logistikverwaltung

IT-Service: Logistikverwaltungssystem

Das Logistikverwaltungssystem ist zuständig für die Lastwagenbestückung, Kommisionierung etc. Im Rahmen dieses Services wird der Betrieb der Applikationsplattform wahrgenommen. Dieser Betrieb umfasst folgende Komponenten:

- Applikationsserver
- LAS (non food)
- WAMAS (food)
- APPRO+ (Businesslogik mit nächtlichen Batchläufen)

Zuständigkeitsmatrix

Legende: V = Verantwortung D = Durchführung M = Mitwirkung I = Information Leer = nicht relevant	**AG**	**AN**
Applikationsbetrieb		V/D
OS Updates		V/D
Restart		V/D

IT-Service: LDAP/Active Directory Service

Die für das LDAP erforderlichen Informationen werden aus SAP bezogen. Das LDAP dient als Quelle für das Active Directory.

Der IT-Service Active Directory bietet einen hochverfügbaren Verzeichnisdienst innerhalb von IT. Das Global Active Directory ist ein Tool zur Authentifizierung von Benutzern und Maschinen (z.B. Servern). Darüber hinaus ermöglicht das Active Directory die Konfiguration von Clients mithilfe von Policies (z.B. Passwortpolicy). Mit dem Active Directory können Gruppen, Benutzer und Maschinen strukturiert werden. Zusätzlich können die Berechtigungen bzw. Zugriffsrechte auf Daten und Fileserver vergeben und steuert werden.

Zuständigkeitsmatrix

Legende: V = Verantwortung D = Durchführung M = Mitwirkung I = Information Leer = nicht relevant	**AG**	**AN**
Bereitstellung der IT-Service-Domäne (Forest Root Domain) für zentrale Applikationen und Services		V/D
Schnittstellenbetreuung		
LDAP Update und OS Update		
Bereitstellung der Basisdomänen der IT Gesellschaften		V/D
Bereitstellung von OU-Templates für GPOs in den OUs des Kunden		V/D
Pflege von zentralen Policies in der Rootdomäne und den zentralen Gesellschaftsdomänen		V/D

→

IT-Service: LDAP/Active Directory Service (Fortsetzung)

Legende: V = Verantwortung D = Durchführung M = Mitwirkung I = Information Leer = nicht relevant	**AG**	**AN**
Pflege von Gruppen und OU-Strukturen (Organizational Unit) in der Rootdomäne und den zentralen Gesellschaftsdomänen		V/D
Sichern und ggf. Wiederherstellen aller Active Directory/LDAP-Objekte		V/D
Entwicklung und Pflege eigener GPO innerhalb der bereitgestellten Templates	V/D	
Anlegen und Pflege der Benutzer- und Maschinen-Accounts in den Lokationen sowie der dazugehörigen Gruppen zur Berechtigungsvergabe	V/D	
Beachtung der Namenskonvention von Benutzern, Gruppen und Maschinen	V/D	

A.4 Informations-Services

A.4.1 Datenbank

IT-Service: Datenbank

Der Database-IT-Service beschreibt die Einrichtung, technische Konzeption und den Betrieb von Datenbanksystemen. Der AN hat Datenbanken unterschiedlicher Hersteller im Einsatz. Zum Umfang zählen die Produkte MS SQL Server und Oracle.

Die Leistung umfasst den Betrieb der Datenbank-Basissysteme und die Pflege, Betreuung und Organisation der Anwendungsdaten. Dazu gehört auch das technische Datenbankdesign, die Performance-Optimierung sowie die Ressourcenüberwachung und Analyse.

Zuständigkeitsmatrix

Legende: V = Verantwortung D = Durchführung M = Mitwirkung I = Information Leer = nicht relevant	**AG**	**AN**
Betrieb der erforderlichen technischen Ressourcen einschließlich Infrastruktur		V/D
Technische Konzeption, Konfiguration, Koordination der Infrastruktur	M	V/D
Administration, Wartung, Instandhaltung und Pflege der Datenbanksysteme		V/D
Wartung und Instandsetzung	I	V/D

A.4.2 Filearchivierung

IT-Service: Filearchivierung

Dieser IT-Service nimmt aus vordefinierten Verzeichnispfaden die darin enthaltenen Files und archiviert diese. Dies schließt auch E-Mail-Files ein. Im Falle eines Datenverlustes kann über einen Restore-Mechanismus die Wiederherstellung der persönlichen Daten vorgenommen werden.

Zuständigkeitsmatrix

Legende: V = Verantwortung D = Durchführung M = Mitwirkung I = Information Leer = nicht relevant	**AG**	**AN**
Archivierung		V/D
Persönlicher Restore	V/D	

A.4.3 Fileshare

IT-Service: FileShare (SAMBA)

Der IT-Service Fileshare steht für Entwickler oder Endkunden bereit. Hierüber können z. B. Downloads aus Datenbanken abgelegt, geändert und wieder in die Datenbank geladen werden. Ebenso lassen sich Projektverzeichnisse anlegen.

Zuständigkeitsmatrix

Legende: V = Verantwortung D = Durchführung M = Mitwirkung I = Information Leer = nicht relevant	**AG**	**AN**
Betrieb der erforderlichen technischen Ressourcen einschließlich Infrastruktur		V/D
Überwachung/Performance-Management von Auslastung und Antwortzeiten		V/D
Technische Überwachung von Datenaustausch/Schnittstellen von/zu Fremdsystemen		V/D
Betrieb, Konfiguration, Implementierung, Betreuung, Wartung und Pflege der File-Servicekomponenten		V/D
Anlegen und Pflege von Fileablagen	I	V/D

A.4.4 Storage Management

IT-Service: Storage Management

Eine Überwachung des Storage ist durchgängig zu gewährleisten. Sollten bestimmte Schwellwerte (Gefahren-, Eskalationsschwellwerte) überschritten werden, sind die entsprechenden Maßnahmen einzuleiten. Darüber hinaus muss eine Trendanalyse durchgeführt werden, um strategisch auf Veränderungen reagieren zu können. Der Storage muss die notwendigen Voraussetzungen für die Verfügbarkeit und Performance der Server, Clients sowie Applikationen erfüllen.

Zuständigkeitsmatrix

Legende: V = Verantwortung D = Durchführung M = Mitwirkung I = Information Leer = nicht relevant	**AG**	**AN**
Verwaltung und Konfiguration des Storage inklusive Speicherzuweisung entsprechend den Vorgaben des AG	M	V/D
Einbau, Austausch und Rückbau von Storage-Komponenten		V/D
Dokumentation von Änderungen am Storage	I	V/D
Durchführung der Updates und Upgrades	I	V/D
Storage Capacity und Provisioning		V/D
Evaluation, Sizing, Installation und Testing		V/D
Tuning und Optimizing		V/D

A.4.5 SAN

IT-Service: Storage Attached Network

Das SAN wird eingesetzt, um dem Verwaltungsproblem dedizierter Festplatten in Serversystemen entgegenzuwirken. Ziel ist es, eine effiziente und flexible Nutzung der Speicherkapazität uneingeschränkt möglich zu machen.

Im Speziellen wird das SAN eingesetzt, um das Spiegeln der Daten zwischen den beiden Rechenzentren durchzuführen. Dieser IT-Service ist eine Dienstleistung, die für alle IT-Services immer stattfindet.

Zuständigkeitsmatrix

Legende: V = Verantwortung D = Durchführung M = Mitwirkung I = Information Leer = nicht relevant	**AG**	**AN**
Betrieb der erforderlichen technischen Ressourcen einschließlich Infrastruktur		V/D
Überwachung/Performance-Management von Auslastung und Antwortzeiten		V/D
Betrieb, Konfiguration, Implementierung, Betreuung, Wartung und Pflege der File-Servicekomponenten		V/D

A.5 System-Services

A.5.1 Hosting

IT-Service: Serverhosting

Der Serverhosting-Service hat die Aufgabe, die im Betrieb laufenden virtuellen und physischen Server zu verwalten. Hierunter fällt zum einen die Administration und Konfiguration von vorkonfektionierten Images und zum anderen die Verteilung, Inbetriebnahme und (De-)Aktivierung sowie die Außerbetriebnahme der virtuellen und physischen Server.

Die Leistung umfasst die zentrale Bereitstellung und Verwaltung der Servervirtualisierungssysteme und physischen Serversysteme. Weiterhin zählen zur Leistung die Planung, Administration, Konfiguration und der in diesem Zusammenhang stehende Support der virtuellen und physischen Server.

Spezifikation

Server-Operating-System	Ausprägung
Virtual Server Hosting Windows	▪ Serverhosting bietet virtuelle Maschinen für Anwendungen einschließlich eines Serverbetriebssystems ▪ Sizing (Grundeinstellung): 2 VCPU, 4 GB RAM
Virtual Server Hosting Linux	▪ Serverhosting bietet virtuelle Maschinen für Anwendungen einschließlich eines Serverbetriebssystems ▪ Sizing (Grundeinstellung): 4 VCPU, 8 GB RAM
Physical Server Hosting	▪ Serverhosting bietet dedizierte physische Maschinen für Anwendungen einschließlich eines Serverbetriebssystems ▪ Die Dimensionierung wird individuell abgestimmt
Physical Server Hosting OpenVMS	▪ Serverhosting bietet virtuelle Maschinen für Anwendungen einschließlich eines Serverbetriebssystems ▪ Sizing (Grundeinstellung): 16 CPU, 256 GB RAM

Zuständigkeitsmatrix

Legende: V = Verantwortung D = Durchführung M = Mitwirkung I = Information Leer = nicht relevant	**AG**	**AN**
Betrieb der erforderlichen technischen Ressourcen einschließlich Infrastruktur	I	V/D
Konzeption, Konfiguration, Koordination der Infrastruktur	M	V/D
Administration, Wartung und Pflege der Server-Images		V/D
Wartung und Instandhaltung der Virtualisierungsfarmen		V/D
Durchführung regelmäßiger Analysen von Logdateien	I	V/D
Durchführung regelmäßiger Sicherheitsüberprüfungen	I	V/D
Durchführung der Updates, Upgrades, Patches und Versionen	I	V/D
Anpassungen, um Sicherheit zu erhöhen und Lücken zu schließen	M	V/D
Inventarisierung		V/D
Bereitstellen und Lifecycle-Management	M	V/D

A.5.2 Housing

IT-Service: Serverhousing (Data Center Facility)

Unter Serverhousing versteht man die Bereitstellung von Serverräumen, Komponenten sowie USVs, Racks und Strom-/Netzwerkverkabelung innerhalb des Rechenzentrums, damit extern verwendete Systeme gesichert untergebracht werden können. Hierfür wird die Funktionalität und Verfügbarkeit der Geräte der RZ-Infrastruktur sichergestellt.

Zuständigkeitsmatrix

Legende: V = Verantwortung D = Durchführung M = Mitwirkung I = Information Leer = nicht relevant	**AG**	**AN**
Betrieb der erforderlichen technischen Ressourcen einschließlich Infrastruktur		V/D
Konzeption der Infrastruktur		V/D
Konfiguration und Koordination der Infrastruktur		V/D
Freigabe des Änderungsbedarfes in der Infrastruktur für Neu- und Ersatzinvestition	V/D	M
Administration, Wartung, Instandhaltung und Pflege der Basisinfrastrukturkomponenten		V/D
Betrieb lt. Sicherheitsvorgaben des AN		V/D
Regelmäßige Überprüfung der USV-Betriebsparameter		V/D
Anbindung der USV-Systeme an zentrales Systemmanagement		V/D
Umverkabelung USV bei asymmetrischer Auslastung		V/D
Maßnahmen zur Begegnung von Stromausfällen in Serverräumen		V/D
Kabelmanagement		V/D
Abstimmung und Unterstützung mit Dritten (Klima und Feuermelder etc.) und Vorschriften		V/D

A.6 Netzwerk-Services

A.6.1 DNS und DHCP

IT-Service: DNS und DHCP

Dieser IT-Service enthält Namensauflösungen auf globaler Basis für alle Clients und Server (DNS) sowie dynamische IP-Adressen auf einer globalen Basis für alle Clients (DHCP). Der IT-Service für das dynamische IP-Adress-Deployment (DHCP) ist im globalen DHCP integriert. Teil dieses Infrastruktur-Service sind Namensauflösungen auf globaler Basis für alle Clients und Server (DNS) sowie die IP-Adresse und DNS-Namensverwaltung.

Zuständigkeitsmatrix

Legende: V = Verantwortung D = Durchführung M = Mitwirkung I = Information Leer = nicht relevant	**AG**	**AN**
Integration von Active-Directory-DNS in die globalen Bind-DNS		V/D
Betrieb der globalen DNS-Server		V/D
Technologie-Update auf die neueste Servertechnologie (nach internem Freigabeprozess) in Zusammenarbeit mit dem Kunden		V/D
Fehlerbehebung und Verwaltung von Systemwarnungen		V/D
Bewertung, Prüfung und Entscheidung für neue Technologien im Zusammenhang mit dem Kunden		V/D
Überprüfung der tatsächlichen Betriebskonzepte und Einstellungen (z.B. Namenskonvention, DNS-Handbuch)		V/D
Definition der globalen IP-Bereiche		V/D
Planung von DNS-Zonen		V/D
IP-Adressverwaltung	M	V/D
DNS-Namensverwaltung	I	V/D

A.6.2 LAN

IT-Service: LAN und Netzdesign

Der LAN-Service implementiert die Verwaltung des Local Area Network (LAN) und umfasst eine Reihe von Service-Operationen, wie z.B. die automatische Überwachung, Betrieb sowie Überwachung und Verwaltung von Komponenten.

Im Rahmen des Netzdesigns werden folgende IT-Services gewährleistet:

- Netzdesign RZ, Haus, Verteilzentrale/Lager
- Management Hardware-Supplier zur Netzkomponentenbeschaffung
- Verwaltung von Switch und Standard-Builds
- Organisation, Installation und Rollout neuer Betriebsstellen
- Organisation, Installation und Rollout von Ersatz & Erweiterung bestehender Betriebsstellen
- Network Access Control
- Installation oder Überwachung der LAN-Installationen in Neubauten

Zuständigkeitsmatrix

Legende: V = Verantwortung D = Durchführung M = Mitwirkung I = Information Leer = nicht relevant	**AG**	**AN**
Umsetzung aller Überwachungs- und Wartungstätigkeiten und Aktivitäten zu Fehlern, die im Netzwerkbereich von Hard- und Software auftreten	I	V/D
Die Bereitstellung einer Registrierungsmethode, die netzwerkfähige Geräte an allen Standorten des Kunden, je nachdem, ob ein WAN-Verbindung verfügbar ist, im Netzwerk registrieren		V/D
Problembehandlung bei Netzwerkstörungen inklusive Hardwareersatz	M	V/D
Darstellung der aktuellen Netzwerkinfrastruktur in einer Netzwerktopologie	C	V/D
Bereitstellung von physischer Infrastruktur/Gebäude	V/D	
Betrieb der LAN-Ports	I	V/D
Bandbreitenkapazitäten überprüfen	I	V/D
Informationssammlung und Offenlegung/Bereitstellung von Informationen in Form von Dokumenten	V/D	
Unabhängige Vorbereitung, Durchführung und Nachbereitung der gemeinsam definierten und koordinierten Aktivitäten mit entsprechender Unterstützung durch Auftragnehmer	V/D	
Steuerung von externen Dienstleistern		V/D
Steuerung der Network Access Control	M	V/D
Bereitstellung LAN-Infrastruktur	M	V/D

A.6.3 WAN

IT-Service: WAN

Dieser Dienst bietet nationale und internationale Netzwerkverbindung mit unterschiedlichen Bandbreiten und WAN-Backup. An jedem Standort wird Hardware zur Herstellung der Konnektivität bereitgestellt.

Zu den Leistungen zählen aktive Netzwerküberwachung, Router-Management, Change Management und Service-Wiederherstellung sowie Ereignismanagement. Dieser IT-Service umfasst alle Phasen des Lebenszyklus, einschließlich Design, Bereitstellung, Unterstützung, Migration, Wartung, Bereitstellung Notfallkit, Eskalation, Sanierung und Stilllegung sowie Entsorgung. Der AN verhandelt mit den WAN-Dienstleistern und beteiligt Kunden bei Rahmenvertragsverhandlungen. Dies umfasst folgende Punkte:

- QoS-Management im WAN – QoS bietet die Möglichkeit, den Netzwerkverkehr einzelner Anwendungen gemäß Businessrelevanz zu gewichten
- Backup-Netzwerk für kritische Applikationen mit eingeschränkter Bandbreite

Zuständigkeitsmatrix

Legende: V = Verantwortung D = Durchführung M = Mitwirkung I = Information Leer = nicht relevant	**AG**	**AN**
Im Falle einer Neubestellung oder Kündigung werden die erforderlichen Informationen mindestens 2 Monate im voraus an den AN kommuniziert.	I	I
Physische Installation von Hardware in einem Rack		V/D
Anschließen der Hardware an das Kunden-LAN (Point-of-Delivery)	M	V/D
Bereitstellen Router-Hardware		V/D
Deployment, Betrieb, Engineering, Management, Entsorgung		V/D
WAN-Optimierung (QoS)		V/D
Bereitstellen von Zugang zu den Lokationen, je nach SLA 7×24 oder während der Ladenöffnungszeiten	V/D	I
Bereitstellung der Leitungswege des WAN		V/D

A.6.4 WLAN

IT-Service: WLAN und PublicWLAN

Der Wireless-Local-Area-Networks-(WLAN-)Dienst implementiert einen standardisierten, drahtlosen Netzzugang unter den aktuellen internen Sicherheitsrichtlinien für mobile Geräte und deren Nutzer. Dies umfasst:

- Verteilte WLAN-Controller und Managementstationen
- Wireless Access Points
- WLAN-Netzdesign
- Frequenzmanagement (802.b/g/n/ac)
- Einbindung externer Dienstleister auf WLAN-Ebene
- Management Hardware-Supplier zur Netzkomponentenbeschaffung
- Verwaltung AP-Standard-Builds (standalone Access Points) und Controller
- Organisation, Installation und Rollout neuer Betriebsstellen
- Organisation, Installation und Rollout von Ersatz & Erweiterung bestehender Betriebsstellen
- Erstellen von WLAN-Design-Guidelines

PublicWLAN

Analog zu WLAN gelten für PublicWLAN alle Servicelelemente des WLAN. Das Besondere an PublicWLAN ist, dass es für alle Gäste ungehindert zugänglich ist.

Zuständigkeitsmatrix

Legende: V = Verantwortung D = Durchführung M = Mitwirkung I = Information Leer = nicht relevant	**AG**	**AN**
Bereitstellung von WiFi-Karten (USB, PCI, PCMCIA)	V/D	
Umsetzung aller Überwachungs- und Wartungstätigkeiten und Aktivitäten zu Fehlern, die im Netzwerkbereich von Hard- und Software auftreten	I	V/D
Betrieb von WLAN-Access-Points		V/D
Bereitstellen von Zugang zu den Lokationen, je nach SLA 7×24 oder während der Ladenöffnungszeiten	V/D	I
Neuinstallation und Erweiterung der WLAN-Abdeckung	M	V/D
Bereitstellung der Wireless-Design-Guidelines	I	V/D
Einhaltung der Wireless-Design-Guidelines	V/D	M

A.6.5 Firewall/DMZ

IT-Service: Firewall/DMZ

Die Firewall/DMZ beschränkt den Netzwerkzugriff. Sie überwacht den durch die Firewall laufenden Datenverkehr und unterbindet unerlaubte Netzwerkzugriffe. Es ist sicherzustellen, dass die Konfiguration den aktuellen Sicherheitsrichtlinien entspricht und mit dem zuständigen Security Officer abgestimmt ist.

Dieser IT-Service beinhaltet:

- Design, Setup und Installation
- Betrieb der DMZ- und Firewall-Umgebung inklusive IPS
- Installation von Updates, Upgrades, Patches und Versionen
- Management der Netzzugriffe

Zuständigkeitsmatrix

Legende: V = Verantwortung D = Durchführung M = Mitwirkung I = Information Leer = nicht relevant	**AG**	**AN**
Maßnahmen zur Angriffsabwehr	I	V/D
Eskalation bei Sicherheitsverletzungen und Virenvorkommnissen	M/I	V/D
Implementierung neuer Patterns und automatischer Reaktionen auf Angriffe	M/I	V/D
Durchführung ereignisbezogener Analyse der Firewall-Logdateien	I	V/D
Durchführung regelmäßiger Analyse von Firewall-Logdateien	I	V/D
Durchführung der Updates, Upgrades, Patches und Versionen	I	V/D
Anpassungen, um Sicherheit zu erhöhen und Lücken zu schließen	M	V/D

A.6.6 RAS und VPN

IT-Service: Remote Access und VPN

Unter Remote Access wird bei IT eine Reihe von Leistungen gebündelt, die je nach Bedarf Zugriff auf das gesamte Netz, einzelne Teilnetze und Maschinen oder definierte IT-Services erlauben. Die Anpassung des zugrunde liegenden Portfolios ist selbst Bestandteil des Service.

Die einzelnen Servicekomponenten sind:

- IPSEC-Site-to-Site-VPNs für permanente Verbindungen
- IPSEC-Client-VPNs für IT-Mitarbeiter – dies erlaubt einen transparenten Zugriff auf alle IT-Ressourcen
- Citrix Access Gateway für den Endkundenzugang auf von IT publizierte Applikationen
- Wartungszugänge und Supportzugänge für IT-Nutzer und externe Partner
- Reverse-Proxy-Zugänge auf definierte Backendapplikationen

Leistung

- Betrieb der Remote-Access-Dienste
- Betrieb der WAN-Umgebung
- Reporting

→

IT-Service: Remote Access und VPN (Fortsetzung)

Zuständigkeitsmatrix

Legende: V = Verantwortung D = Durchführung M = Mitwirkung I = Information Leer = nicht relevant	**AG**	**AN**
Betrieb von CAG-VPN und -Webinterface	I	V/D
Betrieb von SSLVPN	I	V/D
Betrieb des IPSEC VPN Gateways	I	V/D
Genehmigung von VPN-Zugriffen	V/D	M
Installation von VPN-Zugriffen		V/D
Aktivieren und Deaktivieren von VPN-Verbindungen	M	V/D
Einrichten von VPN-Verbindungen	I	V/D
Lifecycle von Konfigurationen		V/D

A.6.7 Internet

IT-Service: Sicherer Internetzugang und Content Security

Der Internetzugriff erfolgt via Autorisierungsregeln. Eine Autorisierung der Benutzer über das zentrale Directory ist sicherzustellen. Das Einschränken von Webseiten zu Personengruppen ist zu gewährleisten.

Es ist sicherzustellen, dass im Webgate(-Proxy) und Mail-Gateway Maßnahmen getroffen werden, um passierenden Datenverkehr zu kontrollieren und einschränken zu können. Es werden verschiedene Proxys, Gateways und Sicherheitsinstanzen betrieben, die z.T. auch in der Firewall integriert sind.

Zuständigkeitsmatrix

Legende: V = Verantwortung D = Durchführung M = Mitwirkung I = Information Leer = nicht relevant	**AG**	**AN**
Betrieb von Proxys und Gateways	I	V/D
Konfiguration von Proxys und Gateways	I	V/D
Überwachen und Steuern		V/D
Wartung und Instandhaltung	I	V/D
Design der Lösungsarchitektur		V/D
Installation und Anpassung der Umgebung		V/D
Betrieb der Proxy- und Mail-Gateway-Umgebung		V/D
Management der Filter		V/D

A.6.8 AAA-Dienste

IT-Service: AAA-Dienste

Im Rahmen der AAA-Dienstleistungen werden IT-Services zur sicheren Authentifizierung und Autorisierung von Personen und Geräten bereitgestellt.

Die einzelnen Systeme sind:

- RSA-SecurID-System
- Radius-Server
- PKI-HSM

Zuständigkeitsmatrix

Legende: V = Verantwortung D = Durchführung M = Mitwirkung I = Information Leer = nicht relevant	**AG**	**AN**
Design, Implementation	M	V/D
Betrieb	I	V/D

A.6.9 Partnerlink

IT-Service: Partnerlink

Im IT-Service Partnerlink werden das Design und die Implementation von Zugängen und Verbindungen von und zu Partnerfirmen erfasst. Beispiele dafür sind Dienstleister, die On-Premise-IT-gestützte IT-Services für die IT erbringen, die ins IT-Netz integriert bzw. an dieses angebunden werden müssen und auch sichere Anbindungen externer Partner zum Erbringen von IT-Services für die IT.

Eingesetzt werden dabei je nach Kritikalität und Verfügbarkeitsanforderungen des IT-Service verschiedene Techniken und Redundanzniveaus:

- MPLS-gestützte Verbindungen mit 1 oder 2 redundanten Netzen mit oder ohne redundante Anbindung an das IT-Netz
- IPSEC-basierte Verbindungen
- SSLVPN-basierte Wartungszugänge

Zuständigkeitsmatrix

Legende: V = Verantwortung D = Durchführung M = Mitwirkung I = Information Leer = nicht relevant	**AG**	**AN**
Abklärung der Kommunikationsbedürfnisse und der Verfügbarkeitsbedürfnisse (AG M)	M	V/D
Lösungsdesign	I	V/D
Implementation		V/D
Betrieb		V/D
Anpassung der IT-Services an geänderte Bedürfnisse (AG M)		V/D

A.6.10 TK-Anlage

IT-Service: IP-TK-Anlage

Die TK-Anlage des AG verbindet die unternehmensinternen Endgeräte, wie z.B. IP-Fix-Telefon, DECT-Endgeräte und analoge Endgeräte (Fax, Modem etc.), sowohl untereinander als auch mit einer oder mehreren Leitungen des öffentlichen Telefonnetzes. Im Serviceumfang ist auch der Betrieb von Media-Gateways zur Verbindung mit dem öffentlichen Telefonnetz und von Passive Call Server für den autonomen Betrieb einzelner Standorte enthalten, Darüber hinaus gehören Server zur Integration von Mobilgeräten und Gateways zur Anbindung anderer IT-Dienste zum Serviceumfang.

Es ist die Funktionalität und Erreichbarkeit der TK-Anlage durch die Koordination mit dem hierfür vertragsgebundenen Drittdienstleister sicherzustellen. Der AN ist verantwortlich für die Einstellungen von TK-Anlage und Telefon-Endgeräten. Darüber hinaus pflegt und entwickelt er den Rufnummernplan in Absprache mit dem AG.

Zum Leistungsumfang gehören:

- Betrieb der TK-Anlage
- Betrieb der TK-Clientgeräte
- Monitoring und Reporting

Zuständigkeitsmatrix

Legende: V = Verantwortung D = Durchführung M = Mitwirkung I = Information Leer = nicht relevant	**AG**	**AN**
Pflege des Rufnummernplans	M	V/D
Pflege und Zuordnung von Nebenstellen-Rufnummern und -kreisen		V/D
Verwaltung der gültigen Wartungsverträge mit Drittdienstleistern (Leistungsabruf, Leistungsüberwachung, Vertragscontrolling)	I	V/D
Konfiguration von TK-Anlagen-Parametern		V/D
Konfiguration von Voice-Routings (least, last routing)		V/D
Überwachen der TK-Anlage		V/D
Betrieb, Wartung und Instandsetzung der Servicekomponenten	I	V/D
Monitoring	I	V/D
Problembehandlung	M	V/D
Pflege der Telefonbücher in der TK-Anlage		V/D

A.6.11 RedWAN

IT-Service: redWAN

Dieser IT-Service gilt nur für IT-eigene Geräte. Der IT-Service redWAN ist ein drahtgebundener Internetzugang, der ungefiltert auf alle Internetangebote zugreifen kann.

Zuständigkeitsmatrix

Legende: V = Verantwortung D = Durchführung M = Mitwirkung I = Information Leer = nicht relevant	**AG**	**AN**
Anschließen der Kundenhardware an das redWAN	M	V/D
Bereitstellen der Router-Hardware		V/D
Bereitstellung der Leitungswege des WAN		V/D

A.7 Cross-Services

A.7.1 Support

IT-Service: Second-Level-Support

Primärziel ist es, die Schnittstelle zum Helpdesk/First-Level-Servicedesk sicherzustellen, Anfragen entgegenzunehmen, diese inhaltlich zu klären und Auskünfte zu erteilen. Als »Single Point of Contact« für den Helpdesk/First-Level-Servicedesk hat der Second-Level-Servicedesk ankommende Störungen und Beauftragungen telefonisch, per Fax, per Webinterface oder per E-Mail anzunehmen. Der Second-Level-Servicedesk versucht, die gemeldete Störung/Anfrage des Helpdesk/First-Level-Servicedesk direkt zu beheben bzw. zu bearbeiten. Ist der Second-Level-Servicedesk dazu nicht in der Lage, wird der Vorgang entsprechend weitergeleitet. Teiltätigkeiten innerhalb des Servicedesks sind zu automatisieren (z.B. Passwort-Selbsthilfe, Einsicht des Ticketstatus).

Zuständigkeitsmatrix

Legende: V = Verantwortung D = Durchführung M = Mitwirkung I = Information Leer = nicht relevant	**AG**	**AN**
Bereitstellung der Remote-Control-SW zur Fernbedienung von Anwender-Clients durch den Servicedesk	V/D	M
Erstellen und Pflege von Vorschriften zum Erscheinungsbild des Servicedesks	V/D	M
Verfügbarkeit der Kommunikationskanäle sicherstellen		V/D
Annahme von Störungen als Incident und deren Weiterleitung	M	V/D
Abfrage von Kriterien zur Störungsaufnahme		V/D

→

IT-Service: Second-Level-Support (Fortsetzung)		
Legende: V = Verantwortung D = Durchführung M = Mitwirkung I = Information Leer = nicht relevant	**AG**	**AN**
Störungsbehebung für bekannte Incidents mit Lösungsweg	I	V/D
Initiale Priorisierung und Kategorisierung von Störungen	I	V/D
Priorisierung und Kategorisierung von Störungen nach der Analyse	M	V/D
Aktualisierung und Abschluss von Incidents	M	V/D
Erteilung von Auskünften	I	V/D
Bearbeitung von Reklamationen		V/D
Annahme von Problemmeldungen		V/D
Diagnose und – sofern möglich – sofortige Behebung von Störungen oder Bedienfehlern	M	V/D
Regelmäßige Information durch den Servicedesk über Status der Bearbeitung und Beendigung der Bearbeitung bei erfolgreich abgeschlossenen Tickets	I	V/D
Bekannte Lösungen/Workarounds ermitteln, Known-Error-DB und Checklisten konsultieren	M	V/D
Incident Management anstoßen		V/D
Problem Management anstoßen		V/D
Pflege der Priorisierungsliste	I/M	V/D
Überwachung der vereinbarten Service Levels		V/D
Tracking von Tickets bei überschrittenen Service Levels	I	V/D
Hierarchische und fachliche Eskalation gemäß Vorgaben zur Einhaltung der Service Levels	I	V/D
Tickethistorien führen und validieren		V/D
Massenstörungen melden via Mail, Intranet, Notifier	I	V/D
Ankündigung von Wartungsarbeiten an Benutzer	I	V/D
Frühzeitige Warnung, wenn Systeme heruntergefahren werden, damit Benutzer speichern können	I	V/D
Erstellung und Anpassung von Tasklisten		V/D
Benutzerinfos zu Wartungen und Störungen	M	V/D
Ticket-ad-hoc-Report	I	V/D

A.7.2 Notfallsupport

IT-Service: Notfallsupport

Der Notfallsupport steht für die unternehmenskritischen IT-Systeme zur Verfügung. Mit dem Notfallsupport werden die Supportzeiten außerhalb der regulären Servicezeiten sichergestellt.

Der Umfang des Notfallsupports umfasst die Unterstützung der geschäftskritischen IT-Systeme und deren unterstützende Infrastruktur. Der Notfallservice ermöglicht es, Notfälle der Priorität 1 außerhalb der normalen Arbeitszeiten zu lösen.

Der Notfallsupport ist für Notfälle der Priorität 1 verfügbar. Für andere Supportfälle steht der Servicedesk zur Verfügung. Alle beschriebenen Dienstleistungen werden ausschließlich außerhalb der regulären gültigen Arbeitszeiten bereitgestellt.

Bei unternehmensspezifischen Aktionen können bestimmte Systeme, Jobläufe oder Programme von den Fachbereichen explizit als besonders kritisch für einen bestimmten Zeitraum eingestuft werden (z.B. LVS für Frischprodukte, die zu spät angeliefert werden).

Zuständigkeitsmatrix

Legende: V = Verantwortung D = Durchführung M = Mitwirkung I = Information Leer = nicht relevant	**AG**	**AN**
Verfügbarkeit der betreuenden Mitarbeiter		V/D
»Best effort« bezüglich der Lösungsfindung oder provisorischer Lösungen für Notfälle der Priorität 1		V/D
Auftrags-/Kontaktannahme via Notfalltelefonnummer		V/D
Benennung einer angemessenen Anzahl kompetenter Mitarbeiter für die Kommunikation zur Problemlösung	V/D	
Bereitstellung aller benötigten Informationen und Dokumente	V/D	
Herbeiführung eines zeitnahen internen Konsenses und der nötigen Entscheidungen	V/D	
Für den Fall, dass man sich auf gemeinsame Aktivitäten geeinigt hat, liegt es in der Verantwortung des Kunden, mit der Unterstützung der IT diese von ihm beizusteuernden Aktivitäten unabhängig vorzubereiten, auszuführen und zu analysieren.	V/D	
Mitarbeitern die Anwendungen zur Verfügung stellen, die hierfür eine Schulung erhalten haben	V/D	
Sicherstellung, dass Mitarbeiter des »Kunden« die für die Nutzung der Anwendungen eingeführten Richtlinien befolgen	V/D	

A.7.3 Monitoring/Reporting

IT-Service: Monitoring/Reporting

Der Fokus des Monitorings liegt auf der wirtschaftlichen Sicherstellung des Verfügbarkeitsniveaus aller aktuellen und zukünftigen Services.

Das Reporting für den AG umfasst eine Vielzahl von monatlichen und quartalsweisen Reports. Folgende Reports werden vom AN bereitgestellt:

Art des Reports	Beschreibung
Verfügbarkeit	▪ Geplante, ungeplante und tatsächliche Verfügbarkeiten ▪ Verfügbarkeit in Prozent ▪ Wartung in Minuten/Stunden/Tagen ▪ Ausfallzeiten in Minuten/Stunden/Tagen ▪ Verfügbare Anwendungszeit in Minuten/Stunden/Tagen ▪ Ausfallzeit des Monitorings in Minuten/Stunden/Tagen ▪ Maximale Ausfallzeit pro Störung
Tickets (Incidents/Probleme/ Changes/Anfragen etc.)	▪ Kennzahlen lt. übergeordneten Service Levels ▪ Status (offen, geschlossen etc.) ▪ Kategorien ▪ Prioritäten ▪ Häufigkeitsdiagramme für alle Services ▪ SLA-Verletzungen gesondert ausweisen ▪ Vorgänge, die in den Folgemonat übergehen ▪ Bearbeitungsdauer der Vorgänge ▪ Gruppierung nach Kostenstellen, Gruppen
Backup/Restore	▪ Mengenbetrachtung ▪ Warnungen und Fehler (Jobabbrüche) ▪ Zeitfenster zu (Rück-)Sicherungen
Asset	▪ Assetverteilung ▪ Soll- und Ist-Kapazitäten
Sicherheit	▪ Vorfälle und Störungen ▪ Angriffe ▪ Sicherheitslücken
Release	▪ Erfolgreiche Releases ▪ Gescheiterte Releases ▪ Rollbacks ▪ Geplante Releases
Individuelle Reports	▪ Erstellung von individuellen Reports

Die Reporting-Informationen werden in Tabellen und Diagrammen aufbereitet.

→

IT-Service: Monitoring/Reporting (Fortsetzung)

Zuständigkeitsmatrix

Legende: V = Verantwortung D = Durchführung M = Mitwirkung I = Information Leer = nicht relevant	**AG**	**AN**
Einrichtung, Betrieb, Pflege, Änderung und Löschung von Überwachungen (Monitoring) aller Umgebungen	M	V/D
Spezifikation und Umsetzung der Key-Performance-Indikatoren	M	V/D
Eskalation von Überwachungsmeldungen	M	V/D
Durchführung von Risikoanalysen	M	V/D
Erstellung und Pflege von Verfügbarkeitsplänen	I	V/D
Erstellung und Pflege von Designkriterien für Verfügbarkeit	M	V/D
Einrichtung, Betrieb, Pflege, Änderung und Löschung von Reports aller Umgebungen	M	V/D
Benennung von verantwortlicher Organisationseinheit bzw. verantwortlicher Person, die den Report prüft	I	V/D
Aufbereitung und Verteilung der Reports	I	V/D
Einrichtung und Pflege eines Dashboards nach den Vorgaben des AG	M	V/D
Erstellung und Pflege von AG-Benutzer-Accounts für den Onlinezugriff auf die Reporting-Systeme des AN	I	V/D
Wartung und Instandsetzung	I	V/D
Abnahme der Reports	V/D	M

A.7.4 Drittdienstleistersteuerung

IT-Service: Drittdienstleistersteuerung

Im IT-Service Drittdienstleistersteuerung werden die Dienstleistungen von Drittdienstleistern koordiniert. Der AN steuert dabei Dienstleister und Drittdienstleister, die zur Erfüllung der Service Level Agreements notwendig sind.

Zuständigkeitsmatrix

Legende: V = Verantwortung D = Durchführung M = Mitwirkung I = Information Leer = nicht relevant	**AG**	**AN**
Strategische Bewertung von Drittdienstleistern	V/D	M
Fortlaufende Verwaltung der aktiven Wartungsverträge		V/D
Überwachung der Drittdienstleister	I	V/D

→

IT-Service: **Drittdienstleistersteuerung** (Fortsetzung)		
Legende: V = Verantwortung D = Durchführung M = Mitwirkung I = Information Leer = nicht relevant	**AG**	**AN**
Nachhalten von übergebenen Arbeiten der Leistungsverpflichtungen aus den Underpinning Contracts		V/D
Abstimmung und Review der Underpinning Contracts zur Sicherstellung der SLA-Ziele	V/D	M
Pflege der Lieferanten und Vertragsdatenbank	M	V/D
Erstellung von Performance- und Untersuchungsreports	I	V/D

A.7.5 Migration & Upgrade

IT-Service: Migration & Upgrade

Dieser IT-Service dient zur Migration von IT-Systemen wie z.B. Datenbanken. Der IT-Service hat aufgrund seiner Struktur einen Projektcharakter. Mit im Fokus steht auch das Upgrade von IT-Systemen.

Zuständigkeitsmatrix

Legende: V = Verantwortung D = Durchführung M = Mitwirkung I = Information Leer = nicht relevant	**AG**	**AN**
Upgrade		V/D
Migration	M	V/D

A.7.6 Projektmanagement und Evaluation

IT-Service: Projektmanagement und Evaluation

Über diesen IT-Service wird der Bedarf nach einer Beratung bei Softwarelösungen abgedeckt. Ziel ist es, herauszufinden wie der Default-Service konzeptioniert und umgesetzt werden muss. Um den Default-Service auszuarbeiten, erfolgt eine umfassende Evaluation.

Zuständigkeitsmatrix

Legende: V = Verantwortung D = Durchführung M = Mitwirkung I = Information Leer = nicht relevant	**AG**	**AN**
Projektmanagement		V/D
Evaluation		V/D

A.7.7 Backup/Restore

IT-Service: Backup/Restore

Es wird grundsätzlich täglich eine Sicherung aller produktiven Systeme durchgeführt. Durch Dritte betreute Systeme und Test- sowie Entwicklungssysteme werden in Abstimmung mit dem AG gesichert. Neben den täglichen Sicherungen sind Wochen- und Monatssicherungen durchzuführen. Auftretende Fehler, Warnungen und Probleme bei Backups werden durch den AN untersucht und behoben. Fehlgeschlagene Backups werden zum Sicherungszeitfenster ggf. wiederholt.

Der AN wird im Rahmen der jährlichen Notfallübung nach den Vorgaben des AG Restore-Szenarien durchführen.

- **RAID**
  Für kritische AG-Server stellt der AN logische Disks mit RAID5 oder RAID6 zur Verfügung.
- **Rücksicherungen**
  Namensänderungen sind zugelassen und erfolgen mit dem Zusatz RESTORE + Datum. Bei Konflikten mit aktuellen Berechtigungen sind Rücksicherungen zuvor mit der AG-Abteilung abzustimmen.

Zuständigkeitsmatrix

Legende: V = Verantwortung D = Durchführung M = Mitwirkung I = Information Leer = nicht relevant	**AG**	**AN**
Spezifikation der zu sichernden Daten	V/D	M
Bereitstellung der Backup-Software und -Hardware	V/D	M
Verwaltung der Accounts des AG und AN in der Backup-Software	I	V/D
Überwachung der Backup-Jobs	I	V/D
Dokumentation der Sicherungsstände		V/D
Archivierung von Programmständen im Datensafe		V/D
Backup-Verfahren definieren, implementieren, prüfen und ändern	M	V/D
Koordination der physischen Datenmedien für Datenbank- und System-Backup		V/D
Durchführung von Backups		V/D
Qualitätssicherung der durchgeführten Backups		V/D
Test- und Restore-Aktionen	M	V/D
Verwaltung und Wartung der Backup-Medien		V/D
Übergabe und Rücknahme von Sicherungsmedien aus externer Lagerung		V/D
Wartung und Instandsetzung	I	V/D
Regelmäßige Prüfung von Archivdaten und deren Zugriff	I	V/D

A.7.8 Desaster Recovery

IT-Service: Desaster Recovery

Unter Desaster Recovery wird das Bereithalten eines leistungsfähigen Notfallmanagements zwecks systematischer Vorbereitung auf die Bewältigung von Schadenereignissen verstanden, sodass wichtige Geschäftsprozesse selbst in kritischen Situationen und in Notfällen nicht oder nur temporär unterbrochen werden und die wirtschaftliche Existenz des AG trotz Schadenereignis gesichert bleibt. Das Desaster Recovery des AN richtet sich nach dem Business-Continuity-Plänen des AG.

Zuständigkeitsmatrix

Legende: V = Verantwortung D = Durchführung M = Mitwirkung I = Information Leer = nicht relevant	**AG**	**AN**
Policies, Regeln und Umfang für die IT-Notfall- und Wiederherstellungsplanung definieren	V/D	M/I
Wiederherstellungsplanung erstellen, pflegen, umsetzen und testen	M/I	V/D
IT-Notfallplanung erstellen, pflegen, umsetzen und testen	M/I	V/D
Pflege der Wiederherstellreihenfolgeliste	I/M	V/D
Pflege der Abschaltreihenfolgeliste	I/M	V/D
Zuordnung von benötigten Ressourcen zu Geschäftsprozessen	M	V/D

A.8 IT-Security-Services

A.8.1 IT-Security

IT-Service: IT-Security-Management

Ziel des IT-Security-Managements ist es, Integrität, Verfügbarkeit, Vertraulichkeit und Verbindlichkeit von Daten und Systemen sicherzustellen. Die Zuständigkeit für das IT-Security-Management beim AG liegt bei der IT-Security.

Zuständigkeitsmatrix

Legende: V = Verantwortung D = Durchführung M = Mitwirkung I = Information Leer = nicht relevant	**AG**	**AN**
Allgemeine/übergreifende Leistungen		
Übergreifende IT-Security-Policy erstellen und IT-Sicherheitsvorgaben pflegen, veröffentlichen und bekannt geben	M/I	V/D
In jedem BHB-Kapitel Security Management erstellen und regelmäßig Reviews (mind. jährlich) durchführen	M/I	V/D
Bei Eskalationen ist – soweit Sicherheitsbelange betroffen sind – die IT-Security des AG mit zu informieren	M/I	V/D
Lesenden Zugriff auf alle Regelwerke, Logs und Konfigurationen bereitstellen	M/I	V/D
Berechtigungsvergabe gemäß Vorgaben des AG umsetzen	M/I	V/D
Alle Regelwerke auf Fehler, Seiteneffekte und unnötige Regeln prüfen und beseitigen (z. B. AD, TCP-Wrapper, Vitria Businessware)	M/I	V/D
Verpflichtung neuer Mitarbeiter nach IT-Security-Vorgaben	M/I	V/D
Reporting		
Vorgaben für Reporting festlegen und Reports definieren	V/D	M/I
Reporting gemäß Vorgaben der IT-Security des AG durchführen	M/I	V/D
Qualitätskontrolle bei Reports durchführen	I	V/D
Reporting-Umgebung einschließlich Zugriff der IT-Security des AG bereitstellen und betreiben	M/I	V/D
Monitoring		
IT-Sicherheitskomponenten gemäß Vorgabe überwachen	M/I	V/D
Sicherheitsstatus Server regelmäßig prüfen	I	V/D
Sämtliche administrative Arbeiten an den Systemen und Infrastrukturkomponenten mitprotokollieren (Logging)	M/I	V/D
Logs/Monitoring-Ergebnisse auswerten	M/I	V/D

→

IT-Service: IT-Security-Management (Fortsetzung)		
Legende: V = Verantwortung D = Durchführung M = Mitwirkung I = Information Leer = nicht relevant	**AG**	**AN**
RZ/Datacenter		
Zugangs/Zutrittsregelungen verwalten, pflegen und revisionssicher dokumentieren	I	V/D
Entwicklung		
Nutzung von Freigabeverfahren bei Systementwicklung (DV-Konzept) sicherstellen	I	V/D
Staging-Konzept, Trennung der Umgebungen Produktiv – Test – Entwicklung einhalten	I	V/D
Qualitätssicherung durchführen (Abnahme)	M/I	V/D
Produktion		
Daten bei Übertragung über unsichere Netze verschlüsseln	M/I	V/D
Mailverkehr mit 2 Virenscanner von unterschiedlichen Herstellern auf Viren scannen	I	V/D
PU und Entwicklungssysteme (Produktiv- und Entwicklungsumgebung) trennen	M/I	V/D
BHBs und sonstige Dokumentation regelmäßig/rechtzeitig aktualisieren	M/I	V/D
Logsammlung und Aufbewahrung		V/D
Versionsmanagement		
Neue Versionen nur mit vollständiger Dokumentation freigeben	I	V/D
Netz/Netzinfrastruktur		
Bei direktem Angriff (AG) abtrennen	I	V/D
Server/Host		
Härtung vornehmen	M/I	V/D
Dienste		
Rollendefinition gemäß Konzept/Policy umsetzen	M/I	V/D
Sicherstellen, dass nur von der IT-Security des AG genehmigte Internet-anschlüsse vorhanden sind	I	V/D
Zugriffskennungen für Fernzugriff verwalten und Antragsverfahren für Fernzugriff abwickeln	M/I	V/D
Zugriffsrechte auf Fileshares inklusive Backup/Restore (Gruppenablagen) einrichten und sicherstellen	I	V/D

A.8.2 IT-Notfallübung

IT-Service: Vorsorge für IT-Notfall und Notfallübung

Sämtliche Systeme, Applikationen sowie IT-Prozesse im Rechenzentrum müssen im Notfall gemäß der Wiederanlaufreihenfolge (in Reihenfolge ihrer Bedeutung für die Geschäftsprozesse) wiederhergestellt werden, alle anderen Systeme gemäß dem jeweiligen BHB. Die weitere Priorität ist der Zuordnung der Wiederanlaufklassen zu entnehmen. Die dafür erforderlichen Vorarbeiten sind durch die Fachbereiche (FSO) und technischen Verantwortlichen (TSO) konzeptionell zu erarbeiten und kontinuierlich an eine sich ändernde IT-Landschaft anzupassen.

Im Notfall werden unabhängig vom definierten Service Level unverzüglich alle erforderlichen Mitarbeiter aktiviert.

Zuständigkeitsmatrix

Legende: V = Verantwortung D = Durchführung M = Mitwirkung I = Information Leer = nicht relevant	**AG**	**AN**
Übergreifende IT-Notfallplanung vorgeben, erstellen und pflegen	M/I	V/D
Systemchecklisten für Wiederanlauf gemäß Vorgaben des AG befüllen	V/M	D/I
Wiederanlaufprozesse (System, Applikation) definieren, dokumentieren und aktualisieren als Teil des BHB (inklusive Backup-und Restore-Verfahren)	M	V/D/I
Notfallorganisation definieren, festlegen und im Notfall bereitstellen	V/D	M/I
Wiederanlaufreihenfolge resultierend aus Anforderungen der Leistungsscheine festlegen und dokumentieren	M/I	V/D
Jährliche IT-Notfallübungen durchführen	V/M	D/I
Passwortdateien verwalten und im Notfall bereitstellen	M/I	V/D
Wiederanlaufpläne überprüfen	V	M/D

A.8.3 Vulnerability

IT-Service: Vulnerability Management

Das Auffinden und Dokumentieren von IT-Sicherheitsschwachstellen, die Initiierung der Behebung gefundener IT-Sicherheitsschwachstellen sowie ein ausführliches Reporting über das aktuelle Sicherheitsniveau stellen einen wichtigen Baustein in einem IT-Security-Management dar. Über das Vulnerability Management werden Risiken, die sich durch IT-Sicherheitsschwachstellen der IT-Systeme ergeben, dargestellt bzw. transparent gemacht und reduziert oder behoben.

Zuständigkeitsmatrix

Legende: V = Verantwortung D = Durchführung M = Mitwirkung I = Information Leer = nicht relevant	**AG**	**AN**
Scanning (z.B. welche Systeme, welcher Rhythmus) nach Abstimmung konzipieren	M/I	V/D
Zugriffsberechtigungen erteilen	V/D	I
Zugriffsberechtigungen einrichten	I	V/D
Reports definieren	V	D/M
Vulnerability-Scanner betreiben	M/I	V/D
Reporting durchführen gemäß BHB	I	V/D
Erweiterungen und Vorgaben der IT-Security des AG umsetzen	M/I	V/D

A.8.4 Security Incident Management

IT-Service: Security Incident Management

Eine effiziente und effektive Reaktion auf IT-Sicherheitsvorfälle ist für den AG zum langfristigen Schutz seiner Geschäftstätigkeit von großer Bedeutung. Ziel des Security Incident Management ist es, einerseits die Bedrohung bzw. das Risiko, das von einem Security Incident ausgeht, schnellstmöglich zu beheben sowie andererseits über forensische Analysen die Ursache des Vorfalls ausfindig zu machen und Beweise gerichtsverwertbar zu sichern.

Zuständigkeitsmatrix

Legende: V = Verantwortung D = Durchführung M = Mitwirkung I = Information Leer = nicht relevant	**AG**	**AN**
Prozesse definieren und Dokumentation durchführen	M/I	V/D
Reporting definieren	M/I	V/D
Forensische Arbeiten steuern	M/I	V/D
Umgebung bereitstellen und betreiben	M/I	V/D
Informationen beschaffen (z.B. Wissen über Forensik)	M/I	V/D
Reporting für die Core-Prozesse durchführen	M/I	V/D
Forensik in Abstimmung mit der IT-Security des AG und unter Wahrung rechtlicher Vorgaben durchführen	M/I	V/D
Beurteilung der Sicherheitslage und Etablierung adäquater interner Maßnahmen	M/I	V/D
Empfehlung bzw. Entwicklung umsetzbarer Sicherheitsmaßnahmen Management von Emergency-Situationen, Benachrichtigungswege, Eskalationspfade	M/I	V/D
Situative Kommunikation im Sinne von Begründung, Kosten-/Nutzen-/ Risiko-Betrachtungen und Sensibilisierung zu Projektleitern, Projektmitarbeitern, Sponsoren, Management und Benutzern (zielgruppenspezifisch)	M/I	V/D

A.8.5 Security-Kontrollen

IT-Service: Security-Kontrollen (Audits)

Mit der kontinuierlichen Überprüfung auf Einhaltung der Vorgaben läuft ein steter Verbesserungsprozess zur Erhöhung des Sicherheitsniveaus ab. Mit Security-Kontrollen werden Lücken und Versäumnisse bei IT-Sicherheitsfragen aufgedeckt sowie Maßnahmen zur Behebung identifiziert und terminiert.

Zuständigkeitsmatrix

Legende: V = Verantwortung D = Durchführung M = Mitwirkung I = Information Leer = nicht relevant	**AG**	**AN**
Security-Kontrollen durchführen	M/I	V/D
Informationen bereitstellen	M/I	V/D
Ansprechpartner stellen	M/I	V/D
Zutritt, Zugang und Zugriffsberechtigung erteilen und falls notwendig systemtechnisch umsetzen	M/I	V/D
Gap-Report erstellen	M/I	V/D

A.8.6 Virenschutz

IT-Service: Virenschutz

Unter Virenschutz stehen die verteilten AV-Systeme (Mail 1 und Web in der Telematik, Mail 2 im WS und Client im Workplace-Team.

Es wird sichergestellt, dass im Webgate(-Proxy) und Mail-Gateway Maßnahmen getroffen werden, um passierenden Datenverkehr auf Schadlogik zu analysieren. Infizierte Websites werden geblockt und infizierte Mails werden abgewiesen.

Zuständigkeitsmatrix

Legende: V = Verantwortung D = Durchführung M = Mitwirkung I = Information Leer = nicht relevant	**AG**	**AN**
Alle Systeme sind im erforderlichen Umfang mit Sicherheitslösungen auszustatten		V/D
Alle Systeme sind im Rahmen des Virenbefalls zu scannen und wiederherzustellen		V/D
Alle relevanten Antivirenpattern usw. sind herunterzuladen und entsprechend auszurollen		V/D
Durchführung von Updates und Upgrades	I	V/D
Betrieb und Wartung, Instandhaltung der Antiviren-Infrastruktur	M/I	V/D
Behandlung und Beseitigung von Vorfällen/Ereignissen	I	V/D
Schadensanalyse	M	V/D
Verteilung und Installationen	I	V/D
Sicherheitsüberprüfungen, -bewertungen und -anpassungen	M	V/D

B Repository zu IT-Services mit ITIL-Prozessen

Bei der Gestaltung von IT-Services kommt es in der Praxis immer wieder vor, dass man auch ITIL-Prozesse als Leistung ansieht und diese auch mit in den IT-Servicekatalog aufgenommen werden müssen. Die folgende Auswahl von ITIL-Prozessen dient dazu, mithilfe von Vorlagen diese Anforderungen bzw. diese Leistungen in den IT-Servicekatalog übernehmen zu können.

B.1 Service Strategy

B.1.1 Service Portfolio Management

Das IT-Service Portfolio Management des AG dient zur Verwaltung der einzusetzenden Services. Dieser Prozess stellt sicher, dass der AG die richtige Mischung an IT-Services bereithält, um die notwendigen Geschäftsergebnisse mit einem angemessenen Investitionsniveau zu erfüllen.

Zuständigkeitsmatrix

Legende: V = Verantwortung D = Durchführung M = Mitwirkung I = Information Leer = nicht relevant	**AG**	**AN**
Businessanforderungen erfassen	V/D	M
Services freigeben	V/D	I
Halten und parken von Services	M	V/D
Services sperren	V/D	I/M

B.1.2 Financial Management

Das Financial Management umfasst das Definieren der erforderlichen Strukturen für das Management der Budget- und Kostendaten und Festlegen, wie die Kosten auf einzelne IT-Services verteilt werden. Hierzu zählen, den Bedarf an finanziellen Ressourcen in der kommenden Planungsperiode zu bestimmen und das verfügbare Budget mit optimalem Nutzen einzusetzen. Die Kostenstruktur ist für die Erbringung von IT-Services und die Profitabilität zu analysieren.

Zuständigkeitsmatrix

Legende: V = Verantwortung D = Durchführung M = Mitwirkung I = Information Leer = nicht relevant	**AG**	**AN**
Ressourcenbedarf analysieren	I	V/D
Kosten planen und darstellen von Services	I	V/D
Entwurf von Preismodellen	I/M	V/D
Freigabe von Preismodellen	V/D	I
Kostenverteilung darstellen und reporten	I	V/D

B.1.3 Demand Management

Das Demand Management sieht vor, dass der AG Anfragen kontrolliert an den AN stellen kann. Alle Anfragen sollen im Servicedesk geloggt werden. Das Zurverfügungstellen der angefragten Leistung soll erst nach einer entsprechenden Genehmigung erfolgen.

Zuständigkeitsmatrix

Legende: V = Verantwortung D = Durchführung M = Mitwirkung I = Information Leer = nicht relevant	**AG**	**AN**
Elektronische und weiterverarbeitbare Erfassung von Anforderungen	M	V/D
Anforderungswichtigkeit, erforderlichen Aufwand und erforderliche Genehmigungen bewerten	M	V/D
Anforderung prüfen und Anforderer über Genehmigung oder Zurückweisung benachrichtigen, bei Zurückweisung über Genehmigungsprozess informieren	M	V/D
Änderungs- und Servicefeinplanung veranlassen	M	V/D
Nachverfolgung des Fortschritts von Änderungsanforderungen	M	V/D

B.2 Service Design

B.2.1 Service Level Management

Ziel des Service Level Management ist der Abschluss von Vereinbarungen über IT-Services sowie deren Überwachung. Das Service Level Management umfasst die inhaltliche Abwicklung der Ausgestaltung von Service-Level-Vereinbarungen, das Spezifizieren, d.h. die Beschreibung der quantifizierbaren Leistungen, und die Dokumentation mit Detailinformationen von IT-Services. Die vereinbarten Service Level Agreements regeln die Erwartungshaltung des AG und die Erbringungsqualität des AN.

Zuständigkeitsmatrix

Legende: V = Verantwortung D = Durchführung M = Mitwirkung I = Information Leer = nicht relevant	**AG**	**AN**
Nachfrage nach Serviceänderungen/-erweiterungen prüfen und abstimmen	V/D	I/M
Pflege und Aktualisierung der getroffenen Vereinbarungen und Berücksichtigung von rechtlichen, wirtschaftlichen, organisatorischen oder technischen Änderungen	V/D	M
SLAs zur Unterzeichnung vorbereiten	V	D
Durchführen von Qualitätstrendanalysen für Services	M	V/D
Überwachen der Einhaltungen von SLAs sowie das Veranlassen der erforderlichen Anpassungen	V/D	M
Service Levels messen und reporten	I	V/D
Service Level-Gespräche gemäß Lastenheft (Steering Committee, Business Improvement, Service-Level-Meeting) führen, Dokumentation und Tasks nachverfolgen	V	M/D
Ergebnisse analysieren, bewerten und Verbesserungsmaßnahmen aussprechen	M	V/D
Bereitstellung eines Ansprechpartners	I	V/D
Business-IT-Services aus diesem Lastenheft übernehmen, ggf. ergänzen und selbsttätig pflegen	I	V/D
Entwurf von Key-Performance-Indikatoren zur Leistungsqualität festlegen	M	V/D
Zyklische Erfassung der Benutzerzufriedenheit		V/D

B.2.2 Servicekatalog-Management

Der Prozess IT-Servicekatalog-Management wird vom AN gefordert. Der AG unterscheidet zwei Servicekatalog-Typen:

- **Allgemeiner Servicekatalog**
  analog zum zu dieser Ausschreibung mitgeltenden Dokument Servicekatalog
- **Endbenutzer-spezifischer Servicekatalog**
  Hierfür sind die für Endbenutzer relevanten Leistungen wie z.B. Umzug oder Passwortreset in Form eines Servicekatalogs bereitzustellen

Ziel des Prozesses ist eine konsistente und zentralisierte Datenhaltung von Servicebeschreibungen.

Zuständigkeitsmatrix

Legende: V = Verantwortung D = Durchführung M = Mitwirkung I = Information Leer = nicht relevant	**AG**	**AN**
Abstimmung mit Service Portfolio Management	M	V/D
Erstellung und Pflege der Servicekataloge	M	V/D

B.2.3 Supplier Management

Im Supplier Management sollen die Dienstleistungen von Drittdienstleistern koordiniert werden. Der AN steuert dabei weitere Dienstleister und Drittdienstleister, die zur Erfüllung der Service Level Agreements notwendig sind.

Zuständigkeitsmatrix

Legende: V = Verantwortung D = Durchführung M = Mitwirkung I = Information Leer = nicht relevant	**AG**	**AN**
Strategische Bewertung von Drittdienstleistern	V/D	M
Fortlaufende Verwaltung der aktiven Wartungsverträge		V/D
Überwachung der Drittdienstleister	I	V/D
Nachhalten von übergebenen Arbeiten der Leistungsverpflichtungen aus den UCs		V/D
Abstimmung und Review der UCs zur Sicherstellung der SLA-Ziele	V/D	M
Pflege der Lieferanten und Vertragsdatenbank	M	V/D
Erstellung von Performance- und Untersuchungsreports	I	V/D

B.2.4 Capacity Management

Capacity Management ist ein Prozess, der sicherstellen soll, dass die richtige und kostengünstigste IT-Kapazität (Personal, Hardware und Software) zeitgerecht bereitgestellt wird, um die geschäftlichen Anforderungen abzudecken.

Zuständigkeitsmatrix

Legende: V = Verantwortung D = Durchführung M = Mitwirkung I = Information Leer = nicht relevant	**AG**	**AN**
Information zu kapazitätserweiternden Maßnahmen	I	V/D
Abstimmung und Initiierung von kapazitätserweiternden Maßnahmen	V/D	M
Komponentenkapazitätsmanagement		V/D
Erstellen von Auswertungen, Berichten und Trendanalysen	I	V/D
Durchführung von Risikoanalysen	M	V/D
Erstellen und Pflege von Kapazitätsplänen (z. B. Serverdaten, Storage-Verteilung usw.)	I	V/D
Setzen von Schwellwerten und Überwachen der Ressourcen	M	V/D
Aufnahme der geschäftlichen Anforderungen (Business-Kapazitätsmanagement)	V/D	I

B.2.5 Availability Management

Der Fokus des Availability Management liegt auf der wirtschaftlichen Sicherstellung des Verfügbarkeitsniveaus aller aktuellen und zukünftigen Services.

Der Fokus des Monitorings liegt auf folgenden beiden Aspekten:

- intern
  Im Rechenzentrum des AN findet das Monitoring zur Verfügbarkeit statt.
- nach extern
  Das Monitoring der Verfügbarkeit findet zu einer externen Lokation statt.

Zuständigkeitsmatrix

Legende: V = Verantwortung D = Durchführung M = Mitwirkung I = Information Leer = nicht relevant	**AG**	**AN**
Einrichtung, Betrieb, Pflege, Änderung und Löschung von Überwachungen (Monitoring) aller Umgebungen	M	V/D
Spezifikation und Umsetzung der Key-Performance-Indikatoren	M	V/D
Eskalation von Überwachungsmeldungen	M	V/D
Durchführung von Risikoanalysen	M	V/D
Erstellung und Pflege von Verfügbarkeitsplänen	I	V/D
Erstellung und Pflege von Designkriterien für Verfügbarkeit	M	V/D

B.2.6 Security und Information Management

Das Security und Information Management stellt die Erreichung eines abgestuften Sicherheitsniveaus für alle IT-Services auf Basis der Businessanforderungen sicher.

Die Sicherheitsrichtlinien umfassen folgende Punkte:

- Grundschutz nach geltender nationaler Norm und Best Practices
- Erweiterter Schutz nach internen und externen Anforderungen, die in Verträgen, Gesetzen und ggf. den Sicherheitsgrundsätzen des Unternehmens (Policies) festgelegt wurden.

Zuständigkeitsmatrix

Legende: V = Verantwortung D = Durchführung M = Mitwirkung I = Information Leer = nicht relevant	**AG**	**AN**
Erstellung und Vorgabe von Richtlinien in Bezug auf die IT-Sicherheitsziele	V/D	M
Erstellung von Bedrohungsszenarien und Risikoanalysen	V	M/D
Umsetzung eines richtlinienkonformen rollenbasierten Berechtigungskonzepts	M	V/D
Dokumentation der Umsetzung von Sicherheitsrichtlinien	I	V/D
Sicherstellung der Integrität der Informationen (Vollständigkeit, Richtigkeit und Schutz gegen unberechtigte Modifikation)	M	V/D
Sicherstellung, dass Geschäftstransaktionen und über Schnittstellen ausgetauschte Daten nicht durch IT-Fehler verfälscht werden	M	V/D

→

Legende: V = Verantwortung D = Durchführung M = Mitwirkung I = Information Leer = nicht relevant	**AG**	**AN**
Auswertung und Beurteilung von Verstößen sowie Einleitung von Gegenmaßnahmen	I	V/D
Schaffung eines Sicherheitsbewusstseins auf Basiš der Sicherheitsrichtlinien des AG bzw. nationaler Normen	M	V/D
Prüfung auf Wirksamkeit der Umsetzung von Sicherheitsrichtlinien	V/D	M/D
Regelmäßige Aktualisierung der Umsetzungsmaßnahmen für die Einhaltung der Sicherheitsrichtlinie	I	V/D

B.2.7 Continuity Management

Unter Business Continuity Management wird das Bereithalten eines leistungsfähigen Notfallmanagements zwecks systematischer Vorbereitung auf die Bewältigung von Schadenereignissen verstanden, sodass wichtige Geschäftsprozesse selbst in kritischen Situationen und in Notfällen nicht oder nur temporär unterbrochen werden und die wirtschaftliche Existenz des AG trotz Schadenereignis gesichert bleibt. Das AN-Continuity-Management richtet sich nach den Business-Continuity-Plänen des AG.

Zuständigkeitsmatrix

Legende: V = Verantwortung D = Durchführung M = Mitwirkung I = Information Leer = nicht relevant	**AG**	**AN**
Policies, Regeln und Umfang für die IT-Notfall- und Wiederherstellungsplanung definieren	V/D	M/I
Wiederherstellungsplanung erstellen, pflegen, umsetzen und testen	M/I	V/D
IT-Notfallplanung erstellen, pflegen, umsetzen und testen	M/I	V/D
Pflege der Wiederherstellreihenfolgeliste	I/M	V/D
Pflege der Abschaltreihenfolgeliste	I/M	V/D
Zuordnung von benötigten Ressourcen zu Geschäftsprozessen	M	V/D

B.3 Service Transition

B.3.1 Change Management/Planung & Unterstützung

Das Change Management umfasst die Aufgaben, die notwendig sind, um Anpassungen an der IT-Infrastruktur kontrolliert, effizient und unter Minimierung von Risiken für den Betrieb bestehender Business-Services durchzuführen.

Das Change Management soll eine Klassifizierung definieren, mit der Changes abhängig von den Risiken der Änderung in unterschiedliche Kategorien eingeteilt werden. Diese sollen sich an folgender Risikomatrix orientieren. Zur Abgrenzung zwischen Emergency-, Standard-, Non-Standard-Changes und Projekten ist weiter unten eine Erläuterung beigefügt.

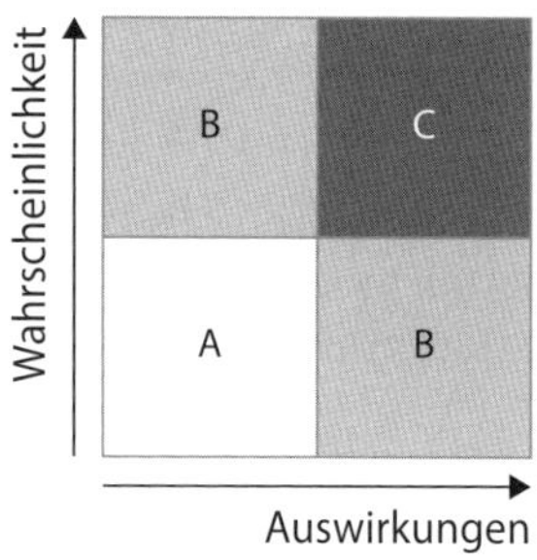

Abhängig von den Kategorien sollen Maßnahmen beschrieben sein, die ausgeführt werden, wenn ein Request for Change eingereicht/erstellt wird.

Alle Changes, die nicht der einfachsten Klasse zugeordnet werden können, sollen einem CAB (Change Advisory Board) vorgestellt werden, das über die Freigabe zur Durchführung der Changes entscheidet. Zu diesem Zweck soll das Change Management die Änderungsanträge verständlich aufbereiten.

Nach erfolgter Freigabe soll das Change Management die Koordination der Changes durchführen. Der Betreiber soll auch Changes von Gewerken koordinieren und unterstützend tätig sein, wenn diese zwar die AG-Systeme betreffen, der Betrieb jedoch nicht in seiner Verantwortung liegt (z. B. Änderungen an Applikationen in der Betriebsart Koordination und Bereitstellung).

Nach Abschluss der Arbeiten bzw. nach einem fehlgeschlagenen Change ist der AG über das Ergebnis zu informieren und die weitere Vorgehensweise abzustimmen.

Es soll einen Ad-hoc-Change-Prozess geben (Emergency CAB), der zur Anwendung kommt, wenn ein Change durchgeführt werden soll, der zeitlich vor dem nächsten CAB liegt. Änderungen an den Umgebungen ohne Change Request sind nur im Notfall erlaubt. Diese sind beim nächsten CAB vorzulegen.

Change Requests (CR) sind in dem vom AN genutzten Change-Management-Tool zu erfassen und über Workflows entsprechend einem Auftragsmanagement abzuarbeiten. Es werden folgende Ausprägungen von CRs unterschieden:

- Unter einem Emergency-Change werden Änderungen am System verstanden, die kurzfristig bzw. unmittelbar umgesetzt werden müssen. Die Notwendigkeit für eine rasche Umsetzung muss begründet werden und die Besonderheiten, die eine längerfristige Vorausplanung der Antragstellung verhindert haben, müssen nachvollziehbar sein. Insbesondere gehören zu dieser Change-Art alle Changes, die sich aus kurzfristig umzusetzenden Lösungsstrategien für aktuelle Probleme im IT-Tagesbetrieb ergeben.
- Standard-Changes sind bereits vollständig beschriebene und vom Change Management des AG fachlich und finanziell genehmigte Standardänderungen. Änderungsaktivitäten aufgrund eines automatischen Serviceplans sind ebenfalls Standard-Changes. Diese werden nach autorisierter Beauftragung ausgeführt.
- Non-Standard-Changes sind alle übrigen Anfragen zur Änderung/Anpassung, Korrektur, Erneuerung, Erweiterung und Verbesserung der IT-Infrastruktur oder IT-Services. Diese Anfragen werden durch den Servicedesk zur Bearbeitung an das Change Management des AG als »Request for Change« (RfC) oder »Change Request« (CR) weitergeleitet.
- Projekte sind eine Ansammlung von Standard- und Non-Standard-Changes, die ein Projektcontrolling erfordern.

Zwischen beiden Vertragspartnern ist zu eskalieren, wenn es zu keiner Einigung bei folgenden Kriterien kommt:

- Nichteinhaltung von Terminen bzw. Gefahr der Nichteinhaltung von Terminen
- Grobe Unterschiede der Einschätzung von Punkten im Change Request zwischen Antragsteller und IT-Betrieb
- Zurückweisung von Anforderungen/Change Requests
- Fehlende Rückmeldungen, Zustimmungen, Freigaben und Testergebnisse
- Unvollständige oder veraltete Dokumente/Dokumentation

Change-pflichtige Änderungen

Generell Change-pflichtig sind alle Änderungen an:

- allen Produktionsumgebungen,
- allen Testumgebungen und
- anderen Umgebungen, sofern SLAs und/oder Verträge zum Betrieb der Umgebung bestehen und betroffen sind.

Als Change-pflichtig werden insbesondere bzw. darüber hinaus die folgenden Maßnahmen definiert:

- Integration, Änderung oder Deaktivierung einer Anwendung
- Integration, Änderung oder Deaktivierung von Server- oder Client-Hardware, grundlegenden IT-Diensten oder Betriebssystemen
- Integration, Änderung oder Deaktivierung von Infrastruktur (z.B. Notstromversorgung, Netzwerk)
- Konfigurationsänderungen an Diensten, Schnittstellen, Batchplänen oder an technischen Benutzern
- Disaster Recovery und Notfalltests
- Neustart (Reboot) oder Herunterfahren von Servern, Datenbanken oder Applikationen
- Alle IT-Änderungen, bei denen weitere Freigaben erforderlich sind
- Alle Änderungen, die den Kriterien Security-relevante Änderungen entsprechen
- Alle Änderungen, die den Kriterien Datenschutz-relevante Änderungen entsprechen
- Technische Benutzer, die nicht über das Berechtigungsmanagement verwaltet werden
- Restore
- Alle kostenpflichtigen Änderungen, soweit die Kosten nicht in den Betriebskosten der Umgebung enthalten sind

Nicht zum Change Management gehörende Prozesse bzw. Themen sind:

- Beschaffungen (Hardware/Software, Lizenzen, Zertifikate etc.)
- Die Ausübung von Projektmanagement-Funktionen
- Die Zertifizierung von Komponenten und Systemen für die bestehende IT-Systemlandschaft
- Das Management der Client-Hardware und entsprechender Peripherie
- Berechtigungen, die bereits über das Berechtigungsmanagement erfasst werden
- Passwort-Reset

Eskalationen erfolgen schriftlich unter Angabe von Change-ID, Change-Titel, Antragsteller (Name), Eingangs- und geplantem Umsetzungsdatum sowie Zustimmungs- und Freigabedatum oder Ablehnungsdatum, soweit zutreffend, und bisher erfolgten Aktivitäten.

Die einzelnen Change-Kategorien werden vom Change Management zugewiesen – falls nötig in Absprache mit dem CAB, das eine Einschätzung der Auswirkungen der Änderung sowie der Belastung für die IT-Organisation liefert.

Zuständigkeitsmatrix

Legende: V = Verantwortung D = Durchführung M = Mitwirkung I = Information Leer = nicht relevant	**AG**	**AN**
Entwurf für Change Requests elektronisch inklusive Workflow	I	V/D
Änderungsanträge (synonym: Requests for Change) – Aufnahme/Erstellung – registrieren und entsprechend den gebildeten Klassen zuordnen und die beschriebenen Maßnahmen durchführen		V/D
Changes planen und überwachen, fachlich wie terminlich		V/D
Vorbereitung für einen Change und ggf. einen Testplan	M	V/D
Bei Changes, die nicht der Klasse Standard-Changes zugeordnet sind, ist ein Rollback- oder Fallback-Szenario sicherzustellen.		V/D
Freigegebene Changes koordinieren	I	V/D
Filterung von »Change Requests« (CR)	M	V/D
Akzeptierung von CRs	V/D	M
Klassifizierung von CRs	I	V/D
Re-Klassifizierung von CRs	V	D/M
Einholung der notwendigen Autorisierung für die Planung, Koordinierung und Durchführung der Änderungen für alle Non-Standard-Changes	V	D/M
Der AN wird auf Verlangen des AG im Rahmen des Change Management die Change-Anforderungen hinsichtlich möglicher Auswirkungen auf Kosten, Abhängigkeiten, Risiken, Termine und Rollback-Szenarien bewerten.	I	V/D
Die Terminierung und Planung des AG berücksichtigt, dass die Changes in Gruppierungen zusammengefasst werden können. Damit die Implementierung für den produktiven Tagesbetrieb bzw. Regelbetrieb handhabbar bleibt, werden die Gruppierungen in Abstimmung mit dem AN in überschaubarer Größe gehalten. Die Termin- und Planungsvorschläge des AN werden dem AG mitgeteilt und von dem AG freigegeben.	V/D	I/M
Changes, die nicht den formalen Anforderungen (berechtigter Antragsteller, Vollständigkeit und Plausibilität der Angaben) entsprechen oder keine Genehmigung von zustimmungspflichtigen Dritten (Security, Firewall, Betrieb etc.) erhalten, sind zurückzuweisen.	M	V/D
Freigabe von Change Requests zur Umsetzung	V/D	I
Benachrichtigung und Dokumentation der durchgeführten Changes	I	V/D
Abnahme der durchgeführten Changes	V/D	M
Führen eines Change-Reihenfolgeplans, -kalenders und eines Wartungsfensterkalenders	I	V/D
Erstellen eines Ressourcenplans	I	V/D
Alle Dokumente, die in Zusammenhang mit einer Eskalation stehen, werden im Change-Management-Tool des AG dem Change Request angehängt.	I	V/D

B.3.2 Release- und Deployment Management

Das Releasemanagement hat einen ganzheitlichen Blick auf Änderungen an IT-Services und sorgt für termingerechte und störungsfreie Einführungen (Rollout) von getesteten und freigegebenen Change Requests. Das Releasemanagement ist verantwortlich für das Verfahren zur Releaseplanung und für das Verfahren zur erweiterten Qualitätssicherung bei komplexen Änderungen an den definierten IT-Services des AG. Ziel ist die Sicherstellung der höchstmöglichen Verfügbarkeit.

Das Deployment Management dient der Sicherstellung der Nachvollziehbarkeit der zu einem bestimmten Zeitpunkt eingesetzten Programmversion. In den Verantwortungsbereich gehört ebenfalls die Einstellung von Baselines (Bezugskonfiguration).

In der Verantwortung des Releasebaus liegt die Zusammenfassung und Bündelung aller definierten und abgeschlossenen Softwareänderungen zum relevanten Zeitpunkt. Dies kann als Release, Partial oder Patch erfolgen. Nach Vorliegen der jeweiligen Freigaben erfolgt die Beauftragung der Installation in den verschiedenen Umgebungen. Die Verantwortlichkeiten sind pro System geregelt, für einzelne Systeme wird die Leistung erbracht.

Zuständigkeitsmatrix

Legende: V = Verantwortung D = Durchführung M = Mitwirkung I = Information Leer = nicht relevant	**AG**	**AN**
Releasemanagement		
Festlegen von Releasegrundsätzen und Planung		V/D
Entwurf, Aufbau und Zusammenstellung des Release (Release Build)		V/D
Test und Abnahme des Release	V/D	M
Planung der Einführung (Rollout)	M	V/D
Kommunikation, Vorbereitung und Schulung	V/D	M/D
Fallback-Strategie festlegen	M	V/D
Verteilung und Installation des Release		V/D
Vorgaben für Release festlegen	V/D	M
Releasetermine des Folgejahres in Abstimmung mit technischen und funktionalen Ownern sowie Change Management und Projekten festlegen	V/D	M/D
Freigabe der Releasetermine	V/D	M
Koordination der Releaseplanung (Testphasenplanung)	V/D	M
Release mit allen Komponenten zusammenstellen: HW, SW, Doku, Leistungen Drittdienstleister	M	V/D
Erstellung der Releaseplanung und Kommunikation an das Change Management	M	V/D

→

Legende: V = Verantwortung D = Durchführung M = Mitwirkung I = Information Leer = nicht relevant	**AG**	**AN**
Releasemanagement (Fortsetzung)		
Erstellen der Change Requests für die Deployments während der Testphase über das Change Management	M	V/D
Freigabe der Deployment-Packages für die Testphase	I	V/D
Plan der Installationszyklen mit den entsprechenden Beauftragungen der beteiligten Provider (Installationskalender)	I	V/D
Erstellung eines Ablaufplans für den Rollout	M	V/D
Erstellung eines Testplans	I	V/D
Erstellung eines Fallback-Plans	I	V/D
Testumgebung aufbauen	M	V/D
Releasedokumentation samt Testbericht erstellen	I	V/D
Ressourcenverfügbarkeit sicherstellen	M	V/D
Rollout-Planung kommunizieren	V/D	I
Releaseinstallation beauftragen	V/D	I
Releaseeinführung auf Produktionsumgebung abnehmen oder Entscheidung für Fallback	V/D	M
Dokumentation der Abnahmen	I	V/D
Releasebau		
Sicherstellung korrekter Installationspakete im Depot	I	V/D
Release-Inhalt festlegen (Anforderungen sammeln und analysieren), dokumentiert in Releasenotes	I	V/D
Sicherstellung der Übernahme von erfolgreichen Daily Builds in den Releasebau	I	V/D
Erstellung eines Fullrelease im Releasezyklus nach dem Entwicklungsstopp	I	V/D
Testen des Release auf Entwicklungs- und Testumgebung	M	V/D
Beauftragung der Produktivstellung des erfolgreich getesteten Release	V/D	I
Deployment Management		
Bereitstellung der relevanten Baseline vor einem Release	I (V/D)	V/D (I)
Einstellung Baseline im ITSM-Tool	I	V/D
Ordnungsgemäße Sicherstellung der Nummerierung von Versionsständen und Releases	I	V/D
Aufbewahrung der Versionsstände entsprechend den gesetzlichen Vorschriften	I	V/D
Dokumentation in der Betriebsdokumentation	I	V/D
Pflege der Definitive Media Library (DML)	M	V/D

Nach der Installation werden die Informationen weitergegeben, um die CMDB auf den neuesten Stand bringen zu können, damit auch z.B. eventuelle AG-Lizenzvereinbarungen kontrollierbar sind.

B.3.3 Configuration & Asset Management

Das Ziel des Configuration Management ist die Bereitstellung von Informationen über die historische, aktuelle und geplante Zusammensetzung der IT-Infrastruktur und der IT-Services. Die Sicherstellung dieser Zielsetzung erfolgt durch die Identifizierung, Überwachung und Kontrolle der Configuration Items (Hardware, Software, Dokumentation) und die kontinuierliche Pflege der Informationen und Assets. Änderungen werden nachvollziehbar über das Change Management angestoßen und dokumentiert.

Service Levels	**Wert**
Auditierungsintervall aller CIs	1 × monatlich
Hard- und Softwareinventarisierung	Eine Woche nach Planung/Änderung
Benutzerdaten	Im Rahmen der Installation von Geräten sowie bei Vor-Ort-Einsätzen zu pflegen

Zuständigkeitsmatrix

Legende: V = Verantwortung D = Durchführung M = Mitwirkung I = Information Leer = nicht relevant	**AG**	**AN**
Pflege und Änderungen der Configuration Items in den CMS-Systemen	I	V/D
Erstellung von CI-Ketten für IT-Services	I	V/D
Übersicht der Systeme inklusive installierter Applikationen	I	V/D
Systeminformationen (Hardware, Betriebssystem, Anwendungen, Netzwerk, Patches, Wartungsverträge, Change Requests, …) dokumentieren	I	V/D
Identifizieren und dokumentieren der Assets (HW und SW) in einer Datenbank mit den entsprechenden Stammdaten	I	V/D
Lifecycle-Management der Assets	M	V/D
Verwaltung der Assets	I	V/D
Bereitstellung eines Tools, in dem die CIs und Assets verwaltet und gepflegt werden können	I	V/D
Dokumentation laufend auf Unstimmigkeiten prüfen	I	V/D
Verifizierung der Dokumentation oder ein Audit vornehmen	V/D	M

→

Legende: V = Verantwortung D = Durchführung M = Mitwirkung I = Information Leer = nicht relevant	**AG**	**AN**
Erstellung eines monatlichen Reports verwendeter Assets. Zusätzlich sollen auf spezifische Anfrage Asset-Reports zu einem oder mehreren Assets erstellt werden.	I	V/D
Erstellung von Topologieplänen auf Basis der CIs und Assets	I	V/D
Lizenzabgleich zwischen Soll- und Ist	M	V/D

B.3.4 Servicevalidierung & Test

Zum Umfang von Servicevalidierung & Test zählen der Aufbau von Testumgebungen und die Durchführung von Tests an den IT-Systemen des AG gemäß den Vorgaben des Release-Packages. Ziel ist es, neue Anforderungen vor der Inbetriebnahme zu validieren und deren Produktivfähigkeit zu erproben. Ebenso zählt auch die Analyse von bestehenden kritischen Betriebszuständen, die in Form von mehreren Tests recherchiert werden, dazu.

Zuständigkeitsmatrix

Legende: V = Verantwortung D = Durchführung M = Mitwirkung I = Information Leer = nicht relevant	**AG**	**AN**
Vorgaben für die Testumgebungen	V/D	M
Bereitstellung der Assets für Testumgebungen	V/D	M
Bereitstellung von Testumgebungen	I	V/D
Aufbau und Ableitung neuer Testroutinen während der Tests	M	V/D
Dokumentation der Testergebnisse	I	V/D
Umsetzungsempfehlungen konzeptionell beschreiben	I	V/D
Durchführung IT-Tests	I	V/D
Durchführung fachlicher Tests	V/D	M

B.3.5 Wissensmanagement

Das Wissensmanagement bezeichnet alle Aktivitäten, die erforderlich sind, um die im IT-Betrieb gewonnenen Informationen in Wissen umzuwandeln. Hierfür sind eine Wissensdatenbank, FAQs, Know-Error-Database und ein IT-Data-Warehouse geeignet. Der AG fordert einen dauerhaften Onlinezugriff auf die Systeme des AN, die das Wissen der AG-Systeme enthalten.

Zuständigkeitsmatrix

Legende: V = Verantwortung D = Durchführung M = Mitwirkung I = Information Leer = nicht relevant	**AG**	**AN**
Führen von Datenbanken und -quellen mit AG-Informationen	I	V/D
Aufbereiten von AG-Informationen für Wissenssysteme	I	V/D
Bereitstellung des Wissens für Abnehmer (Rollen, Prozesse)	I	V/D
Anlegen und Verwalten der Zugriffsberechtigungen	I	V/D
Aktualisierung von Wissenssystemen	I	V/D
Bereitstellung von Zugriffen für den AG auf die Wissenssysteme	M	V/D

B.4 Service Operation

B.4.1 Servicedesk

Primärziel ist es, die Schnittstelle zum Anwender sicherzustellen, Anfragen entgegenzunehmen, diese inhaltlich zu klären und Auskünfte zu erteilen. Als »Single Point of Contact« für die Anwender dient der Servicedesk des AN dazu, Störungen und Beauftragungen telefonisch, per Fax, per Webinterface oder per E-Mail anzunehmen. Der Servicedesk versucht, die gemeldete Störung/Anfrage des Anwenders direkt zu beheben bzw. zu bearbeiten. Ist der Servicedesk dazu nicht in der Lage, wird der Vorgang entsprechend weitergeleitet. Teiltätigkeiten innerhalb des Servicedesks sind zu automatisieren (z.B. Passwort-Selbsthilfe, Einsicht des Ticketstatus etc.). Der AG fordert, dass Tickets auf Gruppen übertragen werden können, damit andere den Status einsehen. Ebenso soll die Trennung des Ticketinhabers vom Ticketgenehmiger im Tool möglich sein.

Das Erscheinungsbild des Servicedesks gegenüber dem Benutzer soll der Identität des AG Rechnung tragen durch Einhaltung der Vorschriften des AG. Dies umfasst u.a. die Integration eines Webportals in das AG-Intranet. Die Kommunikationskanäle sind in allen Servicezeiten gleich zu halten (z.B. keine Rufnummernänderung außerhalb der Servicezeiten). Die Kompetenzen sollen einem Skilled Servicedesk entsprechen.

Zuständigkeitsmatrix

Legende: V = Verantwortung D = Durchführung M = Mitwirkung I = Information Leer = nicht relevant	**AG**	**AN**
Bereitstellung der Remote-Control-SW zur Fernbedienung von Anwender-Clients durch den Servicedesk	V/D	M
Erstellen und Pflege von Vorschriften zum Erscheinungsbild des Servicedesks	V/D	M
Verfügbarkeit der Kommunikationskanäle sicherstellen		V/D
Annahme von Störungen als Incident und deren Weiterleitung	M	V/D
Abfrage von Kriterien zur Störungsaufnahme		V/D
Störungsbehebung für bekannte Incidents mit Lösungsweg	I	V/D
Initiale Priorisierung und Kategorisierung von Störungen	I	V/D
Priorisierung und Kategorisierung von Störungen nach der Analyse	M	V/D
Aktualisierung und Abschluss von Incidents	M	V/D
Erteilung von Auskünften	I	V/D
Bearbeitung von Reklamationen		V/D
Annahme von Problemmeldungen		V/D
Diagnose und – sofern möglich – sofortige Behebung von Störungen oder Bedienfehlern	M	V/D
Regelmäßige Information durch den Servicedesk über Status der Bearbeitung und Beendigung der Bearbeitung nur bei erfolgreich abgeschlossenen Tickets	I	V/D
Bekannte Lösungen/Workarounds ermitteln, Known-Error-DB und Checklisten konsultieren	M	V/D
Incident Management anstoßen		V/D
Problem Management anstoßen		V/D
Pflege der Priorisierungsliste	I/M	V/D
Überwachung der vereinbarten Service Levels		V/D
Tracking von Tickets bei überschrittenen Service Levels	I	V/D
Hierarchische und fachliche Eskalation gemäß Vorgaben zur Einhaltung der Service Levels	I	V/D
Tickethistorien führen und validieren		V/D
Massenstörungen melden via Mail, Intranet, Notifier	I	V/D
Ankündigung von Wartungsarbeiten an Benutzer	I	V/D
Frühzeitige Warnung, wenn Systeme heruntergefahren werden, damit Benutzer speichern können	I	V/D
Erstellung und Anpassung von Tasklisten		V/D
Benutzerinfos zu Wartungen und Störungen	M	V/D
Ticket-ad-hoc-Report	I	V/D

B.4.2 IT-Operation

Innerhalb von IT-Operationen finden Tätigkeiten oder Störungsbehebungen in der IT statt. Ziel dieser Tätigkeiten ist das Sicherstellen der Betriebsstabilität der verantworteten IT-Services. Hierfür werden laufend im Day-to-Day-Business die Betriebszustände verfolgt und den Erfordernissen entsprechend reagiert.

Zuständigkeitsmatrix

Legende: V = Verantwortung D = Durchführung M = Mitwirkung I = Information Leer = nicht relevant	**AG**	**AN**
Erstellung von Routinen (z.B. Skripte) zur Zusammenfassung einzelner administrativer Tätigkeiten	I	V/D
Erstellung und Anpassung von Tasklisten	I	V/D
Manuelles Anstoßen von Routinen (z.B. Skripte)	I	V/D
Erstellen von Reports	I	V/D
Automatisierung von Abläufen	I	V/D
Dokumentation von Eingriffen in die IT	I	V/D

B.4.3 Field Service Management

Der AG benötigt Personal vom AN, um einen ausreichenden Vor-Ort-Service zu gewährleisten. Zu den Leistungsinhalten zählen u.a. die Neuaufstellung von Geräten, Hardwareumzug, Verwaltung der Lager oder Vor-Ort-Aktivitäten für die Instandhaltung von IT-Komponenten. Der AN hat dafür Sorge zu tragen, dass das eingesetzte Personal für die Aufgaben ausreichend qualifiziert und insbesondere mit den eingesetzten Standardanwendungen vertraut ist.

Der AN wird seine Personalressourcen so einsetzen, dass die Einhaltung der SLAs gewährleistet ist.

Der AN stellt bei Urlaubs-, Weiterbildungs- und sonstigen Ausfallzeiten von Mitarbeitern sicher, dass eine entsprechend qualifizierte und eingearbeitete Vertretung vorhanden ist. Der AN wird auf Verlangen des AG das eingesetzte Kernteam durch zusätzliches Personal bzw. Spezialisten aus der Zentrale erweitern, um die anfallenden Aufgaben termingerecht zu lösen.

Zuständigkeitsmatrix

Legende: V = Verantwortung D = Durchführung M = Mitwirkung I = Information Leer = nicht relevant	**AG**	**AN**
Bereitstellung der Büroausstattung: Raum, Büroausstattung, Internet, Netzzugang etc.	V/D	M
Bereitstellung der Hardware-/Softwareausstattung: Standard-PC bzw. Client bzw. Drucker etc.	V/D	M
Abarbeiten des übertragenen Taskplans		V/D
Rückmeldung über Fertigstellung und Ergebnis des Taskplans		V/D
Bearbeiten und Dokumentation der Regeltasks		V/D
Erstellung und Pflege eines Mitarbeitereinsatzplans	I	V/D

B.4.4 Event Management

Aufgabe des Event Management ist es, Schwellwerte in den IT-Systemen zu setzen, um kritische Betriebszustände erkennen zu können. Die daraus generierten Traps, Events, Alarme und Warnungen werden gesammelt, konvertiert, auf Plausibilität geprüft und gefiltert. Die konsolidierte Menge an Meldungen wird korreliert und an die entsprechenden Abnehmer (Rollen, Prozesse) verteilt.

Zuständigkeitsmatrix

Legende: V = Verantwortung D = Durchführung M = Mitwirkung I = Information Leer = nicht relevant	**AG**	**AN**
Definition von Abnehmern auf der AG-Seite für Events	V/D	I
Setzen und verwalten von Schwellwerten	M	V/D
Sammeln von Messergebnissen		V/D
Korrelation der Messergebnisse	I	V/D
Verteilung von Events	I	V/D
Betrieb der Messsysteme		V/D
Sicherstellung der Korrektheit von Messergebnissen anhand von Stichproben	I	V/D
Erstellung von Schwellwert-Bewertungsberichten	I	V/D
Auslösung des Incident Management bei Auswirkung der Servicequalität	I	V/D
Ermittlung von absehbaren Servicebeeinträchtigungen und Einleitung von Maßnahmen	I	V/D

B.4.5 Incident Management

Primärziel ist es, Incidents schnellstmöglich zu beheben, um negative Auswirkungen auf Anwender und Geschäftsprozesse so gering wie möglich zu halten sowie ausgefallene oder beeinträchtigte Serviceleistungen in der vereinbarten Zeit wiederherzustellen. Das Incident Management übernimmt das Management eines Incidents während seines gesamten Lebenszyklus.

Sofern keine detailliertere Vorgabe zur Ermittlung einer Priorität vorhanden ist, erfolgt die Ermittlung einer Priorität entsprechend der nachstehenden Matrix in Abhängigkeit der Dringlichkeit und der Auswirkung.

Ermittlung der Priorität		**Dringlichkeit**		
		hoch	**mittel**	**niedrig**
Auswirkung	**hoch**	1	1	2
	mittel	1	2	3
	niedrig	2	3	3

Prioritäten im Incident Management

Priorität	Zuordnung des Incidents zur Priorität	Beispiele für Definitionen
Prio 1 »hoch«	Störung/Ausfall mit erheblichen Einschränkungen auf die vitalen AG-Geschäftsprozesse mit ggf. hohem wirtschaftlichem Schaden	▪ Totalausfall eines IT-Service am Standort Stadt ▪ sehr viele Anwender betroffen
Prio 2 »mittel«	Störung/Ausfall mit mittleren Einschränkungen auf die AG-Geschäftsprozesse und ggf. begrenzter wirtschaftlicher Schaden	▪ Ausfall von einzelnen IT-Infrastrukturkomponenten ▪ Ausfall von Redundanzsystemen bzw. Applikationen oder Teilausfälle des Kommunikationssystems ▪ Ausfall für Anwendergruppen
Prio 3 »gering«	Störung/Ausfall mit geringen Einschränkungen auf die AG-Geschäftsprozesse und ggf. geringer wirtschaftlicher Schaden bzw. die Funktionalität der Applikation ist nur unwesentlich eingeschränkt	▪ Ausfall oder Störung an Applikationen mit niedriger Wichtigkeit ▪ Performance-Probleme ▪ Defekte an Hardwareteilen ohne Auswirkungen auf die Funktionalität ▪ Ausfall für einzelne Anwender

Jeder Incident hat einen Bearbeitungszustand (s. folgende Tabelle).

Status	Beschreibung
Open	Ein Incident ist geöffnet, ein Bearbeiter ist noch nicht zugeordnet. Bei generierten Incidents aus dem Systemmanagement werden die Bearbeiter automatisch eingetragen.
Updated	Ein Incident hat einen Bearbeiter, aber die Störung ist nicht gelöst.
Work in Progress	Ein Incident ist aufgenommen, der Bearbeiter arbeitet an einer Lösung.
Pending Customer	Auf Rückantwort vom Anwender wird gewartet.
Pending Vendor	Auf Rückantwort vom Hersteller wird gewartet.
Resolved	Der Incident wurde behoben und zur Schließung freigegeben.
Closed	Der Incident ist geschlossen.

Zuständigkeitsmatrix

Legende: V = Verantwortung D = Durchführung M = Mitwirkung I = Information Leer = nicht relevant	AG	AN
Annahme von Incidents und Dokumentation in elektronisch weiterverarbeitbarer Form	M	V/D
Lösung von Incidents	I	V/D
Anwendung von Workarounds	I/M	V/D
Repriorisierung von Incidents nach der Analyse	M	V/D
Fehleranalyse und Fehlerbehandlung durchführen		V/D
Aktualisierung und Abschluss von Incidents nach Störungsbeseitigung	M	V/D
Information zum Incident ergänzen	M	V/D
Funktionale Eskalation durchführen	M	V/D
Störungsbehebung durchführen	M	V/D
Funktionstest durchführen	D	V/M
Störungsbehebung dokumentieren		V/D
Problem Management anstoßen	M	V/D

B.4.6 Problem Management

Die Hauptaufgabe des Problem Management ist die Analyse aller Incidents unter dem speziellen Gesichtspunkt der Identifizierung der zugrunde liegenden Ursachen. Das Problem Management umfasst die nachhaltige Beseitigung von Störungen oder Serviceausfällen. Die Erkenntnisse aus dem Problem Management sind eine Grundlage für das Wissensmanagement.

Prioritäten im Problem Management

Die Priorität eines Problems wird nach folgender Zuordnung ermittelt:

Priorität	Zuordnung des Problem zur Priorität	Beispiele für Definitionen
Prio 1 »hoch«	Dringend/hohe Auswirkung	Kein Workaround vorhanden bzw. nur Stunden bis wenige Tage einsetzbar
Prio 2 »mittel«	Mittlere Dringlichkeit/Auswirkung	Workaround nur Tage bis wenige Wochen einsetzbar
Prio 3 »gering«	Nicht dringend/geringe Auswirkung	Workaround längere Zeiträume einsetzbar

Zuständigkeitsmatrix

Legende: V = Verantwortung D = Durchführung M = Mitwirkung I = Information Leer = nicht relevant	AG	AN
Problem identifizieren	M	V/D
Problem aufnehmen und klassifizieren		V/D
Problem an Expertengruppe übertragen		V/D
Problem analysieren		V/D
Problemursache ermitteln und dokumentieren	I	V/D
Workaround entwickeln & zur Verfügung stellen	M	V/D
Behebungsaufwand beurteilen	I	V/D
Terminplan kommunizieren	I	V/D
Change Request an Change Management übergeben		V/D
Post Implementation Review (PIR) durchführen		V/D
Ergebnisse dokumentieren	I	V/D
Known-Error-DB und Checklisten aktualisieren		V/D
Proaktive Aktionen ableiten		V/D
Problem schließen	I	V/D

B.4.7 Request Fulfillment Management

Das Request Fulfillment Management dient zur Umsetzung von Anfragen und Standard-Changes. Im Rahmen dieses Prozesses wird geregelt, welche Anfragen in welcher Reihenfolge beantwortet werden. Wesentlicher Output dieses Prozesses dient als Informationsgrundlage für das Change Management und das Demand Management.

Zuständigkeitsmatrix

Legende: V = Verantwortung D = Durchführung M = Mitwirkung I = Information Leer = nicht relevant	**AG**	**AN**
Annahme von Anfragen	M	V/D
Bearbeitung der Anfragen und Standard-Changes		V/D
Rückmeldung nach erfolgter Bearbeitung an das Change Management und Demand Management		V/D
Dokumentation der erfolgten Arbeiten	I	V/D

B.4.8 Access Management

Zur Umsetzung der Vorgaben aus dem Security und Information Management dient das Access Management. Zum Nachweis, welche Berechtigungen legitimiert wurden und welche Zugriffe tatsächlich stattfanden, ist das Access Management zuständig. Es führt den Abgleich durch und zeigt Abweichungen in einem Sicherheitsbericht auf.

Zuständigkeitsmatrix

Legende: V = Verantwortung D = Durchführung M = Mitwirkung I = Information Leer = nicht relevant	**AG**	**AN**
Legitimierung der Berechtigungsdefinition	V/D	I
Umsetzung von Berechtigungen und Dokumentation	I	V/D
Erhebung von unberechtigten Zugriffen	I	V/D
Erkennen und Belegen von Angriffen	I	V/D
Führen des Sicherheitsberichts	I	V/D
Angriffsrückverfolgung	I	V/D
Sicherheitslücken aufzeigen	I	V/D
Nachweisführung für Berechtigungsänderungen	I	V/D

C Weblinks

Wenn man Schulungen zum Thema sucht:

- *https://www.comparex-group.com/web/de/akademie/Seminare/seminar-schulung-suche.htm*
- *http://www.managementcircle.de* (Stichwort: IT-Servicekatalog)
- *http://www.seminarplaner.de/8690* (Stichwort: 8690)
- *http://www.scholderer.de/it-servicekatalog.html*

Wenn man sich unter Servicekatalog-Managern austauschen möchte:

- *http://www.itsmf.de*
- *http://www.slm-forum.de*
- *http://www.xing.de* (Stichwort für Gruppen: IT-Servicekatalog)

Wenn man kostenfreie Informationen zum IT-Servicekatalog sucht:

- *http://scholar.google.de* (Stichwort: IT-Servicekatalog)
- *http://wiki.de.it-processmaps.com/index.php/Service_Catalogue_Management*
- *http://www.google.de* (Stichwort: IT-Servicekatalog Universität, man bekommt die IT-Servicekataloge der Universitätsrechenzentren als Ergebnis)

D Abkürzungen

AAA	Authentication, Authorization and Accounting
AG	Arbeitgeber
ACD	Automatic Call Distribution
AD	Active Directory
AG M	Auftraggeber Mitwirkung
AN	Arbeitnehmer
AS2	Applicability Statement 2
AV	Anti-Virus
BANF	Bestellanforderung
BHB	Betriebshandbuch
BSI	Bundesamt für Sicherheit in der Informationstechnik
CAB	Change Advisory Board
CAG	Citrix Access Gateway
CCMS	Computer Center Management System
CECAR	Customer Enabled Catalogue ARchitecture
CET	Central European Time
CI	Configuration Item
CIO	Chief Information Officer
CMDB	Configuration Management Database
CMS	Customer Management System
COBIT	Control Objectives for Information and Related Technology
CPU	Central Processing Unit
CR	Change Request
CSI	Customer Satisfaction Index
DB	Datenbank

DECT	Digital Enhanced Cordless Telecommunications
DHCP	Dynamic Host Configuration Protocol
DNS	Domain Name Service
EAI	Enterprise Application Integration
EBIT	Earnings before interest and taxes
EDI	Electronic Data Interchange
ERP	Enterprise Resource Planning
FAQ	Frequently Asked Questions
FSO	Fachlicher System Owner
FTO	File Transfer Organizer
FTP	File Transfer Protocol
GPO	Geschäftsprozessoptimierung
GUI	Graphical User Interface
IaaS	Infrastructure as a Service
IPS	Intrusion Prevention System
IPSEC	Internet Protocol Security
ISO	International Standardisation Organisation
itSMF	IT Service Management Forum
IT	Information Technology
IT	Informations- und Kommunikationstechnik
ITIL	Information Technology Infrastructure Library
ITLRM	Information Technology Logical Resource Management
ITSM	Information Technology Service Management
KI	Künstliche Intelligenz
KPI	Key Performance Indicator
LAN	Local Area Network
LAS	Local Area System
LDAP	Lightweight Directory Access Protocol
LIT	Leave-In-Time (packet switching)
LRZ	Logisches Rechenzentrum
LVS	Linux Virtual Server
LÜP	Leistungsübergabepunkt
MA	Mitarbeiter
MAK	Memory Acknowledge

MDE	Mobile Datenerfassung
MIPS	Million Instructions per Second
MPLS	Multiprotocol Label Switching
MTBF	Mean Time between Failures
MTTR	Mean Time to Repair
NBD	Next Business Day
OLA	Operation Level Agreement
OS	Operation System
OSI	Open System Interconnection
OU	Organizational Unit
PaaS	Platform as a Service
PCI	Peripheral Component Interconnect
PCMCIA	Personal Computer Memory Card International Association
PKI-HSM	Public Key Infrastructure Hardware Security Module
QoS	Quality of Service
RfC	Request for Change
ROI	Return on Investment
RSA	Rivest, Shamir und Adleman (kryptographisches Verfahren)
SaaS	Software as a Service
SAN	Storage Area Network
SCM	Servicekatalog-Management
SFTP	Secure File Transfer Protocol
SL	Service Level
SLA	Service Level Agreement
SLM	Service Level Management
SLR	Service Level Request
SOUSIS	Service Level Agreement, Operation Level Agreement, Underpinning Contracts, Service Catalogue, IT-Rahmenvertrag, Service Calculator
SQL	Structured Query Language
SSL	Secure Session Layer
TCP	Transfer Control Protocol
TSO	Technical System Owner
TT	Trouble Ticket
TTS	Trouble-Ticket-System

UC	Underpinning Contract
UML	Unified Modeling Language
USB	Universal Serial Bus
USV	Unterbrechungsfreie Stromversorgung
VBS	Vorgangsbearbeitungssystem
VCD	Variable Cost Dynamics
VM	Virtual Machine
VPN	Virtual Private Network
WAMAS	Warehouse Management System
WAN	Wide Area Network
WLAN	Wireless Local Area Network
WS	Wirksystem

E Literatur

[**Andenmatten 2008**] Andenmatten, M.: ISO 20000: *Praxishandbuch für Servicemanagement und IT-Governance*. Symposion Publishing GmbH, 2008.

[**Beims 2009**] Beims, M.: *IT-Service Management in der Praxis mit ITIL® 3: Zielfindung, Methoden, Realisierung*. Hanser Fachbuch, 2009.

[**Bellwood u.a. 2005**] Bellwood, T.; Clement, L.; Ehnebuske, D.; Hately, A.; Hondo, M.; Husband, Y. L.; Januszewski, K.; Lee, S. B.; McKee, B.; Munter, J.; von Riegen, C.: *UDDI Version 3.0* – UDDI Spec Technical Committee Specification, 2002; publiziert unter: *http://uddi.org/pubs/uddi-v3.00-published-20020719.htm*; abgerufen am 10.08.2005.

[**Berger 2005**] Berger, T.: *Konzeption und Management von Service-Level-Agreements für IT-Dienstleistungen*. Dissertation, Darmstadt, 2005;. publiziert unter: *http://elib.tu-darmstadt.de/diss/000570/Dissertation_ThomasBerger_SLAs.pdf*; abgerufen am 10.09.2005.

[**BSI 2013**] Bundesamt für Sicherheit in der Informationstechnik (BSI): *HV-Kompendium V 1.6, Band G, Kap. 8: IT-Service-Modell des BSI*, 2013; *https://www.bsi.bund.de*.

[**Bock u.a. 2008**] Bock, W.; Macek, G.; Oberndorfer, T.; Pumsenberger, R.: *Praxisbuch ITIL: Erfolgreiche Zertifizierung nach ISO 20000*. Galileo Computing, 2008.

[**Bon 2008**] Van Bon, J.: *IT-Service Management basierend auf ITIL V3 – Das Taschenbuch*. Van Haren Publishing, 2008.

[**Bonk u.a. 2010**] Bonk, M.; Job, G.; Kirchhoff, U.; Bayer, H.: *Service Level Management in der Öffentlichen Verwaltung: Diagnose, Planung, Umsetzung*. Symposion Publishing GmbH, 2010.

[**CMMI 2011**] CMMI Information Center, *CMMI Version 1.3*, *www.cmmiinstitute.com*, 2011.

[**Dohle u.a. 2009**] Dohle, H.; Schmidt, R.; Zielke, F.; Schürmann, T.: *ISO 20 000. Eine Einführung für Manager und Projektleiter*. dpunkt.verlag, 2009.

[**Franke 2014**] Franke, O.: FAQ zum IT-Servicekatalog, 2014; *http://www.computerwoche.de/a/faq-zum-it-servicekatalog,2503958,2*; abgerufen am 30.06.2016.

[**Fröschle und Kütz 2011**] Fröschle, H.; Kütz, M. (Hrsg.): *Lexikon IT-Management*. Symposion Publishing GmbH, 2011.

[**Fröschle und Schrey 2012**] Fröschle, H.; Schrey, J.: *Praktisches Service-Level-Management: Basiswissen, Implementierung, Praxisbeispiele*, Symposion Publishing GmbH, 2012.

[**Gaulke 2020**] Gaulke, M.: *Praxiswissen COBIT – Grundlagen und praktische Anwendung in der Unternehmens-IT*. 3. Auflage, dpunkt.verlag, 2020.

[**Gentzsch 2006**] Gentzsch, W.: *IT aus der Steckdose: Hype oder Realität?* Wirtschaftsinformatik, Volume 48, Number 1, DOI: 10.1007/s11576-006-0012-3 (eISSN 1867-0202), Springer-Verlag, 2006.

[**Grauer 2006**] Grauer, M.: *IT aus der Steckdose und Wirtschaftsinformatik*. Wirtschaftsinformatik, Volume 48, Number 1, DOI: 10.1007/s11576-006-0012-3 (eISSN 1867-0202), Springer-Verlag, 2006.

[**Groupcom 2014**] groupcom: *Qualitätskriterien für IT-Servicekataloge*, 2014; *http://www.business-wissen.de/artikel/it-services-qualitaetskriterien-fuer-it-servicekataloge/*; abgerufen am 30.06.2016.

[**Huppertz 2016**] Huppertz, P. G.: *Service-Definitionen – Zusammenstellung und Vergleich*, 2016; *http://de.slideshare.net/PaulGHz/arbeitspapier-service-definition-varianten-und-vergleich-v010100*; abgerufen am 06.07.2016.

[**ISACA 2018**] ISACA: *COBIT® 2019*, USA, *www.isaca.org*, 2018.

[**ISO 20000-1 2011**] ISO/IEC 20000-1:2011
Information technology – Service management – Part 1: Service management system requirements, 2011; *http://www.iso.org*.

[**ISO 20000-2 2011**] ISO/IEC 20000-2:2011
Information technology – Service management – Part 2: Code of practice, 2011; http://www.iso.org.

[**ITILv3 2011**] Central Computer and Telecommunications Agency (CCTA): *ITIL – The IT Infrastructure Library*, Version 3, 2011.

[**ITIL 4 2019**] ITIL Foundation: *ITIL 4 edition*. TSO (The Stationery Office), 2019.

[**Jäckel und Scholderer 2005a**] Jäckel, N.; Scholderer, R.: *Gläserner Dienst, End-2-End-Monitoring mit Applikationsrobotern. IX Magazin für professionelle Informationstechnik*, Ausgabe 11/05, 2005; *http://www.heise.de/kiosk/archiv/ix/2005/11/121*.

[Jäckel und Scholderer 2005b] Jäckel, N.; Scholderer, R.: *Itil-Siegel schafft zu wenig Transparenz*. Computerwoche, 09/055, 2005; *http://www.computerwoche.de/index.cfm?pageid=256&artid=81567&main_id=81567&category=162&currpage=1&type=detail&kw*.

[Jäckel und Scholderer 2006a] Jäckel, N.; Scholderer, R.: *Autopilot für das Service-Management. Service Today*, Ausgabe 12/06, 2006; *http://www.kvd.de/index.php?id=51*.

[Jäckel und Scholderer 2006b] Jäckel, N.; Scholderer, R.: *Leistungskontrolleure für SLAs. IT-Administrator*, Ausgabe 10/06, 2006; *http://www.it-administrator.de/*.

[Jäckel und Scholderer 2006c] Jäckel, N.; Scholderer, R.: *Servicekataloge homogen gestalten*. IT-Business News, Ausgabe 10/06, 2006; *http://www.it-business.net/* oder *http://www.g-ne.de/pdf/Internet-Business_Servicekataloge.pdf*.

[Jäckel und Scholderer 2006d] Jäckel, N.; Scholderer, R.: *Cockpit für das SLM*, LDienstleisterline, Ausgabe 09/06, 2006; *http://www.netigator.de/netigator/live/fachartikelarchiv/ha_artikel/powerslave,pid,archiv,id,30790881,obj,,np,,ng,archiv,thes,9296.html*.

[Jäckel und Scholderer 2006e] Jäckel, N.; Scholderer, R.: *Hoster unter Kontrolle*. Internet World Business, Ausgabe 08/06, 2006; *http://www.internetworld.de/old/Hoster-unter-Kontrolle.120.0.html?viewfolder=060907&viewfile=18_26_02_backoffice*.

[Jäckel und Scholderer 2006f] Jäckel, N.; Scholderer, R.: *Den Ball richtig zuspielen – Beim Aushandeln von SLAs sollten Mittelständler darauf achten, nicht ins Hintertreffen zu geraten*. IT-Mittelstand, Ausgabe 03/06, 2006; *http://www.g-ne.de/pdf/it-mittelstand.pdf*.

[Jäckel und Scholderer 2006g] Jäckel, N.; Scholderer, R.: *Überblick bei SLAs – Was Du schwarz auf weiß besitzt, kannst Du getrost nach Hause tragen*. IT-Business News, Ausgabe 02/06, 2006, *http://www.g-ne.de/pdf/IT-Business-Was_du_schwarz_auf_weiss_besitzt.pdf*.

[Jäckel und Scholderer 2007a] Jäckel, N.; Scholderer, R.: *Transparente IT-Services schaffen Vertrauen*. IX Cebit-Forum 2007: Software and Systems. Hannover, 19.03.2007; *http://www.ix-konferenz.de/showabstract.php?vid=921*.

[Jäckel und Scholderer 2007b] Jäckel, N.; Scholderer, R.: *IT-Qualitätsoffensive 2007 – Neue Kunden durch transparente IT-Services*. IHK Praxisreihe Fachthemen, 13.03.2007; *http://www.technologiefabrik-ka.de/downloads/files/tf_aktuell_1_07.pdf*.

[Jäckel und Scholderer 2007c] Jäckel, N.; Scholderer, R.: *Der Weg zum effektiven Multiprovider-Management*. cecmg-Jahrestagung EUROcmg 2007 Nürnberg, 23.–25. Mai 2007; *http://www.cecmg.de/doc/tagung_2007/agenda07/23-mai/agenda/index.html*.

[**Kemnitz 2007**] Kemnitz, G.: *Test und Verlässlichkeit von Rechnern.* Springer-Verlag, Berlin, 03/2007.

[**Knowledgetransfer 2011**] Stichwort: IT-Service; *http://www.knowledgetransfer.net/dictionary/ITIL/en/IT_Service.htm*; abgerufen am 28.06.2016.

[**Maurer 2011**] Maurer, J.: Service Katalog: Transparenz bei den IT-Leistungen schaffen, 2011; *http://www.zdnet.de/41551601/service-katalog-transparenz-bei-den-it-leistungen-schaffen/*; abgerufen am 30.06.2016

[**Schmidt und Dohle 2007**] Schmidt, R.; Dohle, H.: *ITIL V3 umsetzen: Gestaltung, Steuerung und Verbesserung von IT-Services.* Symposion Publishing GmbH, 2007.

[**Scholderer 2001**] Scholderer, R.: *Ein Qualitätsbewertungsmodell für den Betrieb von vernetzten Systemen.* GCA-Verlag (Reihe Forschung und Wissen Informatik), 2001; *https://portal.d-nb.de/opac.htm?method=showFullRecord&currentResultId=scholderer%2Brobert%2526any&currentPosition=0.*

[**Scholderer 2002a**] Scholderer, R.: *Standardisierung von SLAs – Überprüfung der Ausfallsicherheit und Security von Diensten.* Universität Wien Fachtagung: SIS 5. Sicherheit in Informationssystemen, Wien, 03.–04.10.2002, ISBN 978-3-7281-2864-5.

[**Scholderer 2002b**] Scholderer, R.: *Integration von Management, Marketing, Recht und Technik in einem einheitlichen SLA-Ansatz – Kontrolle mittels einer unabhängigen dritten Messinstanz.* Euroforum Konferenz: Service-Level-Agreements, Köln, 15.–17.04.2002; *http://www.euroforum.de/DATA/pdf/14211.pdf.*

[**Scholderer 2002c**] Scholderer, R.: *Vertragsgestaltung und rechtliche Auswirkung von Service-Level-Agreements.* Euroforum Konferenz: Service-Level-Agreements, Köln 15.–17.04.2002; *http://www.euroforum.de/DATA/pdf/P15227.pdf.*

[**Scholderer 2003a**] Scholderer, R.: *Verfahren und Anordnung zur Qualitätsüberwachung von IT-Dienstleistungen sowie ein entsprechendes Computerprogrammprodukt und ein entsprechendes Speichermedium.* Patentanwälte Gulde Hengelhaupt Ziebig, in Berlin erstellt. Patentanmeldung Nr. 101 53 845.6: Offenlegungstag: 15.05.2003.

[**Scholderer 2003b**] Scholderer, R.: *Standardisierung von Qualitätsaspekten in Service-Level-Agreements. Überprüfung der Ausfallsicherheit und Security von Diensten.* TKM-Workshop, Illmenau, 04.04.2003; *http://zack1.e-technik.tu-ilmenau.de/~webtkm/7_tkm_workshop/Scholderer/Vortrag-TU-Illmenau.pdf.*

[**Scholderer 2003c**] Scholderer, R.: *Zertifizierung von Providern auf Basis von Service-Level-Agreements.* Euroforum Konferenz: Service-Level-Agreements, München, 21.–22.01.2003, *http://www.euroforum.de/DATA/pdf/P15227.pdf.*

[**Scholderer 2004**] Scholderer, R.: *Darstellung des Service Management mit dem System Pact.* ComConsult Akademie, NSM-Workshop, Bonn, 03.11.2003; *http://www.ITk.de/news_archive/20031103_comconsult2003.html.*

[Scholderer 2005] Scholderer, R.: *Ende-zu-Ende Qualität von Applikations- und Netzdiensten*, Industrieforum Gummersbach. Betrieb und Sicherheit von Netzen. Köln, 15.04.2005; *http://www.inf.fh-koeln.de/ktds/download/GMIF-2005/20050408_GNEPraesentation.pdf*.

[Scholderer 2006a] Scholderer, R.: *Factories and value chains in computing centers for improving the quality of IT services*. 51. Internationales Wissenschaftliches Kolloquium, Technische Universität Ilmenau, 12.09.2006; *http://www.tu-ilmenau.de/uni/uploads/media/Conference-Programme-060810-3.pdf*.

[Scholderer 2006b] Scholderer, R.: *IT-Service Engineering und SLM*. Fraunhofer IAO: Management von IT-Dienstleistungen, Stuttgart, 03.05.2006; *http://www.management.iao.fhg.de/downloads/Programm%20AK%201.pdf*.

[Scholderer 2006c] Scholderer, R.: *Profitables SLM*. IX Cebit-Forum 2006: Software and Systems. Hannover, 13.03.2006; *http://www.ix-konferenz.de/showabstract.php?vid=587*.

[Scholderer 2009] Scholderer, R.: *Fabrikation und Wertschöpfung zur Qualitätsverbesserung von IuK-Diensten*. Habilitation, Technische Universität Ilmenau, 2009.

[Scholderer 2016] Scholderer, R.: *Management von Service-Level-Agreements*. 2. Auflage, dpunkt.verlag, Heidelberg, 2016.

[Stricker 2006] Stricker, J.: *Konzeption von Verfahren zur Unterstützung von Service-Level-Managern unter besonderer Berücksichtigung der Prozesse SLM und Availability Management*. Diplomarbeit Technische Hochschule Karlsruhe, Co-Betreuer: Scholderer, R., 11/2006.

[Workflow Management Coalition 2005] Workflow Management Coalition (WfMC): *Terminology & Glossary. Document Number WFMC-TC00-1011*, Version 2.0, 2005.

[Zuidweg 1999] Zuidweg, H.; Campolargo, M.; Delgado, J.; Mullery, A. (Hrsg.): *Intelligence in Services and Networks. Paving the Way for an Open Service Market*, 6th International Conference on Intelligence and Services in Networks, IS&N'99, Springer-Verlag, 1999.

Index

T

U

V

W

Z